中國人史綱 下

柏楊

柏楊逝世三周年紀念版

人民文學出版社

目录

第20章 第七世纪

一　仁寿宫弑父凶案 …………………………… 372
二　杨广的大头症 ……………………………… 373
三　十八年改朝换代混战 ……………………… 378
四　中国第二个黄金时代 ……………………… 381
五　唐政府的结构 ……………………………… 384
六　教育与科举 ………………………………… 387
七　佛教净化与三教合一 ……………………… 388
八　中国疆土的再扩张 ………………………… 390
九　西域征服与西南地区挫败 ………………… 393
一〇　东方战争与永久和平 …………………… 396
一一　武曌（武则天）——中国唯一的女皇帝 …… 398
一二　酷吏与酷刑 ……………………………… 400
　　◎东西方世界 ……………………………… 402

第21章 第八世纪

一　一连串宫廷政变 …………………………… 404
二　两洋海上交通 ……………………………… 405

三　商业都市兴起 …………………………………… 407
　　四　唐王朝社会结构 ………………………………… 409
　　五　文学发展 ………………………………………… 412
　　六　唐诗 ……………………………………………… 414
　　七　五十年代对外挫折 ……………………………… 416
　　八　安史兵变 ………………………………………… 418
　　九　藩镇割据 ………………………………………… 420
　　一〇　西域的再丧失 ………………………………… 421
　　一一　和亲政策与回纥汗国 ………………………… 423
　　　　◎东西方世界 …………………………………… 426

第22章　第九世纪

　　一　藩镇割据的恶化 ………………………………… 428
　　二　中国第二次宦官时代 …………………………… 429
　　三　朋党——两个政客集团的斗争 ………………… 432
　　四　东南地区的兵变 ………………………………… 435
　　五　最大一次农民暴动 ……………………………… 437
　　六　残余烛火上的内斗 ……………………………… 440
　　　　◎东西方世界 …………………………………… 442

第23章　第十世纪

　　一　小分裂时代——五代十一国 …………………… 446
　　二　辽帝国统一塞北 ………………………………… 450
　　三　短命政权间的殊死战 …………………………… 451
　　四　宋帝国统一中国本部 …………………………… 457
　　五　交州的脱离与独立 ……………………………… 460
　　六　宋辽对抗 ………………………………………… 461
　　　　◎东西方世界 …………………………………… 464

第24章　第十一世纪

- 一　宋辽和解 ······ 468
- 二　宋帝国立国精神——苟且偷安 ······ 469
- 三　士大夫的乐园 ······ 471
- 四　教育文化 ······ 474
- 五　宋词 ······ 476
- 六　定难战区建立西夏帝国 ······ 481
- 七　王安石 ······ 484
- 八　新旧两党的斗争 ······ 486
- 九　旧党的分裂 ······ 489
- 一〇　儒家学派的主流——理学诞生 ······ 490
  - ◎东西方世界 ······ 492

第25章　第十二世纪

- 一　赵佶轻佻 ······ 494
- 二　金帝国掀起的风暴 ······ 496
- 三　惨不忍睹的胜利 ······ 498
- 四　开封的陷落 ······ 500
- 五　宋政府南迁 ······ 503
- 六　岳飞之死 ······ 505
- 七　又一个大头症——完颜亮 ······ 507
- 八　高度物质文明的社会 ······ 509
- 九　道学与圣人系统 ······ 512
  - ◎东西方世界 ······ 514

第 26 章　第十三世纪

- 一　韩侂胄北伐与失败 …… 518
- 二　蒙古帝国崛起瀚海 …… 519
- 三　辽・花・西夏・相继覆亡 …… 521
- 四　金帝国末路 …… 523
- 五　福华篇时代 …… 525
- 六　宋帝国末路 …… 528
- 七　元政府的建立 …… 530
- 八　蒙古最后五次征伐 …… 534
- 九　中国的都市 …… 536
- 一〇　元曲 …… 538
  - ◉东西方世界 …… 540

第 27 章　第十四世纪

- 一　蒙古对中国本部的统治 …… 544
- 二　汉人激烈反抗 …… 546
- 三　明王朝兴起 …… 549
- 四　朱元璋的大屠杀 …… 552
- 五　人权的蹂躏 …… 554
- 六　绝对专制制度的建立 …… 557
- 七　大黑暗时代 …… 559
- 八　靖难之役 …… 561
  - ◉东西方世界 …… 563

第28章　第十五世纪

一　朱棣的大屠杀 …………………………………… 566
二　中国第一位海上英雄——郑和 ………………… 567
三　交趾省的设立与永久脱离 ……………………… 570
四　北方边患 ………………………………………… 572
五　中国第三次宦官时代 …………………………… 575
六　土木之变与夺门之变 …………………………… 577
七　断头政治 ………………………………………… 580
　　◎东西方世界 …………………………………… 582

第29章　第十六世纪

一　朱厚照与刘瑾 …………………………………… 586
二　"大礼议"事件 …………………………………… 588
三　断头政治的恶化 ………………………………… 590
四　全国沸腾的民众抗暴 …………………………… 592
五　倭寇 ……………………………………………… 594
六　北方外患及和解 ………………………………… 596
七　张居正的改革与惨败 …………………………… 598
八　第一次保卫朝鲜 ………………………………… 600
九　阳明学派 ………………………………………… 603
一〇　三部小说 ……………………………………… 605
　　◎东西方世界 …………………………………… 607

第30章　第十七世纪

一　断头政治的极致 ………………………………… 610

二　矿监・税监 …………………………………… 612
　　三　后金汗国崛起东北 …………………………… 615
　　四　清帝国以战迫和 ……………………………… 619
　　五　朱由校与魏忠贤 ……………………………… 622
　　六　天崩地裂的农民大暴动 ……………………… 624
　　七　朱由检的下场 ………………………………… 628
　　八　清军入关 ……………………………………… 631
　　九　汉民族的反抗与三藩战役 …………………… 634
　　一〇　中国第三个黄金时代 ……………………… 636
　　一一　东南疆土的扩张——台湾 ………………… 639
　　一二　东北疆土的扩张——《尼布楚条约》 …… 641
　　一三　塞北疆土的扩张——内蒙古 ……………… 644
　　一四　漠北疆土的扩张——外蒙古 ……………… 646
　　　　◎东西方世界 ………………………………… 650

第31章　第十八世纪

　　一　喇嘛教与西藏 ………………………………… 654
　　二　西南疆土的扩张——西藏 …………………… 655
　　三　中西部疆土的扩张——青海 ………………… 658
　　四　准噶尔的覆亡与种族屠灭 …………………… 659
　　五　西北疆土的扩张——新疆 …………………… 663
　　六　清政府的民族政策 …………………………… 665
　　七　朝鲜・琉球・安南 …………………………… 668
　　八　缅甸・尼泊尔・暹罗 ………………………… 670
　　九　藩属外的进贡国 ……………………………… 673
　　一〇　华侨 ………………………………………… 675
　　一一　文字狱 ……………………………………… 677
　　一二　大黑暗的反扑 ……………………………… 681
　　一三　官逼民反（上） …………………………… 684
　　一四　最伟大的一部小说——《红楼梦》 ……… 687
　　　　◎东西方世界 ………………………………… 689

第32章　第十九世纪

一　官逼民反（下） ……………………………… 693
二　中国与西洋的畸形关系 ……………………… 694
三　英国势力的东进 ……………………………… 697
四　鸦片战争 ……………………………………… 701
五　巨变 …………………………………………… 705
六　太平天国 ……………………………………… 708
七　捻军·回部抗暴 ……………………………… 711
八　英法联军 ……………………………………… 713
九　俄国攫取九十八万方公里疆土 ……………… 717
一〇　新疆的脱离与收复 ………………………… 720
一一　俄国再攫取六十三万方公里疆土 ………… 721
一二　中法越南战争 ……………………………… 724
一三　自强运动 …………………………………… 727
一四　第二次保卫朝鲜 …………………………… 732
一五　中日甲午战争 ……………………………… 735
一六　中国失败的原因 …………………………… 738
一七　百日维新·戊戌政变 ……………………… 741
一八　义和团 ……………………………………… 745
一九　八国联军 …………………………………… 748
　　　◎东西方世界 ……………………………… 750

第 20 章

第七世纪

本世纪初叶，刚恢复统一的中国，又发生混战，使全国三分之二以上人口，死于刀锋和饥饿。这场大混战，来自暴君杨广（隋炀帝），他是隋王朝第二任皇帝，具有绝顶的聪明和精力，所以只短短的十数年工夫，就把自己的王朝消灭。

代之而兴的是唐王朝，在一片瓦砾中，收拾残灰余烬，上下一心，兢兢业业，迅速走向繁荣，使中国历史进入第二个黄金时代。

这次黄金时代约一百三十年，其中并不是全无风暴，犹如混战时代并不是全无和平一样。本世纪末叶，出现了一位女性皇帝武曌。她当过姬妾，当过尼姑，但传奇般的机会和她敏捷的政治才能，使她竟然夺到政权，建立她自己的南周王朝。

一　仁寿宫弑父凶案

隋王朝开国皇帝杨坚（隋文帝）使分裂的中国归于统一，是他最大的荣耀。他虽然有很多缺点，但他很俭朴，很知道珍惜国力，使中国很快就恢复应有的强大。但他的妻子独孤皇后却是一个具有奇异癖好的女人，不但自己吃醋，也为别的女人吃醋。他们夫妇共生了五个儿子，其中跟我们有关的是长子杨勇和次子杨广。杨坚尝说："从前帝王，小老婆太多，儿子们不同母亲，所以往往分党相争。不像我的五个儿子，一母同胞，亲如手足。"

可是，世界上有两种东西能摧毁人性和人伦，那就是权力和金钱。就在隋王朝统一中国后不久，担任攻陈总司令的杨广，开始夺嫡，向他的同胞哥哥皇太子杨勇伸出毒手。杨勇是一个大而化之的花花公子，疏阔豪爽，不注意小节。老娘独孤皇后最讨厌男人讨小老婆，杨勇偏偏有很多小老婆，以致妻子郁郁而死。老爹杨坚最讨厌大臣花天酒地，杨勇偏偏喜欢音乐歌舞，饮宴达旦。这些本都是小的缝隙，但已够杨广有计划地揳入。杨广只有妻子萧妃一个人，仅此一点就使娘亲高兴。老夫妇有一次到杨广家，发现婢仆们都老而且丑，乐器上布满灰尘，甚至连弦都没有，不由大喜。老夫妇每派人到儿子们那里，杨勇只把他们当仆人看待。杨广却不然——他和妻子一定双双站到门口，亲自迎接，致送厚礼，于是老夫妻耳畔听到的全是赞扬杨广的声音。杨广出镇江都（江苏扬州），每次入朝辞行时，都痛哭流涕，依依不舍，父母看儿子如此孝心，也流下眼泪，不忍他远离膝下。杨广知识程度很高，有很好的文学素养，对任何人都很诚恳，很谦虚有礼，尤其曲意交结政府重要官员，包括杨坚最信任的重臣（尚书左仆射）杨素。他所展示出来的，全是一个千载难逢的标准领袖，具有肝胆相照、义薄云天的英雄性格和救国救民、民胞物与的圣贤抱负。节俭、朴实、谦恭、虚怀若谷、好学不倦、礼贤下士、不爱声色犬马。——集人类美德于一身。

一切布置成熟后，本世纪（七）的第一年（600），"诬以谋反"的法宝罩到杨勇头上，杨坚下令把杨勇贬为平民，囚禁深宫。改立杨广当皇太子，杨广夺嫡成功，全盘胜利。

本世纪（七）第三年（602），杨广的娘亲独孤皇后逝世。第五年（604），悲剧降临到后死的父亲头上。这一年，杨坚前往长安西北一百二十公里外的仁寿宫（陕西麟游）避暑，病情严重，杨广入宫侍奉。他内心的兴奋使他无法再继续控制自己，不久就对老爹最宠爱的陈夫人，垂涎三尺。一天，乘着陈夫人上厕所的时候，上前一把抱住。陈夫人挣扎逃掉，杨坚看她神色仓皇，问她怎么回事，她垂泪说："太子无礼。"杨坚大怒说："独孤误我！"命他的两位亲信官员去长安召唤杨勇。杨广得到消息，急急通知杨素。杨素立即把那两位亲信官员逮捕，勒兵戒严，包围仁寿宫，断绝内外交通。杨广的部属张衡（他后来被杨广杀掉灭口），闯进杨坚卧室，把老爹拖起来，猛击他的胸部。杨坚口吐鲜血，哀号的声音，传入后宫，后宫陈夫人以下全体宫女，屏声静息，面无人色。

杨广弑父后的第一件事就是找他的美丽庶母陈夫人上床，第二件事就是派人驰赴长安把他那已经被罢黜的哥哥杨勇杀掉。杨广从开始采取夺嫡行动，到他行凶之日，历时十四年，在这段漫长岁月中，一直保持伪装，真是一件不容易的事。而杨广竟做得天衣无缝，可见他具有绝顶的聪明才能。可惜他缺欠人类所特有的高级灵魂和情操，他夺嫡的目的只有一个，就是获得无限权力。获得无限权力的目的也只有一个，就是发泄他的大头症。

二 杨广的大头症

大头症是一句民间俗语，形容一个极端自私的人所发作的肤浅而强烈的炫耀狂。杨广于如愿以偿地当了皇帝之后，被压制十四年之久的兽性，像火山一样，以雷霆万钧之力，向外爆发，最后除了一根绞绳外，任何东西都阻挡不住。他在位十五年，大头症也历时十五年。为了叙述方便，我们将这十五年中他的重要作为，列一年表：

年份	事项	注
604	杀父，继位。在洛阳远郊挖掘长壕，设置关卡，范围包括太行山、黄河。	
605	一、扩建洛阳（后改称东都）。二、在洛阳西郊筑西苑花园。三、造船数万艘。四、开通济渠（河南荥阳到江苏淮安运河），邗沟（淮安到江苏扬州运河）。五、在洛阳南郊建显仁宫。六、从洛阳乘龙舟出游江都（江苏扬州）（第一次下江都）。	
606	自江都返洛阳。	

(续表)

年份	事项	注
607	一、凿太行山娘子关险隘，开太原（山西太原）到华北御道。二、开渔阳郡（天津蓟县）到榆林（内蒙托克托）御道。三、从洛阳出游涿郡（北京），再经榆林到东突厥启民可汗王庭，从太原返洛阳。四、征百余万人，筑榆林到紫河（内蒙和林格尔）长城。五、在太原建晋阳宫（山西太原）。	
608	一、开永济渠（河南修武到北京运河）。二、在管涔山（山西宁武）北境建汾阳宫。三、从洛阳出游五原（内蒙五原），出巡长城。	
609	从洛阳赴长安、出游浩亹川（青海门源）、张掖（甘肃张掖）。	
610	一、从洛阳乘龙舟出游江都（第二次下江都）。二、开江南河（自江苏镇江至浙江杭州运河）。	
611	一、乘龙舟从江都，沿运河北上，出游涿郡，再由涿郡乘龙舟回洛阳。二、下诏宣布高句丽王国罪状，征全国兵集中涿郡，征全国粮集中辽西郡（辽宁义县）。	民变始起
612	亲统大军一百一十三万，从涿郡出发，进攻高句丽王国，围辽东城（辽宁辽阳），大败而还（第一次东征）。	
613	再征全国兵集中涿郡，亲统大军攻高句丽王国，围辽东城，仍不能克。大将杨玄感据黎阳（河南浚县）叛变。杨广解围回军，杨玄感败死（第二次东征）。	
614	再乘龙舟去涿郡，征全国兵攻高句丽王国，时全国民变频起，所征兵多不能到，高句丽王国也筋疲力尽，请和（第三次东征），杨广乘龙舟回洛阳。既返，征高句丽国王高元入朝，高元拒绝。杨广下令再征全国兵，准备第四次东征。	
615	出游太原，居汾阳宫避暑，再出长城，北巡。突厥始毕可汗发兵围杨广于雁门（山西代县），赖义成公主救，始得逃归。	
616	自洛阳乘龙舟出游江都（第三次下江都）。	
617	在江都，日夜欢宴。	
618	兵变，被绞死。	

杨广于弑父后，迫不及待地从长安前往洛阳，征调民夫二百万人，从事扩建洛阳城和洛阳宫。又征调民夫一百余万人开通济渠（河南荥阳到江苏淮安间运河），十余万人开邗沟（淮安到江苏扬州间运河，吴夫差和嬴政，都曾开凿过），他开运河的目的不是为人民兴办水利，而是便于他一个人乘船前往他曾经驻守过的、当时全国最繁华的大都市江都（江苏扬州）。沿着运河建皇宫四十余所，称为"离宫"。命江南赶造龙舟，龙舟完成之前，杨广

不堪寂寞，先在洛阳西郊兴建西苑，面积三百方公里，内有人工湖和连绵不断的人工山，山上宫殿林立，曲折盘旋。另有人工小运河，由人工湖通到洛水，沿小运河两岸，建皇宫十六所，称为"十六院"，每院美女二三百人，布置豪华，犹如天堂。杨广每出游赏月，骑马随驾的宫女，就有数千人之多。然而，女色的享受，日久也就烦腻。等到龙舟造成，运到洛阳，他就立刻出游江都。帝王出游已经不平凡，杨广出游更八方威风。仅只皇家所乘龙舟就有数千艘，不用桨篙，而用纤夫，纤夫有八万余人。禁卫军（骁果）乘坐的军舰也有数千艘，但由军士自己拉纤。一万余艘船只，首尾相衔一百余公里。骑兵夹岸护卫，万马奔腾，旌旗遍野，诚是壮观。饮食供应由二百五十公里以内地方政府奉献，竞争着极尽精美，宫人们无法吃完，临走时一概抛弃。杨广宣称他喜欢江都，其实他在江都仍居深宫，从没有跟南中国江山如画的大自然接触。他之所以喜欢江都，正是喜欢沿途这种使人惊心动魄的场面。杨广如果生在二十世纪，可以乘飞机往江都的话，他一定不高兴，因为天空无人，不能发挥他的大头症。

607年，杨广又向北出游，到启民可汗的王庭。这时启民可汗已击败他的对手，推进到黄河以北，成为突厥汗国的大可汗。杨广随驾卫士，步兵就有五十万，战马就有十万匹，旌旗辎重，连绵五百余公里。跟出游江都一样，皇家人员和文武百官，全体跟从。不过乘船改为乘车，车跟船一般大，在新开的御道上，不用车轮，而由人肩抬着走动。启民可汗用最尊荣的礼节接待他。杨广大为满意，仅绸缎就赏赐两千万匹。然而这次大炫耀却种下两个祸根：一是，启民可汗的儿子，将来的始毕可汗，冷眼旁观，看出杨广的愚昧本质，他决心反击。二是，杨广无意中见到高句丽王国派到突厥汗国的使节，杨广吩咐那使节说，他将于611年前往涿郡（北京），命高句丽王高元亲自到涿郡朝见。

杨广于611年真的前往涿郡，高元却没有到。杨广感到没有面子，而没有面子能使一个大头症病患者发狂。杨广七窍生烟，下令讨伐高句丽，动员全国士兵集中涿郡，粮秣集中辽西郡（辽宁义县）。军令紧急，造舰工匠站在水中，昼夜加工，腰部以下都生满蛆虫，半数死亡。官仓粮食和兵器盔甲，也紧急运往辽西，车船衔接，路上川流不息的有十余万人，病死饿死，无人收葬，尸体横路数百公里。而这一年，黄河南北都发生大水，三十余郡成为泽国，饥民纷纷投奔荒山大泽。但民间征粮，毫不放松，朴实的老农赶着牛车，带着自备干粮，踽踽上道，大多数连人带牛死于中途。没有牛车的人，二人合推一辆小车，可载米三石。沿途用米充饥，到达辽西时，已无剩余，无法缴纳，只好避罪逃亡。隋政府指称他们是"盗贼"，一面派兵征剿，一面逮捕他们的家属处刑，以期收杀一儆百之效。于是，官逼民反的形势，完全成熟，人民纷纷武装抗暴，集结起来，屠杀官员，抢夺富民食粮，天下大乱。

明年（612），集中于涿郡的兵力已达一百一十三万。杨广御驾亲自东征，最精彩的是他对将领们所做的一段训话，我们姑称之为"杨广训话"，以与"苻生诏书"媲美。杨广说："国家这次远征，完全是为了吊民伐罪，并不是好大喜功。你们中间有人不知道我的本意，打算乘此机会，使用奇兵突袭，以博取个人的前途，邀取勋赏。须知我们是堂堂正正的王师，正义的军队，岂可有不光明磊落的行为？所以任何军事行动，都要随时向我报告，听候指示，不可擅自做主。"换句话说，他要遥控指挥，以显示他的军事天才。辽东（辽宁辽阳）是高句丽王国西境第一大城，在中国兵团猛烈攻击下，城垣塌陷，高句丽守军悬白旗乞降。可是将领们既不敢接受，也不敢继续攻击，只好停战，急向御营报告杨广。等到指示回来，高丽守军已把缺口填住，恢复抵抗。一连三次，都被耽误，以致那个并不坚固的孤城，竟不可动摇。加之渡鸭绿江深入高句丽国境的另一支军队失败，杨广只好狼狈撤退。第一次东征，损失三十万人。

明年（613），杨广第二次御驾亲自东征。这一次辽东城绝不可能再支持下去，可是杨玄感救了它。杨玄感是杨广夺嫡杀父同党杨素的儿子，这时正在黎阳（河南浚县）督运军粮。他在黎阳叛变，截断杨广的退路。杨广对杨素一直侧目而视，当杨素病故时，杨广说："他如果不死，我会杀他全家。"所以杨玄感始终恐惧不安，乘着前方战争紧张、后方民变纷起之际，想一举把杨广解决。杨广只得放弃辽东，回军迎战，第二次东征也草草结束。杨玄感兵败而死，但他的叛变使杨广设立特别法庭，展开大规模逮捕处决，促使民变更加燎原，不可遏止。

614年，全国已经一片沸腾，旧有变民滚雪球似的四出攻掠，新的变民风起云涌，四方响应。可是杨广仍作第三次东征，高句丽王国一连三年受到攻击，已筋疲力尽，只好求和，并且把杨玄感的同党，去年投奔高句丽的斛斯政，送回中国，以表诚意。杨广总算争到一点面子。可是杨广回到洛阳，用酷刑把斛斯政处死之后，征召高元入朝，高元仍然不至，杨广光火三丈，下令准备第四次东征。

第四次东征准备期间，杨广不能闲着。615年，他从洛阳出发，先到汾阳宫（山西宁武）避暑；避暑已毕，再悠悠北进，打算顺着御道前往涿郡，开始第四次军事行动。突厥汗国始毕可汗（他父亲启民可汗于609年逝世）得到消息，亲统骑兵十余万，向杨广突袭。杨广退到雁门郡（山西代县），被突厥团团围住，百道攻城，流箭堕到杨广面前，城内存粮又仅够二十余日。杨广魂飞魄散，整天抱着他最心爱的幼子杨杲哭泣，哭得两眼红肿。大将樊子盖建议说："现在别无他法，只有一面征兵勤王，一面请陛下宣布不再东征。立下重赏，亲自鼓励将士奋死卫城，才有希望支持到救兵到达。"杨广做这种表面功夫，游刃有余。他登城巡视，向守城将士说："各位努力杀贼，只要能够脱险，凡随驾官兵，不要发愁不富贵，我绝不允许铨叙机关舞文弄墨，减少你们的功劳。"大臣萧瑀建议说："以突厥习惯，可汗出兵，可敦（皇后）必定知道，请派密使去见义成公主求救，不失为一策。"——义成公主是杨姓皇族的女儿，在隋王朝和亲政策下，下嫁启民可汗。杨广大喜，立即派人间道前往。幸而有此一策，义成公主向始毕可汗告警说："北方发生情况！"始毕可汗才解围而去。杨广回到洛阳，心神稍定，发现又处于绝对安全之境时，立刻恢复了伟大，深以自己在雁门郡的懦夫表现为耻，决定一手遮天下耳目。第一步，对他所做的重赏有功将士的承诺，全部不认账。樊子盖一再请求不可失信，杨广大怒说："怎么，你打算收买军心呀。"樊子盖不敢再说话。第二步，杨广向群臣宣布萧瑀的罪状："一小撮突厥丑类，窜到雁门城下，有什么能耐？只几天没有逐走，萧瑀竟怕得不成样子，实在可羞。"把萧瑀贬出洛阳。接着，杨广下令加强第四次东征的准备工作。

616年，全国三分之二的郡县都陷落在"盗匪"手中，杨广对付"盗匪"的方法，跟嬴胡亥、王莽、胡太后相同，即根本不愿听到"盗匪"。但他已不能再在涿郡集结兵力。东征既然不行，于是他改作第三次出游江都。很多大臣泣涕劝阻他，他把他们一律斩首。临出发时，还做了一首诗告别留守在洛阳的宫女，诗上说："我爱江都好，征辽亦偶然。"到了江都后，各地官员朝见，杨广从不问他们的政绩，只问他们奉献多少礼物钱粮，多的升官，少的贬黜。有些官员搜括民女进贡，马上受到奖赏。于是地方官员更暴虐，"盗匪"也更多。

617年，杨广一年都守在江都，这是他当皇帝以来第一次一年之久停留一个地方，并不是他变老实了，而是遍地"盗匪"，无处可去。并且他终于承认他已无力收拾残局。在千万人血染刀锋和饿死山野之际，杨广以一种世界末日的颓废心情，更变本加厉地享乐。皇宫内分一百余房，称为"迷宫"，跟洛阳十六院一样，每房美女数百人，由阶级最高的一位美女主持，每天由一房做主人，杨广和随驾的一千余宫女做客人（注意，仅江都宫美女，至少三万人。如连同其他各宫，全国供杨广一人享乐的美女，总在十五万人以上），酒不离口，宾主全醉。杨广常对着镜子说："好头颅，由谁来砍！"萧皇后安慰他，他说："贵贱苦乐，互相交换，没有什么可以伤心！"这是赌徒失败时勉强装出来的门面话，其实他内心却肯定他绝不会死，至少也会像陈叔宝一样被封为一个公爵。他不敢面对现实，当他的禁卫军密谋叛变，一个宫女得到消息，向他报告时，他因无法处理而大怒，竟把宫女处斩。

618年，杨广最亲信的大将宇文化及，率领禁卫军入宫。杨广逃到一个小房间躲藏，被一位恨透了他的美女指出所在。禁卫军把他拖出来，杨广还恬不知耻说："我有什么罪，对我如此？"禁卫军当面把他最心爱的幼子，十二岁的杨杲杀掉。杨广这时才发现公爵已没有希望，他要求服毒自杀，禁卫军不愿浪费时间，于是把他绞死。杨广死时才五十岁，当了十五年皇帝。他的故事使人想到《伊索寓言》，一个农夫牵着一匹驴子走过悬崖，农夫恐怕驴子跌下去，牵它靠里面一点，驴子坚决不肯，越牵它，它越向外挣扎，最后它跌下深谷，粉身碎骨。农夫探头说："你胜利了！"杨广尝对大臣宣称："我天性不喜欢听相反的意见，对所谓敢言直谏的人，都说他们忠诚，但我最不能忍耐。你们如果想升官晋爵，一定要听话。"杨广也胜利了。

三　十八年改朝换代混战

杨广跟他的前辈孙皓、石虎之流的暴君，不同类型。孙、石之流的凶恶，可以直接从行为上观察出来，而杨广不然，他给人的是一种非常厚道和非常理性的印象。他做的诗充满感情，造诣很高。他的言论跟他所颁布的命令，都大义凛然，无懈可击。他把暴行间接化和制度化，使之成为一种合法的暴政。这暴政表面上好像不是杨广的本意，实际上却恰恰是他的本意；而且他的本意比官员们所做的更恶毒，所以对人民的伤害就更大，人民的还报也更烈。

611年是民变开始的一年，杨广下令准备东征，征兵征粮，官员们传统性的贪暴使人民发现，奉公守法只有饿死，铤而走险或许可以求生，像陈胜、吴广一样，第一个发难的是邹平（山东邹平）人王薄，他在长白山（山东章丘）号召群众，武装抗暴，自称"知世郎"，意思是"看透了这个世界的人"。另一位是清河郡（河北清河）人孙安祖，他名在征兵之列，但他全家被大水淹没，妻子饿死，停尸在床。他要求免役，不准。再要求准许他安葬妻子后入伍，然而他所属的漳南（河北故城东）县长却指责他误期报到，予以鞭打。他就杀了县长，号召群众叛变。

从611年王薄起，到628年最后一位民变领袖梁师都被新兴的唐王朝所灭，全国再归统一，十八年间，兵变民变以及宫廷政变，共一百三十六起。有五十余位领袖人物，每人都集结兵力十五万人以上，割据一方，或称帝王，或称可汗，互相混战。其中最重要的有二十余人，列如下表：

年份	姓名	根据地	事项	注
611	王薄	长白山（山东章丘）		杨广征兵集中涿郡，征粮集中辽西郡，准备东征。
	孙安祖	高鸡泊（河北故城西）		
	窦建德	乐寿（河北献县）	孙安祖战死，群众都归窦建德，占据河北大部分，建夏王国，是变民领袖中最有作为的一位。	
	张金称	清河郡（河北清河）		
613	白瑜娑	灵武郡（宁夏灵武）	集结逃亡出来的奴仆，劫掠牧马，北连突厥，隋政府称之为"奴贼"。	杨广第二次东征。
	孟海公	周桥（山东定陶）	聚众数万叛变，最厌恶士大夫，见人谈话引用儒书，立即斩首。	
	杨玄感	黎阳（河南浚县）	·兵变·	
	朱燮	吴郡（江苏苏州）	朱燮是高级知识分子（昆山县博士），与学生数十人起兵，人民不堪东征苦役，纷纷投奔。	
	杜伏威	历阳郡（安徽和县）	同党辅公祏攻陷丹阳郡（江苏南京），尽有长江下游。	
614	李弘芝	扶风郡（陕西凤翔）	建立帝国，称皇帝，部将唐弼称"唐王"。	杨广第三次东征。
615	李子通	余杭郡（浙江杭州）	建立吴帝国，称皇帝。	始毕可汗围杨广于雁门。
	朱粲	冠军（河南邓州）	先称迦楼罗王，建楚帝国，称皇帝，行为残暴，变民领袖中最堕落的一位。	
616	李密	洛口仓（河南巩义）		杨广出游江都。
	林士弘	豫章郡（江西南昌）	统一江西及广东东部，建楚帝国，称皇帝。	
	徐圆朗	任城（山东济宁）	建鲁王国，称鲁王。	

(续表)

年份	姓名	根据地	事项	注
617	郭子和	榆林郡（内蒙托克托）	地方大饥，郭子和结死士攻杀地方官员，称王，突厥封为平杨可汗。	杨广在江都。
	薛举	天水郡（甘肃天水）	建秦帝国，称皇帝，不久病死，子薛仁杲继位。	
	李渊	太原郡（山西太原）	·兵变·	
	梁师都	朔方郡（陕西靖边）	·兵变·梁师都是隋政府的鹰扬郎将，杀官叛变，北连突厥，建梁帝国，称皇帝，群雄中最后灭亡。	
	刘武周	马邑郡（山西朔州）	·兵变·刘武周是隋政府的鹰扬校尉，杀官叛变，北连突厥，突厥封为定杨可汗。	
	李轨	武威郡（甘肃武威）	·兵变·李轨是隋政府鹰扬府的司马，杀官叛变，建凉帝国，称皇帝。	
	萧铣	江陵（湖北江陵）	萧铣是后梁宣帝萧詧的曾孙，时任罗县（湖南汨罗）县长，起兵恢复后梁帝国，称皇帝。	
618	高开道	渔阳郡（天津蓟县）	建立燕王国，称燕王。	
	宇文化及	江都郡（江苏扬州）	·宫廷政变·	杨广被绞死。唐王朝建立。
619	王世充	洛阳	·宫廷政变·	隋王朝亡。唐兴第二年。
	刘季真	离石郡（山西离石）	称突利可汗。	
	宋金刚	易县（河北易县）	降定杨可汗刘武周，封宋王。	
620	杨政道	定襄郡（内蒙和林格尔）	杨政道是杨广的孙儿，突厥立为隋王，在突厥的中华人都归划于他，达百万余人。	唐兴第三年。
621	刘黑闼	漳南（河北故城东）	唐政府官员苛虐，窦建德旧部刘黑闼起兵。	唐兴第四年。

在宇文化及宫廷政变的前一年（617），镇守太原的大将李渊已先行叛变，起兵南下，攻陷长安（陕西西安），立杨广的孙儿杨侑当皇帝，遥尊杨广为太上皇。618年，宇文化及把杨广绞死后，立杨广的侄儿杨浩继位，统军北返洛阳。但遍地都是武装的抗暴力量，这个禁卫军团每一步都受到攻击，已不可能到达目的地。宇文化及看到大势已去，索性把杨浩杀掉，自己当皇帝。李渊在长安听到消息，也把杨侑杀掉，自己也当皇帝。

杨广的另一个十五岁的孙儿杨侗，在洛阳即位，做隋王朝第五任皇帝，支持到明年（619），宰相王世充也把他杀掉，自己坐上宝座。隋王朝历时仅三十九年而亡。以隋王朝力量的雄厚，如果杨广只是中等暴君，帝国可能仍承受得住，不致如此迅速的覆没。但杨广太能干了，他在短短的十五年中，就灭掉了这个强大无比的帝国。

十八年的大混战，最后的胜利属于李渊，他建立的唐王朝代替隋王朝，使中国于二十年代再行统一。比起从前"二十年""三十年"改朝换代混战，十八年是最短的痛苦，然而这最短的痛苦却也使全国三分之二的人民死于非命。下列统计数字，可作说明：

年代	年份	全国户数	全国人口	减少
头十年	609	8900000	46000000	2/3
二十	626	2900000	16000000	

这还是就平均数而言，在混战激烈地区，如中原（河南）、关中（陕西中部）一带，人民幸存的不及十分之一，我们不能想象其中有多少人间惨剧。

四 中国第二个黄金时代

唐王朝是中国历史上贡献最巨，国力最强，历时最长的王朝之一，共二百七十六年，其中接近一半时间在黄金时代之内。

但创造这个王朝的皇帝李渊（唐高祖），却是贵族世家中的平凡人物。在隋王朝时世袭他父亲的公爵封号，担任太原防卫司令（太原留守），因为不能抵御突厥汗国的侵袭，又因为有谣言说姓"李"的将代替姓"杨"的君临天下，这两件大事，促使杨广对他不满和疑忌。又因为民变如火如荼，只有叛变才有可能死中求生，所以李渊冒险起兵。不过他虽然平凡，他的三个儿子：长子李建成、次子李世民、四子李元吉，却都是一代英雄。而尤以李世民的勋绩最大，几个最强悍的敌人，像薛仁杲、刘武周、王世充、窦建德，都被他击败。于是新兴不久的唐王朝，踏上隋王朝走过的道路，发生夺嫡斗争。——每逢亲王的声望和力量，跟皇太子相等，或超过皇太子时，定律地要发生流血惨剧，这是专制政体下无法解决的死结。

二十年代626年，唐王朝建立的第九年，李世民伏兵玄武门（皇城中门），把入朝的哥哥李建成和弟弟李元吉格杀。李渊正在皇宫内湖上泛舟，李世民的军队冲到面前，声称护驾。老爹这才知道两个儿子已死。为了避免与杨坚同一命运，他立即传位给李世民，自己退居为太上皇。

这是著名的"玄武门之变"。李世民既杀兄弟，又逼父亲，俨然第二个杨广。但杨广没有通过瓶颈，李世民却顺利通过，历史重演到这里为止，以后即向相反的方向发展。李世民大帝（唐太宗）是中国最杰出的英明君主之一，他用他高度的智慧，殷勤而小心地治理他的帝国，不久就为中国开创了一百三十年之久的第二个黄金时代。

黄金时代的来临，原因之一是人口大量减少，荒芜的肥沃田地，举目皆是，谋生比较容易。原因之二是太久的战争使人厌恶战争，乐意于和平安定。但仅此两个原因不能促成什么，将近三百年的大分裂大混战，人民也有这种客观环境和主观愿望。所以，另一个原因是，李世民大帝和他的政府正确方向的领导。再大的船舶，掌舵的只有一人，负责航行的只有少数人，这少数人即国家领导人，其重要性用不着解释。李世民大帝和他的干部房玄龄、杜如晦、魏征，随时随地都用杨广作为警惕对象，每一件措施都求其跟杨广不同，使他们成为一个战斗团队，互相勉励督责，兢兢业业从事国家建设。在人民尊重和信任的支持下，推行廉洁政治，获得空前成功。

李世民大帝个人的优秀是最主要的因素，他严厉地控制自己不去触及无限权力的毒牙，并且鼓励和接受最难堪的逆耳之言。他对官员们要求："君主如果刚愎自用，自以为比别人聪明，他的部下一定谄媚他。结果君主失去国家，部下也不能单独保全。隋王朝宰相虞世基，一味阿谀杨广，以保他的富贵，结果也难逃一死。各位应以此为戒，对国家大事有意见，一定要报告给我。"——我们绝不以言论判断人，而只以行为判断人，李世民大帝的言论有事实作为基础。有一次，他下令男子年龄虽不满十八岁，但体格健壮，也应征集当兵。魏征拒绝在诏书上副署（署敕），李世民告诉他："这都是奸民逃避兵役，故意少报年龄。"魏征说："陛下常说：我以诚信待天下，要人民不可诈欺；可是你却先失去诚信。"李世民愕然，魏征说："陛下不以诚信待人，所以先疑心人民诈欺。"李世民立即收回命令。李世民又下令凡官员伪造资历，限期自首，否则处死。限期过后，又有查获，李世民命即斩首。最高法院副院长（大理少卿）戴胄却只判流刑，李世民大怒说："你故意使我说话不算话！"戴胄说："陛下命令，不过一时的喜怒。法律却经过缜密研究，颁布天下，人民共守。陛下应忍小忿而存大信。"李世民大喜说："你执法如此严正，我还有什么忧虑！"李世民又命宰相封德彝荐举人才，久久没有消息，一再催促他，封德彝说："不是我不尽心，实在是今世没有人才！"李世民说："这算什么话，帝王治理国家，都是取才当世，岂有到几百年之前去借人才的。只可说自己不知道，怎么可诬蔑一代中国人。"封德彝大为惭愧。——这是李世民大帝的真知灼见，历史上有一种现象，越是政府人才缺乏之时，也越是民间人才辈出之时。李世民原籍武川（内蒙武川），跟关中（陕西中部）接近，谈话时常评论关中人如何、山东人（崤山以东，非今天的山东）如何，监察官（御史）张行成抗议说："国家元首应该以四海为家，不应该在地域上划小圈圈。"李世民立加赏赐。李世民又大修洛阳宫殿，一位御前督导官（给事中）张玄素说："陛下当初克复洛阳，把隋王朝宫殿全部烧掉，不到十年，却加倍经营。为什么从前厌恶它，而今却效法它。这种情形，比杨广更坏。"李世民变色说："你说我不如杨广，那么比子受辛（商纣王）如何。"张玄素说："如果不停工，就跟子受辛一样。"李世民叹息说："我考虑不周到，才有此错误。"赏赐张玄素绸缎二百匹，立即停工。李世民的儿子李恪亲王，打猎时伤害农民，被监察官（御史）柳范弹劾。李世民责备亲王府秘书长（长史）权万纪："这都是权万纪不能规劝阻止，罪应处死。"柳范说："房玄龄还不能阻止陛下打猎，怎么能单单责备权万纪。"李世民大怒回宫，很久很久，怒气平息，发现自己理屈，马上再出来召见柳范嘉勉。最严重的一件事发生在三十年代632年，李世民受不了魏征的直言指责，也在大怒中回宫，一面发誓："看我杀掉这个庄稼老汉！"长孙皇后问庄稼老汉是谁，李世民说："当然是魏征，他总是在大庭广众之下侮辱我。"长孙皇后也是一位杰出的妇女，立即穿上皇后官服，站在庭院之中，向皇帝参拜。李世民大吃一惊。长孙皇后说："我听说，领袖英明则部下正直，魏征所以正直，正由于你的英明，我怎能不祝贺！"李世民这才想到他自己过分，不久之后，即擢升魏征当宰相（侍中）。

向理性屈服是一件不容易的事，李世民大帝的伟大在此，尤其难得的是，夫妇二人都有这种高度智慧的认识。自从盘古开天辟地，李世民大帝是中国帝王中最初一个被中国人真心称颂崇拜的人物，固由于他的勋业，也由于他本身的美德。他治理国家的一言一行，成为以后所有帝王的规范。

在这样伟大的领袖领导下，从本世纪（七）三十年代起，中国开始从噩运中复苏。不数年间，欣欣向荣。

战争变乱容易叙述，而和平繁荣不容易叙述。我们叙述第二个黄金时代的中国社会时，深有此感。不过那盛况是显然的，最主要的现象是一年复一年的大丰收，630年时，一斗米只值三四个钱。中国人特别强烈的复兴潜力，完全发挥。全国判处死刑的囚犯，一年中不过二十九人。632年时，全国判处死刑的囚犯增加到三百九十人，年终，李世民准许他们回家办理后事，命于明年秋天再回来受死（古时秋天行刑）。633年9月，三百九十人全部回狱，无一人逃亡。社会繁荣而秩序安定，夜不闭户。从前行旅们要自己携带食物，现在则凡是有道路的地方，都有旅店，工商业随着社会安定而蓬勃。杨广时代的暴政，成为不可思议的古老故事。

五　唐政府的结构

我们应先行了解唐王朝的政治机构。

中国中央政府组织，到第三世纪曹魏帝国时，把九卿挤到次要地位，另行成立"尚书""中书"二省，作为行政中枢。经过继起各王朝帝国四百年来不断修正，到了唐王朝，遂成为下表所列的形态：

元首	元首助理	性质	官署	首长	注
皇帝	三公、三师	崇官			
	宰相 （中书令） （侍中） （尚书令） （尚书仆射） （同平章事） （同中书门下三品） （参知政事） （参知机务）	中枢	中书省	中书令	甲级机构
			门下省	侍中	
			尚书省	尚书令	
		辅枢	秘书省	秘书监	乙级机构
			翰林院	翰林承旨	
			御史台	御史大夫	
			九寺	卿	丙级机构
			四监	监	丁级机构

所谓崇官，即现代所称的国家元老，一种只有尊荣而没有实际权力的最高顾问。"三公""三师"只是习惯称呼，事实上包括六种官位：太师、太傅、太保、太尉、司徒、司空。他们只支领俸禄，不干预国家政务。

乙级机构秘书省，二世纪中期，东汉政府设立秘书监官员，负责保管及校勘政府所持有的图书。三世纪初，三国时代之曹魏帝国政府，把秘书署扩大成为一个"省"，而命秘书监作为首长。唐政府仍维持它存在，类似国立图书馆，当然只供应帝王和高级官员阅读，不向人民开放。翰林院，是唐政府创立的类似文化人聚会所，或高级官员储备所的官署。唐王朝初建时，各地经学家（研究儒书"五经"的学者）、文章家（专门写宣言、文告，或短篇论文之类的知识分子)、预言家(星相占卜)、艺术家(包括画家、雕刻家),纷纷向首都长安集中。皇帝特别指定一个处所,招待他们之中最杰出的若干人士,以便随时召见。这个处所称翰林院,由年高德劭的一位担任首长,称翰林承旨,其他人士则称翰林学士。以后各色人等陆续淘汰,只剩下文章家,专为皇帝撰写诏书。因为汉字和文言文运用困难,一个人至少要有二十年以上的刻苦努力,才能胜任。文章家在这方面的特殊能力,很受到皇帝的重视。因之翰林学士往往比其他官员容易升迁到宰相地位,所以当时称翰林学士为"储备宰相"(内相),成为知识分子最羡慕的一种职位。御史台负责监察弹劾,首长御史大夫,副首长御史中丞,以及所属诸御史。他们是皇帝的耳目,但也不时反映民意。

丙级机构九寺,即九卿办公官署,从次要地位又再被挤到政府的角落,职务和权力都非昔比,大半被尚书省的六部所夺,唐王朝九卿的职掌跟秦王朝的职掌大不一样。

一、太常寺,负责典礼布置跟宫廷医药。

二、光禄寺,祭祀用品跟宫廷饮食供应。

三、卫尉寺,管理军械库。

四、宗正寺,处理皇族事务,如继承封爵、保护坟陵之类。

五、太仆寺,马匹牧养跟牧场管理。

六、大理寺,最高法院。

七、鸿胪寺,藩属事务部。

八、司农寺,农林部。

九、太府寺,负责宫廷费用供应,也就是皇帝的私人钱库。

丁级机构四监是尚书省的附属机关,但它具有完全的独立性。

一、国子监,隶属礼部,即国立京师大学,设六个学系:国子学系、太学系、四门学系、律学系、算学系、书学系,每学系有若干教授(博士)。

二、将作监,隶属工部,负责政府重大土木建设工程。

三、军器监,隶属兵部,就是兵工厂。

四、都水监,也隶属工部,负责水利建设工程。

最后,我们叙述行政中枢,即甲级机构的"三省"。尚书、中书二省,是三世纪曹魏帝国的旧制,不过尚书省所属六部的权力,更为扩大,实质上已完全代替了九卿,他们的职掌在下表中已加说明。六世纪北魏帝国和南梁帝国时,又在这二省之外增加门下省——因它设在宫门之下而得名。于是中央政府遂成为三省,具有下列的编制:

省别	首长	副首长	属官或属署			
中书省	中书令（正二品）	侍郎（正三品）	右散骑常侍（高级顾问·从三品）、右谏议大夫（高级谏官·正四品）、中书舍人（法令规章厘定撰写·正五品）、起居舍人（记录朝政·从六品）、通事舍人（礼仪官员·从六品）、右补阙（低级谏官·从七品）、右拾遗（低级谏官·从八品）			
门下省	侍中（正二品）	侍郎（正三品）	左散骑常侍左谏议大夫给事中（御前监督官·正五品）、左补阙左拾遗起居郎（记录皇帝言行·从六品）			
尚书省	尚书令（正二品）	尚书左仆射、尚书右仆射（从二品）	吏部（文官部）	（首长）尚书（部长）（正三品）	（副首长）侍郎（副部长）（正四品）	每部设四个"司"，司长称"郎中"（从五品），副司长称"员外郎"（从六品）
			户部（财政部）			
			兵部（国防部）			
			刑部（司法部）			
			礼部（教育部）			
			工部（建设部）			

　　三省职权的划分：中书省发布命令，门下省审查命令，尚书省执行命令。普通情形下，诸宰相在设于中书省的政事堂举行会议，由中书舍人（中书省专门委员）先用书面写出各人的意见，送呈中书令，征求同意，然后提出会议，由会议做出决定，奏报皇帝。皇帝批准后，再交中书省，用皇帝名义，发布诏书。在发布之前，必须送门下省审查，门下省认为不合适时，可以拒绝副署，诏书缺少副署，依法即不能颁布，而给事中且有把诏书退回（封敕）的特权。如果门下省没有异议，则副署之后，即成为国家正式法令，交由尚书省执行。整个帝国政令，在这种方式下运转。

　　——三省职掌的划分，十分有趣，却也十分无聊，它只不过是皇权一权的琐碎分配。实质上中书省只是皇帝私人的秘书室，门下省只是皇帝私人的收发室。看它们的官属，无论官称和职务，几乎完全相同，只好勉强用"左""右"予以区分。只有尚书省有其存在价值，但没有像国会之类或像罗马元老院之类会议性质的制衡机构。中国传统文化中缺少人权思想，政治思想中缺少民主思想，再多的农民暴动或民变政变，因缺少这两大思想的最高指导原则，所以始终无法产生代议政治或其他任何种类的民意机构。

　　三省首长是当然宰相，但因李世民大帝曾经担任过尚书令的缘故，大臣们不便于再称这个官号，尚书省遂一直由副首长尚书仆射（执行长）代理首长，成为当然宰相之一。除此之外，其他官员——大多是中书、门下二省副首长（侍郎）或六部首长（尚书），皇帝命他"参知政事""同平章事""同中书门下三品"时，同样也是宰相。所以宰相名额，总在三人以上，而以声望最高的一人为首相，不过并没有首相名义，他只有影响力，而没有法定权力。诸宰相除了定期会议外，还要定期在政事堂共同进餐，以更多的时间会商国是。

六　教育与科举

唐王朝的学校制度和考试制度，影响中国一千三百年之久。

学校的设立是中国古老的传统，但大分裂时代中，各独立王国因军费不足，往往停顿。上世纪（六）国家统一，学校教育也随之复兴。唐政府带给人民安定，学校教育更趋发达。各州有州立学校（州学），各县有县立学校（县学）。首都长安有三个高等教育机构：

一是前述的隶属于尚书省礼部的"国子监"，即国立京师大学。

二是隶属于门下省的"弘文馆"，即政府主办的普通贵族大学。

三是隶属于皇太子宫的"崇文馆"，即皇太子主办的高级贵族大学。

后二校学生限定必须具备某种资格，如皇族近亲、皇后或皇太后近亲，或宰相的儿子，一品以上高级官员的儿子，才能入学。只有国子监大学，低级官员的儿子或平民出身的学生，也可以就读。李世民大帝在位时，常常去国子监视察，使学校教育更受到重视，当时学生人数已达三千余人。东方高句丽王国、新罗王国、百济王国、渤海王国、日本帝国；西方高昌王国；后来还有吐蕃王国，以及南方南诏王国，都有大批留学生前来受课，成为世界上最可观的高等学府。

学校所用教科书，当然限于儒家学派的"五经"。因为对"五经"的解释，各学者互不相同，唐政府指定国子监大学校长（国子祭酒）孔颖达，组织一个委员会，对"五经"的解释，重新确定，出版《五经正义》，共有下列九书——因之世俗有时也索性称之为"九经"：

总称	经别	书别	类别
五经（九经）	《诗经》	《毛诗正义》	三经
	《书经》	《尚书正义》	
	《易经》	《周易正义》	
	《春秋》	《左传正义》	三传
		《公羊正义》	
		《谷梁正义》	
	《礼经》	《仪礼正义》	三礼
		《周礼正义》	
		《礼记正义》	

经过唐政府的核定颁布，这九本书遂成为学校的标准本教科书，无论研读或考试，或其他任何情形下涉及"五经"时，都以此"正义本"为标准。这是一个统一思想的基本措施，儒家学派的思想领域，再被缩小。学生们在学校研究"九经"，只要能搞通其中一经，即由唐政府授予官职。

学校教育的发达，促使科举制度的发达。上世纪（六）隋王朝统一全国后，对门第世家独霸政府的现象，予以变革，改用考试的方法，向平民阶层选拔新进官员。凡考试及格的知识分子，不问什么门第，一律委派官职。唐王朝继承了这个办法，并使之成为一种最受尊重的制度，称为"科举"。考试分很多种类，而以"进士科""明经科"最有地位，又因进士科及格的人士比较容易得到高位，宰相又大多数都是进士科出身的缘故，所以尤为尊贵。参加考试的考生称为"士子"，士子大多数来自学校和地方政府的推荐（乡贡）。他们千里迢迢，集中首都长安（陕西西安），首先向尚书省礼部报到，然后等候通知，入场应试。考试及格，当时术语称"进士及第"，跟现代的"博士"一样，是一种光荣的身份。在以后，考试及格的第一二三名，更专称为"状元""榜眼""探花"，尤属光荣中的光荣。他们在发榜时所受的崇拜，不亚于第一个登陆月球的航天员。科举制度在中国实行了一千三百年，直到二十世纪初叶才被废止。在此一千三百年中（只十三世纪蒙古帝国时中断数十年），成为儒家学派知识分子所追求的最高目标。状元、榜眼、探花，也成为家长为女儿求偶最理想的对象。中国无数文学作品，都用此作为题材。

李世民大帝对科举制度有他的看法，当他从宫殿高处望到进士们鱼贯而入的肃穆行列时，兴奋地说："天下英雄都被我装到口袋里了。"身为世袭的专制帝王，这种看法极其自然。在此之前，政权一直是关闭的，只限于贵族和门第世家。因科举制度，使政权的大门向民间开放，虽然只是窄窄的一条缝隙，但与根本关闭多少有点差异。聪明才智人士为了从这一条窄窄缝隙进入政府，不得不把全部生命消磨在"九经"的九本儒书之中，再也没有精力谋反革命了。这种现象，可以减少社会上不稳定的因素。

七　佛教净化与三教合一

继五世纪高僧释法显之后，本世纪（七）又出现高僧玄奘。他的行迹和功绩，跟释法显相同，而影响更大。玄奘于二十年代627年离长安西行，冒犯当时不准出国的严格禁令，渡过西域（新疆及中亚东部）流沙和葱岭雪山，到印度寻求佛教经典。历时十九年，于四十年代645年返抵长安。李世民大帝没有追究他偷渡的罪名，反而给他很高的尊敬，请他主持长安最大的庙院弘福寺。玄奘翻译他从印度千辛万苦带回来的佛经，先后完成了七十五部。这是一个庞大的数字，即令在二十世纪，翻译工具如字典词典之类书籍俱备，一个人能译出七十五部巨著，也不容易。

——玄奘被人们称为"唐僧""唐三藏"，在中国家喻户晓，连儿童都知道他。历史上高僧太多了，释法显就是其中之一。只有玄奘盛名永垂不朽，这应归功于十六世纪时的大文学家吴承恩所写的一部小说《西游记》。这是一部成功的幽默小说，不过书中却把玄奘写成一个脓包，而把他的门徒之一孙悟空，写成一个神通广大的英雄人物。

佛教是一个在非常复杂的印度社会中产生的宗教，它包括两种成分：一是印度当时崇拜的鬼神，一是印度当时盛行的唯心哲学。佛教经典因之也分为两部分：一部分称"小乘"，属于前者；一部分称"大乘"，属于后者。玄奘带回来的佛经，以大乘为主，而大乘与宗教无关，只与哲学有关，于是佛教内部，开始分裂。宗教的要件就是崇拜鬼神，必须崇拜鬼神才能称为宗教。犹如画家的要件是绘画，他必须绘画，才能称为画家。佛教徒中部分知识分子从大乘经典中发现系统分明的心理分析，是中国古哲学和儒家学派儒书中所根本没有的东西，遂如获至宝，宣称佛教都是哲理，并不迷信，好像画家宣称他并不绘画一样，这种态度在佛教中产生一种我们姑且称之的"佛家学派"。它的发展顺序跟道家相反，道家先有道家学派，再分裂出道教。佛家则先有佛教，才分裂出佛家学派。佛家学派与佛教的差异，如同道家学派与道教的差异，以及我们曾经比喻过的"热狗"与"狗"的差异。

佛教传到中国后，小乘受到道教仇视，大乘受到儒家学派仇视。数百年斗争的结果，终于产生一种调和的局面，即"儒""佛""道"三教合一。这种调和的出现十分突兀，而且在理论上根本不可能，一则，"儒"还没有资格称为宗教。二则，信仰具有排他性。不过如果发现佛教的分裂现象，合一的只是学派而不是宗教，

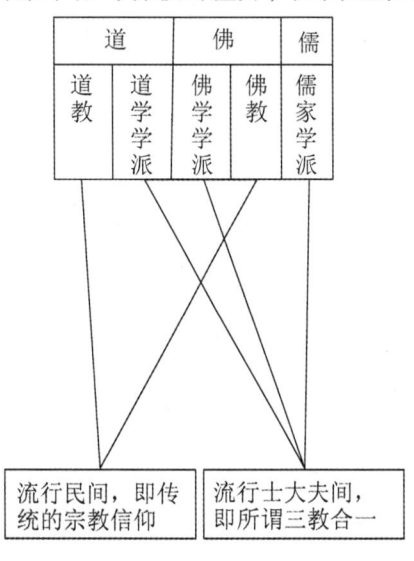

便可了然。所谓三教合一，应正确地指出是三个学派合一。我们试用下表作一说明：

佛教译经事业在本世纪（七）达到高峰，玄奘之后，便无以为继。因为佛教在发源地的印度已告没落，不再有新的经典出现。佛家学派在大量问世的佛经冲击下，更分为很多琐碎的派别，如"律宗""禅宗""华严宗""法相宗"等等，在自己的小天地中，互相排斥攻击。但真正的佛教，却终于抛弃掉大乘的纠缠，成为纯净的宗教，跟道教一样，向民间传播，这种力量超过仅在士大夫之间流行的大乘万倍。因果报应，轮回转生，冥冥中自有神灵为人类主宰的观念和信仰，深植人心。

八　中国疆土的再扩张

第二个黄金时代带给中国对外的最大成功，是恢复固有的疆土。大分裂时代使沿边土地大量丧失，隋王朝虽一度振发，但时间太短，不久即因政府覆亡而再度丧失。唐王朝最初的目标只希望排除北方突厥汗国的威胁，可是接连着不断的军事胜利，使中国疆域回到公元前三世纪秦王朝和公元前一世纪西汉王朝时的版图，而且还要超过。唐政府在沿边疆土，先后设立下表所列的六个总督府（都护府），像六根巨柱，保卫中国本土。

府别	设立年份	府址	辖区	备注
安西总督府	（本世纪）七，640	龟兹（新疆库车）	天山以南	初设西州交河城（新疆吐鲁番），658年，迁龟兹。
安北总督府	647	阴山（内蒙阴山）	漠北	初名"燕然总督府"，设云中（内蒙和林格尔）。663年，改"瀚海总督府"，迁金山（蒙古哈尔和林）。669年，改今名。
单于总督府	663	云中（内蒙和林格尔）	漠南	初名"云中总督府"，664年，改今名。
安东总督府	668	平壤（朝鲜平壤）	东北地区及朝鲜半岛北部	676年，迁辽东（辽宁辽阳）。677年，迁新城（辽宁抚顺西）。
安南总督府	679	交州（越南河内）	越南北部	
北庭总督府	（下世纪）八，702	庭州（新疆吉木萨尔）	天山以北	

唐王朝的沉重边患既是北方的突厥汗国，自然成为反击的第一个对象。

本世纪（七）头十年603年，启民可汗的对头达头可汗兵败，向启民可汗投降，启民可汗遂成为突厥的大可汗。可是位于西部金山（新疆阿尔泰山）小可汗之一的泥撅处罗可汗却不承认，宣称他才是突厥的大可汗。于是突厥汗国分裂为二，东西对峙。

东突厥汗国虽然失去了西部部落，但仍然保持强大，尤其本世纪（七）初叶，中国本部正逢十八年改朝换代大混战。北方崛起的民变领袖们，像梁师都、刘武周，都向东突厥进贡，接受封号。唐王朝开国皇帝李渊初叛时，也同样向东突厥进贡。李渊在位期间的二十年代，东突厥使节和商人，到了大唐，就像猛虎进了羊群，奸淫烧杀，无法无天。而突厥兵团仍不时深入大唐国境，根本忽视大唐帝国的存在。大臣们一度建议放弃长安，向南方迁都。李渊虽因关系太大没有采纳，但对突厥人的横暴，始终不敢表示一丝不愉快。

二十年代626年，玄武门事变刚刚结束，李世民大帝刚刚即位，东突厥汗国即向长安发动奇袭。大可汗颉利可汗（启民可汗幼子，始毕可汗幼弟），和他的侄儿小可汗突利可汗（始毕可汗长子），长驰南下，直抵渭水便桥。距长安只隔一水，上下震恐。李世民大帝无可奈何，只好孤注一掷，亲自到渭水便桥向颉利大可汗乞和，除了重申誓言继续臣服外，并答应增加进贡财物的数量，颉利大可汗才行撤退。这对李世民大帝是一个莫大的耻辱，然而也正因为这一次会面，李世民大帝亲眼察看到突厥在组织上所呈现的低能，遂决定提前反击。三年后三十年代630年，大将李靖北征，出定襄（内蒙和林格尔），深入阴山，颉利大可汗全军覆没，只身向西逃走，被唐军擒获。东突厥汗国所向无敌，竟被大唐帝国一战击溃，使北方各部落大为震骇，李世民大帝遂赢得"天可汗"的尊称。

——东突厥汗国各部落从此星散，但仍不时有"可汗"出现，或出于某一些残余部落的拥立，或出于唐王朝政府委派照顾某一些残余部落。其中也不断有若干可汗跟唐王朝对抗，不过都像火花一样，倏燃倏熄。如此断续地维持到下世纪（八）745年，最后一任大可汗白眉可汗被回纥汗国的怀仁可汗击斩，才彻底消灭。

东突厥汗国所属的铁勒部落，组成分子跟突厥一样，也十分复杂，包括很多不同种族的小部落，其中有两个小部落最为强悍——一是薛延陀部落，一是回纥部落。二十年代628年，薛延陀部落酋长夷男，取得铁勒部落领导权，遂脱离东突厥，自称可汗，建薛延陀汗国。两年后三十年代630年，东

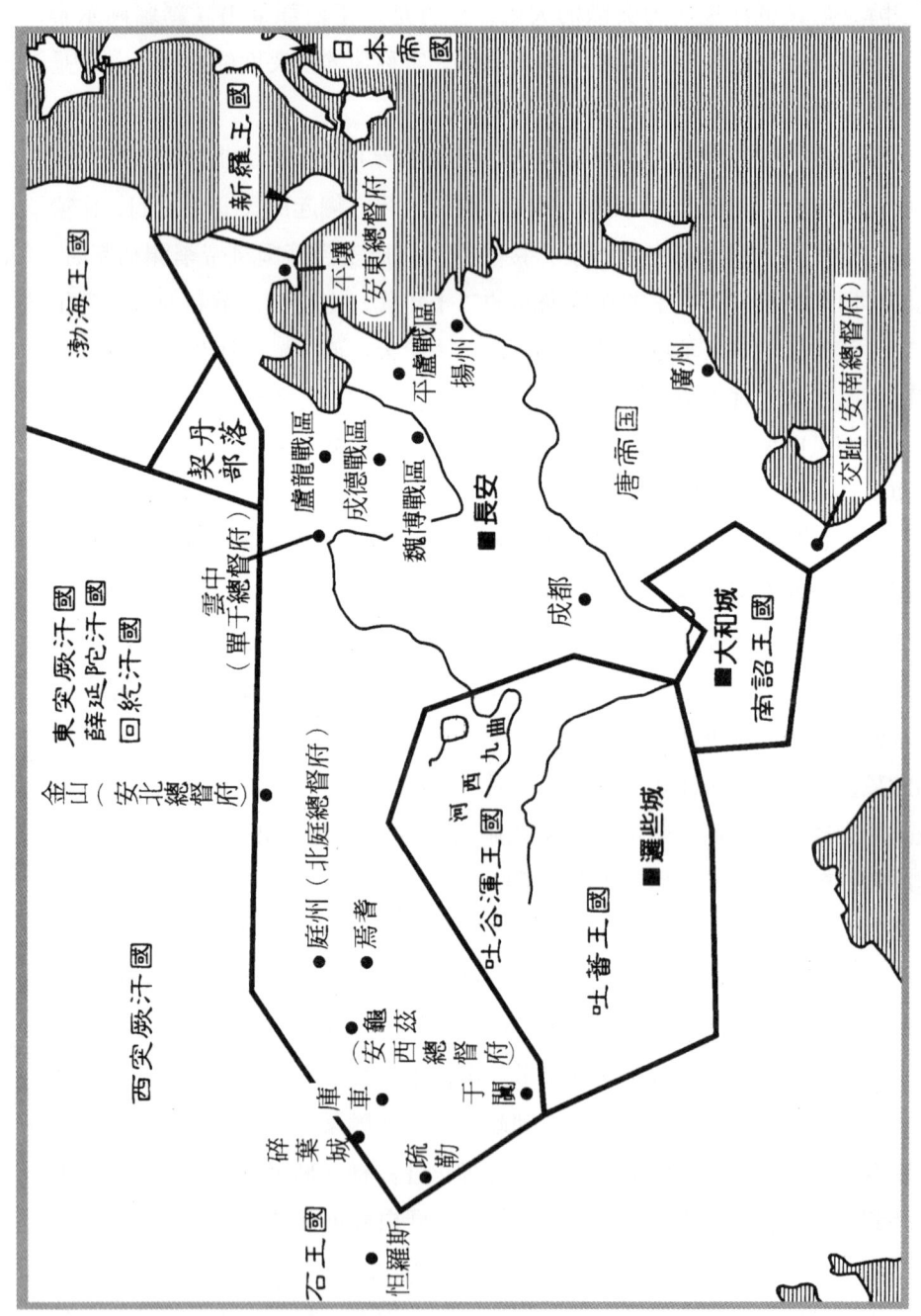

图三二　七世纪·唐王朝

突厥汗国星散，薛延陀汗国就收纳突厥的流亡部落，进入突厥故地，直接跟唐帝国为邻。唐帝国的富饶诱使它跟突厥一样，不断南侵。不过它的运气太坏，恰巧遇上中国第二个黄金时代。四十年代646年，唐帝国大将李道宗亲王出击，薛延陀兵团崩溃，最后一任可汗咄摩支可汗向唐帝国投降，汗国灭亡，立国只短短十九年。

薛延陀汗国灭亡后，回纥部落立即填补起来沙漠上的权力真空。但它仍然是一个部落形态，唐帝国册封它的酋长为瀚海都督。

九　西域征服与西南地区挫败

西域（新疆及中亚东部），中国的故地，但丧失的时间已有六百年，是太久了，所以当本世纪（七）四十年代，唐帝国势力向西扩张时，面对着的是一个完全新面貌的西域，已非公元前二世纪张骞和公元后一世纪班超时代城邦林立的西域。现在西域只剩下几个大国：高昌王国、焉耆王国、龟兹王国、于阗王国、疏勒王国、西突厥汗国，在互相争夺霸权。其中焉耆、龟兹、于阗、疏勒，都是古老的王国，因并吞邻国之故，疆土大大的膨胀。

引起唐帝国势力西进的是建国于车师前王国故地的高昌王国，面积达五万左右方公里，首都交河城（新疆吐鲁番）。它跟西突厥汗国结盟，对唐帝国采取围堵政策，封锁边境，断绝唐帝国跟西域的交通。虽经唐帝国一再呼吁，但仍扣留唐帝国难民不准回国。四十年代640年，唐帝国大将侯君集西征，高昌兵团大败，西突厥汗国协防的驻屯军惊骇之余，星夜撤退。横挑强敌的国王麴文泰忧愤而死，继位国王麴智盛出降，被送到长安，国亡。唐帝国把交河城改为西州，可汗浮图城（新疆吉木萨尔）改为庭州。

接着是焉耆王国，东西横亘四百公里，首都焉耆城（新疆焉耆），跟唐帝国邦交一向敦睦。侯君集灭高昌王国时，焉耆国王龙突骑支因跟高昌是世仇之故，还亲自到唐帝国远征军司令部道贺。可是后来却和西突厥汗国缔结婚姻（西突厥大臣的弟弟，娶了龙突骑支的女儿），对遥远的唐帝国转为冷淡，并一再扣留过境的唐帝国使节和往返唐帝国的其他国家的使节。644年，驻军高昌的安西总督（安西都护）郭孝恪，进攻焉耆，生擒龙突骑支，另立一位新王。但唐帝国远征军撤退后，西突厥汗国来攻，把新王杀掉，另立王族亲戚龙薛婆阿那支当国王。四年后（648），唐帝国大将阿史那（姓）社尔（名）西征龟兹王国时，顺便攻击焉耆，把龙薛婆阿那支杀掉。这一次唐帝国兵团不再撤退。

龟兹王国，面积约十万方公里，拥有七百余个城镇，首都伊逻卢城（新疆库车）。最初跟唐帝国相处也很好。但西突厥汗国终于把它争取过去，参加对唐帝国的围堵。648年，唐帝国大将突厥籍的阿史那社尔西征，生擒国王白诃黎布失毕。唐帝国原设在西州（新疆吐鲁番）的安西总督府，遂向西推进，移到龟兹。

疏勒王国（新疆喀什），于阗王国（新疆和田），两个与龟兹王国面积相当的国家，没有经过战争，就向唐帝国投降。唐帝国遂在焉耆、龟兹、疏勒、于阗，设立四个军事据点，称为"四镇"，隶属安西总督，作为唐帝国西陲屏藩。七十年代670年，吐蕃王国以倾国兵力对西域攻击，四镇一时陷落。二十二年后的九十年代692年，唐帝国大将王孝杰反攻，吐蕃败走，四镇又回到唐帝国版图。

对西域诸国来说，唐帝国和西突厥汗国，是两个巨人。西域诸国处在唐帝国和西突厥汗国夹缝中，跟前二世纪时处在汉帝国和匈奴汗国夹缝中一样，十分狼狈。上述五个王国，就是两大超级强权间的牺牲品。等到所有独立王国都被唐帝国并吞，唐帝国边境向北向西推进，直接跟西突厥汗国接触时，终于爆发一场决战。五十年代657年，唐帝国大将苏定方，率领远征军，包括回纥兵团和若干归附唐帝国的东突厥兵团，向西突厥汗国总攻，三道并进。西突厥沙钵罗可汗亲统十姓（十个部落）兵团，自中亚向东挺进迎击。两国大军在伊丽水（新疆伊犁河）以北相遇，沙钵罗可汗大败，率领残军渡伊丽水，向碎叶水（哈萨克斯坦吹河，或译楚河）撤退，唐帝国远征军穷追，在碎叶水北岸再次决战，沙钵罗可汗再大败。带着左右少数侍卫，向西逃亡。逃到咸海东南的石国（乌兹别克斯坦塔什干），被石国生擒，交给抵达城下的唐帝国远征军。

——跟东突厥汗国的情形一样，西突厥汗国的部落从此星散。以后虽然同样也有"可汗"兴起，总归昙花一现。到下世纪（八）四十年代742年，最后一任唐帝国派遣担任大可汗的阿史那昕，被龙突骑施部落击斩，西突厥汗国遂名实同亡。

唐帝国在西域获得的是完整的胜利，跟张骞、班超时代有很大不同，那时不过限于移殖屯垦，主要的是断匈奴右臂的军事联盟。而本世纪（七）起，却设州设县，又设军区，把西域纳入唐帝国行政系统，正式成为唐帝国领土。

但在西方边陲，唐帝国的扩张却受到挫败。

西方边陲的吐谷浑汗国（青海），是四世纪五胡乱华十九国之一前燕帝国的兄弟国。弟弟的一支进入唐帝国，在邺城（河北临漳）建立前燕帝国。哥哥的一支辗转两千公里之外，来到青海湖附近，建立吐谷浑汗国。在大分裂时代中，跟唐帝国西部边陲上的几个短命小国，如南凉、西秦，不断发生战争。本世纪（七）初，可汗慕容伏允在位，国力正强，遂跟唐帝国大起冲突。三十年代635年，唐帝国大将李靖率军深入青海草原，慕容伏允大败，集结兵力再战又大败，不能成军，只好率领残部向西北逃走，打算投奔西域当时还独立的于阗王国。走到柴达木盆地，部下散去，剩下的骑兵千余人，勉强支持，到了大沙漠中，部下几乎跑光。慕容伏允被侍从所杀。唐帝国就册封他送到长安做人质的儿子慕容顺当可汗。但慕容顺在唐帝国太久，汉化太深，不能为他的人民所接受，不数个月，就被刺死，由他的儿子慕容诺曷钵继位。李世民大帝为了稳定两国间的关系，把弘化公主嫁给慕容诺曷钵。然而吐蕃王国却在它背后不断抄掠它的牧群，慕容诺曷钵不能抵御。七十年代672年，整个汗国溃散，慕容诺曷钵和他的公主妻子，带着仅只一千余家残余部落，投奔唐帝国。

吐谷浑汗国灭亡，土地人民，全被吐蕃王国并吞。吐蕃王国是羌民族的一支所建的王国，包括现在的西藏、青海大部分——整个世界屋顶，比西域面积还要大三分之一，首都逻些城（西藏拉萨）。唐帝国从来不知道有这么一个国家，即令风闻，因为它在万里关山之外，也从来没有予以注意。当它于本世纪（七）三十年代派遣使节到唐帝国进贡、在长安出现时，唐帝国只不过把它当作一个荒远的小部落，但事实上它当时已十分强大。唐帝国为了利用它在吐谷浑汗国背后发生牵制作用，于四十年代641年，把文成公主下嫁给它的国王弃宗弄赞（松赞干布）。不过吐谷浑汗国却在连续不断攻击下衰弱不振，使唐帝国不得不倒转过来扶助吐谷浑汗国。

文成公主下嫁后三十年，七十年代670年，吐蕃王国进攻西域，西域四镇全失。唐帝国大将薛仁贵从青海湖西击，一则希望影响西域的局势，一则希望驱逐侵入吐谷浑牧地的吐蕃部落。但被吐蕃击败，全军覆没，只剩下薛仁贵和少数将领逃回。八年后（678），唐帝国再派大将李敬玄西击，再度全军覆没，副统帅刘审礼被吐蕃捉去。九十年代692年，另一位大将王孝杰才收复西域，但696年王孝杰第二次向吐蕃攻击时，又告失败。

吐蕃王国的强悍善战，使唐帝国在西南边陲遇到劲敌。

一〇 东方战争与永久和平

东方，指朝鲜与日本。

高句丽王国在本世纪（七）初，抵抗中国隋王朝攻击之前，南端的新罗王国（韩国庆州）曾占领它纵深二百五十公里的土地。四十年代后，高句丽王国发生政变，宰相（莫离支）渊盖苏文把国王高建武杀掉，另立高建武的侄儿高臧当国王，由渊盖苏文专政。他需要用对外的军事胜利以增加威望，于是跟半岛南端的另一王国百济（韩国扶余）联盟。于644年，向新罗进攻，宣称索回失去的国土。但连陷四十余城而仍不停止，显然的它要全部咽下去。新罗王国向唐帝国告急。唐帝国命高句丽停战，渊盖苏文拒绝。明年（645），李世民大帝亲征，那座杨广倾全中国之力不能攻陷的辽东城（辽宁辽阳），终被攻陷。接着连破白岩城（辽宁海城），盖牟城（辽宁盖州），进围安市城（辽宁海城）。安市城在高句丽名将杨万春固守之下，成为第二个辽东，唐帝国兵团百般攻击，杨万春百般防守，终不能攻破。而严冬已至，大地冰封，唐帝国远征军没有御寒装备，不得不撤退。杨万春在城上拜别致谢，李世民大帝命送他绸缎一百匹，表示对他的敬意。这一次的军事行动并不算是成功，但李世民大帝与杨广不同处在此，李世民没有斗气再来。

高句丽在北方失地丧师，对南方新罗的侵略只好停止。但百济王国却不停止，新罗真德女王撰写《太平颂》，亲自刺绣，呈献唐帝国，乞求援救。六十年代660年，真德女王的继承人金春秋，再向唐帝国告急。唐帝国派遣大将苏定方率海军赴援，舰队从成山（山东荣成）出发，在百济王国熊津江（韩国锦江）江口，强行登陆，百济战败，首都泗沘城（韩国扶余邑）陷落，国王扶余义慈投降。唐帝国就把百济收入版图，设立熊津等五个都督府，苏定方不久率军回国，留大将张仁愿镇守。

苏定方刚走，百济的高僧道琛和大将福信，就迎接当时在日本的太子扶余丰回国，继承王位，包围泗沘城唐帝国驻屯军。明年（661），唐帝国大将刘仁轨增援，也在熊津江口登陆，百济军迎战，大败，泗沘城之围解除，退保周留城（韩国韩山）。刘仁轨所率的兵力不多，不能进攻，只能帮助张仁愿坚守泗沘，僵持两年之久。663年，日本大军入援百济，唐帝国再派大将孙仁师渡海增兵，另一位大将刘仁轨率海军从熊津江进入白江（韩国锦江），准备跟孙仁师会合后进攻周留城。想不到就在白江口，与日本入援的海军舰队相遇，遂行决战。唐帝国舰队猛烈揳入日本舰队的腰部，日本舰队被从中切断，首尾不能相应，只好边战边退。唐帝国不断冲击，四战四捷，击沉和焚烧日舰四百余艘，烟火冲天，海水都化成血水，日本舰队全军覆没。这是中国跟日本第一次战争。扶余丰听到败讯，知道大势已去，放弃周留城，向北逃往高句丽王国。百济王国立国六百八十一年而亡。

高句丽王国宰相渊盖苏文于六十年代666年逝世，儿子们爆发激烈的夺嫡斗争，嫡子渊男生失败，投奔唐帝国。一个无比坚固的国家，外部历无数严重打击，都没有使它崩溃，如今却从内部裂开。唐帝国抓住这个机会，派大将李勣当总司令，渊男生当向导，由陆道东征。668年，攻陷首都平壤，国王高臧被俘。高句丽王国立国七百零五年而亡，朝鲜半岛的三国时代结束。

现在，朝鲜半岛四分之三的土地入于唐帝国，新罗王国局促在半岛东南角四分之一的土地上。不过唐帝国统治的时间只有九年，新罗王国对唐帝国并吞了那么多土地而竟没有分给它一点，深为不满。这个忘恩但勇敢的小国，开始暗中向庞然大物的唐帝国挑战，到处发动民变，促使平壤孤立。七十年代676年，唐帝国驻屯军不能支持，只好撤退，把设在平壤的安东总督府迁到辽东（辽宁辽阳），新罗王国遂统一朝鲜半岛的中部和南部，隔着溴水（朝鲜大同江），跟唐帝国为邻。

新罗王国统一半岛中南部后，并没有继续跟唐帝国对抗，反而非常明智地采取事大——事奉大国政策，对唐帝国十分恭顺。这个政策获得完美的效果，从此唐帝国和朝鲜之间，再没有战争，永为手足般的兄弟之邦。

高句丽王国灭亡后三十年，即698年，它的一位流亡在北方松花江流域的大将大祚荣和他率领的一部分武力，跟当地靺鞨部落结合，建立渤海王国。跟朝鲜半岛上的一些国家一样，全盘华化，官制官名，以及政府组织，与唐帝国无异。它对唐帝国也采事大政策，所以中渤之间，邦交敦睦，从没有战争。

——大祚荣最初称他建立的王国为震王国，下世纪（八）一十年代713年，唐帝国册封他为渤海郡王，才开始改用渤海作为国名。

日本帝国，跟朝鲜半岛上诸国同样古老，但那时候文化却比朝鲜落后，因为中国文化必须经过朝鲜，才能传入日本。本世纪（七）之前，日本仍是部落形式的结构，但在中国绝对优势的文化冲击之下，日本固有的一切，已不能适应国内的需要和崭新的国际局势。于是产生现代化——即中国化运动。四十年代646年，孝德天皇下令把全国土地从贵族手中收回，改为国有。废除类似奴隶主的世袭官爵制度，使全国人民不再隶属贵族，而直接隶属天皇。效法中国办法，贵族只有封爵，没有土地。改用中国特有的"年号"制度，定本年（646）为大化元年。依照中国政府三个"省"的形态，组织日本政府，设立六个"省"，分别掌理国务。并普及教育，采取中国文字为法定文字，以孔颖达的《五经正义》为法定课本。这是日本第一次大规模接受现代化文化运动，史学家称"大化改新"。从此，日本跟朝鲜半岛诸国一样，成为中国之外的另一个中国，无论文字、教育、官制、政府，甚至意识形态，和中国几乎完全相同。

——日本的中国化运动，大化改新只是起步。从此之后，对中国文化的吸收，一千余年间，与日俱增。因之普遍的产生一种中国崇拜，认为日本一切都是错的，中国一切都是对的。若干著名的学者甚至认为中国的改朝换代才合乎经典，而日本天皇万世一系制度，是一种可耻的谬误。日本人最初以夷狄自居，尊奉中国是中国，后来则自以为日本才是中国，中国反而成了夷狄。平安时代（794—1185）名诗人赖忠传，曾有诗说："乘船当乘作文船，扬名无逾作汉诗。"可说明日本对中国倾慕的程度。

一一 武曌（武则天）——中国唯一的女皇帝

黄金时代二十年后，进入五十年代，一个年轻美丽的女人在唐王朝宫廷中站起。

这个女人是武曌，当她十三岁时，被选入皇宫，之后被列为李世民大帝的姬妾之一。唐王朝初期的皇宫姬妾，有十九级："惠妃""淑妃""德妃""贤妃""昭仪""昭容""昭媛""修仪""修容""修媛""充仪""充容""充媛""婕妤""美人""才人""宝林""御女""采女"。武曌是第十六级的"才人"，而"才人"同时有九人之多，她不过九人中的一人，那是一个绝望的位置。武曌二十六岁的那一年，即四十年代649年，李世民大帝逝世，依照皇家规定，已故皇帝的姬妾，都要出家削发为尼，在空门青灯之下，寂寞地各终其天年。李世民大帝的姬妾都被送到长安的感业寺，武曌自然也在其中，这更是一个更绝望的位置。然而，命运之神施给她恩典。五年后的五十年代654年，继任皇帝李治，跟他的妻子王皇后，到感业寺进香。李治当太子时曾对武曌的美色垂涎三尺。现在，他在尼姑行列中看到武曌，武曌当然也看到他，但今已非昔比，她流下眼泪，李治也流下眼泪。这一切被王皇后收入眼底，王皇后那时正跟李治的另一位姬妾萧淑妃争宠，于是把武曌接回皇宫，想用她帮助自己打击萧淑妃。武曌的嘴可以流出蜜来，使王皇后待她如同姊妹，竭力推荐给李治。

李治于654年时二十七岁，武曌已三十一岁，比李治大四岁。一个没有人生经验的年轻男人，一旦落到一个备尝风霜、充满机心，年龄又成熟了的美丽女人之手，就好像一只苍蝇落到蜘蛛网上，除了粉身碎骨外，很难逃生。仅仅几个月工夫，李治就成为她掌中玩物。武曌遂开始她第一个目标：皇后宝座。明年（655），她把她刚生下来的女儿亲手扼死，然后诬陷是王皇后下的毒手，这个杀女案不久就发展成为王皇后与她的家人，以及萧淑妃也参加的，图谋对李治不利的谋反案，兴起宫廷大狱。结果把王皇后、萧淑妃各打一百棍，砍断手足，再投到酒缸，听她们哀号而死。李治正式册封武曌当皇后，距她离开感业寺只有一年七个月，攻势之凌厉与无情，使人惊骇。

武曌完成第一个目标后，接着追求第二个目标：权力。这当然需要非凡的设计与耐心。李治头部经常剧痛，双目不能睁开。武曌就跟李治同时出现在金銮殿上，听取大臣报告，并由武曌裁决，政府官员称他们夫妇为"二圣"，政府的控制权遂无声无息地滑到武曌手中。武曌所需要的是李治这样不生不死痛苦地活下去，使她有充分的时间铲除反对她的人，并埋伏下自己的力量。然而李治活得未免太久，他在位三十五年，到八十年代683年才死。

——武曌后来对李治厌恶入骨，但她能控制自己，没有谋杀他，这是她绝顶聪明的地方。李治死后，武曌所生的第三子李显（唐中宗）继位，只有三个月，武曌把他罢黜，立她所生的第四子李旦（唐睿宗）当皇帝，武曌以皇太后身份临朝听政，李旦完全成为木偶。这样维持了七年，到九十年代690年，武曌认为时机已经成熟，再把李旦罢黜，自己坐上皇帝的宝座。唐王朝，这个声势烜赫，当时世界上最大的帝国，被武曌不动声色地取消。武曌是中国历史上第一个，也是唯一的一个女皇帝，她建立的王朝称南周王朝。

武曌是一个杰出的女人，具有绝顶的才干和智慧，她苦心孤诣二十八年才当上皇太后，再苦心孤诣七年才当上皇帝，那时已是六十七岁的老太婆了。在那个时代，可以想象到的，几乎所有的人都反对她，李姓皇族和政府全体官员，以及当时的儒家学派礼教社会，无一不拒绝一个女人担任皇帝。所以武曌用她自己的方法保护她的王朝，即任用酷吏，无情而扩大地执行冤狱政策，做大规模但表面合法的屠杀。凡是反对她的人，或被认为反对她的人,以及酷吏所网罗的人,一律用法律判决他们谋反,连同家属或家族,一并处斩。包括李治的舅父长孙无忌(李治所以能立为太子,完全是舅父之力)和武曌亲生的两个儿子——长子李弘,次子李贤。而且连武曌的嫡亲孙儿,也都被这位应该是慈祥的老祖母鞭死。

——只有无限权力才有如此猛烈的毒性,使一个母亲和祖母疯狂成武曌这种样子。

一二 酷吏与酷刑

南周王朝政权是一个赤裸裸的特务政权,建立在酷吏主持的诏狱系统之上。名义上是武曌在统治,实际上是酷吏集团在统治。

法律的好坏,不在"法条"的本身,而在"诉讼法"的执行。不在如何处罚犯罪,而在如何确定犯罪。唐王朝的法律,是中国各王朝法律中最完善的一种,但因中国古政治思想缺乏人权观念,所以中国始终不能产生证据主义的诉讼法,唐律自不例外。于是酷吏的酷刑就代替诉讼法,法官在侦查报告时,不追求事实,只追求口供。一个人明知道一旦诬服谋反,即将全族被屠,而仍"坦承不讳""自动招认",这便是酷吏的功能。

武曌所组成的酷吏集团,最有名的可举出下列数人:

来俊臣 武曌最亲信的助手之一,在他当权时,除了武曌自己和武姓亲属外,所有政府官员和牵连所及的民众,都在他的刑事诉讼法——酷刑之下发抖。任何人(包括亲王、宰相)只要由来俊臣逮捕审讯,很少能活着走出狱门。他审讯被告时所用的酷刑,仅只"枷"一项,就有十种使人心悸的名号:"定百脉""喘不得""突地吼""着即承""失魄胆""实同反""反是实""死猪愁""求即死""求破家"。其他酷刑,也各有名称,而且美丽香艳,充分表示对人权和对人性尊严的摧折和戏弄。如"凤凰展翅",把被告手足绑上短木,像扭绞绳索一样的扭绞双臂。"驴驹拔橛",把被告绑到柱子上,用绳子系着颈项,向前牵引,如果不及时招认,脖子就会被拉断。"仙人献果",教被告赤裸着身体跪在碎瓦砾上,双手捧枷,举过头顶。"玉女登梯",教被告爬上高梯,用绳子拴着脖子,向背后牵引,或窒息而死,或跌下摔死。

来俊臣不仅是实行家,还是理论家。他著有《罗织经》一书,是人类有史以来第一部制造冤狱的经典,经上指示的程序有七:

一、先确定对象。

二、由特务们从四面八方向有关机关或当权人物，发出告密信件或检举信件。

三、等候有关机关或当权人物把这些信件，交下调查（事情发展到此，对象的命运已经确定。也可以说，当酷吏在确定对象时，对象的命运就已经确定，因为那些涉及谋反叛国巨案的信件，不可能不交下来）。

四、根据这些交下来的信件，把对象逮捕审讯。

五、审讯时施用酷刑，取得理想的口供。——要注意的是，如果拒绝招认而死于酷刑之下，就又多了另一个罪名："畏罪自杀"。被告只有两条路可以选择：一是招认，一是死于酷刑之下。事实上并不需要对每一个被告都施酷刑，如宰相狄仁杰等，就没有受到拷打，只教他知道如果不合作将发生什么，效果相同。

六、审讯时教被告们在口供中互相牵引，并扩大向社会牵引，人数多寡和范围大小，由当权人物或酷吏决定。

七、把被告口供整理编撰，使互相吻合，毫无破绽。于是，程序完成，一件谋反叛国巨案，宣告破获。

索元礼　武曌情夫之一的薛怀义的干爹，所以最得信任。他最大的本领是，只几天工夫，就可以从一个被告牵引出一千个被告。被告交给他，跟交给来俊臣一样，百死一生。他发明一种特制的铁笼，教被告把头伸到里面，而里面满钉铁针。有时他把被告倒悬起来，在头部系上石头，使它下坠。有时用醋汁灌被告的鼻孔，直到招认或被窒息而死。有时用铁圈套到被告头上，在缝隙中打入木楔，直到招认或脑浆迸裂。

侯思止　一个不识字的法官，他对武曌说："我虽然不识字，可是我忠心除奸。"武曌很欣赏他。侯思止以审讯宰相魏元忠一案而闻名，当魏元忠拒绝承认谋反时，他认为魏元忠空言狡辩，把魏元忠双足缚住，在地上倒拖。

周兴　他当权的时间很短，但他在冤狱史上的地位却非常重要。有一天，武曌把一件密告周兴谋反的检举信件交给来俊臣调查。来俊臣跟周兴是最好的朋友，而且那一天二人又恰恰在一起共进午餐。任何人都以为来俊臣一定会为他的好友昭雪，但这是不懂特务本质的人的想法。特务的本质是互相吞噬的，对越是要好的朋友越加残忍，用以表示他自己的清白与忠贞。来俊臣问周兴说："有一个被告，态度非常顽强，不肯承认谋反，最好用什么办法对付他？"周兴说："简单得很，把他装到大瓮（缸）里，四周燃起炭火,他就非承认不可。"来俊臣教人如法布置妥当后,对周兴说:"有人告兄台谋反,我奉命调查,请君入瓮。"周兴的尴尬与狼狈,以及结局,是可以推断的。从此,"请君入瓮"一语,成为中国最有名的成语之一。

东西方世界

——头十年·607年(杨广在启民可汗王庭炫耀威风),日本帝国推古天皇遣使节小野妹子前来中国,中国遣使节裴世清赴日本报聘。

——二十年代·622年(中国本部正逢十八年改朝换代混战),伊斯兰教教主穆罕默德在麦加被逐,率门徒逃到麦地那。伊斯兰教徒即以本年为回历元年。

——三十年代·630年(唐帝国擒东突厥颉利大可汗,李世民大帝被尊为天可汗),穆罕默德攻陷麦加,建阿拉伯帝国。中国史学家称之为大食、天方。

——三十年代·632年(唐帝国擒颉利大可汗后二年),穆罕默德逝世,没有儿子,政府设"哈利发"为元首。

——三十年代·638年(唐帝国灭高昌王国前二年),阿拉伯帝国攻陷东罗马帝国属城耶路撒冷,伊斯兰教从此在巴勒斯坦传播。

——四十年代·646年(唐帝国灭薛延陀汗国),(一)阿拉伯帝国攻东罗马帝国北非领地,陷亚历山大城。伊斯兰教从此在北非传播。(二)日本帝国"大化改新",全盘吸收中国文化。

——六十年代·661年(唐帝国灭百济王国前二年),阿拉伯帝国第四任哈里发被刺死,大臣穆阿维叶自立为第五任哈里发,废除选举制,改为父子世袭,并把首都从麦地那迁到大马士革。西洋史学家称之为倭马亚王朝,中国史学家称之为白衣大食。

——七十年代·672年(吐蕃王国灭吐谷浑汗国),日本天智天皇逝世,皇弟大海人起兵攻皇太子大友,大友兵败自杀。大海人即位,是为天武天皇,史学家称"壬申之乱"。

第 21 章
第八世纪

本世纪一开始，武曌的南周王朝即告灭亡，唐王朝复辟。但宫廷又陷入混乱，发生皇帝皇后被杀的流血惨剧。几经变化之后，帝位被亲王之一的李隆基获得，局势才告稳定。

可惜李隆基在位的时间太久，几占去本世纪的一半。他年轻时曾把社会带上高度繁荣，但他的聪明才智，随着他的年龄日老而日渐消失。五十年代后，中国第二个黄金时代在他手中结束。

中国经一百三十年的超级强大，又走上了下坡。

一 一连串宫廷政变

武曌的南周王朝先天地注定它无法通过瓶颈,那就是,武曌没有能力解决她的继承人问题。如果把帝位传给儿子,帝位本就是夺自儿子的,不过物归原主,南周王朝一定消灭。如果传给侄儿,当然可以保存南周王朝,但在感情上儿子总是血亲,而且武曌只是一个野心家,当了皇帝,已心满意足,她并没有高级的政治理想,要建立一个武姓世袭帝国。更有一个原因,她也怕传给侄儿会激起强烈的反应。分歧复杂的原因使武曌不能下定决心,她知道人们都在等待着她的死亡,以便恢复正常。她唯一的办法是命李姓子弟跟武姓子弟到神庙盟誓,互不杀害。她也知道这种办法不过瞎胡闹,但她已经计穷。就在她处于极端困难时,发生政变。

头十年705年,宰相张柬之奉迎李显复位,派兵把武曌逐回皇太后应该居住的上阳宫。武曌已八十二岁,受不住这一生中最后的当头一棒,狼狈回到上阳宫后即一命呜呼。南周王朝自然随之而去,它在历史上出现短短十六年,对人类文化最大的贡献是一部《罗织经》。

唐王朝中断了十四年之后,于此复国。然而,李显跟他老爹李治一样的昏庸,复辟不久,他的妻子韦皇后就效法婆母武曌往年故事,跟李显同时出现在金銮殿上听政。并且跟武曌的侄儿之一的武三思私通,把武姓家族置于新政府的保护之下,帮助李显复国的张柬之等一批忠心耿耿的大臣,反而被祭起"诬以谋反"的法宝,落在酷吏之手,全部处死。一般人所期望的中兴气象,完全落空。当权人物除了武姓戚族(不久以前还是皇族)外,又多出了韦姓戚族。尤其是李显最宠爱的小女儿安乐公主,她跟她母亲韦皇后,公开招权纳贿,把国家官爵,分别标定价格,县长若干,州长(刺史)若干,公开兜售,价款缴足,母女就用皇帝名义,通知中书省发布人事命令,这种官员,当时称为"斜封官"——皇帝下达中书省的谕旨,都斜着封口,表示不必再交门下省审查。安乐公主经常把诏书写好,用手遮住内容,请老爹签名。李显爱女心切,竟然也不看到底写些什么,签名了事。然而,事情不能到此为止,韦皇后希望丈夫早日死掉,以便她步婆母武曌的后尘,也当女皇帝。安乐公主要求父亲立她为皇太女,李显知道大臣们不会接受这个决定,不肯答应。于是女儿也希望老爹早日死掉,母亲当女皇帝时,她就可成为合法的继承人。

权力欲望使母女丧失人性，一十年代710年，她们把毒药放到李显吃的馅饼里，这个老实的好丈夫好父亲，竟死在爱妻爱女之手，总共当了六年皇帝。他死之后，韦皇后没有亲生儿子，就立李显跟姬妾生的一位十六岁的儿子李重茂继位，而由她以皇太后的身份主持国政。他们把政治看得太简单了，武曌布置她的势力费去二十余年工夫，还不敢动谋杀念头，而韦皇后只在短短的六年后，在没有完全控制住局势之前，就把自己的能源切断。第六世纪北魏帝国胡太后所面临的大风暴局面，重新出现。母女们只高兴了十九天，李显的侄儿李隆基亲王率领禁卫军冲入皇宫，韦皇后被杀，二十七岁的美丽少妇安乐公主，正在对镜梳妆，变兵大刀一挥，人头与宝镜同时落地。

李隆基的父亲李旦，是李显的胞弟，上世纪（七）末，曾在母亲武曌手下当过七年的傀儡皇帝。李隆基发动政变时，他不知道。等到知道时，政变已经成功。于是把李重茂逐下宝座，由李旦继位。两年后（712），李旦把帝位传给李隆基（唐玄宗）。

李旦是一个淡泊的人，对权力名位不太措意。但他的妹妹，也是武曌唯一的女儿太平公主，却完全遗传了老娘的坚强性格，对政治充满野心。李旦在位时，她通过哥哥的手，控制政府，当时七个宰相，其中五个是太平公主的党羽。李隆基上台后，她发觉这位年轻的侄儿不太顺服，计划另立别的侄儿。李隆基察觉到这个阴谋，713年，他先下手为强，在首都长安戒严，展开大规模逮捕整肃，这位姑母只好自杀。

一连串宫廷政变，延续九年，局势才定。

二　两洋海上交通

中国第二个黄金时代在酷吏酷刑和一连串宫廷政变阴影下，仍然继续。

我们必须了解，酷吏酷刑不是偶发事件，而是一种常态。公元前一世纪路温舒所指出的现象，一直存在，并没有改善。来俊臣之流的手段，并不能跳出这个传统范畴。儒家学派政治制度下，"礼不下平民，刑不上大夫"，刑罚只是专为平民而设，不可用来对付士大夫。所以任凭路温舒怎么为平民呼吁，士大夫并不注意，因为自信自己并没有被政府酷吏苦刑拷打的危险。武曌一下子用它来广泛地对付士大夫，士大夫才震惊哀号，奔走相告。所以酷吏酷刑对士大夫的影响大，对平民的影响小，社会结构如故。至于宫廷政变，更只限于宫廷。平民对谁当皇帝，既无力量干预，也无兴趣过问，社会的发展与运行也如故。所以黄金时代并没有中断，并且在李隆基建立一个安定的政府后，更为蓬勃兴旺。

首先是两洋海上交通，进入一个新纪元。

西洋方面，指东南亚及印度洋沿岸。最早开始于第二世纪六十年代166年，罗马帝国的一位使臣，曾到日南（越南东河），声称奉罗马皇帝安敦（安东尼）差遣，向中国皇帝致送象牙、犀牛角等礼物。这可能是商人的噱头，藉此进行贸易，但他却是有文字记载的第一个由海道到中国的西洋人士。第二位是第三世纪二十年代226年，罗马帝国商人秦伦，乘船到交趾郡（越南河内），交趾郡的郡长（太守）把他送到当时东吴帝国的首都建业（江苏南京），觐见当时的东吴王孙权。中国人什么时候由海道前往西方，没有记录。但没有记录，并不是没有事迹，茫茫大海中，既有人冒险寻觅出一条航路，这条航路自不可能私藏，商人循迹往返贸易，应在意料之中。但定期航行，却延迟到本世纪（八），才正式大开。中国沿海几个最大港口，如交州（越南河内）、广州（广东广州）、泉州（福建泉州）、明州（浙江宁波），都是跟西洋大规模通航下的产物。而诸港口中，又以广州为集散地。前往西洋（东南亚、印度）的商船，先由中国其他各小港口集中广州，做最后一次饮水食粮补充，然后出发。由西洋到中国的商船，也先到广州，再北上其他港口。

远洋船舶与近海船舶，构造不同，船员需要特殊技能。而当时阿拉伯帝国商船队，靠此两者掌握海上商业霸权。广州港内挤满了阿拉伯船舶，中国商船只能屈居第二位。另外还有南海商船（马来亚半岛诸国）、波斯商船（阿拉伯帝国属地）、昆仑商船（非洲东岸诸国）、师子国商船（锡兰岛）、婆罗门商船（印度次大陆诸国）。为了处理这些商船的停泊供应，以及商品贸易和人员管理，中国政府在广州设立一个机构，名"市舶司"，首长称"市舶司使"，由广州地方首长（岭南战区节度使——节度使）兼任。

当时定期航运，有下列六线：

一、广州——波斯（伊朗）
二、广州——美索不达米亚（伊拉克）
三、广州——亚丁（阿拉伯帝国本土）
四、广州——师子国（锡兰岛）
五、广州——南海（马来亚半岛）
六、广州——阇婆（爪哇）

中国跟东洋海上交通，指朝鲜半岛、日本、琉求。

一、朝鲜半岛航线 这是中国对外最早，海程最短的航线。在有文字记载前，就已开辟。中国与朝鲜半岛诸国，只隔一道黄海，从中国辽东半岛或山东半岛任何一个港口出发，都可以毫无困难地到达朝鲜，实际上与内海航行，无太大差别。

二、日本航线 中国与日本交通，远落在朝鲜半岛之后。公元前三世纪八十年代前219年，嬴政大帝派遣使节徐福率领童男童女三千人，前往日本（蓬莱）求不死药。这个第一批前往日本的庞大探险队不再返国的影响之一是，中日间航线不能马上建立。第一世纪五十年代57年，日本列岛上诸国之一的倭奴国，派遣使节泛海到中国朝贡，中国皇帝刘秀特别封它的首长当国王，并颁发给他一个"汉委奴国王"金印。自此以后，商人来往渐多。本世纪（八）时，已有两条航道：一由山东半岛成山角（山东荣成）出发，沿朝鲜半岛南端，到达日本九州岛北部肥前。一由明州（浙江宁波）出发，到达日本九州岛南部长崎。

三、琉求航道 琉求（琉球群岛）是一个比日本还古老的王国，最初名"夷邪久国"。第三世纪时，中国遥称它为"夷洲"，而遥称日本为"亶洲"。230年，中国三国时代东吴帝国皇帝孙权派遣大将卫温，泛海东征亶洲（日本）。卫温到了夷洲（琉球）后，不敢再进，掳掠数千琉求人而返。从明州到日本，顺风顺流时，三日三夜可到。从福州（福建福州）到琉求，顺风顺流时，五日五夜可到，有时三日三夜也可以到。但从这两个港口，由陆路去首都长安，步行至少也要一个月。

——有一件事可注意的，台湾岛比琉球约大四十倍，而且距大陆更近，但中国直到十四世纪，还没有把它发掘出来，只知道有这么一块陆地，陆地上有生番而已。在航向琉球途中，有时可以望见台湾的山峰，所以遥称台湾为"小琉球"，有时又称为"毗舍耶国"，但始终没有觅出一条航路。我们想到的原因是：台湾海峡只有南北海流，而无东西海流。只有南北季风，而无东西季风。帆船时代，很难横断航行。即令船舶损坏，失去控制，也只会北漂到琉球，南漂到越南，不容易漂到台湾。

三　商业都市兴起

两百年间，地球上有三大超级强国：位于南欧的是东罗马帝国，位于西南亚的是阿拉伯帝国，位于东亚的是万年不倒翁的中华帝国。中国与罗马因地理相隔，不易接触，但跟阿拉伯帝国和阿拉伯以东地区诸国，却有陆海两路频繁的交通。商业繁盛必然促使新兴都市的崛起，除了沿海的交州、广州、福州、明州之外，在内陆还有洪州（江西南昌）、扬州（江苏扬州）。在西面则有沙州（甘肃敦煌）、凉州（甘肃武威）、益州（四川成都）。都市中的都市，自然是首都长安，陪都洛阳。

以广州为例，可以了解当时都市的形态。广州一地，仅西洋侨民（大多数是阿拉伯人），估计总在二十万人以上，他们居住在一起，单独成为一个小区，小区内街道纵横，完全阿拉伯式建筑。有自己的行政管理，并使用自己的法律，只在跟中国人发生争执时，才由中国政府用中国法律裁决。这好像是不平等条约下的领事裁判权，但不同的是，这种特权是中国政府主动授予。西洋人到广州后，往往续向内陆深入，以求更厚的利润。于是分为两道。一道由陆路北上，经大庾岭到洪州（江西南昌）。另一道由海路前往沿海其他港口，或从长江到扬州（江苏扬州）。扬州是杨广绞死的地方，西洋侨民估计至少有数万人，商船、酒店、旅邸，以及以美色闻名的妓女，使扬州成为被羡慕的天堂和诗人赞美的主题。张佑诗："十里长街市井连，月明桥上看神仙。人生只合扬州死，禅智山光好墓田。"（神仙，指妓女，形容妓女美如神仙。）杜牧诗："落魄江湖载酒行，楚腰纤细掌中轻。十年一觉扬州梦，赢得青楼薄幸名。"徐凝诗："天下三分明月夜，二分无赖是扬州。"显示出扬州这个商埠的纸醉金迷。

但中国最繁华的都市，不在东南，而在西北。河西走廊在大分裂时代，兵马踏践，荒凉不堪。自上上世纪（六）末叶，全国统一后，因与西域（新疆及中亚东部）以及更西诸国的交通恢复，水利建设跟着发达，遂成为一个广大的黄金走廊，稻麦稼禾，青葱千里，人给户足，以致谚语说："古凉州，甲天下。"商业都市从敦煌到长安，一连串排列下来，像一条灿烂夺目的珠宝带。尤以敦煌为最，它同时还是一个中国与西方文化交流中心，用各种文字，如华文、西藏文、梵文、于阗文、龟兹文、粟特文、突厥文，写成的佛教经卷和文学作品，在市面上流行，供应过往的各国商旅行人购买。

西南地区的成都，也是财富集中地，当时又有谚语："扬州一、益州二。"扬州通海，是水陆码头。益州（四川成都）则纯是内陆贸易，南临新兴的南诏王国，商人们可以穿过南诏，到达印度，不过道路艰险，并不能构成贸易动脉。所以成都的繁盛显然不靠对外贸易，益州四周是一个富庶的大盆地，它本身的条件就够它发展。

首都长安，集中全国精华。它除了是全国政治文化中心外，同时还是全国商业中心。跟任何国家的首都一样，长安市民大部分是消费者，人口密集。内有东西方四十余国侨民，包括远自非洲来的黑人（昆仑奴）。他们很多在长安永久居留，开设商店酒家，用西洋女子做招待（胡姬），以与中国的男性酒保竞争。他们往往跟中国人通婚，连姓氏也都中国化。大多数都操中国语文，而且有很高的文学造诣，有些人还参加科举考试，成为中国政府正式官员。如进士及第的李彦升，就是阿拉伯人。

中国被当时各国崇拜的程度，远超过其他两大超级强国，因为东罗马帝国和阿拉伯帝国对宗教是排斥性的，只有中国对各种宗教兼容并包。伊斯兰教随着阿拉伯人的足迹先到中国，此外还有景教（基督教的一支）、袄教（波斯拜火教）、摩尼教（波斯阴阳教），先后都传入中国，教堂寺院，各地林立，尤以长安为最多。中国高度发展的文化，使来到中国的各国人民，大多数以成为中国人为荣。他们来到中国之后——西洋人多为经商，东洋人多为求学，便不想再返回，千方百计地要留下。各国派到中国的使节，也往往不肯返回他的本国，就在长安定居，有些使节到中国已四十年之久，娶妻生子，成家立业，从言语到文字，全盘华化，但他在法律上仍是外国使节。本世纪（八）八十年代时，这种只来不去的使节，就达四千余人。他们来的时候，中国富饶，各国朝贡使节，一进入国境，中国政府即负责他们的饮食住宿，四千余位（而且有增无已）使节，四十余年招待，使第二个黄金时代结束后的中国政府不胜负担。782年，宰相李泌命他们选择，或仍保持他们的国籍，那就得早日回国；或放弃他们的身份，成为中国国民。结果全部归化为中国国民。

四　唐王朝社会结构

中国社会结构，数百年来，一直没有巨大变化。即令受到来自东西两洋宗教上和商业上的冲击，跟以前也没有什么特别不同。不过有若干部分隐晦，有若干部分突出。我们把它的纵剖面，做成下表：

贵族，当时的术语称为士族，是国家的统治阶级。统治阶级的构成，包括三个部分：

第一部分是最尊贵的封爵贵族，即皇族、戚族、封王、封侯。皇族、戚族是天生的统治阶级，封王、封侯则依靠爵位参与政权。

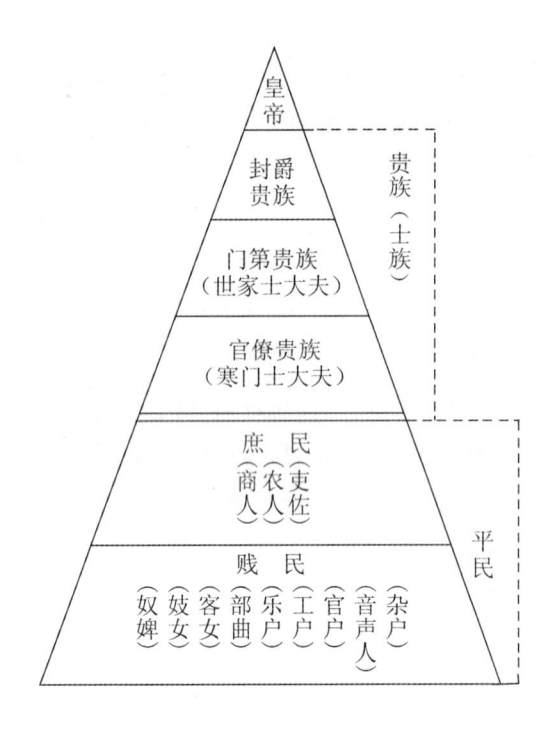

```
                    皇
                    帝
                  ┌─────┐
                 封爵      ┊贵
                 贵族      ┊族
                ┌───────┐  ┊︵
               门第贵族    ┊士
              （世家士大夫）┊族
             ┌──────────┐  ┊︶
             官僚贵族       ┊
            （寒门士大夫）   ┊
           ┌─────────────┐─┘
             庶  民          ┊
          ︵商 农 吏︶        ┊
            人 人 佐          ┊平
          ┌───────────────┐ ┊民
             贱  民           ┊
       ︵奴 妓 客 部 乐 工 官 音 杂︶
         婢 女 女 曲 户 户 户 声 户
                      人
```

第二部分是门第贵族，即世家士大夫。南北朝时代那种把持政府、世袭官职的烜赫情形，到了唐王朝，仍有强大的残余势力。北魏帝国颁定的那些"郡姓"，照旧成为一种特殊阶级，高居平民之上，继续以做官为唯一职业。这种门第贵族集团中，崔、卢、李、郑、王，五个姓氏，也继续保持五世纪时尊贵的地位，世称"五姓"。他们的地位，在一般人心目中，有时候还超过皇族。一个例子可作说明，下世纪（九）时，中级官员郑颢，正在跟卢姓议婚的时候，皇帝听了宰相白敏中的推荐，命他娶万寿公主。这是普通人家求之不得的荣耀，但郑颢却因断了卢姓婚姻的缘故，把白敏中恨入骨髓，以致白敏中以后几乎死在他手。五姓当然对自己的身价尽量利用，所以他们的女儿遂成为诈财的工具。选择女婿，除了门第相当外，还要索取巨额聘金，有时高达一百万钱——即一千缗（贯）。唐王朝开国时宰相的年俸才三百六十缗，折合起来，一个女儿的聘金等于一个宰相三年的俸禄，如再折合粮食，等于三万石稻米，即一百五十万公斤稻米。这个数字至为可惊。

第三部分是官僚贵族，即寒门士大夫，指出身寒微的现职官员。所谓"寒门"，就是平民阶级中的庶民，他们普遍情形是，通过科举考试，如进士及第、明经及第，进入政府，担任官职。一旦担任官职，他就有资格摆脱他的阶级，而挤入统治者士族之林。他们最初不能避免的因出身太低而受到门第贵族的轻视与排斥，但借着权力和通婚——如娶五姓的女儿之类，就有机会进入门第贵族阶层。

平民，包括两个部分：

第一部分是庶民，即自由人。自由人中最尊贵的一个阶层是吏佐，这是一种特殊身份，介于贵族与平民之间，但本质上却是平民。用现代军队阶级比拟，吏佐可称为士官，他们比士兵高一等，但他们永不能升为军官。他们只能从事诸如缮写文件，管理档案之类工作。当官员们横施贪暴时，吏佐因为多是本地人士，对本地情形比较了解，往往成为人民最大的直接灾害。他们如果想升迁到官员——士族的位置，只有一条路，那就是参加科举考试。比吏佐低一等的是农民，这个居中国人口百分之九十以上的阶层，却跟政府最无缘分，而且在东西洋贸易中，处于被剥削的地位。只有商人是天之骄子，他们拥有比农民较好的享受，而且一旦和官员结合，还具有政治上的影响力。

第二部分是贱民，也就是奴隶，没有个人的自由。杂户，是政府直属农奴，由地方政府管辖，战时调发入伍。音声人，地位跟杂户一样，归太常寺管辖，世代担任乐工。官户，是罪犯之家，由司农寺管辖，男子为农奴，女子多发配洗衣局。工户，少府寺管辖，世代担任工匠。乐户，包括妓女、戏剧演员和其他游艺从业员，太常寺管辖。部曲，是贵族私人所属的农奴，农奴的后裔永远是农奴。客女，部曲家的女儿，是贵族所属的女奴。妓女，首都长安地区的妓女，原属太常寺，后来专设教坊管辖。奴婢，是最下等、最卑贱、最哭诉无门的奴隶，身体生命，全操主人之手。奴隶的地位与畜牲相等，而奴婢的地位却比畜牲还低。

贱民阶级是法律和贫穷的产物，罪犯的家属，经政府明令没入官府时，就变成贱民。然而大多数贱民都因为贫穷，农民在无法活下去时，往往出卖子女为奴为娼、或自愿抛弃自由，投奔身兼大地主的士大夫门下，充当部曲。

贵族跟平民的对立是严格的，只有"科举"一条似有似无的狭径，作为庶民爬上贵族地位的阶梯，而贱民则连这个狭径都没有。贵族为了维持自己的既得利益，在政治法律以及风俗习惯上，都有对平民镇压性和隔离性的不平等规定。以婚姻为例，贵族平民之间，绝对禁止通婚，跟贱民尤其不行。我们可举一个著名的冤狱，作为说明。江都（江苏扬州）县长吴湘因为侵占国家钱粮下狱，仅此并不能构成死刑。但不久就查出他的妻子竟是部曲身份颜悦的女儿，这种破坏"礼教"的罪行不可原谅，于是斩首。死了之后，后任法官又查出颜悦不但不是部曲，而且还当过青州（山东青州）官员，属于官僚贵族阶级，颜悦妻子的父母，也是士大夫，原判决错误。皇帝特地为此颁下诏书，为已死了的吴湘昭雪，并对原法官惩处。

五　文学发展

中国文学，始终在音韵作品方面迈进，由《诗经》，而楚辞，而汉赋，一脉向下传递。到了第四、第五世纪，汉赋发生变体，成为花枝招展的骈体文。直到本世纪（八），再发生变化，散文和短篇小说兴起，白话文也兴起。

骈体文是一种纯贵族的文字欣赏，反复不停的"四六"字句，好像乞丐唱莲花落，使人有一种油腔滑调的感受。虽然有一部分文章家乐此不疲，但开始后不久就被摒弃。反骈体文的大将是被后人尊崇为"文起八代之衰"的古文大师韩愈。八代，指八个王朝：东汉、曹魏、晋、南宋、南齐、南梁、陈、隋。这正是第三、第四、第五、第六几个世纪骈体文盛行时代，也正是中国文学最黯淡的时代。韩愈主张恢复骈体文之前——第三世纪之前古文的体裁，即不讲韵脚，不讲对仗，有什么直说什么。这种古文，即我们所称的散文。

散文出现，对骈体文是一个大的伤害，骈体文逐渐萎缩到只限于一小撮士大夫圈子，专供皇帝诏书或大臣奏章之用。大多数士大夫逐渐采用散文，而且很有成就。如韩愈的《祭十二郎》短文，以平铺直叙的结构，表达他丧侄的沉痛。柳宗元的"永州八记"，以同样笔法，表达他对风景的印象，都是骈体文无法表达的作品。

除了散文，同时也产生了从前所没有的短篇小说。这个突破跟科举制度的不够严肃有关，唐王朝的考试不如后代慎重，政府权贵人物，如公主、亲王之类，往往事先指定人选，甚至指定名次。应考士子的激烈竞争，不在试场，而在试场之外的权贵之门，他们不惜用种种方法，博取有权大佬的垂青。其中一个方法是，把自己写的文章，先行送请权贵鉴赏。

文章与文学不同。文章是表达思想的短文，形态类似现代中学生课堂上的"作文"，字数从几百字到一两千字左右不等，堆砌经文典故，发扬儒家学派的仁义道德。诸如皇帝诏书、政府文告、大臣奏章、书籍序文、坟墓碑文、应试议论，以及文章家所写的一些论说，都包括在内。所以，无论用骈体文写的文章，或用散文写的文章，其枯燥无味则一，除非不得已，没有人要看。而应考士子的文章向权贵之门集中，堆积如山，权贵人物，更不会有胃口过目。为了引起权贵的注意，士子们在进呈他们的文章同时，另附一篇或数篇趣味浓厚的故事，即我们所称的短篇小说，希望从第一句起，就抓住读者——权贵人物,使他不能不看下去,这正把握了短篇小说的特质。

在这种背景下产生的文学作品,最初都以神怪为主。如《白猿传》,叙述一个女子跟白猿同居,生下一个儿子,这儿子长大后在唐政府做到将军之职。但大量的生产使它的取材越来越广,如《枕中记》,叙述一个落魄少年,遇到一位老翁借给他一个枕头,他在梦中娶崔家(五姓之一)女儿为妻,又进士及第,一帆风顺,官至宰相,然后年老逝世。大梦随着他的死而惊醒,发现借给他枕头的老翁正在他身旁烫酒,还没有烫温哩。这可看出道教思想已影响到知识分子的人生观。又如《莺莺传》、《霍小玉传》,提出社会问题,两篇内容相似,叙述男女恋爱故事,最后女主角都被海誓山盟的男主角抛弃。抛弃的原因是,唐王朝阶级森严,寒门士大夫不愿跟平民缔婚,以免葬送跟世家士大夫缔婚的机会。

无论散文和短篇小说,都是文言文写成,所以它们只是贵族文学,跟占全民百分之九十九以上的平民无关。平民文学一直是一片空白,但时机已经到来,一种专为平民服务的白话文写成的散文小说,大概在第五世纪就开始出现。一旦出现,即迅速传播。这种白话文作品,当时不称白话文而称"变文",大概是由艰深变浅易,由文言变口语之意。白话文的对象不是贵族,贵族也瞧不起白话文,白话文的对象是广大的民众群。

白话文起因于佛教的传播,佛经虽然大量译成汉文,但用的是文言,文言本已深奥,再加上很多新的名词和新的语法,遂使译出来的佛经成为一种诘屈聱牙的天书,只有士大夫阶级中少数受过特殊训练的人,才看得懂。在这种情形下,要想民间接受,就必须靠文言文的再翻译——译成白话文,即变文。然后根据白话经文,用口头向民众宣讲。这些经文,每一篇或每一部(长篇)都是一个引人入胜的故事。如《维摩诘变文》,叙述居士维摩诘生病,释迦牟尼派他的门徒之一文殊前去探病,在探病时,维摩诘大显神通。如《大目乾连冥间救母变文》,叙述目连到地狱中,千辛万苦,把他母亲救出苦海。这些白话经文在寺庙或街头宣讲时,听众心惊魂骇,恐怖和懊恨使他们痛哭流涕,沉湎于历历不爽的因果报应之中,不知不觉皈依佛法。

白话文因传扬佛教而发生,最初只限于对佛经的再翻译,后来逐渐脱离佛教,逐渐出现中国人自己的创作,完成纯白话文学,内容就更丰富。社会、爱情、战争,都成题材。如《列国传》,叙述伍子胥为父报仇的故事。《明妃传》,叙述王昭君嫁匈奴单于的故事。白话文学是大众文学,爱好它的人数远超过爱好贵族文学的人数,文言文学一直跳不出官僚的小天地,白话文学则植根民间。

六　唐诗

文学中的诗歌部门，本世纪（八）有惊人的成功。在中国第二个黄金时代鼎盛时，同时兴起诗的黄金时代。到了政治性黄金时代结束之后，诗的黄金时代却仍然继续下去，保持二百余年的巅峰。

世界上任何文学作品都可以译成其他文字，只有诗不能。即令有绝世奇才能译其他国家的诗，也不能译中国的诗，中国诗是世界上唯一无法翻译的文学作品。因为中国诗的主词是隐藏的，译时必须加上主词，就意味全失。而汉文方块字是中国诗的主要成分之一，靠方块字的排列组合和含糊模棱的意思，即产生一种绘画般的诗意。抛弃方块字而译成其他文字，就像美女抛弃了容貌一样。所以中国诗不但不能译成外国文字，也不能译成中国的白话，诗是汉文所发挥的最高艺术。

在公元前十二世纪《诗经》时代，多是三言四言（三字一句或四字一句）。到公元后四世纪大分裂时代，才进步为五言。第六世纪隋王朝统一中国，才再进步为七言，完成诗的形式。上世纪（七）女皇帝武曌把诗列为科举考试中的主要课目，诗遂成为知识分子必修课程，就如春花争放，更为普及。

中国最伟大的诗人，有半数以上出生在唐王朝。我们用三位诗人作代表，说明诗黄金时代的成果。

岑参　南阳（河南南阳）人，他的英雄气概使他的诗气吞山河，在帝国不断对外战争中，他歌颂荒漠中捍卫国土的战士。中国是一个战争文学最贫乏的国家，岑参悲壮的感情，在诗的领域中开辟一个新的天地，使一些斤斤计较私人感情的诗人，黯然失色。所以我们称他为"诗雄"。举他的《走马川行奉送封大夫出师西征》一诗为例：

君不见走马川行雪海边，平沙莽莽黄入天。轮台九月风夜吼，一川碎石大如斗，随风满地石乱走。匈奴草黄马正肥，金山西见烟尘飞，汉家大将西出师。将军金甲夜不脱，半夜军行戈相拨，风头如刀面如割。马毛带雪汗气蒸，五花连钱旋作冰，幕中草檄砚水凝。虏骑闻之应胆慑，料知短兵不敢接，车师西门伫献捷。

（走马川，位于车师前王国故地［新疆吐鲁番］西境。雪海，指沙漠。轮台

[新疆轮台]，西汉王朝时中国在西域屯垦区中心。金山，即阿尔泰山。五花、连钱，都是名马。旋，马身上旋毛。）

李白 一个身世可悲的浪漫诗人，他原籍成纪（甘肃秦安），但生在西域碎叶城（吉尔吉斯斯坦托克马克城），母亲可能是外国人。他幼年生活在绵州昌隆县（四川江油），以喜欢饮酒闻名于世。李白是乐天的，在他诗中很少与人生相连的现实情调。他有丰富的想象力，又对儒家学派的始祖孔丘，轻蔑嘲笑，这两者都是传统知识分子所缺少的东西，因之他对一般人所重视的权力和财富，视如浮云。他一生中从没有担任过公职，而只把生命贡献给诗。他操纵诗句像魔术师操纵手帕一样，翻腾变化，运用自如，中国人尊称他为"诗仙"。下面是他的一首《将进酒》：

君不见黄河之水天上来，奔流到海不复回。君不见高堂明镜悲白发，朝如青丝暮成雪。人生得意须尽欢，莫使金樽空对月。天生我才必有用，千金散尽还复来。烹羊宰牛且为乐，会须一饮三百杯。岑夫子，丹邱生。将进酒，杯莫停。与君歌一曲，请君为我倾耳听。钟鼓馔玉不足贵，但愿长醉不复醒。古来圣贤皆寂寞，惟有饮者留其名。陈王昔时宴平乐，斗酒十千恣欢谑。主人何为言少钱，径须沽取对君酌。五花马，千金裘。呼儿将出换美酒，与尔同销万古愁。

（金樽，即酒杯。岑夫子，诗雄岑参["岑夫子"应指南阳人岑勋。——编者注]。丹邱生，李白好友之一元丹丘。陈王，曹植，三国时代曹魏帝曹丕的弟弟，名诗人。平乐，道教庙院平乐观。）

另一位与李白齐名，但身世更可悲的伟大诗人杜甫，巩县（河南巩义）人，但他曾祖父时代原籍襄阳（湖北襄樊）。他比李白小十一岁，在监督院（门下省）做过微不足道的低级官员（左拾遗）。中年后遇到安史兵变和更大的贫穷，致使他的爱子饿死。他的诗对于权贵人物穷凶极恶的奢侈浪费，以及平民所受的剥削迫害，有沉痛的反映，大多数诗句都为此呼号呐喊。杜甫的诗不单靠他的天才，更靠他的千锤百炼，一字一心都苦苦地追求工整，一丝不苟。所以他被尊称为"诗圣"。举他《石壕吏》一诗为例，这首诗写在第二个黄金时代结束之后，中国正陷于混战：

暮投石壕村，有吏夜捉人。老翁逾墙走，老妇出看门。吏呼一何怒，妇啼一何苦。听妇前致词："三男邺城戍。一男附书至，二男新战死。存者且偷生，死者长已矣。室中更无人，惟有乳下孙。有孙母未去，出入无完裙。老妪力虽衰，请从吏夜归。急应河阳役，犹得备晨炊。"夜久语声绝，如闻泣幽咽。天明登前途，独与老翁别。

（邺城，即邺郡，今河南安阳，九节度使在此围攻安庆绪而大败。河阳，河南孟县。）

唐王朝的诗，被称"唐诗"。一直留传到二十世纪仍可查考的，诗人有两千三百余人，诗有四万八千九百余首。上自帝王将相，下到贱民阶级的妓女奴婢，都有很成熟的作品，可称为中国文学史上最光辉的时代。从此之后，直到二十世纪初期，一千三百年之久，诗和知识分子不可分。凡是知识分子，差不多都是诗人，他们或多或少都有他们的诗篇或诗集，只不过很少能超过唐王朝诗人的贡献。所以对中国诗人而言，如果说他的诗像"唐诗"，他会大大欢喜。如果说他的诗像"宋诗""明诗"，他恐怕要嗒然若丧。

七 五十年代对外挫折

现在，我们回到政治领域。

上世纪（七），唐政府在边疆曾设五个总督（都护）。本世纪（八）更在五个总督之外，增设十个战区，战区司令官称"节度使"。十个战区名称，列于下表：

战区	首长	司令部所在地	主要任务	注
平卢	节度使	营州（辽宁朝阳）	防御室韦部落及渤海王国。	后移青州（山东青州）
范阳	节度使	幽州（北京）	防御奚部落及契丹部落。	
河东	节度使	太原（山西太原）	支援单于总督府，防御东突厥汗国。	
朔方	节度使	灵州（宁夏灵武）	防御回纥汗国。	
河西	节度使	凉州（甘肃武威）	断绝回纥汗国与吐蕃王国交通。	
陇右	节度使	鄯州（青海乐都）	防御吐蕃王国。	
安西	节度使	龟兹（新疆库车）	统四镇，防御中亚诸国。	又称四镇节度使

（续表）

战区	首长	司令部所在地	主要任务	注
北庭	节度使	庭州（新疆吉木萨尔）	防御西突厥、突骑施、坚昆诸汗国。	
剑南	节度使	益州（四川成都）	防御吐蕃王国及南诏王国。	
岭南	五府经略使	广州（广东广州）	绥靖南中国夷民族及獠民族。	后改称节度使

总督只负责军事，而战区司令官（节度使）除了军事外，还掌握行政权和财政权，战区所辖各州，州长（刺史）以下官员，节度使都有任免之权，税收田赋也不向中央政府缴纳，留下来作为军费。目的在于集中力量，发挥高度战力。时人称之为"藩镇"，意思是国家的屏藩和重镇。当十节度使设立之初，共拥有步骑兵四十八万六千九百人，唐帝国重兵百分之九十都在边疆。

但在如此注意边疆之际，边疆却不断遭到挫折。

首先是云南地区。公元前二世纪时，西汉王朝曾在滇国（云南晋宁）设立益州郡。公元后三世纪时，蜀汉帝国宰相诸葛亮曾在那里七擒少数民族的酋长孟获。但大分裂时代后期，终于脱离中国本部。诸部落互相并吞，到了上世纪（七），只剩下六个部落，六个酋长都称自己是王。当地语言，"王"的发音为"诏"，所以唐帝国就称之为"六诏"。本世纪（八）三十年代，六诏中最南的一个"诏"皮逻阁，统一了其他五个"诏"，建立南诏王国，定都太和城（云南大理），向唐帝国朝贡，请求册封。唐帝国于738年册封他为云南王。

南诏王国的建国，正逢中国第二个黄金时代末期，酒肉宰相杨国忠任用大酷吏鲜于仲通当剑南战区（四川成都）司令官（节度使），鲜于仲通任用小酷吏张虔陀当云南郡（云南姚安）郡长（太守）。云南郡距太和城直线只有一百公里，是南诏王国到唐帝国的必经要道。使节入境之后，依南诏的礼节，夫妇要共同拜会地方首长，于是，张虔陀就留下使节的妻子陪宿。又一再索取南诏王国无法供应的巨额贿赂，稍不如意，就派人到太和城辱骂，又不断向中央政府诬告南诏王国种种罪状，要求惩处。南诏王国第二任国王阁逻凤忍无可忍，于五十年代750年，奇袭云南郡，把张虔陀杀掉。明年（751），鲜于仲通动员八万大军进攻，阁逻凤表示谢罪，并表示愿意退出所占领的土地。他警告说："如果唐帝国逼我太甚，我就投降吐蕃王国。那时整个云南地区，恐怕都非唐帝国所有。"鲜于仲通这种昏暴人物是不会为国家着想的，他继续进兵，结果被南诏兵团诱到河海旁，全部歼灭，士卒死亡六万余人，一万余人被俘。阁逻凤乘胜占领现在的云南全境。他在太和城下立了一个石碑，叙述事件经过及原因。他说："我的后裔终有一天仍会归附大唐，到那时可把这个碑指给大唐使节看，让大唐知道，我们今天这样做，不是我们的本心。"杨国忠接着发动了一连串攻击，每次都在万山丛中被击败，前后共死二十余万人。历史上有一个现象，腐败的政府很难产生杰出的统帅。当时所派遣的将领，全是用不尊严手段达到尊严地位的饭桶，根本没有取胜的可能。只为了张虔陀和鲜于仲通两个酷吏，使唐帝国所能征调的最精锐的部队，死亡殆尽。

跟云南地区挫折的同时，在遥远的中亚荒漠草原上，唐帝国也受到同样打击。750年，安西战区（新疆库车）司令官高仙芝（他是朝鲜人），攻陷石国（乌兹别克斯坦塔什干），俘虏了它的国王和王子。但王子在途中逃走，宣称高仙芝如何伪订和约，如何乘石国不备发动奇袭，以及如何屠杀老弱和劫掠财物。中亚诸国被这位能言善道的王子所激怒，他们知道自己的力量不足以和唐帝国为敌，就向西方的阿拉伯帝国（黑衣大食）求援。阿拉伯帝国认为灭亡唐帝国的机会已到，立即派出一个强大的兵团东征，并下令军中说，最先进入唐帝国的将领，即被任命为驻唐帝国总督。高仙芝得到消息，于751年，率三万余人的洋华混合兵团，向西迎战。在怛罗斯（哈萨克斯坦江布尔），跟阿拉伯军团二十万人相遇，血战五日，不分胜负。可是高仙芝所属的葛罗禄部落派遣军叛变，与阿拉伯内外夹攻，唐帝国洋华混合兵团崩溃。高仙芝狼狈逃回，死伤两万余人。

这是一次重要的战役，阿拉伯帝国虽然胜利，但胜利得过度艰苦，从此打消征服唐帝国的念头。而唐帝国也从此止步，无力再向西开拓领土。

八　安史兵变

对外挫折，宣告国内黄金时代已到尾声。

唐王朝第九任皇帝李隆基（唐玄宗）本来是一个英明人物，但他却在位四十五年，任何英明人物掌握无限权力如此之久，都会堕落。他六十岁时，把他一个儿子的妻子，二十六岁的杨玉环召唤进宫陪他上床，封为贵妃（小老婆群第一级）。杨玉环是中国历史上美女之一，有无数的文学作品，包括诗、戏剧和现代电影、电视，都以她为主题。杨玉环以体态丰满闻名于世，性情忠厚，对政治没有兴趣，也没有任何供人指责的事迹。但她的堂兄杨国忠却恰恰相反，杨国忠的智慧和能力都不能够胜任宰相，但他的裙带关系使他能够胜任。他这个宰相仅兼职就达四十余个，除了弄权和索贿外，不知道对国家的责任是什么。一个广大的贪污网，在他手下迅速建立。而且，他不久就跟范阳战区（北京）司令官（节度使）安禄山发生冲突。

安禄山是一个粗犷而干练的将领，几次到长安进谒皇帝，政府的腐败和宰相以下官员们的颟顸无能，使他留下深刻印象。杨国忠向他索取巨贿，他一口拒绝，而且对杨国忠也不维持应有的礼貌。杨国忠不能忍受这种轻蔑，遂决心打击他。于是，"诬以谋反"的法宝出笼，向李隆基一再告密，李隆基一再不相信。但在那种形势之下，没有人敢保证李隆基下一次仍不相信。五十年代755年，杨国忠采取"逼他反"的手段，派遣警备部队包围安禄山在长安的住宅，逮捕他的宾客，全部处死，他希望安禄山有激烈的反应。安禄山果然震恐而且愤怒，他知道向皇帝申诉没有用，所有的奏章都不能越过宰相这一关，他唯一的一条路就是叛变，他决定叛变。率领洋华混合兵团十七万人南下，宣称讨伐杨国忠。杨国忠得到消息，大为兴奋，因为事情终于证明他料事如神，可以顺理成章地把安禄山缉拿归案。不过安禄山的洋华混合兵团却一路势如破竹，深入六百公里，渡过黄河，攻陷洛阳。明年（756），再向西进击，攻陷潼关。李隆基从长安仓促逃出，逃到了距长安只六十公里的马嵬坡（陕西兴平西），愤怒的禁卫军包围行宫，把杨国忠杀掉，屠灭他的全家，包括他的儿女和杨玉环两位拥有极大权力的美丽姐妹。为了防备复仇，禁卫军要求李隆基处置杨玉环，李隆基只好把她绞死。但李隆基仍然贪婪不肯放弃宝座，他的儿子李亨（唐肃宗）不能忍受，径行奔向西北五百公里外的灵武郡（宁夏灵武），宣布即位，遥尊逃到成都（四川成都）的李隆基为太上皇。

李亨并不能集结多少兵力，二十万精兵都死在云南。只有向北方沙漠，刚于四十年代建国的回纥汗国第二任可汗英武可汗乞援，付出的报酬是：收复长安时，所有美女和财产，任凭回纥奸淫烧杀和掳掠回国。英武可汗满意这个条件，所以很高兴地出兵相助。恰在这时候，在长安刚登上皇帝宝座的安禄山因眼病而双目全盲，心情烦躁，动辄杀戮。最后，当他要杀掉他的长子安庆绪时，安庆绪反而杀了他。757年，回纥兵团收复长安，在李亨的儿子李豫一再要求下，回纥答应等收复洛阳时再践约。李豫的理由是，如果在长安即行烧杀掳掠，洛阳人民必定恐慌，势将为安庆绪死守。后来，洛阳被收复时，那些日夜盼望政府军的人民，却发现政府军如此狰狞。

安禄山兵变由于他的大将史思明在范阳（北京）投降而结束，历时三年零五个月。可是李亨并没有真正的大度量容纳这个过去的叛将，秘密计划把史思明杀掉。阴谋不幸泄露，史思明再度叛变，循着安禄山南下旧路线，渡过黄河，再行攻陷洛阳。然而他也重蹈安禄山的覆辙，当他凶暴地想杀掉他的长子史朝义时，史朝义也反过来杀掉他。这时，唐王朝皇帝已由李豫（唐代宗）接任，他用他父亲李亨同样的条件，再向回纥汗国乞援。六十年代762年，回纥军团收复洛阳，洛阳遭到第二次噩运，距上次噩运仅只五年。洛阳的妇女儿童在恐惧中涌向圣善寺和白马寺躲避，希望佛祖的神灵保护。结果回纥纵火焚烧，一万余人全被烧死，大火数月不熄。繁华盖世的东都，再罹浩劫，从此一百年间，一片荒凉。唐政府的军队也效法回纥，兵锋所至，对自己的同胞，比回纥兵团还要凶暴。黄河流域数百公里，残存的人民，用纸张糊作衣服，苟延求生。

史朝义于763年自杀，第二次兵变也告结束，历时三年零十个月。连同安禄山兵变，共历时九年。

九　藩镇割据

安史兵变虽然平息，但一百三十年的中国第二个黄金时代，却一去不返。接着出现的是中央政府威信衰落和藩镇（战区）割据的新局面。

割据的形成，由于安史手下若干当节度使（战区司令官）的大将，在投降中央政府时，仍握有强大的武装部队和重要据点。大乱之后，皇帝和宰相，心惊肉跳，不敢予以调动，命他们继续担任原职如故，只求表面顺服，维持统一的外貌。这些节度使当然了解这种政治形势，遂乘机取得合法的割据。不但军事、财赋、行政，全部垄断，甚至节度使（司令官）的职位，也父子相承，成为无名有实的独立王国。尤以下列位于黄河以北的四个战区，拥有重兵，最为强悍。中央政府在忍无可忍时，也曾数度起兵讨伐，但四个战区独立不变，世人称为"河朔四镇"：

战区	总部所在	今地	注
卢龙	幽州	北京	前范阳战区
成德	恒州	河北正定	恒州后改镇州
魏博	魏州	河北大名	一度改天雄战区
平卢	青州	山东青州	原在营州（辽宁朝阳），后迁青州（山东青州），一度迁至郓州（山东东平）

四镇之中，卢龙（前称范阳）与平卢属于原来的十个节度使，成德与魏博则是后来增设。战区本只设在沿边，以防御边患。安史兵变后，首都长安城外，全国逐渐都被划作战区，成为对内抗衡和安置军阀的工具。到本世纪（八）末，已陆续增加到五十个之多，到了下世纪（九），变更纷纭，几乎处处都是战区，处处都有节度使。

河朔四镇职位的世袭，使其他战区垂涎三尺，自然不断发生争取世袭的爆炸性事件。很多节度使的子弟，在父亲或兄长逝世后，就发动将领们拥戴自己继位。唐政府当然厌恶这种局面。八十年代时，新即位的第十二任皇帝李适（唐德宗），决心重振中央权威。781年，恰巧成德战区（河北正定）节度使李宝臣，与平卢战区（山东东平）节度使李正己逝世，李适拒绝任命他们的儿子继位。于是河朔四镇联合行动，宣告脱离中央，各自称王，正式成立四个独立王国。而淮宁战区（河南汝南）节度使李希烈也乘机独立，并于784年索性登极当上皇帝。李适动员全国各战区兵力，先行攻击李希烈。想不到当泾原战区（甘肃泾川）的出征部队，经过长安时，本希望得到赏赐，李适却舍不得出钱，那些带着眷属预备领到赏赐回家养生的士兵，由绝望而愤怒，遂爆发兵变。李适急下令赶运二十车金银财宝，可是恩典来得太迟。叛军攻入长安，拥立大臣朱泚当皇帝。李适仓皇逃到梁州（陕西汉中）。

这时半壁河山，都已糜烂。幸而784年，忠于中央政府的军队，收复长安，朱泚被他的部下所杀。786年，李希烈也被他的部下所杀。而河朔四镇在获得中央政府准许世袭的保证下，取消王号。中国在外貌上仍是大一统的局面。可是，从此之后，唐王朝中央政府再也不敢触怒任何藩镇——包括河朔四镇以外的其他藩镇。像宣武战区（河南开封）节度使刘玄佐于九十年代792年病死，将领们拥立他的儿子刘士宁继位，中央政府连一句话都不敢多问，立即任命。

一〇　西域的再丧失

安史兵变除了直接引起藩镇割据，更引起严重边患，使西域（新疆及中亚东部）再度丧失。

中原王朝边患，一向来自北方。只有第七第八两个世纪，边患来自西南。南诏王国已使唐帝国受到内伤，吐蕃王国更砍断唐帝国的肢体，唐政府还没有遭受过这么大的覆败。

上世纪（七），唐帝国把文成公主嫁给吐蕃国王弃宗弄赞（松赞干布）。本世纪（八）710年，又把金城公主嫁给它的国王弃隶缩赞（尺带珠丹，弃宗弄赞的孙儿）。金城公主的嫁妆之一是"河西九曲"（即青海东南黄河大转弯成S形的地方），这一带土地肥沃。吐蕃王国面积虽大，但位于世界屋顶，全属丛山，可耕地很少，得到九曲地区像得到一个巨大宝库，国势大为增强，终于超过唐帝国所能控制的程度。

安禄山兵变后，中央政府把西部边界属于陇右战区（鄯州·青海乐都）和河西战区（凉州·甘肃武威）的军队，调往中原参战，边界等于没有防务。吐蕃王国抓住这个机会，于六十年代763年，沿着一千余公里的边境，发动全面总攻。一连攻陷巂州（四川西昌）、维州（四川理县）、松州（四川松潘）、泾州（甘肃泾川）。

吐蕃的攻势十分猛烈，攻陷泾州（甘肃泾川）的主力部队，继续东进，唐帝国军队节节败退，首都长安遂告陷落，皇帝李豫向东出奔陕州（河南三门峡）。吐蕃兵团就在长安立了一位来不及逃走的亲王之子李承宏当皇帝，然后大掠而去。李豫虽然又回到长安，把李承宏驱下宝座，但吐蕃兵力仍留在泾州，河西走廊跟中国本土之间交通，被拦腰切断，西域更像断了线的风筝。

——河西走廊和西域，最后终于全部沦入吐蕃王国和回纥汗国之手，尤其是西域一百七十余万方公里的领土，从本世纪（八）脱离中国本部，达一千年之久。

西疆防卫力量，经这次摧残，再无力振作。中国本部正陷于藩镇的混战，也没有力量西顾。吐蕃兵团经常长驱直入，在关中地区（陕西中部）攻城略地，烧杀掳掠，游骑不时地直抵首都长安城下。过去繁华富庶地带，现在一片荒凉。长安以西各州县，城门日夜关闭，地方官员和将领唯一的工作是，每逢吐蕃兵团大掠而去时，就向皇帝上奏章"庆贺贼退"。李豫的继承人李适除了全力谋求和解外，别无他策。问题是，吐蕃王国认为和解即是断绝财路，所以并不愿意结束这种致富的强盗行为。最后，吐蕃在阴谋下表示愿意接受。八十年代787年，唐帝国宰相浑瑊，吐蕃宰相尚结赞，在泾州平凉川（甘肃平凉西北）举行高阶层会议，缔结和解条约。当浑瑊刚要进入会场时，吐蕃伏兵四起，浑瑊是大将出身，他夺得一匹没有上口勒的马，狂奔逃脱，其他唐帝国官员全部被俘，受到残酷的虐待。尚结赞失望地对那些被俘的唐帝国官员说："我为浑瑊准备了一副金手铐，想不到只捉到你们这些不重要人物。"于是乘势进攻陇州（陕西陇县），把全城居民集中，老弱的屠杀，不杀的全部挖眼断手，抛弃道旁，只剩下青年男女数万人，驱往西行。走到安化峡（甘肃平凉西），宣布说："你们可向东辞别你们的祖国家园！"民众大哭，投入山谷自杀的有数千人，其余的全都被卖为奴。

内忧外患，使本世纪（八）六十至八十年代，三十年间，日子黯淡。平凉川事件的明年（788），李适采用宰相李泌以夷制夷的建议，把女儿咸安公主嫁给回纥汗国的天亲可汗。天亲可汗感到莫大荣耀，上奏章给李适，表示愿为岳父赴汤蹈火。三年后（791），吐蕃兵团攻击灵州（宁夏灵武），回纥迎击，吐蕃遭到空前大败，天亲可汗把俘虏送到长安献捷。793年，南诏王国第三任国王异牟寻，在他的中国籍宰相郑回设计下，重新归附唐帝国。明年（794），吐蕃王国向它征兵一万人，图雪灵州的耻辱。异牟寻表示国小力弱，只能派出三千人。吐蕃使节一再坚持，才勉强派出五千人。但数万人的南诏精锐兵团，却遥遥地跟在五千人之后，进入戒备森严的吐蕃国境的神川（云南丽江），纵兵攻击，吐蕃又大败，被俘十余万人（一个可观的数字）。南诏砍断横亘在金沙江上的古老铁索吊桥（在云南中甸南），断绝两国交通，然后派遣使节到长安献捷。

吐蕃王国从此衰落下去，除了回纥、南诏继续不断给它打击外，同时还有另一个原因。唐帝国两位公主带过去的佛教，经百余年的传播，已开始发生决定性的影响。吐蕃人民由凶悍渐变为温和，所向无敌的战斗精神也逐日减退。所以，九十年代之后，与唐帝国为难，并使唐帝国连连挫败的吐蕃王国，光芒倏然熄灭。

——吐蕃王国不久就瓦解为若干部落，不能再组成一个统一的中央政府。十四世纪时，称为土蕃。十五世纪时，称为乌斯藏，跟中国关系更加疏远。十七世纪时，称为西藏。十八世纪时，融入清王朝版图，成为中国永不可分的领土的一部分。

一一 和亲政策与回纥汗国

唐王朝和亲政策是一项锋利的政治武器。跟唐王朝皇家结婚的荣耀，和公主下嫁时嫁妆的丰富，能使一个国家从内到外发生变化，吐蕃王国就是其中之一。但最成功的和亲，则属回纥汗国。

回纥汗国在本世纪（八）四十年代之前，还是一个部落。但它最伟大的酋长药罗葛（姓）骨力斐罗（名），早已把薛延陀汗国的故地，也就是突厥汗国的故地，置于控制之下。本世纪（八）744年，唐帝国册封他为怀仁可汗，一个新的回纥汗国遂告建立，王庭设在古龙城（蒙古哈尔和林），疆域跟薛延陀汗国、突厥汗国相等。从开国可汗即受唐帝国册封这一项上，可看出回纥跟唐帝国的关系，与其他汗国不同。建立汗国之前，就时常派遣部落兵团，听候唐帝国征调出征。建立汗国后，对唐帝国的臣附如昔。

五十年代755年，安禄山兵变，唐帝国皇帝李亨（唐肃宗）向回纥汗国乞援，英武可汗派兵进入唐帝国。内战平息后，758年，李亨把女儿宁国公主嫁给他。李亨亲送女儿到咸阳（陕西咸阳），宁国公主大哭说："国家为重，虽死不恨。"李亨也流下眼泪。明年（759），英武可汗逝世，回纥要宁国公主依回纥的风俗殉葬，宁国公主拒绝说："回纥仰慕中华文化，才娶中华女子为妻，如果仍用回纥风俗，何必万里之外结婚。"但仍以刀割面，以示悲痛。宁国公主后来返国，陪嫁的一位亲王之女小宁国公主却留下来，做继任可汗英义可汗的妻子。

史思明兵变时（759），唐帝国皇帝李亨再向回纥汗国乞援，英义可汗亲自统兵前来，大肆烧杀掳掠。——我们并不责备回纥，因为这是李亨、李豫父子向它乞援时所许诺的条件之一。但英义可汗对唐帝国的野心却由是而起。六十年代765年，唐帝国大将仆固怀恩受不了宦官骆奉仙的诬陷倾害，起兵叛变，效法李姓皇帝的传统做法，向回纥汗国和吐蕃王国分别乞援。回、吐两国联合向长安进军，长安震恐。幸好仆固怀恩适时地逝世，而唐帝国一位大将郭子仪乘机挑拨回、吐两国感情，吐蕃兵团怀疑回纥已被郭子仪说服，可能袭击它时，即行拔营撤退。回纥不能独留，也只好撤退，唐、回两国间的关系因此中断十余年。——另一个促使关系中断的原因是，英义可汗统军入援唐帝国时，在陕州（河南三门峡）附近，对当时还是亲王身份的李适态度凶暴。因李适不肯跪拜，而把李适左右两位大臣，鞭打至死。李适对回纥恨入骨髓，他继位后，即采取强硬政策。

英义可汗对唐帝国的野心继续使他跃跃欲动。他在唐帝国亲自看到农村残破，绝无抵抗力量，决心做一次大举进攻。八十年代780年，正当他要发动时，宰相敦莫贺极力反对，敦莫贺说："大唐是一个奇大的国，又从没有做过对不起我们之事。决裂之后，后患无穷。上次在太原（山西太原）抢劫的牛羊一万余头，运回国内时，死亡殆尽，等于没有抢劫。如今倾国出征，万一失败，将归向何处？"英义可汗拒绝接受，敦莫贺大怒，把英义可汗杀掉，自己即位，称天亲可汗。

李适跟回纥汗国的对抗态度不能持久，吐蕃王国的攻击力量非唐帝国所能抵御。在宰相李泌建议下，李适屈服，跟回纥和解。而且于788年，把女儿咸安公主嫁给亲唐帝国的天亲可汗。天亲可汗大喜过望，派遣特使到长安说："我们从前是兄弟之国，现在我是唐帝国的半个儿子（女婿），如果吐蕃再敢犯上作乱，愿为岳父除此一害。"结果在灵州（宁夏灵武）给吐蕃重重一击。咸安公主在回纥汗国做过四任可汗的皇后，当权二十年，于下世纪（九）头十年808年才逝世。咸安公主时代，唐、回两国如同一家。但回纥的使节和商人，到唐帝国后的横暴，跟上世纪（七）初突厥的情形一样。衰弱的中国唐政府只有容忍，不敢取缔。回纥汗国已成为唐帝国屏藩，不愿为这些所谓的小事使它不愉快。

——下世纪（九）二十年代821年，中国唐王朝第十五任皇帝李恒（唐穆宗）把皇妹太和公主再嫁给回纥的崇德可汗。太和公主的命运跟宁国公主一样不好，四年后（825），崇德可汗逝世。再过十四年（839），回纥汗国发生内乱。宰相掘罗勿，勾结居住在河东（山西）北部一带的沙陀部落内犯，彰信可汗战死。而屈服于回纥百余年的黠戛斯部落——古坚昆王国的后裔，仍住在古坚昆王国的故地（西伯利亚叶尼塞河上游）。乘回纥汗国没落，起兵复仇，向回纥宣称："你们的好运已到了尽头，我们要夺取你们王庭的金帐。"彰信可汗战死的明年（840），黠戛斯兵团果然攻陷回纥汗国王庭，继彰信可汗之位的厌骄可汗被杀，回纥汗国遂告瓦解。

——黠戛斯首领阿热可汗自称是汉王朝名将李陵的后裔，所以对被俘的太和公主十分尊敬——因为太和公主也姓李，派人护送她回国。走到中途，被回纥汗国瓦解后残余的一支，拥有十万人的乌介可汗截获，胁同向东流亡，抵达边界天德（内蒙古乌拉特中旗），要求唐帝国借振武（内蒙古和林格尔）一城奉养公主，唐帝国要求乌介可汗送公主回国磋商，乌介可汗当然不会放走人质。于是要求粮食，要求耕地，最后仍沿边抄掠。一直相持到843年，唐帝国大将石雄，在振武城上远眺，发现回纥营帐中有数十辆毡车，人众都穿着唐帝国服装，知道是太和公主的居所，派间谍密告说："我们即将攻击，请公主的车辆不要动。"于是一举把回纥击溃，乌介可汗向东北逃走，投奔黑龙江畔的室韦部落，被室韦杀掉。太和公主出国二十三年，回到长安后，曾为"和蕃无状"，亲向皇帝请罪。

——回纥汗国瓦解后，残部分为三支：一支称西州回纥，居留西州（新疆吐鲁番）。一支称甘州回纥，居留甘州（甘肃张掖）。一支称葱岭回纥，越过葱岭（帕米尔高原）进入中亚。

东西方世界

——一十年代·710年（李显被妻子毒死），日本元明天皇即位，奠都奈良（平城），日本到这时候才有固定的首都，"奈良时期"始，狂热仿效中国，文化灿烂。

——二十年代·726年（唐政府下令，酷吏来俊臣等三十二人的子孙永远禁锢的次年），东罗马帝国皇帝利奥三世，禁止基督徒拜任何偶像。而罗马城主教则允许拜圣母，与君士坦丁堡主教各行其是，教会遂分裂为二：在西者称"罗马公教"（天主教），在东者称"希腊正教"。

——五十年代·750年（怛罗斯战役前一年），阿拉伯帝国内乱，穆罕默德叔父阿拔斯后裔阿布耳，屠灭倭马亚王朝，除一王子逃掉外，男子全被屠杀。阿布耳继任哈里发，史学家称阿拔斯王朝，中国称黑衣大食。

——五十年代·756年（杨玉环在马嵬坡被缢死），法兰克国王丕平，把意大利中部地区，献给教皇，历时一千一百年之久。阿拉伯帝国逃出的王子，辗转进入西班牙，组织政府，定都科尔多瓦，仍称倭马亚王朝（白衣大食）。阿拉伯帝国分裂为二。

——六十年代·762年（安史兵变结束前一年），东阿拉伯帝国从大马士革迁都巴格达城。

——八十年代·785年（吐蕃王国平凉川劫盟前二年），东阿拉伯帝国哈里发诃伦·阿尔－拉西德即位（他就是天方夜谭故事的男主角），此时巴格达城繁华鼎盛。

——九十年代·794年（南诏王国大败吐蕃兵团于神川），日本自奈良迁都平安（西京），"奈良时期"终，"平安时期"始。

第22章
第九世纪

本世纪是一个黑暗世纪,全国混战。

所有战区都向河朔四镇看齐,最初只有少数成功,后来全都达到目的。那些无名而有实的独立王国,互相的不断并吞,不断扩张。中央政府控制区域,像烈阳下的冰块,最后只剩下首都长安(陕西西安)。

宦官的势力跟藩镇同时成长,终于出现中国第二次宦官时代,唐政府奄奄一息。

一　藩镇割据的恶化

藩镇（战区）的世袭局面，原来只有四镇。自上世纪（八）唐王朝第十二任皇帝李适（唐德宗）失去控制之后，其他节度使（司令官）都努力培植自己私人势力，希望也能割据一方。

李适的孙儿李纯（唐宪宗）于本世纪（九）头十年805年即位，他决心完成祖父尝试失败的重振中央权威的政策。806年，西川战区（四川成都）节度使刘辟，要求兼任东川战区（梓州·四川三台）及山南西道战区（兴元·陕西汉中）节度使，李纯不答应，刘辟即行进攻梓州，强行接收。同年，夏绥战区（夏州·陕西靖边北）节度使韩全义退休，次年（806），他的外甥杨惠琳打算接任节度使，李纯也不答应，杨惠琳即行发兵拒绝中央派遣的新任节度使。明年（807），李纯征调镇海战区（润州·江苏镇江）节度使李锜入朝，李锜不接受命令。

李纯用铁腕对付三个叛徒，由效忠中央的军队分别讨伐。结果刘辟被擒，送到长安处决。杨惠琳被部下所杀。李锜兵败，被部下活捉，投降中央。刘辟是安史兵变后五十年中第一个因反抗中央而伏诛的节度使，使全国耳目一新。814年，彰义战区（蔡州·河南汝南）节度使吴少阳病死，他的儿子吴元济继位，中央拒绝承认，下令讨伐。经过三年的战斗，最后把吴元济活捉，送到长安处决，这是第二个因反抗中央而伏诛的节度使。一连串整肃纲纪的胜利，使河朔四镇大为震惊，他们立即取消世袭，缴回行政财赋大权。四镇之一的平卢战区（郓州·山东东平）节度使李师道，更献出三个州给中央。但他马上又懊悔失去的土地太多，临时变卦，中央政府再对他讨伐，李师道被部下杀死。

到现在为止，中央政府权威达到高峰，正常的政治秩序再告恢复。然而这不过只是回光返照，就在摧毁平卢战区，完成全国再统一的明年（820），李纯被宦官刺死，他的儿子李恒（唐穆宗）继位。李恒是一个花花大少，他父亲多少年辛苦征战所得到的成果，几乎是霎时间就全部丧失。河朔地区中的卢龙（北京）、成德（河北正定）、魏博（河北大名）三镇，发现中央政府恢复腐败时，就首先恢复实质上的独立王国，其他藩镇也陆续恢复割据或半割据原状。

战区抗拒中央政府，司令官抗拒最高统帅。司令官因失去统御的合法力量，自己也有被部下抗拒的危险。事实上也正是如此，各藩镇内部不断发生叛变，将领们会突然间向节度使攻击，拥立另一位将领当节度使，而对旧主驱逐或杀戮。节度使为了预防内部叛变，乃采取彻底的愚民政策，在他所管辖的战区之内，人民婚丧宴会，跟平日的拜神拜庙，都被禁止。亲友之间，不准有太多往还。知识分子都怀有大一统思想，对割据形态有不利影响，所以更成为迫害对象，学校一律封闭。又限制对外交通，切断商旅。这样做的目的是，使战区孤立，使战区内每一个人也孤立，孤立即不能集结力量。于是社会经济和教育文化，全部破坏。尤其是河朔四镇，简直成为一片蛮荒，社会上没有人读书，人民也不识字，商业凋零，生产停顿，残破的程度，比大分裂时代五胡乱华十九国时代，还要严重。

然而，历史定律是，纯高压并不能制止叛变。藩镇内部的抗拒事件——主要的是兵变，不断发生，遂使混战的范围更加扩大。

二　中国第二次宦官时代

促使唐王朝崩溃的，除了藩镇外，还有宦官。

自从第二世纪第一次宦官时代之后，六百年间，宦官的影响，只是个别现象。到了上世纪（八），才有突破性的发展。

唐王朝第一位有名的宦官高力士，他是李隆基（唐玄宗）和贵妃杨玉环的贴身侍从，因为太接近权力魔杖，虽然高力士并不喜爱政治，但权势仍震慑朝野。连皇太子李亨都唤他"二哥"，公主驸马都尊称他"老太爷"。但真正揭起宦官时代帷幕的，还是安史兵变。安史兵变后，皇帝对将领们充满猜忌，而只信任宦官。于是发明一种此后几乎贻害一千年的监军制度，派遣宦官出任监军。不但战区设有监军，就是比战区小两三级的军事单位，也都设有监军。武装部队中遂形成两个系统：一是传统的军事系统，一是可以直达皇帝御座的宦官系统。监军的任务，表面上是帮助解决困难，事实上是在防止叛变。

所以监军是一个权威的职位，一纸密告，就可以使统帅人头落地。中央第一位讨伐安禄山的统帅高仙芝（怛罗斯战役大将）和副统帅封常清，就因为不能满足监军宦官边令诚的勒索，边令诚密告他们谋反，他们遂被双双处斩。二人死于上世纪（八）五十年代755年，即黄金时代结束，安禄山兵变之年。不过最妙的是，当安禄山攻陷潼关，向长安挺进时，边令诚带着皇宫钥匙，却第一个投降。

宦官既有如此可怖的力量，在军中自然呈现特殊面貌。他把健壮骁勇的战士全部选拔出来作为自己的卫队，而把挑剩下的老弱残兵拨给统帅。交战的时候，稍有胜利，宦官立即派人飞马向长安报告，功全在己。一旦失利，罪过天经地义地全罩到统帅头上。皇帝们又都跟第五世纪南宋帝国的皇帝刘义隆（宋文帝）一样，喜欢遥控指挥。深宫中发出命令下达给宦官，宦官再传达给统帅。每一次战役，宦官就像过江之鲫般的在道上奔驰，看起来煞有介事。

——懂军事的人绝不遥控指挥，遥控指挥的人一定不懂军事，或对军事一知半解。所以一个政府一旦出现遥控指挥，便是一种灾难。

监军宦官并不能如所预期地防止统帅叛变，而只会诬陷统帅叛变，或把统帅逼得叛变。昭义战区（潞州·山西长治）监军宦官刘承偕，经常凌辱节度使刘悟，甚至计划绑架他。最后刘悟把刘承偕逮捕，开始打算脱离中央。同华战区（同州·陕西大荔）节度使周智光则索性把监军宦官张志斌杀掉，声明说："仆固怀恩本来不反，被你们逼反。我本来也不反，今天为你而反。"

——仆固怀恩，扑灭安史兵变的大将之一。一门之中，为国战死的四十六人，女儿也为了国家和亲政策，远嫁到回纥汗国。但他得罪了宦官骆奉仙，骆奉仙密告他谋反。仆固怀恩发觉之后，不愿做高仙芝第二，只好叛变。

宦官被派到军中坐镇，称"监军"。宦官被派出传递皇帝命令，称"中使""敕使"，这一种宦官马蹄所到之处，亦即灾祸所到之处。宰相元稹在当小官时，住在驿站旅舍，后他而至的敕使宦官仇士良立即把他逐出，并用马鞭抽击他的脸。第十四任皇帝李纯接到报告，赫然震怒——不是震怒宦官，而是震怒元稹，把元稹贬窜到江陵（湖北江陵）。邻县（陕西户县）县长崔发得罪了在街头逞凶的宦官，第十六任皇帝李湛（唐敬宗）下令逮捕崔发，蜂拥而至的宦官群就在监狱中把崔发殴打。当河朔四镇于上世纪（八）中叶归附中央时，四镇之一的成德战区（恒州·河北正定）节度使李宝臣征讨有功，李豫（唐代宗）特派敕使宦官马承倩前往慰劳。马承倩临返长安前夕，李宝臣亲自到旅舍致谢，并送礼物绸缎一百匹。河朔贫苦，这已是超级重礼了，但马承倩却嫌太少，把它抛掷到道旁，大骂而去。李宝臣惭惧难当，他的部下提醒他说："我们效命疆场，正用得着我们的时候，还是如此。一旦天下太平，还能活下去吗？"于是李宝臣决心脱离中央。

世界上没有人能阻止宦官的暴行，因为皇帝顽强地支持他。像第十一任皇帝李豫，每当敕使宦官回来复命时，他一定查问收到的礼物多少，如果收到的礼物太少，他就愤怒，不是认为看不起宦官，而是看不起他这个皇帝。于是宦官的暴行，不但公开，而且合法。凡不能使宦官满足的对象，随时都会发现忽然陷于"谋反"的巨案。虽然大臣们不断向皇帝建议加以拘束，都遭拒绝。李豫的曾孙李纯（唐宪宗）根本就不承认宦官诬陷过大臣，他说："宦官怎么敢诬陷大臣？"强调说："即令有什么谗言，当皇帝的也不会听。"又得意洋洋地宣称："宦官不过是一个家奴，为了方便，差使他们奔走而已。如果违法乱纪，除掉他们就跟拔掉一根毫毛一样。"

宦官是皇帝的家奴，一点不错，但对别人来说，却是恶魔。而且，一旦这些家奴掌握军权，家奴便不再是家奴了。最早掌握军权的宦官是李辅国，第十任皇帝李亨（唐肃宗）派他担任参谋总长（天下兵马大元帅府行军司马），不经过他批准，没有人能见到皇帝。接着是另一位宦官鱼朝恩，李亨派他当"观军容宣慰处置使"——没有大元帅名义的大元帅，统率十个战区的节度使，在邺郡（河南安阳）讨伐安禄山的儿子安庆绪，结果大败。

上世纪（八）八十年代，泾原战区（甘肃泾川）兵变，第十二任皇帝李适（唐德宗）对将领们疑心更重，于是把禁军（左神策军、右神策军）交给宦官率领，两军司令官（中尉），也由宦官担任。这是一个划时代的措施，从此禁军掌握在宦官手中，形势为之一变。第二次宦官时代与第一次宦官时代，在此分野。第一次宦官时代宦官的权力来自皇帝。第二次宦官时代宦官的权力，前期来自皇帝，后期来自他们所统率的禁军。

宦官掌握军权之初，对皇帝还存有敬畏，所以李纯还可以大言不惭地形容他们是家奴和毫毛。但时间累积下来，宦官在禁军中布置成功，培植下不可动摇的威望之后，就发生变化。李纯夸口后不久的本世纪（九）820年，即被宦官陈弘志谋杀，没有人知道使用什么凶器。接着，为了继位人选，宦官内部发生火并。右禁军司令官梁守谦，把左禁军司令官吐突承璀，跟吐突承璀打算拥立的亲王李恽，一齐杀掉，改立太子李恒。这是一个开端，继任皇帝不由前任皇帝决定，而由宦官决定。前任皇帝即令生前决定，他死了之后也要经过宦官集团重新审查。

于是李纯所称的家奴时代和毫毛时代，成为过去。皇帝被杀被立，都身不由主，连自己都不能保护自己，这种现象越到以后越甚。我们试把唐王朝中期以后各皇帝的遭遇，列一简表，便可了解。

任数	皇帝姓名	在位起讫	与宦官集团的关系
十四	李纯	805—820	为宦官陈弘志所杀。
十五	李恒	820—824	为宦官梁守谦所立。
十六	李湛	824—826	为宦官刘克明所杀。
十七	李昂	826—840	为宦官王守澄所立。在位期间，发生"甘露事变"，包括宰相在内的高级官员数千人，被宦官屠杀一空。
十八	李炎	840—846	为宦官仇士良所立。
十九	李忱	846—859	为宦官马元贽所立。
二十	李漼	859—873	为宦官王宗实所立。
二十一	李儇	873—888	为宦官刘行深所立。
二十二	李晔	888—900	为宦官杨复恭所立。后被宦官刘季述囚禁，迫他传位给皇子李裕。
二十三	李裕	900—901	为宦官刘季述所立（后被藩镇所杀）。
二十四	李晔	901—904	完全被宦官控制（后被藩镇所杀）。
二十五	李柷	904—907	（被藩镇所杀，唐王朝亡。）

三　朋党——两个政客集团的斗争

在藩镇和宦官夹缝中，唐王朝中央政府又出现朋党斗争，使唐王朝的命脉，不绝如缕。

本世纪（九）二十年代后，中央政府高级官员，分裂为两个政客集团，一称"李党"，一称"牛党"。李党重要人物有李德裕、李绅、郑覃。牛党重要人物有李逢吉、牛僧孺、李宗闵。注意他们的成分：李党多是世家士大夫，出身高贵的门第。牛党是寒门士大夫，出身平民。

远在头十年808年，李德裕的父亲李吉甫当宰相时，政府举办一项特种考试（贤良方正直言极谏科），进士出身，担任县级政府中等官职的牛僧孺和李宗闵，在考试时，对政府有深刻的批评。李吉甫恼羞成怒，认为这是攻击他自己。结果主考官以下，全部官员都予以贬谪，牛、李二人在李吉甫当权期间，也一直不能升迁。这件事本应该到此为止，可是李德裕却认为老爹遭受的侮辱太大，对牛、李的惩处太轻，决心继续予以打击。十三年后的二十年代821年，科举考试发生丑闻。李宗闵（牛党）、李绅（李党），都向主考官有所请托，可是发榜之后，李宗闵的请托如愿以偿，而李绅的请托落空。李德裕抓住这个机会，联合李绅，向皇帝揭发，主考官和李宗闵全被贬谪。李德裕这种为父报仇的做法，促使政府高级官员分为两大阵营，互不相容。822年，李逢吉（牛党）当宰相，把李德裕（李党）逐出长安。823年，第十五任皇帝李恒在文武百官中，发现只有牛僧孺（牛党）没有受过贿赂，亲自选拔他当宰相。李德裕（李党）误会是李逢吉（牛党）引荐，把二人更恨入骨髓。825年正月，牛僧孺（牛党）对新登极的第十六任皇帝李湛的荒淫，感到失望，自动辞职。李逢吉（牛党）也被迫辞职，出任地方官员。829年，宰相裴度极力推荐李德裕（李党）的才能，李德裕入朝就任宰相。而李宗闵（牛党）借着宦官的力量，也被任命为宰相。两党巨头，短兵相接。但李宗闵（牛党）因有宦官的支持，显然占有上风，只几个月工夫，就把李德裕和他的党羽，排挤到中央政府之外。任命李德裕当义成战区（河南滑县）节度使，稍后再出任西川战区（四川成都）节度使；召回牛僧孺（牛党）再任宰相。

李德裕任西川节度使时，吐蕃王国维州（四川理县）主将，举城归降，这个失陷已久、百战不克的险要，一旦物回原主，李德裕兴奋之余，立即拟具乘势收复失土的反攻计划。可是李宗闵、牛僧孺为了打击李德裕，宣称："大唐跟吐蕃和解，唯'信'与'诚'而已，得到一个维州，算不了什么。而失去信和诚，就不能立国。"命李德裕退出维州，交回降将。吐蕃王国就在边境上把降将和他们的家属以及随从约千余人，全部用酷刑处死，用以镇压内部的叛变和嘲弄唐帝国官员的颟顸。交回降将的决定，引起公愤。832年，牛僧孺被迫辞职，李德裕被征入朝。

李德裕入朝后，有一个很好的机会，能使两个政客集团和解。身为牛党的长安市长（京兆尹）杜悰向李宗闵（牛党）建议：由李宗闵推荐李德裕担任科举考试的主考官（知贡举），李宗闵不同意。杜悰退而求其次地又建议：由李宗闵推荐李德裕担任御史大夫，御史大夫在当时称"大门官"（百官朝贺时由御史大夫率领，地位跟宰相相等），李宗闵勉强同意。杜悰就去通知李德裕，李德裕感激得流下眼泪。可是李宗闵没有这种伟大的胸襟和见识，他第二天就变了卦。李德裕认为受到戏弄，恚恨更深。和解机会，一去不返。

明年（833），第十七任皇帝李昂任命李德裕当宰相，李德裕跟新任御史大夫郑覃，联合反击。李宗闵失败，被贬出长安。但宦官们不喜欢李德裕孤高不买账的态度。834年，皇帝又把李宗闵召回长安担任宰相，而把李德裕贬谪。835年，李宗闵为了营救他的同党，触怒皇帝，再被贬出长安。李德裕屡次失败之后，了解到宦官的重要，开始效法牛党，也跟宦官勾结。于是，840年，在宦官的牵引下，他再度被召回长安，再出任宰相。恰巧昭义战区（潞州·山西长治）节度使刘从谏病逝，他的儿子刘稹打算效法河朔四镇，由自己袭位。李德裕坚持讨伐，刘稹兵败被杀。李德裕遂宣称牛僧孺、李宗闵曾写过信给刘稹，这些信件虽然无法提出，但那是因为刘稹看了后即行焚毁的缘故。尤其精彩的是，一个被俘的叛军官员，愿出面证实确有此事。洛阳副市长（河南少尹）也报告说：当刘稹失败的消息传到洛阳时，牛僧孺曾有过一声叹息（当时牛僧孺被贬到洛阳办公）。

这是李德裕最毒辣的一着，企图藉"诬以谋反"手段，屠杀他的对手。幸而牛党有宦官的帮助，牛僧孺只被贬谪到边远地区。而李德裕的日子也不多了。846年，第十九任新皇帝李忱（唐宣宗）即位，他在当亲王时就厌恶李德裕，于是也把李德裕贬谪。

两个政客集团的重要人物，到此全部从中央政府清除，而且不久都先后死于贬所。朋党斗争从821年到846年，为时二十六年。从上面所叙述的斗争形态的简单轮廓，可看出二十六年间中央政府人潮汹涌的混乱现象，几乎每年都要发生一次"轰然而至"和"轰然而去"的浪潮。李党当权，李党党羽全部调回，牛党党羽则被逐走。牛党当权时亦然。他们像虫蛆一样，没有政治理想，只有私人恩怨，看不到远景，只看到眼前一寸的现实利益。个别检查，如李德裕的能力，牛僧孺的道德，都使人尊敬。可是，只要一涉及党派，便立刻失去理性。

牛李两个政客集团的斗争，基本动力是私人恩怨。造成私人恩怨的原因，由于统治阶层内讧。统治阶层中，自觉受尽委屈的世家出身的官员，集结在李德裕、郑覃的旗帜之下，对平民出身的官员排斥。而平民出身的官员也集结在牛僧孺、李宗闵的旗帜之下反攻。

门第世家的好景，随着大分裂时代的结束而黯然。科举考试制度使一些他们所轻视的平民，渗透到统治阶层，威胁他们的出路。旧的既得利益集团对硬挤进来分一杯羹的新兴分子，感到莫大的恐惧与厌恶。于是努力挣扎，异口同声地指责进士出身的官员"轻薄""浮滑"，用以打击新兴的平民力量。为了根本断绝平民参政的机会，李德裕曾主张停止考试。他向第十八任皇帝李炎（唐武宗）提出理由说："政府官员，必须任用世家子弟，因为他们从小就熟习官场生活，对政府典章制度，比较熟习。用不着特别训练，就具有官员们所必需的礼节和风度。而平民出身的官员，即令有十分才干，却对这些丝毫不懂。"幸而李炎还没有荒谬到跟李德裕一样程度，考试制度才算保持下来。

——注意的是，李德裕虽然恨透了考试制度，并故意炫耀他不是进士出身，但他内心却在强烈羡慕。只有牛党智囊杜悰洞察到这个酸葡萄的秘密，所以建议由李德裕担任主考官，企图使世家和寒门在李德裕身上融合为一。可惜李宗闵没有这种智慧。

朋党斗争历时二十六年，这是门第世家残余势力最后一次反扑。当下世纪（十）进入小分裂时代时，残酷而持久的混战，全以军功衡量人才，土地的荒芜又促使大家族崩溃。门第世家才从中国历史上消失。

四　东南地区的兵变

藩镇的灾难只限于北方，吐蕃的灾难只限于西方，宦官朋党的灾难只限于中央政府。如果从徐州（江苏徐州）向江陵（湖北江陵）画一条线，就可发现面积占全国一半的东南地区，在本世纪（九）初期，始终保持安定。中央政府所在地的关中地区（陕西中部），因灌溉系统被吐蕃兵团所破坏，已不能自给自足，一向仰赖东南的粮运。东南的安定，是中央政府存在的保障。

可是，东南地区不可能长期的跟混乱隔离，犹如一个血癌患者，他的一半身体不可能单独健康。五十年代后，东南各战区就一个接一个爆发兵变（见下表）。

——表中官称：节度使是一级战区司令官。观察使是战区行政长官。经略使是低级战区司令官。

年份	战区名称	治所	今地	事件
857	容管	容州	广西容县	逐走经略使王球
858	湖南	潭州	湖南长沙	逐走观察使韩悰
	江西	洪州	江西南昌	逐走观察使郑宪
	宣歙	宣州	安徽宣州	逐走观察使郑薰
859	武宁	徐州	江苏徐州	逐走节度使康季荣
862	武宁	徐州		逐走节度使温璋
	岭南西道	邕州	广西南宁	逐走节度使蔡京
868	桂管	桂州	广西桂林	攻陷徐州·杀观察使崔彦曾
875	浙西	润州	江苏镇江	攻陷苏州、常州·大掠
878	湖南	潭州		逐走观察使崔瑾
879	荆南	江陵府	湖北江陵	焚烧大掠江陵府
881	感化	徐州		杀节度使支详

兵变的起因，千篇一律地由于司令官的浑噩和贪暴。出任司令官的人，往往不是靠才干而是靠谄媚和巨额贿赂。谄媚自身可以具备，贿赂则多半来自商人的高利贷款。当时人称这一类的司令官为"债帅"，他们到任后的第一件事就是贪污，以求偿还贷款。第二件事是继续贪污，以便用继续贿赂来保持职位。贪污的方法很多，主要的则靠冤狱，像表中岭南西道战区节度使蔡京，他为了勒索，所用的酷刑之中，竟有公元前十八世纪的"炮烙"一种。世界上最野蛮的海盗在勒索赎金时，都不会如此。

影响最大的一次兵变发生在桂州（广西桂林）。南诏王国于本世纪（九）又因不能忍受中国唐政府边疆官员的骚扰而与之决裂，曾两度攻陷交州（越南河内），中央政府命全国各战区派兵赴援。其中由武宁战区（徐州·江苏徐州）派出的两千人的部队，于六十年代863年春，进驻桂州。政府宣布的是三年为期，期满即行调回。865年冬，三年期满，战区官员遥远地颁下一纸命令，续延一期，声明绝不再延，他们只好在三千公里外的蛮荒异乡，再驻屯三年。到了868年，第二期又满，大家高高兴兴准备返乡之际，战区官员又遥远地颁下第二纸命令，再续延一年。而一年后会不会再续延下去，没有人敢肯定回答。他们向战区所做的申诉请求，都像撞到石头上。思乡的士兵除了叛变外，可能在十年二十年后都不能回去。于是他们决定自己回去，推举一位负责管理粮秣的低级军官庞勋当领袖，攻破军械库，取得武器，即向东挺进。沿途摧毁所有的抵抗，势如破竹。中央政府这才大为震动，一面下令大赦，准他们回乡；一面命沿途地方政府予以照料保护。庞勋和这一队被逼反的战士不是傻瓜，他们知道一旦回到徐州解散，接着就是一网打尽的逮捕和屠杀。所以在抵达徐州之后，即行攻城。城垣不久陷落，坚持主张延期的大营总管理官（都押牙）尹戡，训练司令（教练使）杜璋，作战司令（兵马使）徐行俭，全被捉住剖开肚肠。以严苛闻名的节度使崔彦曾，囚禁了一些日子后也被处决。

政府征调大军讨伐，但无法取胜，最后靠蔚州（河北蔚县）州长（刺史）李国昌的沙陀兵团，才把庞勋击溃。叛变历时只有一年零五个月，并不算久，但在一年零五个月中，几乎每天都有血战，双方死伤，有十余万人。长江流域和黄河以南地区，大部分残破。庞勋以两千人敢向中央政府挑战，而且不断获胜，显示政府军在腐败的债帅统率下，已丧失了战斗能力。假设没有沙陀兵团的介入，没有人敢预料它的发展。

——沙陀是突厥民族的一支，定居在蒲类县（新疆奇台东南）之东。上世纪（八）中叶，唐帝国丧失西域（新疆及中亚东部）之后，即归附吐蕃王国，做侵略唐帝国的先锋。但因为他们太骁勇善战，引起吐蕃的戒惧，打算把他们南迁。沙陀部落得到消息，即于本世纪（九）头十年，转战东奔，向唐帝国投降。唐帝国把他们安置在灵州（宁夏灵武）附近。三十年代时，曾袭击回纥汗国的王庭。以后逐年东移，屡次帮助唐政府建立功勋，唐帝国就任命它的酋长李国昌担任蔚州州长（刺史）。

庞勋兵变在高压下平息，但政府的胜利只是下一次更大失败的前奏。

五　最大一次农民暴动

使唐政府遭受下一次更大失败的是农民。

中国与外国贸易频繁，财富集中于商业都市。社会的外貌繁荣，并没有刺激工业发展，反而使农民受到更大的剥削。当时的社会现象是，纯商人不容易立足，必须与官员结合，或是商人兼任官员，或是官员兼营商业，官商之间，很难区别。当权官员的惊人奢侈和必须付出的惊人贿赂，使他们永无间断地需要大量的外国珠宝，如玛瑙、翡翠之类。购买这些珠宝的巨款，全靠冤狱。举一个例子即可明了，当农民们辛苦织成绸缎之后，官员并不需要拿钱购买，他只要把农人逮捕入狱，指控他谋反就可以了。等到农民悉数缴出他的产品之后，自然会得到平反或赦免。占中国出口货物大宗的丝织品，所带给农民的不是财富，而是灾祸。此仅仅一端而已，战争的屠杀、乱兵的焚烧劫掠和合法的沉重赋税，使农村普遍而彻底地破产，惨不忍睹。我们用唐王朝的两位诗人的两首诗，代作说明：

戴叔伦《女耕田行》：

乳燕入巢笋成竹，谁家二女种新谷。无人无牛不及犁，持刀斫地翻作泥。自言家贫母年老，长兄从军未娶嫂。去年灾役牛囤空，截绢买刀都市中。头巾掩面畏人识，以刀代牛谁与同。姊妹相携心正苦，不见路人唯见土。疏通畦陇防乱苗，整顿沟塍待时雨。日正南冈下饷归，可怜朝雉扰惊飞。东邻西舍花发尽，共惜余芳泪满衣。（塍，稻田土垅。）

元结《贫妇词》：

谁知苦贫夫，家有愁怨妻。请君听其词，能不为酸凄。所怜抱中儿，不如山下麂。空念庭前地，化为人吏蹊。出门望山泽，回头心复迷。何时见府主，长跪向之啼。（麂，鹿的幼子。蹊，道路。）

第一首叙述两个幼女的唯一的哥哥被征去当兵，父亲早死，母亲卧病在床，无人耕田，她们只好以人代牛，用刀代犁。我们可以隐约地看到两位小女孩，蹲在烈日之下，一面哭泣，一面用刀砍那坚硬的泥土。第二首叙述一个农妇，抱着命运不如鸡犬的婴儿，在等待着"府主"（地主官员）出现，跪求怜悯。

千载以下，读者都会为她们落泪，都可以看到她们那孤苦无告、枯干的面颊上恐惧绝望的眸子。但当时的统治集团却无动于衷。不断的兵变民变中，我们以为，政府一定会从中得到教训，彻底地检讨，以谋求改革。但恰恰相反，政府却认为，应该得到教训的不是政府而是人民，人民必须接受血的事实，即任何犯上作乱和叛变谋反的行为，一定要受到严厉惩处。

庞勋兵变后，中原连年发生水旱天灾，荒田千里，不收一粒粮食，到处倒毙着饿死的僵尸（那用刀砍地的两个小女孩，我们不敢相信能逃过这寸草不生的噩运）。而皇帝的奢侈和官员的贪暴，反而更变本加厉。人民向官员哀告，好像向猪猡哀告。陕州（河南三门峡）农民代表晋见行政长官（观察使）崔荛，陈诉旱灾严重，请求减赋。崔荛大怒，指着院中一棵树说："看它青青树叶，哪里来的什么旱灾？"把代表棍打一顿（那位抱着爱儿，希望得到"府主"怜悯的农妇，但愿她的"府主"比崔荛慈悲）。尤其使人震惊的是，当蝗虫遮天蔽日，从中原向西蔓延到关中（陕西中部）时，长安市长（京兆尹）向皇帝上奏章说："蝗虫飞到京畿之后，拒绝吃田里的稼禾，都抱着荆棘树，自动饿死。"宰相马上率领文武百官，上殿拜贺，歌颂皇帝英明圣德。

本世纪（九）七十年代874年，滑州（河南滑县）所属长垣（河南长垣）农民，掀起暴动，推举濮州（山东鄄城）人王仙芝当领袖。明年（875），曹州（山东定陶）所属冤句县（山东菏泽）农民，掀起暴动响应，推举本县人黄巢当领袖。王仙芝曾经从事私盐的贩卖，黄巢则是一位高级知识分子，曾经到首都长安参加过进士科的考试。唐王朝的科举，几乎全在场外决定。最初大权操在公主亲王之手，士子还可以用文章竞争，所以产生短篇小说。上世纪（八）安史兵变后，大权操纵在宦官之手，士子则完全靠毁灭自尊心的谄媚和屈辱，才能榜上题名。稍微有点才干和性格的人，都不愿向宦官屈膝，黄巢就是其中之一。他既不能适应流行的政治形态，只好落第而归。但他对中央政府的腐败情形，印象至为深刻。

这是第二世纪黄巾之后最大的一次农民暴动，不几个月就集结成两支庞大的群众武力，达三十万人。庞勋兵败时，藏匿逃亡的残余部属，这时也投入行列，他们都是身经百战的将士，因之这两支乌合之众的饥民，很快地就被训练成为劲旅。他们比黄巾幸运，黄巾因没有庞勋作为前驱，所以始终只是乌合之众。他们攻城略地，对地主富商和政府官员，做无情的凌辱和屠杀，用以回报平日所受的迫害。但对从事教育的知识分子，却特别优待保护。878年，王仙芝战死，两支武力合并，由黄巢率领。黄巢了解东南地区对中央的重要，如果不把粮食仓库摧毁，仅只攻陷长安，仍没有用，上世纪（八）安禄山的失败就是前车之鉴。于是他从滑州（河南滑县）渡黄河南下，穿过淮河流域大平原，轻而易举地渡过长江。

黄巢的进军路线，我们不再叙述。而只提出两点补充：第一，黄巢农民兵团的复仇和破坏政策，在江南继续执行。攻陷广州（广东广州）后，仅西洋侨民（大部分是阿拉伯人），因他们都是富商的缘故，一次就屠杀了十二万人。然而自八十年代880年从采石矶（安徽马鞍山西南）渡长江北上，折回中原时，即行改变，采取安抚政策。所以当他们进入洛阳时，市面上交易如故，妇女儿童都没有受到惊扰。第二，黄巢农民兵团以两年——878、879的时间，像秋风扫落叶一样横扫江南，不纯靠军事攻势，主要靠动人心魄的政治号召和当地穷苦无告的农民的响应。所以每到一处，都有新的力量投入。部队遂跟滚雪球一样，越滚越大。攻陷首都长安时，曾受到市民夹道欢迎，欢迎群众的褴褛衣服和喜悦表情，使黄巢农民兵团感动，向他们散发金银绸缎，并宣布废除唐政府的暴政。

然而，这次惊天动地的抗暴，终于失败。黄巢于880年进入长安后，即坐上宝座，称大齐帝国皇帝。但他的对手并没有消灭，唐王朝第二十一任皇帝李儇（唐僖宗）逃到成都（四川成都），再度向沙陀兵团乞援。在庞勋兵变中立下大功的李国昌的儿子李克用，出兵勤王。新建立的大齐帝国的将领，也不断发生叛变。最重要的一位叛将是朱温，当他宣布投降时，唐政府大喜过望，立即任命他当宣武战区（汴州·河南开封）节度使，作为报酬。883年，黄巢在沙陀和勤王军夹攻下，不得不放弃长安，向东撤退。884年，部队溃散，在朱温的反噬追击之下，黄巢逃亡到狼虎谷（山东莱芜），自杀身死。

失败的原因是革命精神的消失，契机发生在黄巢称帝的错误决策。黄巢在当皇帝之前和当皇帝之后，好像是截然不同的两个人。称帝前战无不胜，攻无不取；称帝后则困守长安孤城，一筹莫展。在中国特有的宫廷制度下，黄巢从当皇帝的那一天开始，就陷入千万争宠的宦官与宫女之手，与宫门外世界，完全隔绝。创业时代跟干部们那种亲密相依的无间感情，化为乌有。干部们在猎得官位后，也沉湎于他们过去所痛恨所反对的纸醉金迷生活。所以一切政治措施，几乎把唐王朝的腐败制度全部继承下来，像"监军"即是，黄巢也派出他的监军。朱温所以叛变，就是因为不堪监军的压制，他的一切申诉，都被截留，无法到达黄巢面前，于是他把监军斩首，向唐王朝投降。

大暴动历时十一年，表面上虽然平息，但政府的残余基础，已被掘空。本世纪（九）最后二十年间，呈现出来的是下列局面——

一、全国农村彻底破坏，一向称为中国心脏的中原地区，几乎成为沙漠。一直是文化政治巨城、繁华盖世的洛阳——它以牡丹花和美女闻名，现在（已是第三次）只剩下三五贫苦人家，处在瓦砾之中。举目所及，昼不见炊烟，夜不见灯火。

二、所有战区，无一例外地都脱离了中央，自行割据，互相攻战更烈。皇帝命令出不了首都长安，宰相和宦官，分别跟战区司令官勾结，各人寻找各人的利害关系，作为在小朝廷中内斗的后台。

三、中原居民大批向南逃亡，跟第三、第四世纪三国时代和大分裂时代向南逃亡的情形一样，他们成群结队，组成武装团体，逃出战祸频仍的故乡，沿途转斗，向南流浪。他们一直进抵到五岭山脉一带，在蛮荒丛山中定居下来，垦田求生。跟第三、第四世纪先迁到的中原居民混合，使"客家人"的实力大为增加。最初，他们还期待着等到局势好转，再回故土，但局势一直恶化。他们一直住到二十世纪，仍保持当时中原使用的古老言语——客家话。

六　残余烛火上的内斗

唐王朝的灭亡，迫在眉睫。

黄巢虽死，而中原战争不但不熄，反而更炽。黄巢向东撤退时，宣武战区（汴州·河南开封）节度使朱温，不能抵挡，他向沙陀兵团求救。那时李克用已被擢升为河东战区（山西太原）节度使，亲自率军赴援。击败黄巢后，朱温在开封（河南开封）用盛大的酒筵劳军。李克用喝醉了，对朱温出言侮辱。朱温下令关闭城门，纵兵击杀。李克用血战逃脱，但所率入城的将士，全都罹难。从此两个战区结下仇恨，展开长达四十年之久（884—923）的战斗。

蔡州（河南汝南）州长秦宗权最先投降黄巢，黄巢失败后，自己就在蔡州当起皇帝来。他的部队行军，一向不带粮秣（也没有粮秣可带），只用车辆载着盐和人的尸体，饥饿时就割肉烹食。朱温经过数年苦战，才把秦宗权击败，占领蔡州。又一口气并吞了感化战区（徐州·江苏徐州）、天平战区（郓州·山东东平）、宣义战区（滑州·河南滑县）、泰宁战区（兖州·山东兖州）。李克用也并吞了卢龙战区（幽州·北京）。其他每一个藩镇也都在疯狂扩张，全中国变成一片血海。暴力决定一切，黑暗不见天日。

在首都长安的唐王朝中央政府，并不为这种严重的瓦解局势所动，仍坚定地继续它的宦官时代。被黄巢驱逐到成都（四川成都）的皇帝李儇（唐僖宗），于黄巢东撤后回到长安。宦官田令孜以陆军大元帅（十军观军容使）兼禁军总司令（左右神策军中尉）的身份，掌握政府大权，凶暴而且专横。李克用跟河中战区（河中府·山西永济）节度使王重荣，联合行动，要求罢黜田令孜。李儇拒绝，两个司令官即行起兵，进攻长安。李儇第二次逃走，逃到凤翔（陕西凤翔）。幸而两个司令官不为已甚，撤回军队，李儇才再回到首都。明年（886），静难战区（邠州·陕西彬县）节度使朱玫、凤翔战区（陕西凤翔）节度使李昌符（去年曾经收留李儇），又联合起来，要求撤换田令孜。李儇在田令孜手中已身不由主，他只有再度拒绝，两个司令官也起兵进攻长安，李儇第三次逃走，逃向兴元（陕西汉中）。朱玫进入长安后，立另一位亲王当皇帝。但朱玫的部下叛变，朱玫被杀。李昌符表示继续效忠中央，一场混乱才勉强结束。李儇再回到首都，回来后不久即行暴卒。

李儇死后，新任陆军大元帅杨复恭和左禁军司令官刘季述，迎立李儇的弟弟李晔（唐昭宗）亲王即位。李晔那年二十二岁，跟一连串花花大少的那些前任皇帝一样，聪明轻浮，具有富贵太久的人逞能和任性的特质。杨复恭比田令孜更凶暴专横，连李晔舅父王瓌全家跟他的宾客，都被屠杀。李晔打算杀他，杨复恭逃出长安，联合龙剑（龙州·四川平武），武定（洋州·陕西洋县），山南西道（兴元·陕西汉中），三个战区的节度使叛变——三个节度使都是杨复恭的义子。这给凤翔战区节度使李茂贞一个好机会，他声言拥护中央政府，讨伐叛徒。于击败杨复恭后，吞并三个战区。

李晔和宰相韦昭度力谋振作，企图限制宦官权力，宦官再度勾结藩镇反击。895年，静难战区、凤翔战区、镇国战区（华州·陕西华县），联合突袭长安，逮捕韦昭度。李晔一再下令保护，结果仍把韦昭度处决。事情发展到这个地步，中央政府的崩溃已不能挽救。但李晔继续挣扎，改变方式，命亲王们组织警卫部队，以牵制宦官的禁军。宦官们大为愤怒，而且各藩镇也不允许皇帝拥有真正能作战的自卫武力。896年，即三镇杀宰相韦昭度的次年，凤翔战区节度使李茂贞再进攻长安，李晔逃走。他本想逃奔太原李克用的，在经过华州时，却被镇国战区节度使韩建留住。韩建是李茂贞的同党，他隆重地迎奉李晔，然后，把所有亲王，只除了李晔的儿子，有数百人之多，全部屠杀，这些皇子皇孙爬到屋顶上向李晔呼救，李晔只有垂泪。

东西方世界

——头十年代·800年。罗马教皇利奥三世加冕法兰克国王查理曼为"罗马帝国奥古斯都"，史学家称查理曼帝国。

——二十年代·827年（太和公主下嫁回纥可汗后第六年），不列颠七小国中的威塞克斯王国，消灭其他六国，建英格兰王国。

——四十年代·840年（黠戛斯部落攻入回纥汗国王庭，回纥汗国瓦解），查理曼帝国皇帝虔诚者路易逝世，长子洛泰尔嗣位。次子路易、幼子查理争位。

——四十年代·843年（石雄迎太和公主回国），洛泰尔、路易、查理，三弟兄和解，订《凡尔登条约》，分割帝国为三：洛泰尔据中部，称洛泰尔王国。路易据东部，称东法兰克王国。查理据西部，称西法兰克王国。

——六十年代·860年（庞勋兵变前八年），东欧俄罗斯平原斯拉夫游牧部落，迎立北方民族瓦兰吉亚部落首长留里克当首长，俄国自此才在历史上出现。

——七十年代·870年（庞勋兵变失败的次年），洛泰尔王国子嗣绝，东西法兰克王国签订《茂森条约》瓜分。

——七十年代·874年（农民大暴动爆发，拥王仙芝当领袖），北方民族建冰岛王国。

——八十年代·882年（黄巢在长安称帝第三年），俄罗斯首长留里克的儿子伊戈尔,建基辅公国。俄国自是始有国家组织。

——八十年代·887年(李晔即位前一年),日本设"关白"官位,较宰相为尊,仅低于天皇,一切奏议,必先呈准关白裁可。这个制度历时九百八十一年才被废止。

——九十年代·892年(宦官杨复恭逃出长安的次年),新罗王国大将甄萱,起兵独立,不久,建后百济王国,跟新罗王国平分朝鲜半岛。

第 23 章
第十世纪

本世纪较上世纪（九）更为黑暗。

唐王朝于本世纪头十年代，终于灭亡，但没有一个政府能单独接替它遗留下来广大而破碎的版图。各战区就在它们既有的领域上，公开宣布独立。于是中国又陷于分裂，因为时间较短，我们称它为小分裂时代。

小分裂时代为时只有七十三年（907—979），才被新兴的宋王朝统一，不过已不能恢复永逝的黄金时代。疆域也只剩下公元前三世纪秦王朝时的范围，中国人千余年的经营扩张，全都丧失。

小分裂时代初起时，东北地区的契丹部落建立辽帝国，隔着长城，跟宋王朝统治的中国本土对抗。

一　小分裂时代——五代十一国

李晔（唐昭宗）于上世纪（九）最后第二年（898）返回长安，不断的沉重打击，使他喜怒无常。对稍有实力的人，他已不敢去冒犯，但对无力自卫的人，他仍有残余的威力逞暴，本世纪（十）第一年（900），他出去打猎，夜半回宫时，不知道是谁把他触怒，他亲手杀死数名宦官和数名宫女，宫内外震恐。禁军左军司令官（左神策军中尉）刘季述，右军司令官（右神策军中尉）王仲先，立即进宫把李晔逮捕，教李晔的儿子李裕继任皇帝。

两位大宦官把李晔逮捕后，当面斥责他种种过失，逐项地指出他"抗命"的不当，每指出一件事，就用手杖在地上划一条线，结果积有数十条线之多，李晔的凶性没有了，低着头不敢回答。如果不是他的妻子何皇后跄跄地出面求情，教他"一切听司令官处分"，他可能丧生。

900年的最后两个月，李晔跟他的家属被严密地囚禁在过去亲王们所居住的少阳院，铁汁灌锁，内外隔绝。正逢隆冬季节，李晔想讨一顶帽子，他的幼子幼女想讨几件棉衣，都被拒绝。囚房中啼饥号寒，远近可闻。

明年（901），唐王朝宦官政权内讧，禁军若干忠于皇帝的宦官，起兵把两位司令官杀掉，救出李晔，使他复位。这又是一个可以转变的契机，宰相崔胤建议乘着这个机会使禁军摆脱宦官的掌握，任命正规军出身的将领担任司令官。李晔不肯接受，表面上他顾虑骤然间改变百余年的传统，会招致反应。实际上他仍然觉得宦官比任何人都可靠，家奴总是家奴，只要找到顺服的家奴就可以了。于是他任命他最亲信的家奴宦官韩全诲、张彦弘，接任左右军司令官。

宦官当然深恨几乎剥夺了他们军权的崔胤，他们勾结凤翔战区（陕西凤翔）司令官（节度使）李茂贞，作为外援。崔胤也知道自己的危机，就向宣武战区（汴州·河南开封）司令官（节度使）朱温靠拢，他写信给朱温说，奉有皇帝密旨，命朱温发兵救驾。朱温，这个地痞流氓出身的恶棍，从没有想到有一天会插手高不可攀的中央政府，他唯一的目的不过想做一个强大军阀。皇帝的密旨挑起他的野心，富贵逼人，中央政府的大门自动向他敞开，他遂统军西上。韩全诲得到消息，立即强迫李晔投奔凤翔，距李晔复位只十个月。

朱温围攻凤翔，凤翔坚守两年，可怕的饥饿使它不能支持。903年，李

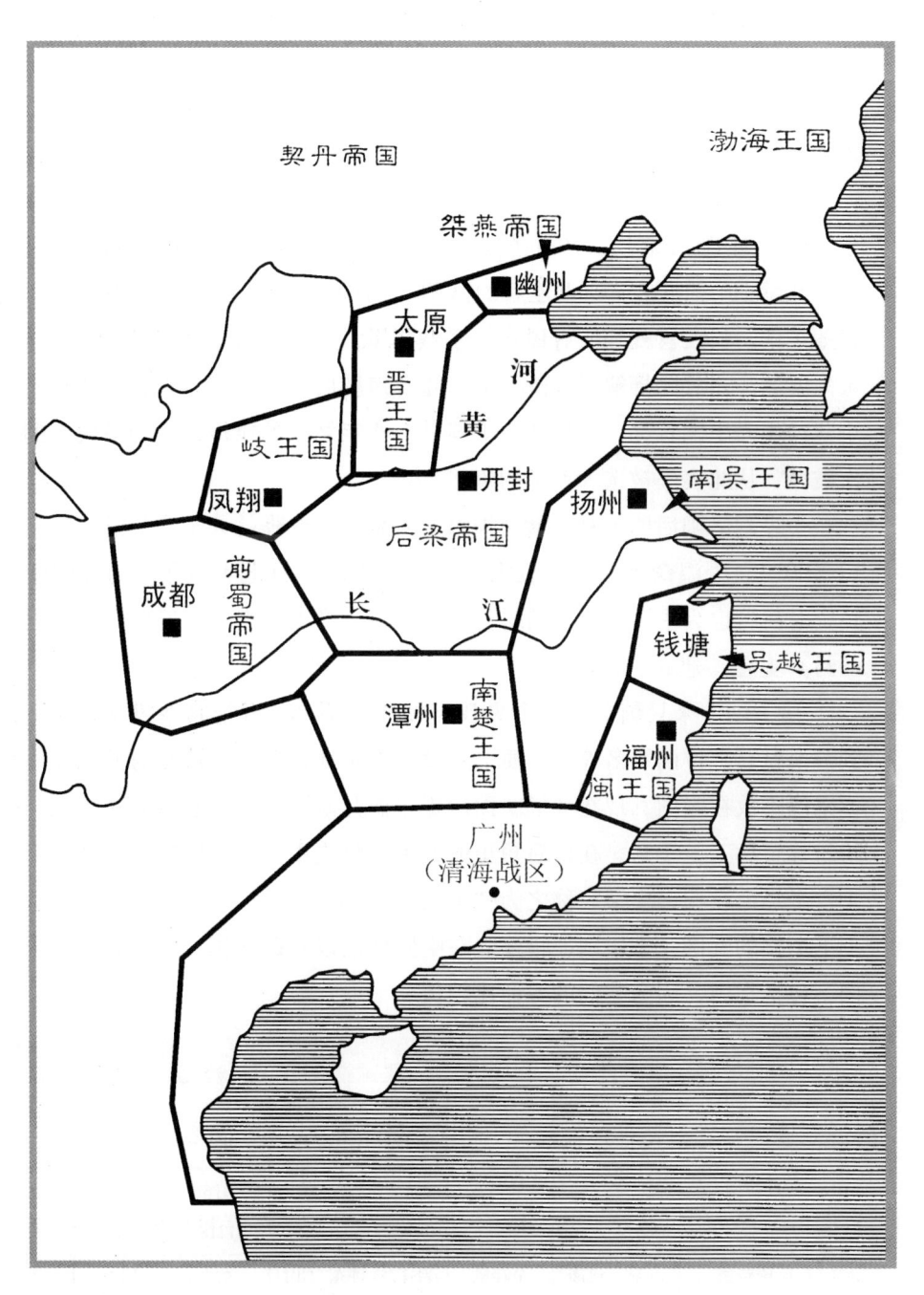

图三三　十世纪一〇年代·九国并立

茂贞只好把韩全诲、张彦弘杀掉，跟朱温和解，送李晔返回首都长安（陕西西安）。朱温迅雷不及掩耳地派军进入皇宫，对宦官做彻底的屠杀，包括新任命的两位禁军司令官和大多数无权无势，也属于被迫害的小宦官在内，共数百人，全部死于乱刀之下。哀号呼冤，声传宫外。派到各战区担任监军的宦官，朱温也命李晔下令，一律就地处决。为时一百四十九年漫长的第二次宦官时代（755—903），到此结束。跟第一次宦官时代斩尽杀绝的结束类型，完全相同。

宦官时代结束后，唐王朝政权也到尾声。朱温于屠杀宦官的明年（904），强迫李晔迁都到重建后的洛阳（河南洛阳），并裹胁长安全体市民跟随东迁。长安宫殿和所有民房，悉数拆除，百万余市民刹那间成为赤贫，被朱温的汴州兵团押解，跟跄上道，咒骂声和哭声，连绵四百公里。长安这个曾经作为中国首都，先后达一千零三十八年之久的巨城，受到最惨重的一次破坏，从此丧失被选为首都的资格。

李晔到洛阳后四个月，就被朱温派人刺死。李晔的儿子李柷继位，三年后（907），朱温命李柷（唐哀宗）禅让。立国二百七十六年，为中国带来黄金时代，也为中国带来黑暗时代的唐王朝，终于灭亡。朱温在开封（河南开封）上台，建立后梁帝国。

唐王朝本来只剩下一个中央政府的空架子，朱温把它夺过来，除了得到一个弑君篡位的罪名外，实质上并没有得到什么。各地藩镇对唐王朝皇帝本来已不放在眼内，现在他们一面斥责朱温是叛徒，一面索性效法朱温，也纷纷称帝称王。于是，在此后短短的七十三年之中，中国境内共出现了下列十六个短命政权，史学家称之为"五代十一国"。五代，指建立在中原地区，上下衔接的五国。十一国，指建立在中原地区以外的诸国。而辽帝国和宋帝国不包括在内，因为它们的寿命比较长。

区分	国别	建都	开国帝王	原官爵	兴亡	年数	亡于
五代	后梁帝国	开封（河南开封）	朱温	梁王·宣武（河南开封）节度使	907 923	17	后唐
	（辽帝国）				916 1218	303	
	后唐帝国	洛阳（河南洛阳）	李存勖	晋王·河东（山西太原）节度使	923 936	14	后晋
	后晋帝国	开封	石敬瑭	河东节度使	936 946	11	辽

（续表）

区分	国别	建都	开国帝王	原官爵	兴亡	年数	亡于
五代	后汉帝国	开封	刘知远	北平王·河东节度使	947 979	33	宋
	后周帝国	开封	郭威	邺都（河北大名）留守	951 960	10	宋
	（宋帝国）				960 1279	320	
十一国	岐王国	凤翔府（陕西凤翔）	李茂贞	岐王·凤翔（陕西凤翔）节度使	907 924	18	后唐
	南楚王国	长沙府（湖南长沙）	马殷	楚王·武安（湖南长沙）节度使	907 951	45	南唐
	吴越王国	杭州（浙江杭州）	钱镠	吴越王·镇海（浙江杭州）节度使	907 978	72	宋
	前蜀帝国	成都府（四川成都）	王建	蜀王·西川（四川成都）节度使	907 925	19	后唐
	南吴帝国	江都府（江苏扬州）	杨渭	吴王·淮南（江苏扬州）节度使	910 937	28	南唐
	桀燕帝国	幽州（北京）	刘守光	燕王·卢龙（北京）节度使	911 913	3	后唐
	南汉帝国	兴王府（广东广州）	刘岩（刘龑）	南海王·清海（广东广州）节度使	917 971	55	宋
	南平王国	江陵府（湖北江陵）	高季兴	南平王·荆南（湖北江陵）节度使	924 963	40	宋
	闽帝国	长乐府（福建福州）	王延钧	闽王·威武（福建福州）节度使	933 945	13	南唐
	后蜀帝国	成都府（四川成都）	孟知祥	蜀王·西川节度使	934 965	32	宋
	南唐帝国	江宁府（江苏南京）	李昪	齐王·镇海（江苏南京）节度使	937 975	39	宋

由此表可以了解，所谓五代十一国，只不过把藩镇的招牌改上一改，节度使改称帝王，战区改称帝国、王国。所以有些政权并不能适用严格的国家意义。如岐、南平、南楚、吴越，往往维持着藩镇的外貌，在表面上臣属于中原的五代政府。尤其是南平，它为了得到赏赐，几乎向每一个邻邦称臣，

各国都唤它的国王（节度使）为"高赖子"。可是，这种臣属，只是表面，绝对不接受内政的干预。

二　辽帝国统一塞北

朱温建立后梁帝国同时的头十年，中国即行四分五裂。北方有晋王国（后唐帝国前身）。西方有岐王国、西南方有前蜀帝国。南方有南吴王国（南吴帝国前身）、吴越王国、南楚王国、东南方有闽王国（闽帝国前身）。——八个短命政权并立。

八个短命政权中的晋王国，理论上它仍是已灭亡了的唐王朝的领土。李克用以唐王朝所封的爵位晋王和所任命的"河东战区节度使"身份，起兵讨伐叛逆朱温。908年，李克用逝世，他的儿子李存勖继位。另外，设置于幽州（北京）的卢龙战区，节度使刘守光于911年宣布独立，建桀燕帝国。

后梁建立帝国第十年，一十年代916年，居于长城之北、匈奴汗国故地的契丹部落，也建立帝国。契丹是东胡民族的一支，在第七第八世纪时，中国唐政府曾封它的酋长为松漠都督。它内部共有八个大部落，大部落酋长称为"大人"。由此八位大人互推一位首领，负责处理有关部落间的大事，任期三年。本世纪（十）初叶，当选首领的耶律阿保机用盛大宴会招待其他七位大人，伏兵把他们杀掉，使八大部落合并为一。他不采用北方游牧民族所习惯的"可汗"称谓，而采用皇帝称谓，称他的帝国为契丹帝国，不久再改称辽帝国，定都西楼城（内蒙巴林左旗，后西楼城改称临潢）。北方游牧民族有固定的首都，由辽帝国开始，说明他们的经济社会，已进入渔猎和农业阶段。

自从第七世纪唐帝国击溃东突厥汗国后，二百余年来，北疆一直保持某种程度的和平。现在，庞大的辽帝国崛起，塞北其他民族各部落在契丹兵团铁蹄下，归于统一，中原王朝同时也恢复了北疆的传统性的沉重边患。辽帝国于二十年代926年，向东征服位于松花江流域，比它文化水平要高得多的渤海王国，向西又陆续拓展到阴山以西，影响力直到天山（新疆）。它的北界到黑龙江，南界则隔着长城，跟小分裂时代凌乱而又混战不息的中国本土为邻。

中国本土混乱，使沿边一带华夏人大批流入安定的辽帝国国境，它的首都临潢,被称为上京,华夏人几乎占人口的三分之一。其他地区也都有专居住华夏人的街市城堡,一律称为"汉城",越向南这种汉城越多,带给契丹人工农业高级生产技术和更高级的国家管理技术。契丹人所以能超越突厥、回纥,建立起来一个现代化的帝国,全靠华夏人的贡献。所以辽帝国把华夏人当作智慧之源,对华夏人有特别的保护——主要的是严厉防止华夏人逃回中国本土。这种对华夏人重视的政策,从下表所列它的政府组织上,可以看出:

元首	区分	官署		职掌
皇帝	北面政府	大于越府	大于越	(崇官)
		宰相府	北宰相府 南宰相府	行政
		枢密院	北枢密院 南枢密院	军事
		大王院	北大王院 南大王院	部落
	南面政府	中书省		
		门下省		
		尚书省		
		枢密院		

辽帝国政府是双轨的,这是最奇异之处,但它完全为迁就华夏人而设。一为"北面政府",治理故疆,内部再分南北,原则上北府北院治理契丹人,北府南院治理华夏人。一为"南面政府",治理以华夏人为主的新占领的土地(如燕云十六州),完全效法中原王朝政府结构,以便华夏人适应,这可充分说明汉人在辽帝国中的地位。

三 短命政权间的殊死战

朱温是一个石虎型的暴徒,以杀人和跟儿媳上床为最大乐事,他当了六年皇帝,被他的儿子朱友珪一刀刺穿了他的肚皮。朱友珪不久又被他弟弟朱友贞杀掉。朱友贞当了十一年皇帝,二十年代923年,世仇沙陀兵团的首领李存勖奇袭开封(河南开封),朱友贞束手无策,自杀。短命的后梁帝国只存在十七年。

在后梁灭亡之前,南岭以南也发生变化。臣服后梁的清海战区(广东广州)节度使刘岩,于917年,宣告脱离后梁帝国,另建越帝国,不久又改称南汉帝国。

李存勖宣称他是唐王朝帝位的合法继承人，遂取消晋王称号，改称皇帝，被称后唐帝国，定都洛阳。位于北方的桀燕帝国，只昙花一现，早被李存勖灭掉。西方的岐王国，震慑于李存勖灭掉后梁帝国的威名，也自动献出土地，取消独立。925年，李存勖派遣大将郭崇韬进攻前蜀帝国，前蜀也亡。一连串辉煌的军事胜利，使其他各国震恐，先后向后唐政府进贡，都以为新的大一统不可避免地即将实现。

然而，李存勖只是一个骁勇的战将，却不是统帅人才，更不是政治领袖人才，他没有治理这个迅速膨胀国家的能力。他喜爱戏剧，每天在宫中忙着看戏，只信任戏剧演员和本世纪（十）头十年大屠杀中漏网的一些宦官。大臣和将领们必须透过这两种人，才能使李存勖批准他们的请求，大权完全掌握在演员和宦官之手。李存勖的妻子刘玉娘更使这种自我毁灭的局势恶化，她除了拼命要钱外，不知道人生还有别的乐趣。中原连年大旱，那些血战数十年的沙陀将士，没有粮食，父母妻儿不得不到郊外挖掘草根充饥，就在挖掘草根时，往往倒地饿死。可是李存勖夫妇却毫不在意，游猎享乐如故，好像根本不知道他们所以能坐在宝座上，完全要靠将士的效忠。宰相们警觉到事态严重，建议暂时借用皇宫里堆积如山的金银绸缎，发给将士养家救死，等国库充足时，再如数归还。刘玉娘皇后对这个建议大发雷霆，她派人送出两个银盆和三位皇子，告诉宰相说："宫里只剩下这点东西，请你卖掉作军饷吧。"宰相惊骇地呆在那里，再不敢开口。问题是这种撒赖的干法，堵自己人的嘴可以，却堵不住敌人的拳头。926年，即征服前蜀帝国的次年，宦官联合起来诬陷远征军总司令郭崇韬谋反，刘玉娘直接下令把郭崇韬杀掉。于是军心动摇，另一位大将李嗣源在邺都（河北大名）叛变。李存勖亲自出征，可是伤透了心的将士早已解体，乘大军移动的时候，纷纷逃向叛军投降。李存勖沿途不断下马跟将士们握手拍肩，声言即行颁发赏赐。但这种在跟后梁帝国作战时曾发生过作用的小动作，已不再灵光，将士们早看穿了李存勖的肺腑，他们直率地回答说："父母妻儿都已饿死，纵有什么赏赐，不能救回他们的生命，我们并不感激。"李存勖见众叛亲离，唯有流泪。刹那间兵变爆发，李存勖被流箭射中，全族被屠。刘玉娘携带着价值连城的两包珍宝，从洛阳骑马逃到太原（山西太原），躲进尼姑庵为尼，新政府派人追踪而至，把她绞死。

中原之外的其他地区，也发生变化。后唐帝国所属的荆南战区（湖北江陵）节度使、封爵南平王的高季兴，乘李存勖之死，游离出去，建立南平王

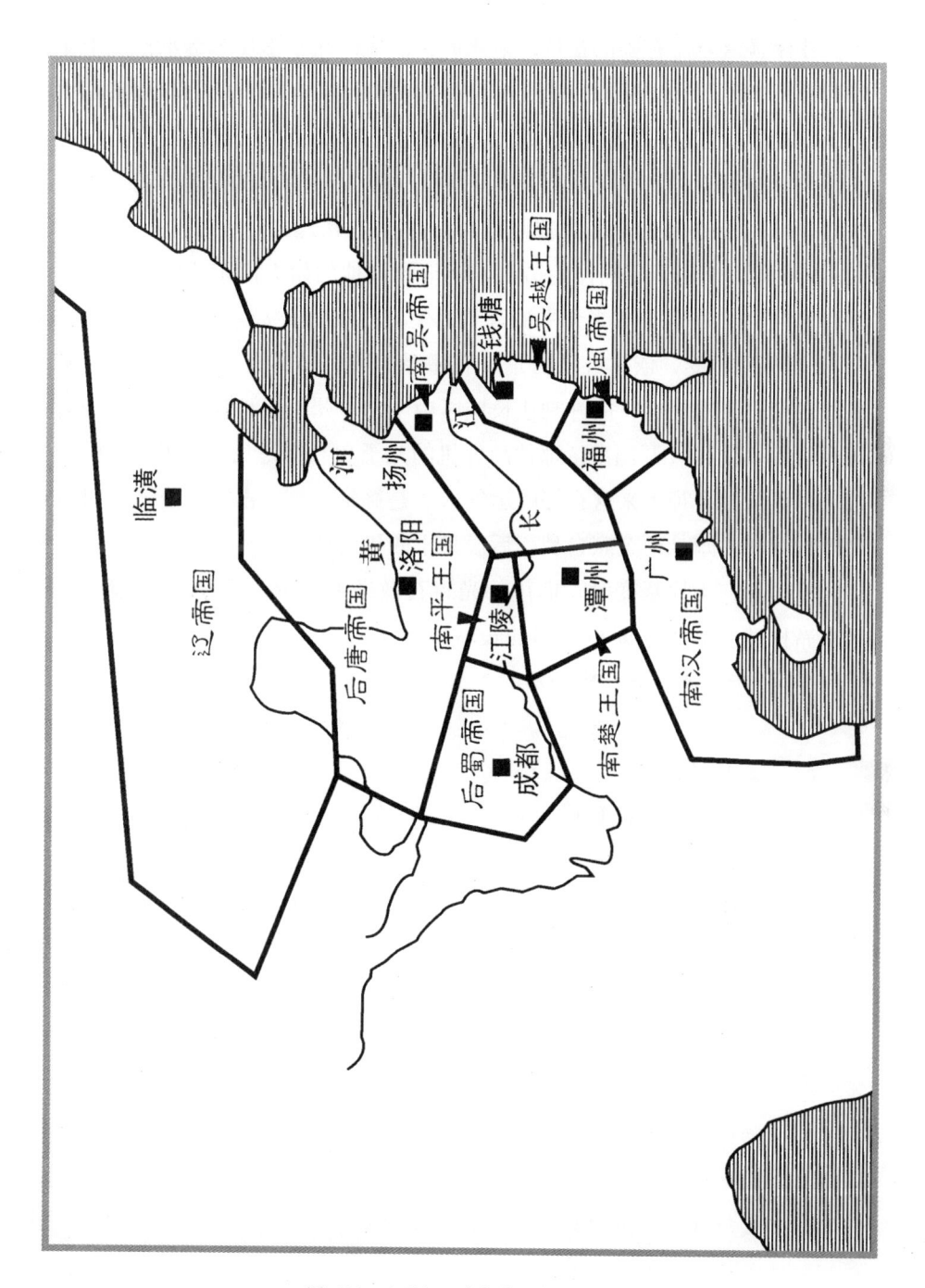

图三四　十世纪三十年代·九国并立

国。西川战区（四川成都）节度使、封爵蜀王的孟知祥，不久也脱离后唐，建立后蜀帝国。

李嗣源继承李存勖的帝位，他死后，由他的儿子李从厚继承。三十年代934年，李从厚下令调他的义兄凤翔战区（陕西凤翔）节度使李从珂到太原（山西太原）当河东战区节度使。这种职务上的调动，在当时往往是一种屠杀陷阱，被调动的将领一旦离开据点，失去自卫力量，在中途可能会受到处决。李从珂拒绝接受，起兵攻陷洛阳。李从厚在逃亡途中被杀，李从珂继位。936年，李从珂犯同样的错误，他下令调他的姐夫河东战区节度使石敬瑭到郓州（山东东平）当天平战区节度使，石敬瑭不接受命令，起兵叛变。

李从珂叛变，依靠自己力量。石敬瑭叛变，依靠外国力量。他向塞北的契丹帝国要求援助，应许割让长城以南十六个州的土地作为报酬。契丹帝国皇帝耶律德光（开国皇帝耶律阿保机的儿子）兴奋得几乎发了疯，做梦都没有梦到天上会掉下来这么好的运气。于是御驾亲征，击溃后唐帝国讨伐石敬瑭的兵团。李从珂全家自焚，后唐只十四年而亡。

石敬瑭在太原叛变时，耶律德光封石敬瑭为皇帝，国号晋，史称后晋。后晋帝国建立后，立即把下列的长城以南十六个州交割，世称"燕云十六州"。燕，指幽州。云，指云州。

幽州（北京）
蓟州（天津蓟县）
瀛州（河北河间）
莫州（河北任丘）
涿州（河北涿州）
檀州（北京密云）
顺州（北京顺义）
新州（河北涿鹿）
妫州（河北怀来）
儒州（北京延庆）
武州（河北宣化）
云州（山西大同）
应州（山西应县）
寰州（山西朔州东）
蔚州（河北蔚县）

朔州（山西朔州）

十六州东西约六百公里，南北约二百公里，面积约十二万方公里，可容纳三个台湾岛，却被石敬瑭轻易地连同土地上的华夏人，断送给辽帝国。千余年来华夏人修筑的万里长城，到此失去作用，因敌人已越过了它，进入中国本土。从新边界到当时中国的首都开封（河南开封。石敬瑭把首都从洛阳搬至此），五百公里间，一望平原，没有一个险要的关隘可以阻挡敌骑，门户完全洞开。石敬瑭除了割地外，938年，他还隆重地尊称耶律德光为"父"，自称为"儿"。那一年耶律德光只三十七岁，石敬瑭已四十七岁。三十七岁的父亲收养四十七岁的儿子，实在是世界上最大的政治奇观。

——任何国家都免不了有卖国贼，但主动找到外国主子，把国土献到门口，又恬不知耻地称父称儿的行径，却很少见。石敬瑭在历史上留下使中国最难堪的一页。但差可告慰的，他是沙陀人，不是华夏人。

就在中原地区改朝换代的明年（937），南方短命帝国之一的南吴帝国，也改朝换代。南吴最后一任皇帝杨溥被宰相徐知诰所迫，交出政权，南吴灭亡。徐知诰本是宰相徐温的义子，他恢复本来的李姓，改名李昪。宣称是唐王朝皇族的后裔，所以称他新建立的短命政权是南唐帝国，从江都府（江苏扬州）迁都江宁府（江苏南京）。

石敬瑭当儿皇帝只七年就逝世，侄儿石重贵继位，采纳大臣景延广的意见，向辽帝国皇帝耶律德光只称"孙"，而拒绝称"臣"。那就是说，私人关系我是孙皇帝，但后晋帝国跟辽帝国立于平等地位，不再臣属。这已使耶律德光七窍生烟，但仅此还不致爆发战争。石重贵更下令把在后晋帝国经商的契丹人全部杀掉，断绝两国贸易。又下诏御驾亲征，动员全国兵力，讨伐"黠虏"，诏书上说："凡生擒耶律德光的人，即擢升为最大战区节度使。"这已经超过最初所定争取平等的正当范围，而成了横挑强邻的蠢动，耶律德光想不采取反应都不可能。于是契丹兵团大举南下，开封陷落，后晋帝国只十一年便亡于缔造它的恩主。石重贵和他的家属，包括石敬瑭的妻子，即李从珂的姊姊，全部被放逐到东北两千公里外，荒凉而寒冷的黄龙府（吉林农安），以后没有人知道他们的下落。

后晋灭亡的前一年（945），南方的闽帝国也灭亡。这个短命而微小的帝国，在立国十三年中，几乎每天都在内战，最后招来南唐帝国的攻击，占领它大部分领土，吴越王国也乘机夺取东北部领土。

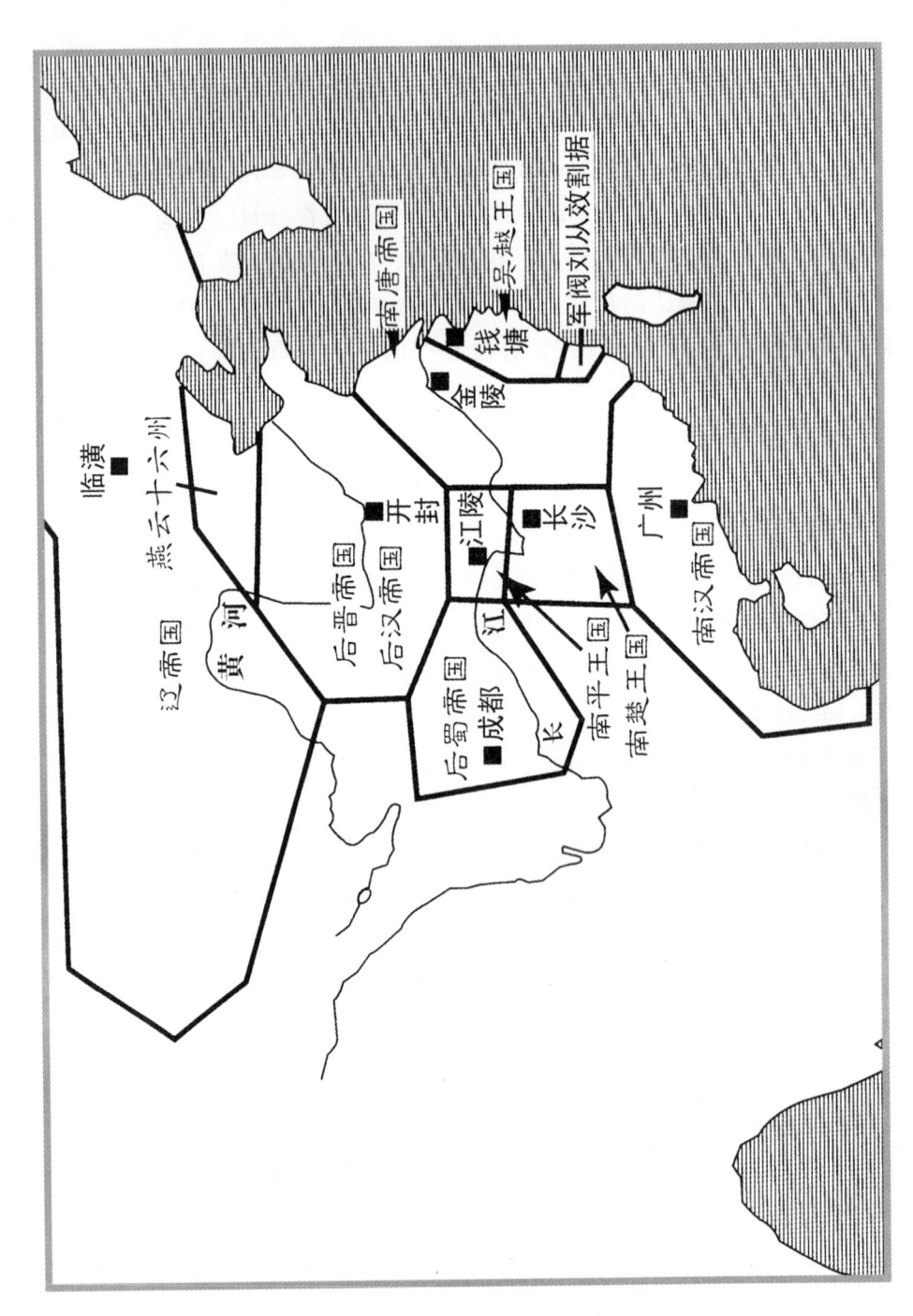

图三五　十世纪四十年代·八国并立

四　宋帝国统一中国本部

耶律德光消灭后晋，进入开封后，宣布他兼任中国本土的皇帝，华夏人激烈反抗，像无数火山一样在四面八方爆发。耶律德光最初以为所有的华夏人都是石敬瑭，现在大失所望说："想不到华夏人如此难治。"只好撤退，沿途抢劫屠杀，作为对华夏人不屈服的一种惩罚。当他走到现在河北栾城境内一座树林中时，暴病而死。华夏人把这树林命名为杀胡林，以表示对这个少数民族首领的仇恨和戏弄。

反抗者之一的后晋河东战区（山西太原）节度使刘知远，率军进入开封，在政治真空中宣布建后汉帝国。他只当了一年皇帝就逝世，由他十八岁的儿子刘承佑继位。年轻气盛的刘承佑厌恶那些总是限制他无限权力、使他不能畅所欲为的几位大臣，决心把他们铲除。五十年代950年，后汉帝国创立只有四年，刘承佑诬陷他们谋反，全部杀掉。其中一位是邺都（河北大名）留守长官郭威，恰恰不在开封而在邺都，幸而漏网，但全家仍被屠杀。于是郭威叛变。本年（950），攻陷开封，刘承佑被乱兵砍死。明年（951），郭威即位，建立后周帝国。但后汉帝国并没有灭亡，刘知远的弟弟刘崇，当时是河东战区（山西太原）节度使，他在太原宣布继承帝位，史称北汉，跟死敌后周帝国，以太行山为界，武装对抗。

就在同年（951），南方的南楚王国，经过连续不断争夺王位的内战后，最末一任国王马希崇发现有随时死于政变的危险，就向南唐帝国乞援。这对南唐也是天上掉下来的好运气，南唐兵团进入南楚王国首都长沙（湖南长沙），把马希崇和马姓全体王族，掳到江宁（江苏南京）。南楚灭亡。

小分裂时代唯一的英明君主，是后周帝国第二任皇帝郭荣（柴荣，郭威的养子）。于954年即位后，即从事全国统一工作。他首先击败乘他新上台而大举攻击他的北汉帝国的反扑，北汉皇帝刘崇兵溃，逃回太原，永远放弃复国的念头。郭荣接着进攻南唐，把淮河以南、长江以北的广大土地，全部征服。在消除了后顾之忧的情况下，959年，郭荣向北攻击辽帝国，打算一举收回燕云十六州。他的兵锋锐不可当，一连攻陷十六州中最南的二州：瀛州（河北河间）、莫州（河北任丘）。再向北挺进，又连陷三关：益津关（河北霸州）、瓦桥关（河北雄县）、高阳关（河北高阳）。可是，当他乘胜再向北继续挺进，进攻十六州中最重要的幽州（北京）时，郭荣却病倒了，

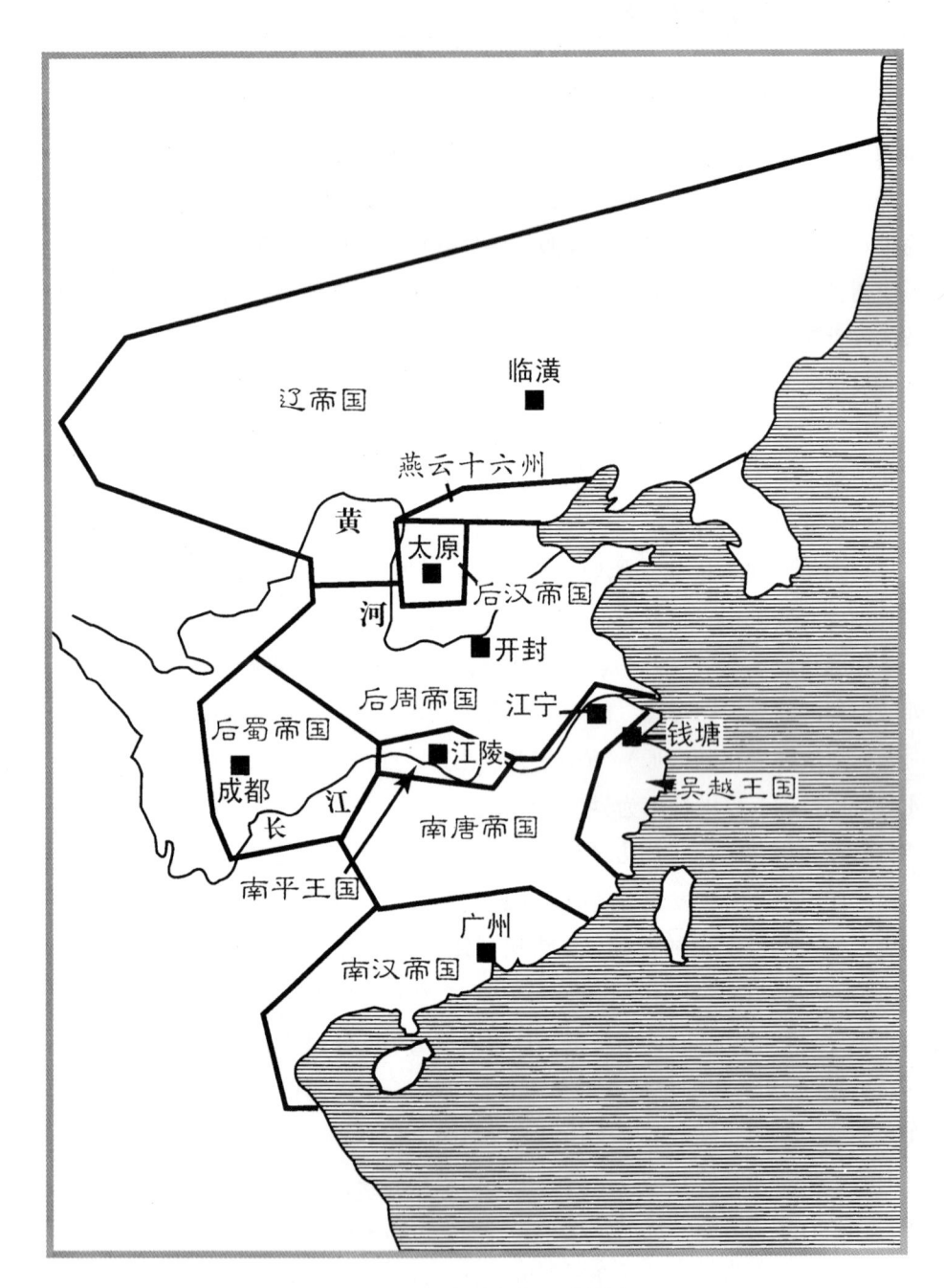

图三六 十世纪五十年代·八国并立

只好撤退。回到开封后，即行逝世。英雄之死使英雄事业夭折，郭荣的七岁儿子郭宗训继承帝位。殿前护从司令（殿前都点检）赵匡胤，跟他的家属和部下，秘密布置向这位七岁孩子夺取政权。一切都像演戏一样的配合十分密切，960年正月初一日，当中央政府正在庆贺元旦的时候，北方边报告警说，契丹兵团向边境移动。宰相范质仓促间派遣赵匡胤前往抵御。大军走到开封（河南开封）东北十公里的陈桥驿，安营扎寨；黎明时，部下将领把早已准备好、只有皇帝才可以穿的黄龙袍，披到赵匡胤身上。于是契丹兵团也不知何处去了，赵匡胤以皇帝身份返回开封。郭宗训退位，后周帝国立国只短短十年。

赵匡胤改国号为宋帝国——也可以称之为宋王朝，但它事实上只控制了中国领土的一部分。这是一个长命政权，超过三个世纪。只不过在开始时没有人看出它会有这种长命的迹象，一连串儿戏般的改朝换代，它也可能随时被一场兵变推翻。

新任宰相赵普向赵匡胤提出这个问题，并暗示几位最亲信的高级将领石守信等的危险性。赵匡胤保证说："我待他们恩重如山，绝不会有问题。"赵普说："后周皇帝郭荣待你也恩重如山，你怎么会有了问题？而且我的意思不是说他们会主动叛变，只是说他们都不是良好的统御人才，万一部下贪图富贵，也把黄龙袍披到他们身上，他们纵想不叛变也不可能。"这使赵匡胤如梦初醒。就在夺取帝位的明年（961），他召集石守信等最亲密的一批将领宴会，酒兴正浓时，赵匡胤叹息说："如果不靠各位的推戴，我不会有今天。但当皇帝也太艰难，并没有当节度使时快乐。每天都忧心忡忡，不能安枕。"大家问他什么缘故，赵匡胤说："事情很明显，这把椅子，谁不想坐？"大家骇然说："陛下怎么说这样的话，现在天命已定，谁还敢怀这种非分之望。"赵匡胤说："你们当然不会，可是一旦你们被部下拥戴，你们怎么有力量拒绝？"大家这时候才忽然发觉杀机四伏，不由魂飞天外，请求指示一条生路。赵匡胤是一个政治人才，他不会用屠杀手段，他说："人生有限，转眼老死。拼命上进，追求富贵，目的是什么？不过升官发财，自己既可享受，儿女们也不贫乏，如此而已。依我之见，各位不妨辞去军职，改任高级文官，多多购买肥沃田地，营建豪华住宅，搜罗天下歌童舞女，昼夜饮酒取乐。我跟你们约定，世代通婚。君臣之间，两不猜忌，上下相安，各位以为如何。"赵匡胤的话掌握了人类低级情操上的全部弱点，大家感激接受。第二天，众将领纷纷上奏章说有病在身，请求解除军职。

这是中国历史上有名的"杯酒释兵权"的故事，是一种最高的政治艺术的运用。一席酒宴解决了不断兵变和不断改朝换代的祸根。赵匡胤把将领们都派到各地担任地方首长，但只有尊荣，没有实权。由中央政府另派一位副首长或秘书长（通判），负实际行政责任。军事财政，都由中央收回。自从八世纪中叶以来炙手可热的"节度使"官称，从此退出政府权力舞台。

宋帝国的出现，使小分裂时代到达终站。宋政府在稳固了内部，根绝习惯性兵变之源以后，即着手统一中国。六十年代963年，灭南平王国。965年，灭后蜀帝国。七十年代971年，灭南汉帝国。975年，灭南唐帝国。吴越王国看出苗头不对劲，无法再继续称孤道寡，于978年，很明智地献出国土。最后，轮到退居在北方一隅的北汉帝国，它自知国小力弱，向辽帝国称"侄皇帝"（刘知远也是沙陀人），以求保护。979年，宋兵团北伐，击败辽帝国援军，攻陷太原，北汉（包括其前身后汉）建国三十三年，是五代中最长久的一个政权。

北汉帝国消灭，宣告为时七十三年的小分裂时代，亦即五代十一国时代结束。自八世纪755年安史兵变，到本世纪（十）979年宋帝国完成统一，我们也可称之为二百二十五年改朝换代大混战。二百二十五年，这个时间太长了，长得使人战栗，但一场噩梦，总算过去。

五　交州的脱离与独立

交州，位于元江下游，即富良江（红河）流域冲积的平原上，面积约二十万方公里，州政府设在交趾城（越南河内），辖有八个州：武峨州、爱州、长州、骥州、峰州、汤州、演州、陆州。公元前二世纪，中国西汉政府消灭南越王国，于交趾地区（越南北部）设置交趾郡（越南河内）、九真郡（越南清化）、日南郡（越南东河），同时成为中国本土。稍后，西汉政府设交趾州，即包括此地。公元后七世纪时，唐政府在交州（交趾城）设置安南总督府。到了九世纪，又划为静海战区，设立节度使。

交州处于中国国土的最南端，像勺柄一样伸入蛮荒，所以不断受到外族的渗透和攻击。但中国一直保持主权，虽有大分裂时代，交州仍然完整如故。可是到了本世纪（十）小分裂时代，随着各藩镇纷纷独立，交州属于建都兴王府（广东广州）的南汉帝国。964年，静海战区（越南河内）节度使吴昌文逝世，南汉帝国那时已败坏不堪，不能顾及。战区将领们掀起激烈的内争，结果，骥州（越南荣市）州长丁部领取得胜利，称大胜王，命他的儿子丁琏当静海战区节度使。七十年代971年，宋政府征服南汉，进入兴王府的远征军却没有乘胜南下收复交州。两年后（973），丁琏以藩属身份，向宋政府进贡，请求册封。宋政府是一个无能的政府，只求表面平静，就封丁琏当交趾郡王。一个交趾王国遂在宋政府批准之下，合法成立。

八十年代980年，丁琏逝世，幼子丁璇被大臣黎桓囚禁。宋政府派邕州（广西南宁）州长侯仁宝出兵定乱，宋政府的军队，只能对内，不能对外，明年（981），黎桓用诈降计把侯仁宝杀掉，宋军大败而回。983年，黎桓向宋政府进贡谢罪，并呈上丁璇同意让位的奏章，请求册封。中国宋政府最初还不允许，僵持了三年，到986年，对既成事实既无力予以改变，只好同意，于是册封黎桓当静海战区司令官，继而再封为交趾郡王。

——下世纪（十一）1005年，黎桓逝世，儿子黎龙铤即位。1009年，大臣李公蕴发动政变，杀掉黎龙铤，自己继位，请求宋政府册封。宋政府不再为他们计较是非了，就册封李公蕴当交趾郡王。李氏王朝对宋政府进贡不绝，但这并不能避免边境冲突，最严重的一次发生于七十年代1075年，国王李乾德（李公蕴的孙儿）在位，攻陷邕州（广西南宁），全城居民五万八千人，全被屠杀。宋政府派遣郭逵当元帅，赵卨当副元帅，出军反击，在交趾城富良江畔决战，交趾兵团大败，斩首数千人，皇太子李洪真也包括在内。李乾德恐慌，派遣大臣奉上降书，向司令部投降。赵卨极力主张进入距离只有十数公里的交趾城，收回原土。可是郭逵胆小如鼠，受降而退。

——从此三百年间，两国和平相处。交趾王国也采用事奉大国政策，对中国的恭顺程度，较之高丽王国（朝鲜开城），有过之而无不及。唯一不同的是，交趾王国本是中国领土，交趾人本是华夏人。

六 宋辽对抗

欧洲人认为契丹（震旦）就是中国，因为辽帝国向西的影响力，直抵天山，跟西方各国直接接触的机会较多。真正由华夏民族建立，居于中国本部的宋帝国，西境阻于回纥部落，反而跟西方隔绝。不过宋帝国始终把辽帝国看作跟匈奴、突厥一样，认为他们是夷狄之族。

事实上辽帝国文化程度虽然远较匈奴、突厥为高，但比华夏民族要低得多。开国君主耶律阿保机曾命他的大臣制造契丹文字，不过经济状况如果不能达到某种程度，文字的需要便不急迫。而一旦达到某种程度，汉文比契丹文

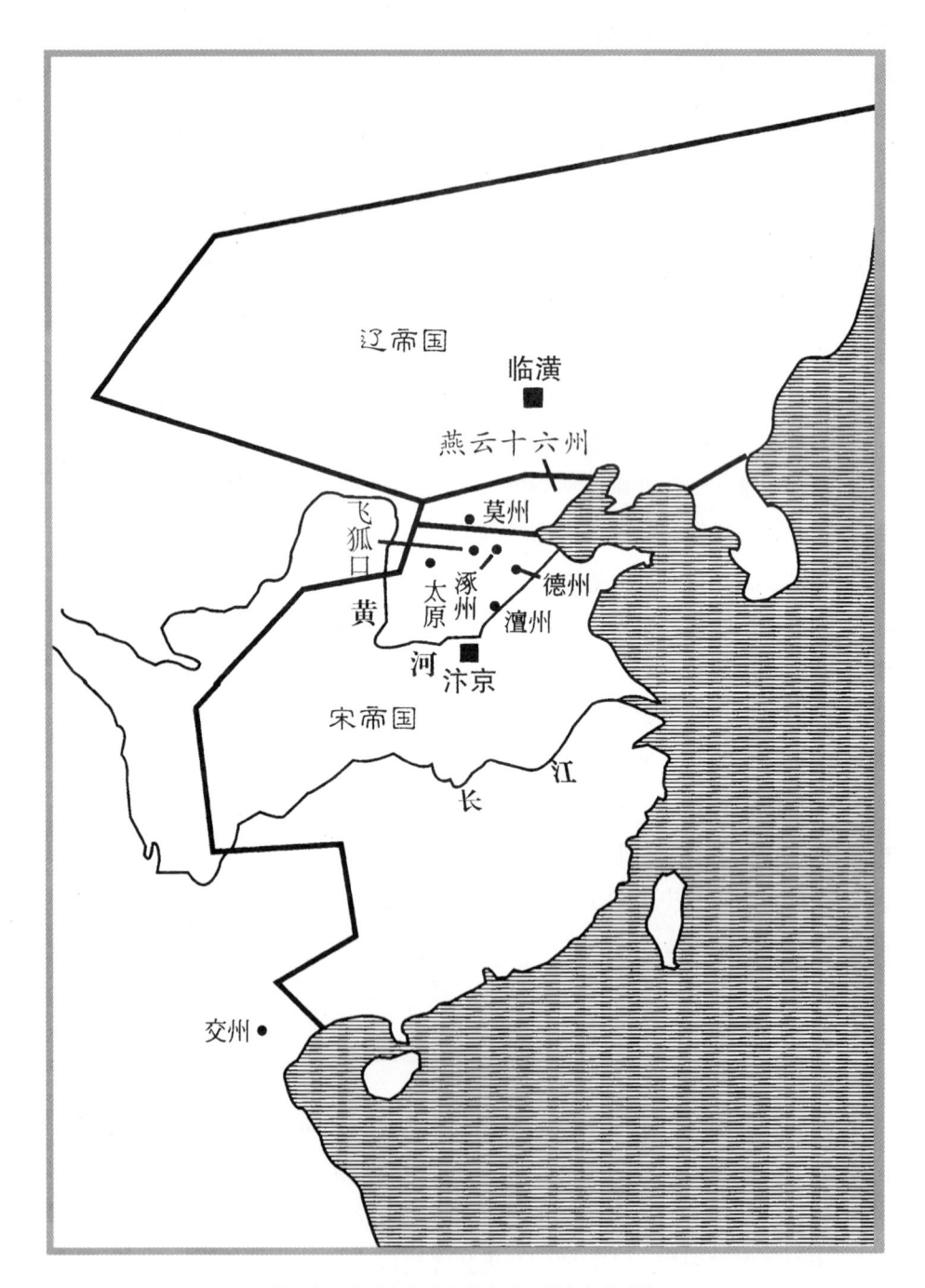

图三七　十世纪六十年代之后·辽宋南北对抗

占有优势。同时，这个由部落进化成为国家的民族，也并不真正地了解进步的意义，所以辽帝国宫廷中，一向严禁读书。他们认为读书不但浪费时间，还会把一个人的脑筋弄得太复杂。皇子贵族如果想求得知识，就得冒着"私自读书"罪名的危险。所以他们的文化发展很慢，最显明的例子是，人民只有名而没有姓。只两大部落有姓，一是皇帝族的耶律部落，一是皇后族的萧部落。"耶律"是自己所定，"萧"是华夏人代他们起的。这两大部落仍保留着上古时代初民互婚的习惯，世代相配。

辽帝国凭空得到燕云十六州，增加大量财富和国力，但也严重地伤害了中国本土王朝的自尊。而且长城险要已失，黄河以北像敞开着大门的广大庭院，再没有阻止外人闯进来的重要屏障，自然使中国本土王朝不能安枕。所以燕云地区，始终成为两国冲突的导火线。本世纪（十）五十年代，后周皇帝郭荣曾用兵夺回两州——莫州和瀛州，但仍有十四州在辽帝国手中，以致本世纪末至下世纪（十一）初的二十年之间，宋辽两国，发生四次重要战争。

第一次，979年，宋帝国第二任皇帝赵光义（宋太宗，赵匡胤的弟弟），在消灭北汉帝国、中国本土统一完成后，他兴奋地打算一举收复失土。但辽帝国不同于枯萎的北汉帝国，而宋军将士们大战之余，已疲惫不堪，原来满怀希望征服北汉之后得到休息和赏赐的，现在全部落空，还要徒步六百余公里，越过连绵险恶的太行山脉，去进攻庞大的强敌。他们对此强烈反对，但赵光义拒绝采纳任何反对意见，他坚信"成大事者不谋于众"的格言。一个月后，大军抵达幽都府（即幽州，北京），攻城。辽帝国大将耶律休哥反击，在城东高梁河会战，宋帝国愤怒的士兵乘酣战时叛变，攻击赵光义，于是全军崩溃。赵光义腿部受伤，狼狈逃回涿州（河北涿州），追兵赶到，赵光义已不能骑马，只好爬上驴车奔驰，才算逃脱，留下一万余具士兵的尸体。

第二次，明年（980），辽帝国为了报复宋帝国的无端攻击，耶律休哥进围瓦桥关（河北雄县），宋军大败，辽军追到莫州（河北任丘）才撤退。赵光义下令亲征，走到大名（河北大名），距莫州直线还有二百八十公里，却不敢再进，潦草结束。

第三次，986年，赵光义经过六年的准备后，向辽帝国发动总攻。东路由征服南唐帝国名将曹彬率领，出涿州（河北涿州）。西路由征服南汉帝国名将潘美率领，出雁门（山西代县）。但两位都是对内有余、对外不足的"窝里凶"人物。东路军在岐沟关（河北高碑店西北）被辽兵团迎头痛击，像山崩一样溃散。西路军在飞狐口（河北涞源）也失败，大将杨继业正在前方节节胜利，听到消息，即行护送归附的汉人，向内地撤退。杨继业是这次战役中唯一的胜利者，潘美答应他在陈家谷（山西朔州南阳方口）留下重兵接应，杨继业一路血战，勉强抵达，却远远发现谷口无一兵一卒，他知道被他的统帅所出卖，不禁放声大哭，结果全军覆没。

——杨继业是华夏民族抵抗北方异族最杰出的将领之一，他的骁勇和被出卖后的壮烈殉国，使他成为中国民间传说中的祖父型英雄。很多作品都在描述他和他的妻子佘太君，以及他的诸子诸女，即"杨家将"一门，在跟辽帝国无数战役中，所表现的可歌可泣的事迹。

第四次，下世纪（十一）第一年（1000），辽帝国进攻瀛州（河北河间），击败宋军，生擒大将康保裔，深入齐州（山东济南）、淄州（山东淄博），大掠而归。宋帝国大将范廷召一直在尾随，不敢进击，等到辽兵团退出边界，他才上奏章说是他把敌人赶走的。新即位的皇帝赵恒（宋真宗，赵光义的儿子，赵光义终于死于腿伤），十分高兴，还作了一首喜捷诗，搞得群臣们不得不一窝蜂表示庆贺。

——范廷召告捷，赵恒喜捷，这个新兴的宋政府，很快地就习惯于上下互相欺骗。

从这些战役可以看出，宋帝国根本不是辽帝国的对手，所以每战必败。但辽帝国也没有强大到能够消灭宋帝国的程度，两国遂形成紧张的对抗，只不过宋帝国承当的要沉重而危险。

东西方世界

——头十年·909年（后梁帝国建立第三年），穆罕默德女儿法蒂玛的后裔，攻陷北非洲突尼斯城，建萨拉森王国，称法蒂玛王朝（绿衣大食），阿拉伯帝国遂分裂为三。新罗王国高僧弓裔叛变，建后高句丽王国，跟新罗、后百济，三分朝鲜半岛（后高句丽王国不久改称摩震王国，又改称泰封王国）。

——一十年代·918年（前蜀帝国皇帝王建病卒），弓裔暴虐，被杀，部将王建（跟中国王建同名同姓）继位，改国号为高丽王国。

——三十年代·935年（后晋帝国建立前一年），新罗王国以疆土日缩，不能自存，举国合并于高丽王国。新罗王国亡，立国九百九十二年。

——三十年代·936年（后晋帝国建立），高丽王国灭后百济王国，朝鲜半岛再行统一。

——六十年代·962年（南平王国灭亡前一年），罗马教皇约翰十二世，加冕日耳曼国王奥托一世为罗马帝国皇帝，称神圣罗马帝国。

——八十年代·987年（杨继业陈家谷战死的次年），西法兰克国王胖查理逝世，无子。由法兰西公爵卡佩继位，改国号为法兰西王国。

第24章
第十一世纪

宋辽对抗在本世纪头十年和解,两国之间保持一百余年的长期和平。但宋帝国由于本身太衰弱的缘故,西北一隅的夏州(陕西靖边北),跟西南一隅的交州(越南河内)一样,也脱幅而去,建立西夏帝国。这个帝国既小又穷,可是,对宋帝国的伤害,却十倍于辽。

在中国固有的领土上,事实上不是宋帝国大一统的单独局面,而是三国分立局面。这个局面,一直延续到第十三世纪。

一 宋辽和解

宋辽两国的冲突，到了本世纪（十一）初叶，急转直下。

头十年1004年，辽帝国大举南征，皇帝耶律隆绪和他的母亲萧太后，亲自统军，进入宋帝国本土之后，只使用少数军队攻击城市，主力却穿过原野，直趋黄河。深入四百公里，进抵澶州（河南濮阳），距宋帝国首都开封（河南开封），直线只一百二十公里。宋帝国朝野震动，皇帝赵恒（宋真宗）召集紧急会议，群臣们除了想到迁都外，别无他法。大臣王钦若是临江（江西樟树）人，他主张迁都升州（江苏南京）。另一位大臣陈尧叟是阆州（四川阆中）人，他主张迁都成都（四川成都）。只有宰相寇准反对，他主张御驾亲征。他说："御驾亲征，对士气是一个极大的鼓励，可以制胜有余。何况敌人深入，我们坚壁清野，用奇兵切断它的粮道，它只有败退。一旦迁都，人心崩溃，帝国可能瓦解。"

赵恒采纳了寇准的意见，即行北上，进驻澶州（河南濮阳），登北门城楼，跟城外的契丹兵团对峙。这是大决战的前奏，但和解却早已暗中进行。被辽帝国于前一年俘虏的宋帝国大将王继忠，深得耶律隆绪的礼遇。他乘机分析和解的利益与对抗的恶果，建议两国举行谈判，萧太后和耶律隆绪被他说服。于是由王继忠写信给赵恒，透露辽帝国的弹性态度，赵恒遂派遣代表曹利用前往辽军司令部磋商。

当赵恒到达澶州之后，曹利用也从辽军司令部返回澶州。辽帝国坚持要索回上世纪（十）五十年代959年被后周帝国夺取的瓦桥关（河北雄县）以南的"关南地区"，包括莫州（河北任丘）、瀛州（河北河间）。赵恒不肯接受，他希望的是没有损失的和平。但是辽帝国后卫部队已对莫、瀛二州开始猛烈攻击，危在旦夕，如果陷落，辽帝国的条件势必更苛。于是赵恒表示，关南地区不可以割让，但宋帝国愿每年向辽帝国进贡，作为补偿，派遣曹利用再往谈判。萧太后、耶律隆绪正占优势的时候，当然不肯让步，但曹利用提醒他们母子："和解不成，只有战争。宋帝国现在是一个统一的帝国，不像分裂状态下的后晋政府。我们皇帝又亲自督战，士气激昂，你们未必一定胜利。而且宋帝国进贡，是把整批财宝直接送到陛下手中，而战争掠夺，只便宜了将士。"这些话正确地分析了事态的真相，结果议定宋帝国每年向辽帝国进贡银币十万两，绸缎二十万匹。两国代表对天盟誓，签订和约，这就是有名的"澶渊之盟"。

——上世纪（十）之前的货币，还是以铜铁铸造的"钱"为主，以一千个钱为一"缗"（贯、串），缗是最高的计算单位。本世纪（十一）两个条约所载，白银已成为主要货币，"两"已成为最高计算单位。这种改变，一直使用九百年。到二十世纪初叶，才再改为以"元"为最高计算单位。

宋帝国向辽帝国进贡，显然大失面子。但是，两国对抗，最好能把敌人消灭；如果不能，那么就只有忍气吞声跟它做朋友。长期的缠斗不休，再强大的国家都会因筋疲力尽而瓦解。以当时形势，和解实是最明智的决策。这是一次长时间的和解，从头十年1004年起，到下世纪（十二）二十年代1122年为止，凡一百一十九年。自八世纪中叶安史兵变，便沉沦在混战中二百余年的黄河以北大平原上的中国人民，初次得到安定。

——一百一十九年长期和平中，并不是没有争执。争执经常发生，但都由谈判解决。最大的一次争执发生于四十年后的四十年代1042年，辽帝国再度提出关南地区的要求。那时宋帝国正被新独立的西夏帝国连连击败，结果增加每年进贡数量，共银币二十万两，绸缎三十万匹。

二　宋帝国立国精神——苟且偷安

任何新兴的政权，初起的时候，都会有一段时间具有相当强大的战斗力。只宋帝国不然，它一开始就高度疲惫。同样是中国人，在唐王朝黄金时代，生龙活虎一样使山河动摇。可是一进入宋王朝，却成了病夫，不堪一击。

赵匡胤是后周皇帝郭荣（柴荣）的亲信，被认为绝对不会叛变的将领，然而他终于叛变。他自己的故事使他警觉到部下的所谓忠心，并不可靠。要想根绝叛变，不能单纯地寄托在部下的忠心上，唯一的办法是不要为别人累积叛变的资本。所以他定下原则：不让大臣有权，万不得已时，也不让大臣有权过久。假如有权的人所掌握的权都只是暂时性的，就无法做大规模行动。这可从下列的宋王朝中央政府组织形态上，观察出来：

元首	元首助理	中枢	职掌	名义首长	实际首长
皇帝	宰相	中书省	行政	中书令	尚书省右仆射
		枢密院	军事	枢密使	知院事
		三司使司	财政	三司使	

这个表只列出中枢三个机构，另外"尚书省""门下省""九寺"，跟唐政府组织一样，仍然存在，不过都属于辅枢，地位并不重要。中枢三机构并不总隶于宰相，而是分隶于皇帝。宰相只在理论上统摄全局，但除非奉有特别命令，否则他不能过问枢密院（军事）或三司使司（财政）的事。这是预防政治领袖跟军事领袖或财政领袖结合的重要措施。

不但如此，政府各单位首长，跟他所主持的单位又完全不发生关联。像中书令，名义上是中书省的首长，事实上中书令只是一个高级官衔，他只能在自己家里享受这个荣誉，不能去中书省行使他的首长职权。去中书省行使首长职权的人，即中书省的实际首长，则由尚书省副首长（右仆射）（尚书省首长尚书令，同样也不能行使他的首长职权），兼任中书省副首长（侍郎），然后再代理中书省首长（尚书右仆射兼中书侍郎判省事）。这太复杂了，我们姑且用现代机构，做一比喻。犹如教育部部长并不能过问教育部的事，而由商业部副部长兼任教育部副部长，此一兼任的副部长，再代理教育部部长，才是真正的教育部部长。

地方政府的情况，完全相同，各州不设正式州长（刺史·州牧），所有州长都是临时性的，称之为"知州事"或"判某州"，他们的本职都在中央，州长不过暂时兼任或暂时代理。即令他不是中央官员，有时也故意加上中央官员的官衔，表示地方职务只是暂兼暂代，随时都会被调走。

于是，宋政府所有机关和所有官员，好像是七拼八凑走江湖的杂耍戏团，只求今天的演出能够糊口，便心满意足。在这种情形下，没有人想到百年大计和长远谋略，而赵匡胤所希望的，恰恰也正是如此。

军事上主要目的在使将领们永远没有军权。枢密院即现代的国防部，它的首长限定由文职人员担任，并且更进一步，连战术单位的部队首长，也改由文职人员担任，军队的战斗力，遂被伤害。

宋帝国的武装部队，分为两种：一种是称为"禁军"的国防军，一种是称为"厢军"的地方团队。地方团队全是老弱残兵，分散各地，维持地方治安。国防军则是精锐，全部集中在首都开封。遇到战争，即由中央临时委派一位文职人员担任统帅（甚至由宦官担任统帅，却很少由将领担任统帅），率领出征。而负责实际作战的将领，也出于临时委派，他们虽然是职业军人，但对所统率的部众，却一无所知。战争结束时，统帅把军权交出，将领则调往别的单位，士兵返回营区。这样的好处是，统帅跟将领不熟悉，将领跟士兵不熟悉，绝对不会发生陈桥式兵变。不过正因为如此，再多的部队只不过是一群乌合之众，不但不能担当大的攻击，连承受大的打击都困难。文官担任统帅，尤其是致命的有害制度。像澶渊之盟那一年，天雄战区（河北大名）司令官王钦若（当时官衔"参知政事判天雄军府兼都部署河北转运使"，即"副宰相兼天雄战区司令官兼总指挥兼河北省省长"），看到辽军从城下经过，吓得尿水直流，唯有烧香拜佛，祈求神仙保佑。我们可以想象得到，在这种情形之下，士气是如何形态。

宋帝国的立国精神是：抱残守缺，苟且偷安，过一日算一日，将就一天算一天。

三　士大夫的乐园

宋王朝社会异于唐王朝社会的是，门第世家消灭。在第九第十世纪，唐王朝末期和小分裂时代，那些跟盗匪没有区别的所谓政府军队和将领，往往屠杀门第世家，以夺取他们的财产，尊贵的门第已失去有效的保护。同时，长期劳力缺乏，土地不能生产足够的食粮以供养大批寄生分子，尊贵的世家也被迫星散。宋政府对封爵贵族，防范同样严格，亲王、驸马，都没有实权。所以国家统治阶层，几乎全由寒门士大夫充当。社会结构的纵剖面，有如下表所示。

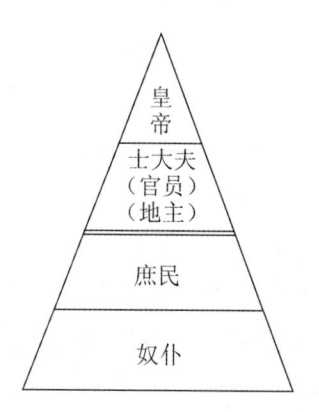

```
        /\
       /皇\
      /帝  \
     /------\
    /士大夫  \
   / （官员） \
  /  （地主）  \
 /--------------\
 /     庶民      \
/------------------\
/       奴仆        \
----------------------
```

平民跃升到士大夫阶层，方式跟唐王朝相同，一是学校，一是考试，一是推荐。学校，我们以后再谈到它。考试制度到了宋王朝，才开始真正的严肃。唐王朝那种浪漫性戏剧化的场外交易，渐被根绝。考试及格人士所受的重视，比唐王朝更甚。当进士考试及格的那些高级知识分子，结队朝见皇帝，通过街市时，首都开封就好像疯狂了一样，万人空巷。当时便有人感慨地说："纵使一位大将，于万里之外立功灭国，胜利凯旋，所受的欢迎，也不过如此。"至于推荐，类似从前的九品中正，知识分子群中的互相赞扬也可以使人获得官职。在达到高阶层之后，这种互相赞扬和向皇帝表达这种赞扬，就更为重要。宋王朝的士大夫特别容易结党，这是基本原因。

宋王朝的立国精神，跟儒家学派的保守思想，像水乳一样，融合为一。宋王朝遂成为士大夫的理想乐园，对政府所赐给他们的那些恍恍惚惚的官位和不求进步、不求效率的职务，都能非常的胜任愉快。但赵姓皇帝对士大夫仍不放心，为了加强他们互相间的牵制，以防团结生变，特别鼓励弹劾和检举，仅监察机构，就设立两个，一是"御史台"，一是"谏院"，任务完全相同，以便一个被野心家操纵时，另一个照样发挥功能。而且除了监察机构的官员，如御史和谏议大夫外，其他任何高级官员，同样都可以随时向皇帝提出意见，或随时对宰相以下进行抨击。这对于以写文章为主要学问的士大夫，诚是一个好制度，使他们舞文弄墨的英雄伎俩，有了用武之地。他们随时随地都会对任何进步改革和他们所不知道的事物，发出反对的言论。目的并不在于把自己的意见付诸实行，只是希望他的文章能在皇帝心目中留下良好的印象。于是，再小再无聊的事，都会引起激烈争论。

促使这种现象发生的另一个原因，是士大夫对他的言论所负的责任太轻。唐王朝以前，官员的弹劾或检举，如果被认为失当，可能被免职或被处死。宋王朝士大夫则没有这种危险，他们所受的最大谴责，大多数不过贬官而已——贬出首都开封，到地方政府担任州长（判某州·知州事）、副州长，或秘书长（通判）。这与其说是一种谴责，毋宁说是一种奖赏，以鼓励士大夫更勇于喧哗取闹。因为这种谴责，丝毫不损害到他的既得利益，还可以凭空多一个"正直忠良""不畏强权"的美名。

儒家学派用两分法把人类分为两个系统：一是君子系统，一是小人系统。这种分法本是经济的，后来发展为伦理的，后来更发展为政治的和道德的，遂成为政治斗争中的一项重要武器。这武器用下表所列的不同文字表达：

总体	区分	表达文字
人类	君子	正人　耿直　忠良　木讷　骨鲠　光明磊落　胸襟坦荡
	小人	奸邪　倾险　卑鄙　污浊　偏激　挟诈任数　险贼害物　罔上欺下

对好喧哗取闹的宋王朝士大夫而言，人类一分为二，使他们在吵闹内斗中，可以节省不少精力。一旦掀起争论，只要立刻把自己纳入君子系统，把对方纳入小人系统，就自以为可以大获全胜。

我们举出下列一事，作为说明。宋王朝第四任皇帝赵受益（赵祯，宋仁宗）没有儿子，收养他堂兄的儿子赵宗实（赵曙，宋英宗）作为儿子，赵受益的堂兄是封爵濮王的赵允让。他们的关系位置，如下表所示：

父辈	第一代	第二代	第三代	第四代
赵弘殷	一任帝赵匡胤			
	二任帝赵光义	三任帝（大宗）赵恒	四任帝赵受益	
		商王（小宗）赵元份	濮王赵允让	五任帝赵宗实

六十年代1063年，赵受益逝世，赵宗实即位。于是发生我们现代人死也想不通，但当时士大夫却认为异常严重的称呼问题，即赵宗实应该称呼他亲生老爹（赵允让）什么？宰相韩琦、副宰相欧阳修主张当然称为父亲，这主张是可以理解的。可是另一派以司马光为首的大臣，根据儒家学说，主张应该称他亲生老爹（赵允让）为伯父。因为儒家是宗法社会的产物，在宗法制度下，赵宗实是"小宗"入继"大宗"，应以大宗为主，对大宗"法定父亲"（赵受益）的堂兄（赵允让），当然称为伯父。两派都拥有广大的党羽，而以司马光的党羽最多，技巧也最高；他的党羽之一的总监察官（御史中丞）贾黯，临死时特地留下遗书，请求赵宗实一定要称老爹为伯父；咨议部长（同知谏院）蔡伉，觐见赵宗实时，跪下来痛哭流涕，陈述国家兴亡，就在此一称呼；赵宗实也深为蔡伉那副急来的眼泪所感动。另三位党羽：监察部主任秘书（侍御史知杂事）吕诲和监察部委员（侍御史）范纯仁、吕大防，更怒不可遏，把欧阳修、韩琦一下子就纳入小人系统，小人当然没有活的理由，于是请求把二人处斩，以谢天下。当赵宗实不接受他们的意见，而终于坚持称自己的老爹为老爹时，司马光党羽汹汹然表示，君子系统绝不跟小人系统和平共存，要求辞职。

这就是有名的"濮议"，我们可藉此对宋王朝士大夫做一综合认识：

一、儒家思想，到了宋王朝，已开始僵化。欧阳修、韩琦都是最顽强的保守派，只不过在父子至情上偶尔流露一点灵性，就立刻受到凶暴的待遇。

二、士大夫攻击一旦开始，人类两分法立刻登场，而所运用的表达文字，翻来覆去，都是那一套。说明他们词汇的缺乏和智慧的枯竭。

三、"濮议"是一件小事，却被认为是一件天塌了似的大事。比当时被西夏帝国连连击败,死人千万,丧师失地,还要重要。显示出士大夫已没有辨别轻重是非的能力,却勇于内斗的特质。

四 教育文化

宋王朝的教育,比过去任何时代都发达,这是士大夫努力推广的结果。犹如基督教牧师认为有义务把耶稣的福音传播给大众一样,士大夫也认为有义务把儒家学派的思想传播给中国人民。

在政府系统中,仍以国立大学(国子监)为最高学府,设于首都开封。国立京师大学校长,最初称"判国子监事",后来才恢复古老的称谓"祭酒"。国立京师大学包括两个学院:一"国子学",一"太学"。国子学是贵族学院,七品官职(如县长)以上官员的子弟,才有资格入学。太学则不同,八品以下低级官员的子弟或平民子弟,也可以入学。本世纪(十一)七十年代,王安石当宰相时,把太学学生,依他们的程度,分为三个学级,即"外舍""内舍""上舍"。外舍考试及格,升为内舍。再合格,升为上舍,上舍考试及格,即行毕业,由政府授予官职。州政府所在地有州学,县政府所在地有县学。各乡镇有人民自费设立的小型学校——私塾。

除国立大学外,社会上复有私立大学(书院)。国立大学仅首都一所,私立大学为数很多。规模的宏大,有时还超过国立大学,而以下列五所,最享盛誉:

名称	设立时间	设立地址
石鼓书院	九世纪一十年代	衡州(湖南衡阳北湘水畔)
白鹿洞书院	十世纪四十年代	庐山(江西九江庐山五老峰下)
嵩阳书院	十世纪五十年代	登封(河南登封太室山南麓)
岳麓书院	十世纪七十年代	潭州(湖南长沙岳麓山下)
应天书院	十世纪七十年代	应天(河南商丘城内)

它们因是私立的,所以毕业生不能像国立大学的毕业生一样,有法定的地位。但它们却全由政府官员创设,几乎全靠政府的支持。石鼓书院成立最早,应该是中国最早的私立大学。其他四个学院也都成立于上世纪(十),只是到了本世纪(十一),才开始显示出它们的影响。而白鹿洞书院,到了下世纪(十二)时,学生将近一万人,竟成为儒家学派主流——道学(理

学）的大本营。

和学校教育配合的是图书，中国历代政府都设有藏书机构。宋政府的藏书机构是崇文院，即国立图书馆。国立图书馆包括四个单位，称为"四馆"，即"昭文馆""集贤殿""史馆""崇文院秘阁"。昭文馆负责搜集和保管图书，集贤馆负责对藏书校正错误，史馆负责搜集史料和编写史书，崇文院秘阁负责保藏特别珍贵的书籍和名画。图书最多时达七万三千卷，约七亿三千万字，比唐王朝略少。它的流通量当然很小，不过非法外流的数目很多，如管理人员私相授受，甚至偷窃而去，但对知识传播，却有贡献。

——在以抄写为主的时代，中国图书以"卷"为单位，分量没有一定标准。我们姑且以《太平御览》每卷一万字作为平均数，加以估计，使"卷"有更明确的意义。

国立图书馆在宋政府另有一种特殊地位，它是政府高级官员（包括宰相）的候补人才储备所。"四馆"里的供职官员，在术语上称为"馆职"，全由具有儒书丰富知识的人选担任。一旦担任馆职，就等于确定了他光明的前途，因之成为新进知识分子最重要的追求目标。

然而，国立图书馆最大的贡献，是它编纂了下列四部巨大的"类书"。类书，是中国特有的一种丛书，即把千百种图书所包括的相类似的事件，编纂在一起。读者如果需要某一类的数据，可免去翻查千百种图书的艰苦。

书名	内容	分类	完成时间	卷数	字数（约）
《太平御览》	综合性类书	4448部门	上世纪（十）七十年代	1000	10000000
《太平广记》	小说性类书（历代神话传说）	92部门	上世纪（十）七十年代	500	5000000
《文苑英华》	文学性类书（自六世纪中叶至十世纪中叶中国诗文）	37部门	上世纪（十）八十年代	1000	10000000
《册府元龟》	政治性类书（前五百卷集帝王事迹，后五百卷集大臣事迹）	1102部门	本世纪（十一）头十年	1000	10000000

四大类书除了能够提供学者同类事件丰富的数据外，还为中国保存大量古籍。像《太平御览》所引用的原书多达一千六百八十九种，其中百分之八十八，即一千五百种以上，都已失传。完全靠这部类书，才知道那些古籍和它们的内容，这是文化史上最大的勋绩。

文化普及有赖于图书普及，图书普及有赖于进步的印刷术。古代图书，都靠手抄。到了第七世纪，木刻版兴起，寺庙和尚最初用来雕刻佛经——宗教信仰始终是文化传播的主要动力之一。上世纪（十）时，士大夫才用来雕刻儒家学派的经典。到本世纪（十一），雕刻技术突飞猛进，业务蒸蒸日上，遂发展成为一种大规模的手工艺行业，大小工厂林立。杭州（浙江杭州）、成都（四川成都）、洪州（江西南昌）、泉州（福建泉州），都是重要的出版中心。遇到篇幅巨大的图书，像上述的四部类书，就要送到这些地方雕版。除了政府刊行图书外，因印刷的方便，民间也大量刊行图书，书店业由是应运而生，图书由珍藏秘宝，逐渐变成普通商品。

——本世纪（十一）四十年代时，最伟大的雕版家之一的毕昇，曾发明活字版。他在胶泥上刻字，用火烧铸，使它变硬，形状跟近代的铅字一样，排版的方式也相同，这是中国最早的活版印刷。但不知道什么缘故，并没有推广，只昙花一现便消失了。可能是农业社会的静态需要量，还没有多到手刻版来不及供应的程度。

五　宋词

中国文学在第八、第九两世纪唐王朝时代，以诗的创作，有辉煌的成绩。但中国诗有先天的缺点，即字数句数和韵脚，限制太严，又由于方块文字运用困难，所以无法发展出来像希腊《伊利亚特》和《奥德赛》那种海洋般的长篇史诗。绝大多数的诗只有四句或八句，字数也只有五字或七字，只有在极少数情况下，可以稍作突破，但限度又非常的小，以致不能表达更复杂的感情和做更复杂的叙述。同时因为音乐的普及，于是，一种新的形式兴起，最初称之为"诗余""长短句"，这是最恰当的称呼，但中国古代习惯使用单音节，所以又改称为"词"。

词是诗的解放，无论字数句数和韵脚，大都比诗所要求的尺度为宽，而且比诗更适于歌唱。所以每首词都有一个固定的雅丽名称，以标出它的音乐性质。诗人只要选择词调之后，照它既定的格式下笔，就立刻成为一首歌曲。词的歌唱法，很久以来，已经失传。不过我们认为，词有很高的文学价值，但不见得有很高的音乐价值。

——词律所最讲究的，是字的平上去入四声与清浊，苏轼填词往往不合这种规定，有时还不注意断句，曾被指摘为"把人的嗓子拗断"。所以我们判断，在如此单调简陋的基础之上，不可能有复杂的高级音乐产生。二十世纪的今天，我们可以听到"词"的后裔"昆曲"，实在并不悦耳，使我们更肯定这种判断。

第八世纪，词便出现于文坛之上，但它却在进入第十世纪之后，才生气蓬勃，压倒其他形式的文学作品，造成词的时代。宋王朝以词闻名的有八百余人，有专集出版的有二百余人。我们举出其中最伟大的五人：李煜、苏轼、柳永、辛弃疾、史达祖，作为词时代的代表。李煜属于上世纪（十）。苏轼、柳永属于本世纪（十一）。辛弃疾属于下世纪（十二）。史达祖属于下下世纪（十三）。

李煜，恐怕是中国唯一的帝王词人，他是小分裂时代南唐帝国最后一任皇帝。一生截然地分为两段：前半生是无忧无虑的宫廷生涯，后半生家破国亡，成为宋帝国俘虏。两种绝对相反的生活，使他写出动人心弦的好词。当他还是皇帝时，跟妻子周娥皇（大周后）感情最笃，为她写下很多艳词。我们举《一斛珠》一词为例：

晓妆初过，沉檀轻注些儿个。向人微露丁香颗。一曲清歌，暂引樱桃破。　　罗袖裹残殷色可，杯深旋被香醪涴。绣床斜凭娇无那。烂嚼红茸，笑向檀郎唾。

（沉檀，化妆口唇的浅绛色。丁香颗，形容舌尖。樱桃，形容红唇。裛：沾濡。醪：美酒。涴，污染。无那，无限之意。檀郎，爱人、丈夫。）

后来他瞒着妻子，跟她的妹妹（小周后）偷情，又为她写下很多幽会的词，如《菩萨蛮》：

花明月暗笼轻雾，今宵好向郎边去，刬袜步香阶，手提金缕鞋。画堂南畔见，一向偎人颤。奴为出来难，教君恣意怜。

（刬袜，脱掉鞋子，以袜着地，避免发出声音。）

被俘之后，送到开封，小周后被宋皇帝赵光义霸占，向他哭泣求救，李煜毫无办法，自有无限悲怆。978年的七月七日，正是他的生日，他和他的家人歌唱他的新词《虞美人》：

春花秋月何时了，往事知多少。小楼昨夜又东风，故国不堪回首月明中。　　雕栏玉砌应犹在，只是朱颜改。问君能有几多愁，恰似一江春水向东流。

对故国的怀念触怒了赵光义,下令把他毒死。李煜死得很惨,他中的是牵机毒,痛苦时头部跟足部佝偻相接。李煜当皇帝是失败了,但当一个词人却很成功。他用白描手法写词,表面上平铺直叙,内部却包括真挚的感情,是一种最艰难的功力,使他成为词坛之仙,没有一个词人在同一道路上能达到他的造诣。

苏轼,他是中国文学史上最杰出的明星,也是中国文学史上一位十项全能。对各种形式的作品,如"赋""诗""词""文章""骈体""绘画""书法",几无一不精。他把词的范围扩大,从狭小的儿女之情的天地,扩大到广漠的大千世界。举他的《念奴娇·赤壁怀古》一词:

> 大江东去,浪淘尽,千古风流人物。故垒西边,人道是,三国周郎赤壁。乱石崩云,惊涛拍岸,卷起千堆雪。江山如画,一时多少豪杰。
>
> 遥想公瑾当年,小乔初嫁了,雄姿英发。羽扇纶巾,谈笑间,樯橹灰飞烟灭。故国神游,多情应笑我,早生华发。人生如梦,一樽还酹江月。
>
> (赤壁,三世纪时,曹操大军被周瑜在此击败,奠定三国时代的基础。周郎,指周瑜。公瑾,周瑜别号。小乔,周瑜的妻子,美女之一。羽扇纶巾,传说中诸葛亮不穿戎装,只手执羽扇,头戴纶巾帽,指挥大军。酹,用酒洒地祭奠。)

豪放雄浑,使一个知道这段史迹的读者,在读这首词后,感觉到风雨扑面。但苏轼的婉约悲凉也同样成功,如《江城子》一词,写他夜间梦见亡妻,诚是一字一恸:

> 十年生死两茫茫,不思量,自难忘。千里孤坟,无处话凄凉。纵使相逢应不识,尘满面,鬓如霜。 夜来幽梦忽还乡。小轩窗,正梳妆。相顾无言,唯有泪千行。料得年年肠断处,明月夜,短松冈。

柳永,一个颓废诗人,他最初在一首词里有两句话:"忍把浮名,换了浅斟低唱。"当他参加进士考试时,宋王朝第四任皇帝赵受益(宋仁宗)把他的姓名抹去说:"去浅斟低唱吧,要浮名干什么?"柳永遂幽默地自称"奉旨作词"。他的词全部是爱情和离愁,表露出本世纪(十一)社会上纸醉金迷的一面。传播之广,凡有井水的地方,都有他的词。词在他的开拓下,句数增加,成为长调。他的创作技巧使他写出难写的感情和难写的事和景，而仍保持直率的自然原始之美。像《雨霖铃》描述离情，回肠百折：

>　　寒蝉凄切，对长亭晚，骤雨初歇。都门帐饮无绪，方留恋处，兰舟催发。执手相看泪眼，竟无语凝噎。念去去、千里烟波，暮霭沉沉楚天阔。　　多情自古伤离别，更那堪、冷落清秋节。今宵酒醒何处，杨柳岸、晓风残月。此去经年，应是良辰好景虚设。便纵有千种风情，更与何人说。
>
>　　（都门，都城城门。）

另一首《望海潮》，赞美杭州：

>　　东南形势（胜），三吴都会。钱塘自古繁荣（华）。烟柳画桥，风帘翠幕（幕），参差十万人家。云树绕堤沙，怒涛卷霜雪，天堑无涯。市列珠玑，户盈罗绮竞豪奢。　　重湖迭巘清嘉。有三秋桂子，十里荷花。羌管弄晴，菱歌泛夜，嬉嬉钓叟莲娃。千骑拥高牙，乘醉听箫鼓，吟赏烟霞。异日图将好景，归去凤池夸。
>
>　　（三吴，指苏州［江苏苏州］、越州［浙江绍兴］、湖州［浙江湖州］，即最富庶的太湖流域及钱塘江流域地区。羌管，笛。菱歌，江南妇女每逢采菱，在舟中边采边唱。高牙，古时军营前大旗称牙旗。）

在柳永的创作中，这并不是一首好词。可是百年之后，到了下世纪（十二）六十年代，金帝国皇帝完颜亮读它，读到"三秋桂子，十里荷花"，对南中国的富丽，怦然心动，引起他大举南征的杀机。

辛弃疾，下世纪（十二）宋政府南迁后的伟大词人，他原籍历城（山东济南），生下来时，山东已沦陷给金帝国。在女真民族统治之下，他和一批爱国青年，起兵反抗，推举耿京为主。耿京派他到宋政府当时首都临安（浙江杭州）联络，可是等他从临安回来，叛徒张安国已把耿京杀掉降敌。辛弃疾和他的同志，向戒备森严的金军大营突击，把张安国擒出砍头，然后率众南下。从这一段英雄行径，可了解他的英雄性格。但他强烈的爱国心，却限于客观的苟且偷安的环境，眼看一半国土永远丧失，而无可奈何。于是他的词像钱塘江的大潮，气吞山岳，但带着呜咽苍凉。我们举他《永遇乐》一词，这首词写他在京口（江苏镇江）北固亭怀古的心情。

千古江山，英雄无觅，孙仲谋处。舞榭歌台，风流总被，雨打风吹去。斜阳草树，寻常巷陌，人道寄奴曾住。想当年，金戈铁马，气吞万里如虎。　　元嘉草草，封狼居胥，赢得仓皇北顾。四十三年，望中犹记，烽火扬州路。可堪回首，佛狸祠下，一片神鸦社鼓。凭谁问，廉颇老矣，尚能饭否。

（孙仲谋，孙权的别号，三世纪东吴帝国开国皇帝。寄奴，刘裕的乳名，五世纪南宋帝国开国皇帝。元嘉，南宋帝国第三任皇帝刘义隆的年号［424—453］。狼居胥，即肯特山，公元前二世纪，西汉王朝大将霍去病追击匈奴，到狼居胥山，不见敌踪。封，堆土祭神。仓皇北顾，刘义隆未做准备即行北伐，凡三次均大败，刘义隆隔着长江，北望北魏军营，面无人色。四十三年，辛弃疾填此词时，距南下投奔祖国已四十三年。佛狸，北魏帝国第三任皇帝拓跋焘的乳名，刘义隆北伐的对手。廉颇，公元前三世纪赵王国名将。）

——辛弃疾填词，最喜欢使用典故，被人讥为"掉书袋"，但典故在手中并不阻碍感情奔放。

辛弃疾的词不仅豪放，而且悲壮沉郁。苏轼的词如日出时万马奔腾，长啸遨游。辛弃疾的词则如日落时两军生死鏖战，纵是不悦耳的嘶喊，也出自肺腑。

史达祖，身跨十二、十三两个世纪的伟大词人。宋词经过二百年的发展，到他而做出总结。十三世纪初，宰相韩侂胄北伐时，史达祖是幕僚之一。韩侂胄开罪了儒家学派的主流道学家，等到韩侂胄失败，道学人士用恶毒的手段，大肆报复，史达祖被处黥刑——在脸上刺字后，贬谪，死在蛮荒。他虽然是政治斗争中的牺牲者，但他并没有政治欲望。黥刑和道学对他的伤害，只更增高他的声誉。他描写春天燕子的《双双燕》：

过春社了，度帘幕中间，去年尘冷。差池欲住，试入旧巢相并。还相雕梁藻井，又软语商量不定。飘然快拂花梢，翠尾分开红影。　　芳径。芹泥雨润，爱贴地争飞，竞夸轻俊。红楼归晚，看足柳昏花暝。应自栖香正稳，便忘了、天涯芳信。愁损翠黛双蛾，日日画栏独凭。

（春社，立春后农村祈求丰收的祭神礼。）

如果把史达祖的词跟前面各家的词，做一个比较，可看出时间的元素，使它们大不相同。词到史达祖，已完全成熟。他集结了前人的精华，一字一句，一音一调，都有仔细的斟酌，跟中国画坛上的工笔画一样的无懈可击。但也像工笔画一样，不为后人留下余地，就再也发展不下去了。

六　定难战区建立西夏帝国

本世纪（十一）以来，宋帝国外与辽帝国和解，内部社会也相当安定，士大夫歌舞升平，一切看起来都很好。但位于西北边陲，河套以南的定难战区（陕西靖边北），却于三十年代，脱离宋帝国政府，建立西夏帝国。

——这是一个党项民族的国度，属于羌民族的一支。四百年前七世纪时，一位姓拓跋的酋长，把他们带领着，离开祁连山南麓柴达木盆地，投靠唐帝国。当时李世民大帝特准他们定居在河套以南。九世纪时，因为帮助唐政府讨伐黄巢有功，唐政府就委派当时的酋长拓跋思恭担任定难战区（陕西靖边北）司令官（节度使），并特许他改姓皇家的李姓。以后跟其他藩镇一样，世代承袭。本世纪（十一）初，表面上虽然顺服宋政府，实际上仍维持着藩镇割据的局面，不时地劫掠战区界外的其他州县。

三十年代1032年，定难战区节度使李德明逝世，雄心勃勃的儿子李元昊继位，即开始使用自己的年号。在以年号为纪年的时代，改变年号即是改变政治立场。李元昊制定西夏文字，大量翻译华文书籍，提高党项人的文化水平。一面向西扩张，把陷落在回纥部落手中一百余年的河西走廊，包括凉州（甘肃武威）、瓜州（甘肃安西）、沙州（甘肃敦煌）、兰州（甘肃兰州），全部征服，定都兴庆（宁夏银川）。1038年，李元昊宣称他是西夏帝国皇帝，向宋政府上奏章，请求册封。中国版图上，遂出现了第三个国家。

宋帝国当然不能容忍叛徒猖獗，皇帝赵受益下令悬赏，凡擒杀李元昊的人，就命他当定难战区节度使。李元昊的反应是发动一连串不停止的攻击。四十年代1040年，西夏兵团进攻延州（陕西延安），宋军大败，主将被擒，延州州长（知延州）范雍被贬。中央政府任命两位知名的文职大臣韩琦、范仲淹，到西境主持军事，并命范仲淹担任延州州长。范仲淹对军事是门外汉，但他有宋王朝士大夫特有的对内宣传技巧。到职只一个月，就自己宣称，西夏帝国已警告他们国人："小范老子（范仲淹）胸中有数万甲兵，不似大范老子（范雍）可欺。"明年（1041），西夏兵团进攻渭州（甘肃平凉），正在镇戎（宁夏固原）巡视的韩琦，派大军迎战，在六盘山（宁夏隆

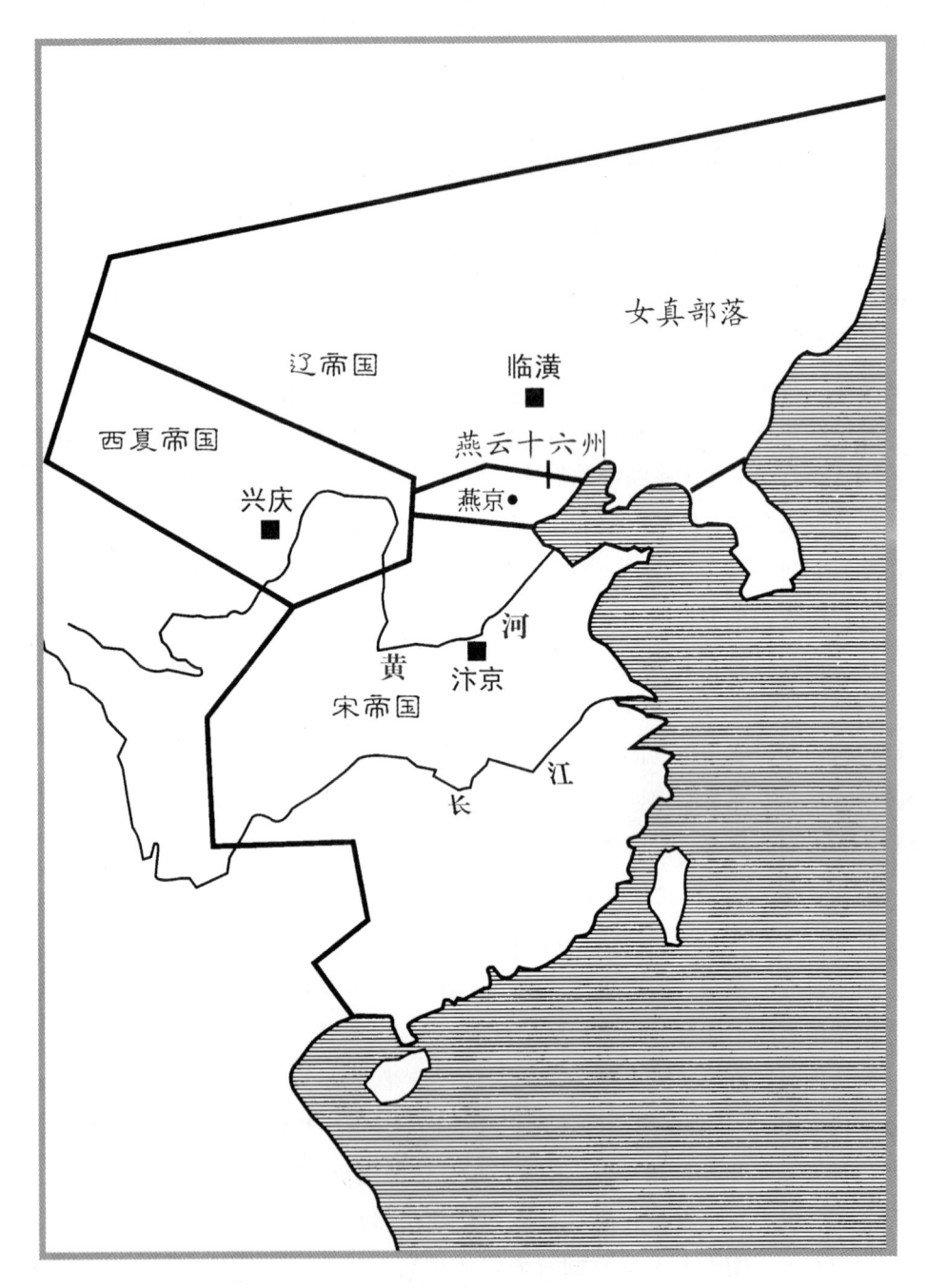

图三八　十世纪·辽宋西夏三国并立

德）下好水川（甜水河）接触，一万零三百人，全军覆没。韩琦狼狈逃回，阵亡将士的家属数千人，拦住马头，哀号招魂，大哭说："你们随着司令官出征，平安而去。今天司令官回来，你们何在？愿你们孤魂，也随着司令官返家！"哭声震动天地，韩琦又惧又惭。但不几个月，就又有人宣称，边区人民到处歌唱："军中有一韩（韩琦），西贼闻之心胆寒。军中有一范（当然是范仲淹），西贼闻之惊破胆。"问题是，对内宣传只是一种肉麻当有趣的小动作，并不能解决实际困难。又明年（1042），镇戎再度会战，宋军再度大败，九千四百余人，全部战死或被俘。

在每战必败的情势下，宋帝国只好谋求和解。1044年，正式承认西夏帝国独立，并每年向西夏帝国缴纳绸缎十三万匹，银币五万两，茶叶两万斤。每年节日（如元旦，宋帝国皇帝生日），再增加绸缎两万三千匹，银币两万两，茶叶一万斤，银器两千两。

——宋帝国为了面子，坚称这项缴纳是一种"赏赐"，而且只承认李元昊是西夏国王，不承认他是西夏皇帝。

宋夏之间，保持了三十六年的不稳定的和平。七十年代，宋政府宰相王安石选拔出宋帝国开国以来第一位统帅人才王韶，担任洮河战区（甘肃临潭）司令官（安抚使）。于1073、1074两年之间，收回陷于吐蕃王国二百余年、面积达二十万方公里、有五个台湾岛大的宋帝国故有领土，包括熙州（甘肃临洮）、河州（甘肃临夏）和全部河湟地区（青海东北部），目的在切断西夏帝国的右臂，作为向西夏帝国总攻的准备。可是，两年之后（1076），王安石辞职，王韶也被新任宰相司马光指责"开边生事"，免职贬谪，以致前功尽弃。

但宋帝国仍念念不忘西夏的小而且贫，八十年代1081年，第六任皇帝赵顼（宋神宗）停止缴纳财帛。倾全国之力，分五路出兵，向西夏帝国进攻，预定在灵州（宁夏灵武）会师，可是，他却任命宦官李宪担任总司令。结果四路兵团如期到达，只有总司令在克复兰州（甘肃兰州）后，屯兵不进，没有赶到。抵达的四路兵团，在灵州城下，群龙无首，又没有攻城工具，无法攻城。西夏乘机反扑，决开黄河堤防灌敌，宋军全部崩溃，死二十余万人。明年（1082），西夏再攻陷永乐城（陕西米脂西北），宋守军和居民二十余万人再全部覆没。

——把兵将不相习，乌合之众的军队，在文职官员（甚至是宦官）白痴般的指挥之下，投入战场，跟把可怜的羔羊驱入狼群一样，不过是残忍的屠杀。而宋帝国建国三百年中，却一直如此，使人为千万无辜牺牲的将士落泪。

于是宋夏再度和解，本世纪（十一）最后一年，1099年，宋帝国对西夏帝国继续"赏赐"。

——下世纪（十二），两国边界上仍然不断发生冲突，一直到金帝国大举入侵前夕，冲突才停止。宋帝国被这么一个蕞尔小国缠住，国力竟告枯竭。

七 王安石

宋帝国能通过瓶颈，主要原因之一是，它的第二任皇帝是长君，赵光义（宋太宗）即位时已三十八岁，足可应付复杂的政治形势。如果由赵匡胤年幼的儿子继位，我们有理由相信它早被颠覆。不过赵姓皇帝虽然到了平安坦境，仍不断做着随时被推翻的噩梦。这噩梦使宋政府除了努力防止叛变外，其他什么事都不能做。对辽和对西夏的屈辱战争，证明他们只会剥削人民财产奉献外国，而无力保卫人民。广大农村在沉重捐税和士大夫地主强烈兼并下，产生大批农奴和士大夫的家奴。政府官员数目，每年都在膨胀，士大夫越多，脱离生产的人也就越多。他们以全民百分之三或百分之四的人数，占有全民百分之九十以上的土地财富，而仍掠夺不止。这个士大夫所高兴的乐园，实质上是一个热度日高的大火药库。

于是产生变法运动，中国最伟大的政治家之一的王安石，他效法公元前四世纪另一伟大的政治家公孙鞅，用革命性的全盘改革，来挽救宋帝国和士大夫自身的噩运，同时也解救倒悬在水火中的平民，他的见解被皇帝赵顼（宋神宗）所采纳。赵顼是一个生长在深宫之中的皇帝，属于少数杰出的英明君主之一。六十年代1069年，赵顼任命王安石当宰相，变法立即开始。

变法是全面的，包括经济、政治、军事、教育。我们把他最重要的措施，归纳十项，做一简单叙述。

一、确立预算制度，并控制预算。王安石设立一个"计划部"（制置三司条例司。三司：度支司、户部司、盐铁司），自兼首长，对行政管理做合理的改进，严厉制止私人挪用或吞没公款，结果每年为国家节省开支百分之四十。

二、建立政府储蓄食粮制度。过去，各行政区（路、州）向中央政府每年缴纳以食粮为主的赋税，都有一定数额；丰收之年，不能多缴；歉收之年，不能少缴——全靠向贫苦的农民强迫搜刮。而且还要千里辗转，运输到首都开封，费用巨大。王安石颁布"均输法"，用货币代替实物纳税，以免去运输上的困难。由各行政区在首都设立专用仓库，丰年时大量购入，歉年时就可不必强迫搜刮农民。

三、建立政府贷款制度。中国农民最苦的日子，大都发生在"青黄不接"之时。即稻麦刚生出青苗，还没有变黄成熟，农家存粮往往用尽，新粮又未收获，需钱最是孔急。王安石命政府贷款给农民，收取他们向地主贷款时低得多的利息。等到收获之后，再行归还。因为这项贷款是用田中的青苗做信用保证的，所以称"青苗法"。

四、清查漏税耕地和整理田赋。士大夫地主兼并贫农耕地时，往往隐没田籍，不缴纳赋税。王安石对全国耕地，加以清查，结果清查出三百六十万亩之多。又颁布"方田均税法"，对全国耕地，重新评估，依照肥沃贫瘠，分为五等，肥沃的耕地赋税多，贫瘠的耕地赋税等差减少。

五、建立平抑物价制度，设立平抑物价机构"市易务"。首先在首都开封施行，物价低廉时，由政府购入；等到物价上涨，再行售出。"市易务"这个机构还兼营银行，人民用金银绸缎或不动产做抵押，就给予贷款。这是一个经济性的大进步，称"市易法"。

六、建立公平劳役制度。王安石颁布"免役法"，规定全国每一个成年男子，都有为国家服劳役的义务。如果申请免除劳役，必须缴纳代金，称"免役钱"，由政府代为雇人充当。

七、加强国防军训练，淘汰老弱残兵。宋帝国的国防军，一部分集中首都，一部分集中边疆，轮流更调，目的在使兵将不相熟习，以免叛变。这些国防军平时就有八十万人，仅军饷开支，即占国家总收入的三分之二。可是出征作战，不堪一击。王安石强迫老弱退役，废止"更戍法"，国防军不再轮调，而把他们永久分屯到重要地区，委派专任司令官（镇将），平时负责训练，战时带兵出征，使上下互相了解，如臂使指。王韶所以能收复河湟（青海东北部）失土，就是因为他所率领的部队，是变法后的部队。跟变法前的部队比较，好像是来自两个星球。

八、更新武器，国防军装备全部现代化。国防部队的腐败，在武器方面更为严重。不仅数量不够，而且大都锈烂，一万张断了弦的弓，跟没有一张弓一样。王安石设立中央兵工厂（军器监），征求新式武器图样及设计，淘汰全部落伍的武器。

九、建立并加强人民基层组织，集合"管""教""养""卫"于一个称为"保"的单位。王安石颁布"保甲法"，规定十个家庭组织一个"保"，五十个家庭组织一个"大保"，五百个家庭组织一个"都保"。守望相助，随时纠察有没有违法乱纪的人。一家有两个青年时，选出一个充当"保丁"，利用农闲时，集中军事训练。

十、改进考试课目和学校课程。自从唐王朝之后，考试课目，主要有二：一是诗赋，一是帖经——即对"五经"的填空白试法。这种人才跟国家所需要的行政人才，毫不相干，但已实行了约四百年之久。王安石把它们一律取消，改为考试议论文，培养青年独立思考的能力。学校中除了教授王安石所著的《三经新议》（三经：《诗经》、《书经》、《周礼》），还教授地理学、经济学、史学、法学、医学。

这是王安石变法中的主要改革，然而，具有超人智慧的人总是寂寞的，甚至是悲哀的，他的变法终于失败。

八　新旧两党的斗争

宋帝国的内在危机，人人皆知，人人都认为必须改革。不过有一个先决条件，那就是必须在不损伤自己既得利益之下改革。远在王安石变法二十六年之前，即四十年代1043年，宰相范仲淹也曾实行过改革。他先从小地方着手，只轻微地淘汰了少数官员，限制未来的"荫子"数目。荫子，高级官员的子弟不经过学校和考试即行当官的一种制度。有些官员还没有结婚，而儿子已经被政府委派官职，甚至怀抱中的婴儿，往往已是科长县长。范仲淹仅把这种荒唐的流弊，稍微缩小，要求必须确实有儿子而且年满十五岁。但这已立刻就引起高级官员的公愤，把他纳入小人系统。范仲淹是一个伶俐的人，在还没有招来更严重的打击之前，立即辞职，一切复旧。

王安石的改革面比范仲淹大百倍以上，道德的勇气使他坚定不移。在意料之中的，他所招来的不仅是公愤而已，而是全体既得利益阶层疯狂的猛扑，他们被称为"旧党"，那位在"濮议"中坚持称老爹为伯父的司马光，则被奉为领袖。王安石所领导的变法改革集团，被称为"新党"，王安石自然是新党领袖。王安石虽然也属儒家学派，但他解除了儒家加给他的束缚。司马光则是一位正统的儒家，反对任何古代所没有的东西，反对任何改革现状的措施。司马光跟皇帝赵顼之间，有一段生动的对话，充分表露出这种思想。赵顼曾问他："公元前二世纪的西汉王朝，如果一直守着它第一任宰相萧何制定的法律规章，不加改变，你以为可以吗？"司马光回答："当然可以。岂止西汉王朝可以，即令公元前二十三世纪的那些帝王和他们的夏、商、周王朝，所制定的法律规章，一直用到今天的话，也都是最完善的。西汉王朝皇帝刘彻（汉武帝）改变祖宗的法，盗匪遂遍中国。刘奭（汉元帝）改变父亲的法，西汉王朝因之衰弱。所以，祖宗所制定的法律规章，绝不可有任何改变。"

还有两件事可以帮助我们的了解：

一、宋帝国不成文法，皇家教师（侍讲、说书），给皇帝上课（经筵）时，一向是皇帝坐着听，而教师站着讲的。变法的前一年（1068），王安石建议：儒家学派一直提倡尊师重道，应该让教师坐着讲解才是。这个建议马上遭到反击，大臣刘邠认为教师站着讲书，是祖宗所定的制度，已实行五十余年，绝不可更改。另一位大臣吕诲更有趣，他在弹劾的奏章上说："王安石竟然妄想坐着讲书，牺牲皇帝的尊严，以显示教师的尊严，既不知道上下之礼，也不知道君臣之分。"他要求严惩王安石这个奸邪。

——世界上确确实实有一种奴性非常坚定的人，使我们叹气。

二、变法开始后，辽帝国曾提议重新划定太行山以西（山后）代州（山西代县）一带边界。皇帝赵顼命大臣们提出意见，退休宰相韩琦（即好水川战役"军中有一韩"的一韩），建议说："我们有下列七事，触怒敌人：一、高丽王国，早已脱离宋帝国，成为辽帝国的藩属。我们却利用商人，跟它恢复旧有关系，辽帝国当然认为对它不利。二、我们用武力夺取吐蕃王国的河湟地区，辽帝国当然认为下个目标一定是它。三、我们在代州沿边，大量种植榆树柳树，目的显然在阻挡辽帝国骑兵奔驰。四、我们又在国内实行保甲制度，寓兵于农，教人民战斗技能。五、黄河以北各州县，积极修筑城郭，掘深护城河渠。六、我们又设立兵工厂，制造新式武器，更新武装部队的装备。七、我们又在黄河以北重要的各州，安置三十七个将领，加强驻屯的国防军训练。以上七项，都是刺激辽帝国的措施，使他们反感。我们只有一个方法才可以使辽帝国相信我们的和平诚意，跟我们继续友好相处。那就是，立即把这些措施，全部废除（跟高丽王国断绝通商，把河湟地区交还吐蕃王国，铲除沿边限制敌人骑兵深入的榆树柳树。解散保甲，停止人民军事训练。黄河以北州县城郭，随它颓塌，护城河渠也随它淤塞，停止修筑。撤销兵工厂，停止制造武器，停止更新装备，停止军队现代化。撤销黄河以北三十七将领，停止军队训练）。等到上述的七项措施全部废除之后，陛下再养民爱力，选贤与能（他跟司马光），疏远奸邪（王安石），进用忠良（他跟司马光），辽帝国自然心悦口服。"

——这就是有名的"韩琦七项奏折"，于1074年呈给赵顼。韩琦因"濮议"一案，已被纳入小人系统，现在因反对改革的立场一致，又被送回君子系统。

士大夫反对改革，固然是一种本能反应。但更主要的是，改革伤害到他们本身。像预算制度，使国家开支减少百分之四十，则这百分之四十所豢养的官员，或被淘汰，或不能再行贪污，自然愤怒。像青苗法，士大夫就是依靠农急时放高利贷，才能合法地兼并贫农土地，现在政府用低利放出贷款，阻塞了他们的兼并之路，自然愤怒。像免役法，过去实行差役法时，士大夫家根本不服劳役，筑城筑路以及地方供应任何劳役，征调民夫时，全部由平民承当。现在把这种他们一向轻视的劳动加到身上，使他们与平民相等，自然更怒不可遏。他们当然不会傻到明目张胆为维护既得利益而呐喊，但他们却可以为维护"祖宗法度"而呐喊。不过，在情急的时候，也会忍不住露出嘴脸。有一天，当赵顼告诉文彦博，人民都欢迎改革时，文彦博反问："陛下，你是用士大夫统治国家？还是由小民统治国家？"赵顼顿时不能回答。

到了最后，旧党更渗透到皇宫之中，使赵顼的老娘高太后也站在他们一边，不断向儿子警告：新法祸国害民，祖宗法度不可轻改。事实上新法本身也碰到了无可挽救的困难：一是，本世纪（十一）七十年代恰巧发生一连串旱灾，在旧党策划下，开封安上门管理员（监安上门）郑侠，把饥民流亡情形，绘成图画，呈送给赵顼和他母亲高太后，宣称这就是变法改革的结果，如果不马上停止变法改革，旱灾还要扩大，饥民还要增多。另一是，王安石没有力量把反对新法的旧党逐出政府，更不要说全部清除。他得不到公孙鞅所得到的坚强支持，皇帝赵顼无法跳出宋王朝立国的传统，他只能把旧党贬出中央，贬到地方上担任地方政府首长，不能把旧党全部贬为平民。问题就发生在这上面，因为新法所有的改革，要完全靠地方政府执行。于是呈现出一种只有卡通影片上才有的奇异场面，即由一批反对新法的人，负责执行新法。不可避免的，他们用种种方法加以破坏，故意迫使农民痛恨新法，以证实新法的罪恶。

1076年，王安石终于下台，他只当了六年宰相。他辞职后，由他的助手吕惠卿继续主政，然而不久被攻击去职，只靠皇帝赵顼一人坚持下去。八十年代1085年，赵顼去世，十岁的儿子赵煦（宋哲宗）即位，祖母高太皇太后临朝执政。她立即召回被贬到洛阳的旧党领袖司马光担任宰相。刹那间，变法停止，改革停止，所有的新法新制度，全部撤销，一切恢复原状，即韩琦所欢呼的原状。

司马光是当时知名度极高的士大夫，除了"濮议"使他出名外，他所主编的《资治通鉴》——从公元前403年到公元后959年，一部很详细的中国政治编年史，一直到二十世纪，这部大约四百万字的巨著，仍是最有价值的史籍之一。在这部巨著中，司马光要求国家领导人，必须有伟大的胸襟，以采纳不悦耳的意见。他给人的印象是，如果他是国家领导人，他必如此，因为这是正确而荣誉的道路。可是，当他一旦接触到实际大权，他做不到他所要求别人的。权力像试金石，立刻使他暴露出刚愎自用的性格。当他决心撤销纵是旧党也不得不承认是最好的改革"免役法"时，苏轼再三力争不可，司马光大怒，苏轼说："从前常听你称赞某人犯颜直谏，某人据理力争。今天你刚当宰相，就不准别人开口。"另一位大臣范纯仁（他后来也当宰相），也认为免役法已获得一致拥护，只不过少数权势人家不便，万不可改。司马光立刻翻脸，范纯仁说："你如此声色俱厉，不过堵人的嘴，使人不敢开口罢了。凡事应虚心地听听大家意见，不必一定谋从己出。"但这一切不足以动摇司马光走回头路的决心。

九　旧党的分裂

司马光于当宰相的明年（1086）逝世，他的继任人选继续他的政策，而且一度企图屠杀新党。1089年，已被贬为邓州（河南邓州）州长的新党前任宰相蔡确，在游安州（湖北安陆）风景区车盖亭时，作了一首诗。旧党立刻挑拨说，它是讽刺正在当权的高太皇太后。高太皇太后受了刺激，立刻像一头母老虎般的大怒起来。幸好有人恐惧大规模流血的镇压可能招来大规模流血的报复，才改为从轻处置，仅把包括王安石在内的三十余位主持变法改革的人物，列为"奸党"，公告全国皆知。蔡确则贬谪到距首都一千五百公里外的新州（广东新兴），死在贬所。

这是旧党猛扑的高潮。

然而旧党内部却适时的分裂，使他们的力量不能集中。导火线与司马光之死有关。当司马光死讯传出来时，政府官员正集体参加一项庆典。大家认为应该马上前去吊丧，只有皇家教师（崇政殿说书）程颐反对，他说："孔丘说，哭的那一天不欢乐。"有人驳斥他："孔丘并没有说，欢乐的那一天不哭。"苏轼在旁幽了他一默说："这都是西汉王朝死鬼叔孙通发明的怪礼。"程颐不能忍受这种奚落，决心报复，命他的学生贾易、朱光庭，弹劾苏轼在主持国立图书馆官员（馆职）考试时，所出的题目，故意诽谤政府。这弹劾引起反应，苏轼的朋友孔文仲，也弹劾程颐污秽阴险，是五鬼之魁。于是旧党遂分裂为下列三党：

名称	领袖	党众
洛党	程颐	贾易　朱光庭
蜀党	苏轼	孔文仲　吕陶
朔党	刘挚	梁焘　王岩叟　刘安世

党的名称，以领袖的籍贯而定。程颐，洛阳（河南洛阳）人。苏轼，眉山（四川眉山）人，属于古蜀地。刘挚，东光（河北东光）人，属于河朔地区。他们之间的斗争全是意气斗争，但十分激烈，而且很自然地把自己纳入君子系统，而把对方驱入小人系统，互相恨入骨髓。宋政府在对新党人士大批放逐外，又忙着大批放逐内斗中失败了的旧党。

九十年代1093年，旧党护法神高太皇太后逝世，已经十八岁的皇帝赵煦，对这位干涉国政的老祖母，早忍受够了。他跟老祖母当年迫不及待召回旧党领袖司马光一样，也迫不及待地召回新党领袖章惇，恢复新法，贬谪旧党——只一位例外，就是司马光最得力的党羽之一蔡京。当司马光下令以五天的时间为限，撤销"免役法"，恢复"差役法"时，大家都担心时间短促，不容易办到。原属新党的蔡京正担任首都开封市长（知开封府），竟如期完成，以致司马光呼吁旧党人士向蔡京看齐。现在他看见旧党失势，叛离旧党，再投入新党。

我们可把两党交互当权情形，作一排列：

世纪	党别	领袖	当权年数	起讫
十一世纪	新党	王安石	17	1069—1085
	旧党	高太皇太后·司马光	10	1085—1094
	新党	章惇	7	1094—1100
十二世纪	旧党	向太后·韩忠彦	3	1100—1102
	政客朋党	蔡京	25	1102—1126

本世纪（十一）在新党重执政权中闭幕，转眼就到下世纪（十二），旧党彻底溃败，新党从内部变质。

一〇　儒家学派的主流——理学诞生

最后，我们要叙述洛党领袖程颐，他是一个重要人物。就在本世纪（十一）末期，儒家学派中兴起一个新的支派（这支派后来发展成为主流）——理学，即由程颐开创。他的哥哥程颢则是他的同志，当时人称之为"二程"。他的老师周敦颐，是一位唯心论的哲学家，对"无极""太极""阴阳""动静"，以及它们的交互影响，有特殊的研究和见解。程颐从他老师那里得到唯心哲学，再吸收佛家学派和道家学派的神秘思想，而形成他所提倡的理学。理学家认为人生应该严肃，而且要非常非常的严肃，除了日夜努力，训练自己成为圣人外，不许可有其他意念。游戏和幽默，都被视为罪恶，比基督教清教徒和佛教苦行僧，还要严厉。这可以用一个例子说明，第七任皇帝赵煦登极那年（1085），只有十岁，正是贪玩的孩子，有一天上课时，偶尔折了一枝柳条来玩，程颐立刻正色阻止说："春天时节，万物生长，不应该随便攀摘，那会伤害天地和气。"赵煦把那枝柳条悻悻扔掉，气得发抖。对一个十岁顽童，就作如此压制，无怪引起苏轼一派的反感，认为他戕丧人性。连最顽固的司马光都叹息说："使皇帝不愿意跟儒家接近的，正是程颐这种人。"

我们再叙述三件事，以增强对理学的认识。

第一，前面曾提及儒家学派主要的思想根据——"五经"。另外还有若干辅助性的书籍，如孔丘言论集《论语》，即占仅次于"五经"的地位。但到了下世纪（十二），朱熹又把《论语》跟孟轲言论集《孟子》，以及《礼记》一书中的两篇《大学》、《中庸》，合订为一部书，定名"四书"。"四书"遂与"五经"并肩，称为"五经""四书"，后来渐渐代替"五经"，成为中国知识分子的唯一经典。

第二，程颐坚决主张压制感情和灵性，认为没有感情和灵性的道德，才是最高道德。所以他反对任何和感情灵性有关的事物，包括艺术与文学。曾有人对他吟诗句："梦魂惯得无拘束，又踏杨花谢娘桥。"程颐变色说："鬼语，鬼语。"他要求的是，人类只能做一件事，即敬畏圣人，凡不能帮助这项目的的行为，都是邪恶。

第三，中国对妇女的贞操问题，尺度一向很宽。像当过短期宰相的范仲淹的母亲，在范仲淹父亲死了后，即行再嫁，没有人对她轻视。到了程颐，才开始对妇女加强迫害，订立片面的苛刻标准，即男人可以随便再娶，妇女则绝对不可以再嫁。曾有人问他："寡妇贫苦无依，能不能再嫁？"程颐断然说："绝对不能，有些人怕冻死饿死，才用饥寒作为借口。饿死事小，失节事大。"这是理学的另一特质，那就是对于牺牲别人生命或幸福的事，无不十分慷慨激昂。

理学在本世纪（十一）没有发生大的作用，反而一开始即行碰壁，即苏东坡的攻击和程颐被逐出政府。但到了下世纪（十二）末，他的门徒的门徒朱熹，在政府取得权力后，才正式结出果实。

东西方世界

——三十年代·1031年（西夏帝国建国前一年），西阿拉伯帝国（白衣大食）无子嗣，倭马亚王朝绝，哈里发改为选举。

——四十年代·1040年（好水川战役前一年），突厥伊斯兰教徒塞尔柱部落酋长托格兹，于中亚（阿富汗北部）建立塞尔柱土耳其帝国。

——七十年代·1073年（名将王韶收复河湟地区前一年），天主教教皇格列高利七世，改革教会，禁止教士经商娶妻，并不得向君主行臣服礼。神圣罗马帝国皇帝亨利四世，否认禁令，打算把教皇罢黜。格列高利七世下令将亨利四世逐出教会。

——七十年代·1077年（王安石辞职的次年），亨利四世自从被逐出教会，国内纷叛。不得已，大雪中赴罗马，身披悔罪麻布衣，赤足立于卡诺莎堡（教廷）三昼夜，格列高利七世始予赦免。

——八十年代·1083年（高太皇太后引用旧党领袖司马光，尽废新法的前二年），亨利四世进攻罗马，以报复被罚之仇。格列高利七世向两西西里王国求援，次年，亨利四世败走。两西西里兵团入罗马城后，大掠。

——九十年代·1095年（新党章惇出任宰相的次年），塞尔柱土耳其帝国禁止基督徒赴耶路撒冷朝圣，并且准备进攻君士坦丁堡。东罗马帝国皇帝阿历克修斯一世大惧，向罗马教皇乌尔班二世求救。乌尔班二世在克勒蒙召集宗教会议，呼吁组织十字军，对伊斯兰教徒作战。

——九十年代·1096年（中国宫廷发生冤狱，赵煦的妻子孟皇后被囚，宦官宫女三十人，拷掠备至，肢体折毁，有的在审讯中还被割掉舌头，最后全体处斩），欧洲第一次十字军兴起，由法国贵族统军东征。

——九十年代·1099年（向太后执政，旧党第二次反扑的前一年），第一次十字军结束，历时四年。攻陷耶路撒冷，建耶路撒冷王国，选两西西里王国的高弗黎王子当国王。

第25章
第十二世纪

本世纪中,强大的辽帝国发生内乱,它所臣属的女真部落,在东北独立,建立金帝国,以雷霆万钧之力,把辽帝国击溃。宋帝国先秘密地跟金帝国结盟,但是不久就得罪了它。于是金帝国再出兵把宋帝国击溃,攻陷首都开封(河南开封),生擒两位皇帝,宋帝国政府残余力量,撤退到长江以南。

当西方正陷于十字军东征的狂热时,女真民族在东方战无不胜,攻无不克,成为本世纪的骄子。

宋政府退到江南后,并没有痛改前非。抱残守缺、苟且偷安的立国精神,仍坚定如故。尤其使我们惊愕的是,理学开始根深柢固,对中国产生七百余年的巨大影响。

一　赵佶轻佻

本世纪（十二）第一年（1100），宋帝国七任帝赵煦（宋哲宗）逝世，没有儿子。嫡母向太后主张由亲王赵佶（宋徽宗）继任，章惇反对，这位目光如炬而又勇于负责的政治家，大声说："赵佶轻佻！"他主张立另一位亲王赵似，他们都是赵煦的弟弟，最后当然是向太后胜利。赵佶那年也是十九岁，即位后，向太后临朝。向太后是旧党第二个护法神，她再度撤销新法新制度，恢复原状。不过她当权只七个月，就卧病不起。

赵佶当宋帝国的皇帝，是宋帝国的不幸，也是辽帝国的不幸，更是赵佶自己跟他的家族的不幸。

章惇批评赵佶轻佻，付出批评的代价，是被辗转贬死在距首都开封八百公里外的睦州（浙江建德）。但对章惇的报复，并不能证明赵佶不轻佻。事实上，反而更证明赵佶轻佻。

头十年，1102年，赵佶把旧党最后一任宰相韩忠彦免职，任命新党蔡京当宰相。但蔡京虽以新党身份作政治号召，其实他并不是新党，而只是一个一再变节的、投机取巧的官场混混。他对新党的一连两任宰相曾布、张商英，同样排斥。虽然也下令恢复王安石的新法新制度，但只是一种宣传手段，并不认真执行，他所认真的只是如何打击他的政敌——他效法旧党的手段，针锋相对的，也宣布以司马光为首的旧党是"奸党"，刻在石碑上，公告全国。但蔡京的政敌包括新旧两党，新党旧党人士，同时在政府中绝迹，只剩下一群新贵官僚，新法新制度不久也都取消，一切又恢复原状，而且比原状更糟。

蔡京从头十年代1102年到二十年代1125年，二十四年之间，四度出任宰相。赵佶还时常驾临他家中欢宴，这在专制时代是一种特殊荣耀。赵佶所以这么重用他，是因为他的谄媚有独到之处，赵佶只有在他面前才感觉到心情舒适。所以有时候赵佶虽然有点厌恶他（他的宰相职位，四次被免职），但终于仍离不开他。蔡京在这种情形下，把赵佶引导向一种看起来并不浪费的浪费漩涡。在皇宫里大量兴筑人工山，布置奇异花草和奇异石头。这种微不足道的庭院园艺，原算不了什么，但帝王的无限权力和蔡京集团的苦心运用，不久就成为宋帝国建国百余年来最大的暴政。官员们从全国各地，经由长江、黄河，把那些奇花异石，运到首都开封。船舶相连，称为"花石纲"。

纲，结队而行的货物，在当时一批称为一纲。无论什么人家，一根草或一块碎石头，都可能忽然间被率领着士兵的官员闯进来，加上标帜，指为"御前用物"，命主人小心看护。如果看护的程度不能使官员满意，那就犯了"大不敬"罪状，依法主犯处斩，全家贬谪。运走的时候，则把房屋墙垣拆掉，恭恭敬敬地把御前用物抬出来。于是"花石纲"成为最简单而有奇效的敲诈勒索的法宝。——这使我们想到第四世纪石虎时代"犯兽"的怪事。

蔡京所以能得到权柄，由于宦官童贯的支持，童贯才是赵佶唯一始终宠信的助手。赵佶曾派他当河湟战区（青海东北部）总司令官，并代表皇帝出使四方，没有人能比他更炙手可热。一十年代1111年，宋帝国循例派遣使节前往大定府（辽中京·内蒙宁城）祝贺辽帝国第九任皇帝耶律延禧的生日，童贯担任副大使职务。

就在那一年的十月，童贯返抵辽帝国南疆重镇卢沟桥（二十世纪三十年代1937年，日本帝国在中国的驻屯军，就在此向中国陆军发动攻击，引起八年之久的中日战争，最后日本战败投降）。那一天，童贯下榻卢沟桥招待所。晚上，一个华裔的辽国人马植，悄悄地进入童贯房间晋见。马植曾担任过辽政府的中级官员，原籍燕京（北京）。他希望他的故乡重回祖国，在这次晋见中，他向童贯提出收回燕云十六州的秘密计划。

——燕云十六州，当第十世纪割给辽帝国时，辽帝国大喜若狂，却不知道已吞下了定时炸弹。这是一个除非流血便不可能解开的结，现在开始它连锁毁灭的第一环。

马植用的是公元前三世纪范雎所发明的远交近攻政策，他告诉童贯："辽帝国东北边陲，有一个女真部落，骁勇善战，对辽帝国的暴政，切齿痛恨，有随时叛变的可能，一旦叛变，辽政府绝没有力量控制。我们如果派人从山东半岛出发，从海道跟女真缔结军事同盟，东西夹攻，燕云十六州唾手可得。"

这计划非常实际，童贯大为兴奋，就把马植秘密带回，介绍觐见赵佶。赵佶跟他谈话之后，采纳他的意见。于是立即着手实施。以购买马匹的名义，陆续派遣使节（包括马植在内），从山东半岛，前往女真部落。

——马植是一位典型的爱国英雄，他在异民族统治下已历几个世代，而仍然热烈地怀念当初遗弃他的祖国。可惜，远交近攻政策只有在强大的军事力量做后盾下，才能发挥功能。马植高估了祖国的力量，腐败无能的宋政府辜负了他。

二　金帝国掀起的风暴

马植不仅是一位爱国英雄，更是一位具有远大眼光的政治家。他的观察和见解，无一不高瞻远瞩。

女真民族，在第九世纪时，称靺鞨民族。他们在黑龙江一带渔猎为生，以后不知道什么缘故，改称女真。辽帝国长期的太平日子，宫廷的奢侈和专制政体必然有的毒素，使它的皇帝一代不如一代。皇帝和高级官员出猎时，所需要的一种称为"海东青"的名鹰，只有鞑靼海峡才有出产。搜捕海东青的钦差大臣，川流不息地穿过女真部落，往往过度贪暴，女真人的愤怒已远近皆知，可是钦差大臣并不在乎，贪暴如故，认为他们没有力量反抗。

上世纪（十一）九十年代1096年，女真诸部落间发生了阿疏事件。身为完颜部落酋长的完颜盈哥，听到纥石烈部落酋长阿疏准备跟他对抗的消息，他就向纥石烈部落发动攻击，阿疏逃亡到首都临潢（内蒙巴林左旗），向辽政府控诉完颜盈哥。辽政府命完颜盈哥撤退，完颜盈哥羽毛还没有丰满，只好接受。但进入本世纪（十二）之后，羽毛已经丰满，却以不把"逃犯"阿疏交出来，当作辽帝国最大的罪恶。

——辽金两国间，十年血战，几乎每次战役都要出现阿疏的名字。金帝国坚持只有把阿疏交出来，才可以和解，而辽帝国基于对藩属的责任和义务，每一次都加以拒绝。看起来好像阿疏是一个和战兴亡的关键人物，金帝国对他有不共戴天的可怕仇恨。可是等到辽帝国崩溃，金帝国把阿疏逮捕后，只不过打了几板，即行释放。后来每有人请教阿疏姓名时，他都幽默地自我介绍："我叫破辽鬼。"这件史实使我们了解，"借口"这个名词的真实意义。

一十年代1113年，完颜盈哥的侄儿完颜阿骨打继位。明年（1114），派人到首都临潢（内蒙巴林左旗），向辽政府索取阿疏，辽政府不许。完颜阿骨打遂以辽政府不交出来阿疏这件滔天大罪，祭告天地，起兵叛变。完颜阿骨打所以急于采取行动，有他的理由。辽皇帝耶律延禧，酗酒、昏庸，而且凶暴，已经众叛亲离，民怨沸腾。完颜阿骨打曾借着朝见的机会，亲自观察过他，留有深刻的印象，认为耶律延禧是一个最佳的敌人。

辽帝国东方重镇宁江州（吉林松原东）最先陷落，耶律延禧正在打猎，听到消息，命大将萧嗣先征剿，在混同江（松花江）北岸出河店（黑龙江肇源）被女真兵团迎头痛击，全军覆没。辽帝国先前曾流行过一个传说："女真兵不能满一万，满一万即天下无敌。"这时女真部落的武装战士，刚刚才满一万，辽帝国已无能为力。到了明年（1115），完颜阿骨打建立金帝国。耶律延禧御驾亲征，在护步答冈（吉林双辽境）决战，所统七十万国防军，承当不住金帝国女真兵团猛烈打击，霎时崩溃，耶律延禧只身逃回中京（内蒙宁城）。

当马植代表宋帝国觐见完颜阿骨打时，已是二十年代1120年。金军于占领了半个辽帝国后，进抵临潢。从来不停止游猎和杀人的耶律延禧，这时正在外打猎，不敢回救，城中卫戍部队登城拒守，坚强得仍同铜墙铁壁。马植到达时，完颜阿骨打告诉他："你可以先看一下我们的力量，再谈条件。"即下令攻城，在石箭如雨中，杀声震动天地，从早晨开始，不到中午，这个闻名四方的契丹首都巨城，即被攻陷。马植对女真兵团的强悍，大吃一惊，他知道女真是强悍的，但不知道强悍到如此程度。

金、宋两个对辽帝国的夹击密约，就在陷落不久的临潢签订，包括下列三项：

一、金军负责攻取辽帝国的中京大定府（内蒙宁城），然后南下，穿过平地松林（巴林左旗跟河北围场县之间，东西横亘着数百公里以松树为主的巨大森林，称"平地松林"，也称"松漠"，当契丹部落时代，中国唐政府曾册封它的酋长为松漠都督，就是指此），直指长城古北口（北京密云东北）。宋军负责攻取辽帝国的燕京析津府（北京），然后北上，也直指长城古北口。两国即以古北口关隘为界，互不超越。

二、金帝国同意宋帝国收回燕云十六州。——十六州中，后周帝国时已收回瀛、莫二州，但辽帝国于十六州之外，曾强占了易州（河北易县）、设置景州（河北遵化），合在一起计算，仍为十六州。

三、宋帝国同意把进贡给辽帝国的货物和银币，改为进贡给金帝国。

不过这个一开始就屈膝进贡的密约，根本没有机会实施，女真兵团像暴风一样，把辽帝国这堆落叶，迅速地一扫而光。两百年不可一世，迫使后晋和宋两个帝国就范的契丹兵团，溃不成军。耶律延禧逃入夹山（内蒙武川阴山一带），他一直到这时候才发现他认为最能干最忠实的宰相萧奉先的邪恶，然而已太迟了。1125年，耶律延禧再向西逃，中途被女真兵团生擒。

——耶律延禧被俘并不等于辽帝国的灭亡，皇族后裔的大将耶律大石，一个卓越的军事天才，集结残余兵力和部落，向西流亡。抵达中亚的寻思干城（乌兹别克斯坦撒马尔罕），击败当地诸小国的联合反抗，到起儿漫城

（乌兹别克斯坦纳沃伊城），宣布继承帝位，组织新的中央政府。不久东返，在伊赛克湖之西，吹河（楚河）南岸，筑虎思斡耳朵（斡耳朵，宫殿之意；吉尔吉斯斯坦托克马克），作为首都。

——这个西迁的辽帝国，从此跟中国本土失去联络，中国本土也再没有得到过它的消息。它那原来就很低的文化水平，经过天翻地覆般的转战逃亡，连他们自己的契丹文字恐怕记得的人都不多了。所以虽然延续国脉达九十四年，但对人类文化没有什么贡献。下世纪（十三）一十年代1218年，终于被新兴的蒙古帝国消灭。辽帝国立国三百零三年，是中国版图上立国时间最久的王朝之一。

三　惨不忍睹的胜利

宋金对辽帝国夹攻密约，原定于订约的明年（1121）实施。马植返国复命后，皇帝赵佶命宦官童贯当总司令，集结部队。可是刚刚集结完成，远在南方八百公里外的睦州（浙江建德·章惇贬死的地方），爆发民众暴动。

这是人民对花石纲暴政的激烈反应，由青溪（浙江淳安）人方腊领导。他们一连攻陷了睦州、杭州（浙江杭州）、歙州（安徽歙县）、衢州（浙江衢州）。对政府官员痛恨入骨，凡官员被擒，即砍断四肢，剖开肚子，挖取肠胃；或用乱箭射死，熬成膏油。从这些残忍的报复行为，可推断出官员们平时对人民的毒害，必千百倍于此，才使这些善良的农民陷于疯狂。

赵佶命童贯征讨，宋帝国国防军，虽不能对外，但对内仍有力量。方腊被杀，抗暴失败。童贯察觉到民众抗暴的原因，于是以赵佶的名义下诏罪己，撤销花石纲和主持花石纲的机构"应奉局"。可是，宰相王黼告诉赵佶说："民变是茶法盐法太苛激起的，跟花石纲无关。童贯太老实，受奸邪小人的蒙蔽，把罪过全推到陛下身上。"赵佶果然被激怒，立即恢复花石纲和应奉局。

睦州抗暴于二十年代1121年结束，已耽误了夹攻日期。于是顺延到明年（1122）。1122年正月，金帝国攻陷辽帝国的中京（内蒙宁城），童贯急统军北上，出白沟（河北雄县西北白沟河镇），分两路进攻。当时辽皇帝耶律延禧逃往夹山（内蒙武川阴山一带），跟外界失去联络。耶律延禧的叔父耶律淳亲王，在燕京（北京）继位，对女真兵团节节抵抗。宋军突然采取军事行动，对燕京是一个晴天霹雳，他们没有想到一向卑躬屈膝的宋帝国，会在朋友背上插上刀子。耶律淳陷于腹背受敌的危境，他派人晋见童贯说："女真叛变作乱，贵国也应对它厌恶。如果贪图眼前小利，捐弃百年友谊，去交结豺狼，只会种下将来无穷祸根，尚请贵国考虑。"这是一段充满形容词的外交辞令，当然不会发生效力。童贯继续督军前进。辽军只好迎战，两国在卢沟桥相遇，宋兵团两路大军，同时溃败。

然而耶律淳在位四个月便逝世，他的妻子萧皇后继续执政。驻扎在涿州（河北涿州）、易州（河北易县）的辽帝国"怨军"（由家乡沦于女真的流亡青年组成，专向金帝国报怨复仇）司令官郭药师，跟萧皇后不睦，遂向宋帝国投降，献上两州土地。这对宋政府是一个鼓励，赵佶命童贯做第二次北伐。萧皇后派遣使节韩昉，晋见童贯，奉上降表，请求念及一百一十九年敦睦的邦交，不再进攻，辽帝国愿降为臣属，永为屏藩。童贯一口拒绝，把韩昉叱出帐外。韩昉在庭院中哀号说："辽宋两国，和好百年。盟约誓书，字字俱在。你能欺国，不能欺天。"痛哭而去。童贯在叱走韩昉后，即对燕京奇袭，在辽军迎战下几乎全军覆没，被辽军追击到卢沟桥，宋军将近二十万人，被敌人的铁骑冲刺，死伤殆尽，尸体盈路。辽军作歌传唱，讥刺宋帝国的无耻与无能。

——以如此使人失笑的兵力，竟敢毁盟挑战，再一次说明世界上确实有不自量力这回事。

金帝国接到宋军溃败的消息，也大吃一惊，他们固然知道宋军衰弱，但不知道衰弱到这种地步，这对他们是一个新的诱惑。皇帝完颜阿骨打既知宋军不能在古北口（北京密云东北）会师，于穿过平地松林后，即放弃古北口，径从居庸关（北京昌平）南下，进攻燕京。那些把宋军打得落花流水的契丹兵团，跟金军一经接战，即被击溃。萧皇后逃走，燕京陷落。

在这种尴尬的情况下，宋帝国派遣马植到燕京，仍向金帝国索取燕云十六州。一批昏聩的高级官员如蔡京、王黼，更异想天开，命马植除了索取燕云十六州外，还要额外索取九世纪唐王朝末年，卢龙战区（北京）节度使刘仁恭失去的当时尚是契丹部落的三州——平州（河北卢龙）、滦州（河北滦县）、营州（河北昌黎）。完颜阿骨打告诉马植，三州的事不必胡思乱想，而且连临潢（内蒙巴林左旗）密约也作废，因为宋军并没有履行条约在古北口会师。不过完颜阿骨打贪图进贡，他允许把山前（太行山以东）的七州交给宋帝国。附带条件是，燕京（北京）是金军攻陷的，所以燕京的赋税应纳给金帝国。马植目瞪口呆地回到雄州（河北雄县），向赵佶飞奏，赵佶急于取得这场胜利，全部接受。

两国遂于二十年代1123年，签订友好和约：

一、金帝国把太行山之东七州，即燕京（原幽州·北京）、蓟州（天津蓟县）、檀州（北京密云）、顺州（北京顺义）、景州（河北遵化）、涿州（河北涿州）、易州（河北易县），交还给宋帝国（事实上只交还五州，涿、易二州去年已由怨军献出）。

二、宋帝国每年向金帝国进贡银币二十万两，绸缎二十万匹，以及燕京赋税代金一百万贯（金帝国说，燕京赋税每年只收六分之一，已经够宽大了）。

三、双方都不准招降纳叛（事实上这一条是专对付宋帝国的。辽帝国在瓦解中，大批华人和契丹人南奔）。

四、宋帝国一次付给金帝国军粮二十万石。

当五州交割、金军撤退时，却把燕京居民，全部掳走，宣称这是宋帝国的意思：只要土地，不要人民。结果宋帝国得到的只是燕京一座空城，需要千里运粮接济进驻的军队和救济漏网未走的贫苦居民。但无论如何，宋帝国总算站在胜利的一边，收复了丧失一百八十八年之久的领土。赵佶成为宋帝国的救星，童贯被封为王爵，全国狂欢庆祝。

四　开封的陷落

金帝国虎视眈眈地注视着下一个——宋帝国这个猎物，只有马植警觉到所隐伏的危机，他警告当权官员："和平顶多维持两三年，中国必须早做准备。"但没有人重视，包括赵佶在内的高阶层人物，都像盲目的蠢猪一样，咻咻然不断地左碰右撞，企图从巨怪的血盆大口中再衔出一点残余食物。

燕京于1123年四月，勉强收回。到了五月，南京（即平州，河北卢龙）留守长官张觉，举州向宋帝国归降。马植再度提出警告说："盟约刚刚签订，不准招降纳叛，绝不可以不遵守。"轻佻的赵佶立即把马植贬官五级。

金帝国一举手之间，就把南京夺回，张觉逃入宋帝国，请求庇护。在金帝国严厉压力下，赵佶虎头蛇尾，只好杀掉张觉，把人头送还。这个轻率的举动使辽帝国的降人，包括怨军在内，人心全部瓦解。而金军不久就在张觉档案中，搜查出赵佶的诏书，不仅大喜特喜，阿疏使他们破辽，张觉使他们破宋。恰好金军向宋军华北军区司令官（河北燕山府路兼河东路宣抚使）谭稹，索取二十万石军粮。谭稹拒绝说："马植算什么东西，他承诺的，怎么能算数。"金帝国获得一个张觉外,又幸运地获得一个谭稹。

1125年二月,辽帝耶律延禧被擒。十月,金帝国就对宋帝国发动总攻,分两路南下。东路元帅完颜斡离不,攻燕京,目标开封。西路元帅完颜粘罕,攻太原(山西太原),目标洛阳(河南洛阳)。西路军被坚守不下的太原所牵制,屯兵城下。东路军在进攻燕京时,负责燕京防务的怨军叛变,于是燕京失守。金军乘胜长驱南下。宋帝国前线的告急文书和金帝国宣布赵佶叛盟毁约的罪状,接二连三涌到首都开封,像一个霹雳打到赵佶头上,使他魂飞天外。大臣们认为非赵佶退位,不足平息金帝国的愤怒。于是赵佶只好传位太子赵桓(宋钦宗),他悲哀地说:"想不到女真竟敢如此。"忽然昏厥,从龙床上栽到地下。

太子赵桓即位后,派遣大将何灌率国防军两万人,前往保护黄河渡桥。士兵们好不容易攀上马背,却两手紧抱着马鞍,不敢放开。欢送他们出征的开封市民,大为震骇。韩琦反对王安石训练国防军,这正是旧党胜利的成果。

1126年一月,金军东路兵团,抵达黄河,那些双手抱鞍的士兵,一望见金军旗帜,就一哄而散。南岸守军比较勇敢,他们在纵火烧桥之后才一哄而散。赵佶听到消息,率领他的旧有臣僚,出城向江南逃走。赵桓召集紧急会议,大臣一致主张迁都,只祭祀部副部长(太常少卿)李纲,主张坚守待援。还没有议论完毕,金军已渡过黄河,抵达城下。提出下列和平条件:黄金五百万两,银币五千万两,牛马一万头,绸缎一百万匹,尊金帝国皇帝为伯父,除把太行山之东七州交还金帝国外,再割中山(河北定州)、太原(山西太原)、河间(河北河间)三镇。赵桓只好接受,马上派人搜括民间的和妓院的金银,分批缴纳。完颜斡里不因为西路兵团被阻,不能会师,而宋帝国勤王的军队渐渐集结,感到力量薄弱,所以并没有等到金银缴齐,就带着所得到的和割让三镇的文件,向北撤退。宋政府下令,任何人胆敢中途邀击金军的,即以叛逆论罪。

金军撤退之后,宋政府又恢复它抱残守缺、苟且偷安的传统精神,李纲被贬出开封,赵佶也逃难归来。官员们除了忙碌于"和""战"的议论外,没有在国防上采取任何防御措施,以免触怒敌人。可是,幼稚到可怕程度的阴谋却在暗中进行,企图靠一些小动作小技巧引起金帝国的覆亡。第一,赵桓写了一封密函给金帝国大将耶律余睹(耶律余睹原是辽帝国大将,被耶律延禧所逼,于1121年降金),请耶律余睹发动兵变。第二,赵桓再写一封密函给远在西方天涯的辽帝耶律大石,对过去叛盟的事表示歉意,要求恢复百年来的传统友谊，对金帝国夹击。

最精彩的是，赵桓竟把如此重要，能引起千万人死亡的秘密文件，交给金帝国派到开封催缴欠款的使节萧仲恭，用重贿请他转交给耶律余睹。在意料中的，萧仲恭回国后立刻就把密函呈出。而派往西方辽帝国的使节也在边界被金帝国的巡逻队捉住。金帝国第二次获得借口。

同年（1126）八月，即第一次包围开封的六个月后，金帝国对宋帝国作第二次总攻。仍分兵东西两路南下。将近三十万的宋帝国国防军，奉命沿途阻拦，但他们根本不敢作战，只要听见女真兵团战鼓的声音，就惊恐逃散。金军这一次稳扎稳打，用两个月的时间，把华北三十余万方公里土地，除了几个城镇外，全部占领。在无后顾之忧的情况下，到了十一月，两路兵团在开封城下会师。宣布赵桓叛盟毁约罪状，要求割让已在他们手中的整个黄河以北地区。

赵桓再度全盘接受，但这时候一个无赖汉郭京出现，声言他会神术"六甲法"，可以把金军消灭，生擒两路元帅。六甲法是挑选男子七千七百七十九人，经过咒语训练后，即刀枪不入。国防部部长（兵部尚书）孙傅和一些高级官员，都深信不疑，于是赵桓又决定作战。郭京指定的日子到了，他命城上守军撤退，不准偷看（他说：偷看会使神术失灵）。然后大开城门，命他的神兵出击，出击的结果可以预料，全被歼灭。如果不是把守城门的战士急把城门关闭，金军可能乘势冲入。郭京说："这必须我亲自作法。"于是他率领残余的神兵，缒城而下，下去后，头也不回地就一溜烟向南逃走。就在此时，金军猛烈攻击，攀城而上，城上没有守军，钢铁般铸成的首都开封，霎时陷落。

开封陷落之初，赵佶、赵桓仍住在皇宫，金军并没有表示采取什么行动，只是向他们索取天文数字的黄金白银和劳军的美女，父子二人再向全城居民搜括。可是，只维持了四个月，到了明年（1127）三月，金军终于把赵佶、赵桓逮捕，宣布金帝国皇帝的命令，二人被罢黜为平民。赵姓全体皇族三千余人，包括驸马和宦官，被一队牛车载向三千公里外，朔风怒吼的遥远东北地区，跟十世纪时石重贵家属，同一命运。

——八年后的三十年代1135年，赵佶病死在荒凉的五国城（黑龙江依兰）一栋破烂房屋中的一个土炕上（土炕，北方苦寒地带用泥土做的床，下面烧火，可使泥土温暖），再过二十一年，即五十年代1156年，赵桓被当时金帝国皇帝完颜亮下令押回首都中都（北京），跟被俘的辽帝国皇帝耶律延禧同囚在郊区一座庙院里。一天，金帝国将领们比赛马球，完颜亮命二人参加。赵桓文弱，又不大会骑马，从马上跌下来，被踏践而死。那位高龄八十一岁，满身罪恶的耶律延禧，体格仍十分健壮，他企图逃出重围，死于乱箭之下。

五 宋政府南迁

金帝国如果把赵桓留在宝座上，当作傀儡运用，宋帝国可能像冰块一样溶化在金帝国口中。那些暴发户的女真领导人，自然不可能有这种高智慧的政治头脑。金军在押解赵姓皇族北去后，也从开封撤退。注意金帝国的膨胀，只十余年时间，它从一个只有一万人军队的小部落，膨胀到一百倍以上，拥有二百余万方公里的庞大帝国，兵力自感不够分配，不能长久羁留在黄河以南。它另立一位在宋政府当过宰相的张邦昌当皇帝，命他维持河淮地区的局面。但张邦昌等到金军渡黄河北返后，就把政权归还赵姓皇族唯一漏网的皇子赵构（宋高宗）。

赵构是赵桓的弟弟，他正在黄河以北集结勤王兵力，没有在开封，所以幸运地逃出魔掌，就在应天府（河南商丘）宣布登极。宋帝国的重建引起金军第三次总攻，这一次金军用一年余的时间，把黄河以南、淮河以北，包括开封、洛阳、长安（陕西西安）几个重要城市在内，约三十五万方公里的土地，全部占领。赵构渡过长江，向南中国逃亡，定都临安（浙江杭州）。金帝国大将完颜兀朮尾追，1129 年，宋帝国的长江防卫总司令官（沿江都制置使）陈邦光降敌，引导完颜兀朮过江，直攻临安。赵构逃向明州（浙江宁波），金军再攻陷明州。赵构乘船漂向大海，金军一支孤军，深入已久，无法穷追。遂在大屠杀后，向江北撤退。

完颜兀朮一直撤退到长江，要渡江时，才遇到困难。宋帝国大将韩世忠在黄天荡（江苏南京东北）迎击，韩世忠的妻子梁红玉亲擂战鼓，女真兵团遭到他们开国以来第一次挫败。但它仍然突围而去，原因很简单，金军十万人，宋军只八千人。

女真兵团所以所向无敌，靠他们的强马、硬弓、铁甲和锲而不舍的缠斗。宋军跟西夏帝国间的战役，日出接触，日中时胜负已分，即行结束。可是女真人不然，攻击一旦开始，即如火如荼，宋军已筋疲力尽，而金军的攻击却转趋猛烈。东北苦寒地带人民强壮的体格和最严格的战斗训练，使这种攻势发动后，可以鏖战数日数夜，不胜利便不停止。连以勇敢凶悍的契丹兵

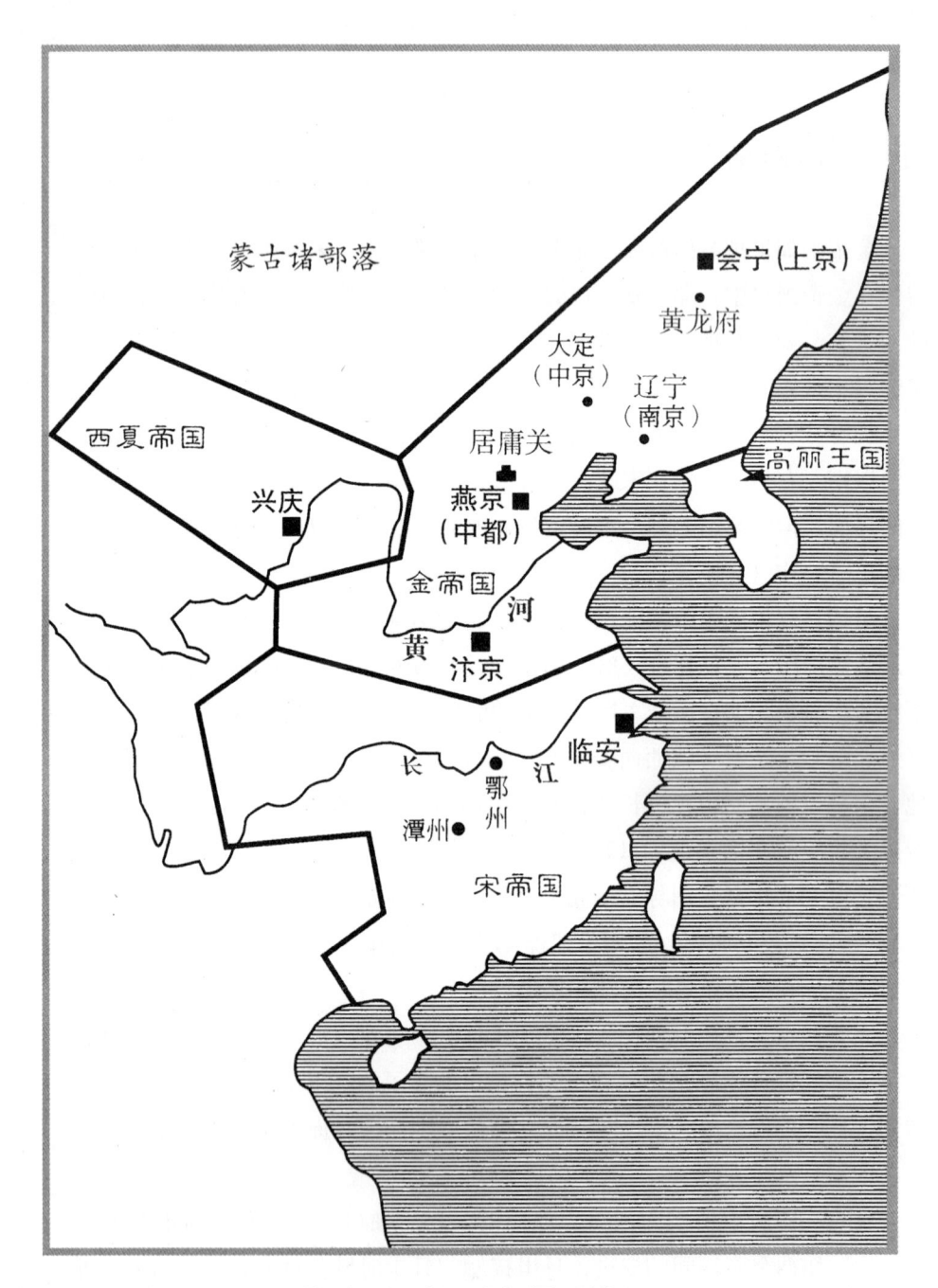

图三九 十二世纪・金宋西夏三国并立

团都不能抵抗，更不要说不堪契丹兵团一击的宋军。

然而，沉重的边患激起宋朝人民的觉醒，当宋政府军队大部分覆灭溃散之后，民间抗敌武力代之而起，而且在战斗中茁壮，成为劲旅，女真兵团才开始遇到克星。在所有将领中，农民出身的岳飞，最为杰出。这位籍贯相州汤阴（河南汤阴）的民族英雄，具有完美的人格和文学修养，他的书法跟所做的诗，即令从纯文学观点上，也是第一流作品。在那个军纪败坏到跟盗匪没有分别的时代，岳飞兵团军纪森严，即使严冬深夜，也宁愿露宿街头而拒绝进入民宅，使受惯残害的老百姓，从内心发出敬重。

完颜兀术在黄天荡的挫败，使女真兵团光芒万丈的时代，显出暗影。宋帝国民兵在各地发动有效的阻击，使金帝国无法继续扩张。三十年代1130年，金帝国政府又在大名（河北大名）建立一个傀儡政权，册封一位曾经担任过宋帝国州长的刘豫当皇帝，称他的政权为刘齐帝国，企图使河淮地区成为宋金两国的缓冲地带。但这个汉奸政权太明显了，对金帝国并不能有实质上的帮助。七年后（1137），金帝国又把它撤销，将河淮地区直接并入版图。

有一件事非常奇异，位于西北的西夏帝国，仍然存在，只不过降为金帝国的藩属。不知道什么缘故，金帝国从没有攻击过它，更没有想到灭亡它。唯一的解释是，可能因为它的地方太贫苦，不屑一顾。

六 岳飞之死

千锤百炼出来的宋帝国民间抗敌武力，不久即发挥强大力量。四十年代1140年，岳飞兵团北伐，进抵郾城（河南郾城），女真兵团总司令完颜兀术集结重兵迎战，宋帝国全国上下，都为岳飞震惧，皇帝赵构特别由临安（浙江杭州）发出训令，要岳飞小心应付。决战终于开始，金军使用"拐子马"，这是一种可怕的骑阵，三匹战马横连在一起，在大平原上冲锋时，跟现代的坦克车一样，发出泰山压顶的威力。完颜兀术这次投入两千匹拐子马，即六百辆坦克车，准备一齐把岳飞兵团歼灭。岳飞用步兵伏地，以一个人的生命换取一只马足，只要一匹马的马足被砍断，整个拐子马便全体仆倒。结果女真兵团崩溃，崩溃时发出山摇地动的哭号呐喊。完颜兀术大恸说："自从故乡起兵，靠此制胜，今竟如此。"他再集结部队反攻，在小商桥（河南临颍南）跟岳飞兵团向北挺进的先头部队杨再兴相遇，金军十二万，宋军只八百。杨再兴即行攻击，八百人全部战死，但金军被杀两千余人。只不过十年之前，宋军闻风丧胆的往事，已如云烟。完颜兀朮大为惊骇，他发现情势严重，急缩短战线，退回开封固守。岳飞兵团尾追，进抵距开封仅二十公里的朱仙镇，一场更大的决战迫在眉睫。岳飞本来不喝酒的，这时下令军中说："我们要打到黄龙府（吉林农安），迎接二位皇帝陛下回国，再庆祝痛饮。"（黄龙府跟金帝国首都会宁——黑龙江阿城，相距二百公里。当时宋、金两国首都相隔太远，会宁又是一个新兴都市，黄龙府则在辽帝国时便已闻名。）这时沦陷区各地人民，纷纷起义，切断金军粮道，准备迎接祖国部队。完颜兀朮束手无策，打算放弃黄河以南地区，退守燕京（北京）。但他的一个智囊阻止他说："世界上从没有听说过，当权人物在政府内部猜忌掣肘，而大将能够在外建立功勋的。岳飞生命都有危险，岂能有所作为。"完颜兀朮立刻领悟。

　　这位智囊的判断完全正确。赵构自从登上皇帝宝座，他日夜恐惧的有两件事——一是恐惧他的哥哥赵桓突然被释放回国，他的皇帝便做不成，而且有被控非法篡夺的可能性。二是恐惧民间武力和从民间崛起的将领，万一发生陈桥式兵变，他的皇帝同样也做不成。这是一个沉重的心理负担，但又无法说出口。只有一个人洞察他的肺腑，即不久之前才从金帝国逃回的总监察官（御史中丞）秦桧。他抓住赵构心理上的要害，提议跟金帝国和解，并暗示和解只是一种手段，目的在于解除帝位的威胁。赵构大喜过望，任命秦桧当宰相，跟金帝国接触，而且有过数次谈判。正当岳飞挺进到朱仙镇时，谈判也进入重要阶段，岳飞日夜不忘迎还二位被俘皇帝的言论，更使赵构憎恶。于是，赵构下令撤退，并在一天之内，连续颁发十二道命令，每道命令都用"金字牌"送达（金字牌送达的命令，驿马每天飞奔二百公里），用以造成严重压力，使岳飞不能反抗。岳飞在接到第十二个金字牌时，他不能不退，否则就是叛变。他向拦在马前恳求不要撤退的民众垂泪说："十年准备反攻，呕尽心血。而今一天之内，化为乌有。"

　　赵构把所有将领召集到首都临安（浙江杭州），论功行赏，擢升韩世忠当国防部长（枢密使），岳飞当国防部副部长（枢密副使），乘着这机会，一律解除他们的军权。但岳飞不知道赵构的隐情，强烈的爱国心，使他反对和解。金帝国不得不暗示说，如果赵构没有能力整顿内部，金帝国就把赵桓放回来，由赵桓整顿。赵构遂决心铲除岳飞，命秦桧诬陷岳飞谋反，逮捕岳飞下狱。韩世忠向秦桧质问岳飞是不是真的谋反时，秦桧回答说："莫须有。"韩世忠叹息："莫须有三个字，怎么能服天下人心？"赵构大概也知道如果把岳飞公开绑赴刑场斩首，可能激起事变，于是岳飞遂被秘密处死，同死的还有他的儿子和他的几位忠心部将。

——"莫须有"是一个不合文法的句子,无法解释。秦桧是江宁(江苏南京)人,或许是当时江宁方言。根据情况推测,应是"不见得没有"之意。从此,"莫须有"三字在中国就成为"诬陷"和"冤狱"的代名词。

岳飞于四十年代1141年——距他挺进到朱仙镇仅只一年,在临安监狱风波亭被杀,没有人知道他的死法,民间坚信他们父子都受到剥皮惨刑。明年(1142),金、宋和约签订。和约规定,宋帝国降为金帝国藩属,赵构向金帝国的皇帝称臣,由金帝国册封赵构为宋皇帝。宋帝国每年向金帝国进贡银币二十五万两,绸缎二十五万匹。两国东以淮河为界,西以大散关(陕西宝鸡西南)为界。这时赵佶已死,金帝国归还赵佶的棺柩和赵构的母亲韦太后。并承诺继续囚禁赵桓和其他所有亲王。

——岳飞死时只三十九岁,这是中国历史上最悲痛的冤狱之一。专制政体下,人们不敢公开指责主凶赵构,只好把罪恶全部推给帮凶秦桧。后来人们就在杭州西湖,为岳飞修筑一座坟墓,墓前跪着用生铁铸成的四个塑像:秦桧,秦桧的妻子王氏和担任审判法官的万俟卨、张浚。这四个铁像,一直到二十世纪,仍跪在那里。游客们每每故意地便溺到他们头上,或锤击敲打,以泄心中愤怒,以致那些铁像必须不断重铸,才能承当。

七 又一个大头症——完颜亮

岳飞死后,金、宋两国第一次和平,维持了二十年,被完颜亮破坏。

完颜亮是金帝国第三任皇帝完颜亶的宰相,以生活俭朴和对人谦恭,受到举国尊敬。四十年代1149年,他杀掉完颜亶,自己即位。完颜亮跟七世纪隋王朝的暴君杨广好像是一个模子里浇出来的,都具有使人失笑的大头症。无限权力到手之后,他那一向艰苦克制的兽性,全部爆发。

完颜亮即位的明年,五十年代的第一年(1150),即对皇族大肆屠杀,本世纪(十二)初那些开国功臣元勋,如完颜斡离不,完颜粘罕,完颜兀朮的后裔,几乎全部灭绝。最有趣的是,完颜亮杀了他们之后,却把他们的妻子和女儿,纳入后宫,以供淫乐。而这些妇女正是完颜亮的叔母、姑母、姊妹,完颜亮对乱伦有特别的喜爱。

首都上京会宁(黑龙江阿城),是一个荒远寒冷、建筑简陋的地方,完颜亮认为无法炫耀他的伟大。1153年,他迁都燕京(北京),把燕京改称中都。但这不过是第一步，他的终极目标是柳永词中"三秋桂子，十里荷花"的江南。完颜亮要顺序地灭掉宋、西夏、辽（西辽），而成为中国的唯一元首。于是，有一天，他召集群臣，宣布说："我梦见到上帝那里，上帝派我当天策上将，命我征讨一个国家。受命出来，刚要上马，看见无数鬼兵。我射出一箭，他们大声呼喊。醒了之后，耳边仍听到声音。教人到马厩察看，发现我平常所骑的那匹马，满身流汗。再察看我的箭袋，也少了一枝箭。这个奇异的梦，证明上帝将用我的手去削平江南。"群臣一致表示相信他的连篇鬼话，并一致高呼万岁。

六十年代1161年，完颜亮把首都从中都（北京）再南迁到南京开封（河南开封）。他的嫡母徒单太后对他的穷兵黩武，略微表示忧虑，他立刻宣称徒单太后谋反，把她用铁锤击死。接着向宋帝国提出最后通牒，要求割让淮河以南、长江以北约十八万方公里土地。当赵构吃惊的嘴巴还没有闭住的时候，完颜亮已发动攻击。这次南征兵团六十万人，分为三十三军，五道并进。

完颜亮是八月把嫡母击杀的，消息于九月传到东京（辽宁辽阳），大家深信这是对皇族展开第二次屠杀的信号，就拥立东京留守长官（东京留守）完颜雍亲王即位，进据中都（北京），声讨完颜亮罪状，下令南征兵团回国复员。

完颜亮还不知道这些，攻击照常进行。大军渡过淮河，宋帝国江淮军区司令官王权的部队，望风逃散。金军毫无阻挡地到达长江北岸的和州（安徽和县），对岸即是采石（安徽马鞍山采石镇），完颜亮命准备船只渡江。就在这千钧一发的时候，宋帝国中央政府的一位秘书职务（中书舍人）的官员虞允文，奉命到前方劳军，适时地抵达采石。这时采石已一片混乱，人民逃走一空，从江北溃退下来的败兵，三三两两，在四方游荡。虞允文立刻把他们集结起来，自任统帅，激励他们的斗志，沿江布防。布防刚毕，金军已经渡江，抢岸登陆。虞允文指挥他的乌合之众，分从水陆两路，作殊死抵抗。金军只善于骑马，不善于驾船，大批战舰被击沉，已登陆的金军因无后援而被歼灭，全线崩溃。完颜亮气得发疯，把逃命回去的战士，全体驱到江边敲杀。然后放弃和州，向东前进至瓜洲（江苏扬州瓜洲镇），虞允文的乌合兵团也向下游行动，到达瓜洲对岸的京口（江苏镇江）。完颜亮这时已得到东京（辽宁辽阳）叛变的消息，更怒不可遏。依正常情况，他应该回军讨贼，但被激起的怒不可遏的情绪，使他不能静下来做深远的考虑，他认为完颜雍不足挂齿，消灭宋帝国之后，完颜雍自会瓦解。

完颜亮念念不忘二十年代1129年完颜兀朮轻而易举地渡过长江的往事，认为他当然也能够。他没有想到那时候有高级汉奸投降，作为向导。而现在完颜亮必须强渡，但制江权握在宋帝国水军手中，强渡等于自杀。完颜亮不管这些，他下令三日内渡江，败退者即斩。军令惨急，部队大批逃亡，扬言投奔新皇帝，军心动摇。

就在渡江前夕，爆发兵变。当变兵攻击御营时，完颜亮还以为是宋军偷袭，等到发现竟是自己部下，他知道他的大头症即将痊愈。乱箭把他射倒，但手足仍动，最后被叛军绞死。

完颜亮死后，金军撤退。宋帝国国防军只敢遥遥跟踪，不敢进击。

明年（1162），赵构传位给他的堂侄赵伯琮（赵构没有儿子）。赵伯琮乘金帝国内乱，委任老将张浚当总司令，大举北伐。可是，除了辽、宋那一段长期和解外，宋帝国似乎是屡次都在选择错误的时机，做错误的决策，不应和解时和解，不应作战时作战。张浚是一位非常爱国而又非常有名望的将军，但他却是一个草包。三十一年前的1131年，当他担任关中军区（陕西中部）司令官（处置使）时，他诬陷全军最尊敬的名将曲端谋反，酷刑处死，以致军心瓦解，一战而溃，关中（陕西中部）从此沦丧，不能夺回。用这种人北伐，结果自在意料之中。1163年，主力十三万人在符离（安徽宿州）被女真兵团击败，全军覆没。

不过，这是本世纪（十二）金、宋两国最后一次战争。和约恢复后，屈辱的和平维持了四十一年。这四十一年之中，金帝国在北中国它所鲸吞的土地上，耐心地消化，并加速自己的汉化。宋帝国则在南中国，它所剩留下来的土地上，恢复社会繁荣。

八　高度物质文明的社会

我们的篇幅几乎全部在叙述宋政府的政治形态，以及因这个颟顸的政治形态所引起的灾难。不可避免地会产生一种印象，认为那时的中国社会跟它的宋政府一样，也是堕落的。其实不然，而且恰恰相反。整个宋帝国时代，起自上世纪（十一），经过本世纪，再到下世纪（十三），二百余年间，它的物质文明，有辉煌成就，不但超过中国过去任何一个时代，并超过同时代的西方世界。最保守的观察，中国至少比欧洲进步一百年。

这种情形，我们分作五项叙述：

一、火药　这是中国最重要的发明之一，我们不能确切指出它发明于某年，但可确定至迟本世纪（十二）已经大量生产。二十年代1126年首都开封之围，守城的宋军，就使用过火药反击，名"震天雷"，从这个名字可看出它的威力。宋军把火药制造的铁炮埋在城下，等金军攀城时引发，发出巨响，能爆炸出一个巨洞。同时还制成一种"飞天炮"，即二十世纪火箭的始祖，用火药的后射力推进炮火，击入遥远的弓箭射不到的金军大营。女真兵团对这个魔鬼般的新武器，大为震恐，成为它第一次撤退的原因之一。而第二次围城，如果不是郭京荒唐，开封在火药保护下，不是一个容易陷落的城市。六十年代1161年采石战役，虞允文也曾使用一种"霹雳炮"，轰击金舰。它可以说没有什么杀害力，因为它不能瞄准，但它的声音能使女真战士心惊。张浚北伐时，一个平民发明家魏胜，曾用他发明的"炮车"，作为野战攻击的武器。不过它无法阻止张浚的挫败。再好的武器，在不能作战的部队手中，都没有用。

——跟其他的中国古发明一样，火药的功能到此为止，没有进一步发展。宋帝国只用它来制造鞭炮，在庆典时点燃，以驱逐邪神恶鬼。不过，它却透过金帝国，流入蒙古人之手。在下世纪（十三）时，蒙古帝国得到中亚科学家们的合作，制造出精确的巨炮，反过来摧毁金帝国。并于1273年，一炮击碎襄阳（湖北襄樊）城楼，襄阳投降，宋帝国门户洞开，不久即亡。

二、纸币（交子）　纸币的发行，起于上世纪（十一）头十年。益州（四川成都）商人对金钱携带，感到困难，十贯（一万钱）的重量就是五十公斤，不仅携带不方便，而庞大的体积，又容易引起盗匪注意。于是纸币应运而生，以一贯（一千钱）为一张纸币的单位金额，如此，十贯不过十张钞票。最初由地方富豪以财产担保，联合发行，每次发行一百二十五万贯——即一百二十五万张纸币。只有在进步的印刷术支持下，才能供应这么巨量的发行。时间以三年为期，到期即可兑换现款。后来由政府主办，设立国家银行（交子务），禁止私人发行。这是世界上使用纸币的开端。

——纸币对宋帝国社会有繁荣安定的作用，并被其他国家所仿效。金帝国发行过五贯（五千钱）和十贯（一万钱）大钞，以后的蒙古帝国更发行十两银币的大钞，后来发现钞票既有如此奇妙功用，遂大量印刷，以致引起严重的通货膨胀和农村破产，促成遍地民变。到了更后的明王朝，在排外的情绪下，认为纸币也是外国工具，下令取消。这对商业的发展，是一个打击。

三、罗盘　姬轩辕于公元前二十七世纪发明指南车的神话，一直盘旋在中国人脑海之中。但真正的航海罗盘，要到上世纪（十一）才出现。不过跟火药一样，我们不知道它的发明人，只知道中外海上贸易，原来只靠定期的贸易风和星象的观察，对方位的辨别力，十分薄弱。首先使用罗盘的，可能是中国海盗，他们把磁针放在稻草上，使它浮在一碗水上，装在一个小匣子里，它在阴霾和大雾中，就能始终保持所指的方位不变。这种简陋的设备被引用到商船上之后，加以改良，使贸易风的价值顿时减低。本世纪（十二）赵构泛海逃亡，金军曾用掳掠到的船舰出海追击，就使用罗盘导航。只因女真战士不能忍受海上的风涛，才告放弃。

——罗盘至迟在本世纪（十二），就经由阿拉伯船队传到欧洲，这对整个人类文化有很大的贡献。发现新大陆，以及欧洲那些海上帝国，都在有了中国罗盘之后，才成为可能。

四、瓷器　这是手工艺术和科学技术结合的产品之一。自上世纪（十一）以降，直到十九世纪，瓷器始终是中国最大的出口货物，使东方西方保持一千余年的惊奇。十九世纪时日本帝国曾苦心仿造，不能成功，欧洲更不足论。瓷器生产在本世纪（十二）进入黄金时代，中国共拥有三大名窑：景德窑，在景德镇（江西景德镇），由政府经营，称为"官窑""御窑"。汝窑，在汝州（河南汝州），也是政府经营，宋帝国皇帝赵佶有一次曾给它下命令说："雨过天青云破处，这般颜色做将来。"于是汝窑出产一种雨过天青色瓷品，成为特殊珍品。制造时把玛瑙研成细粉，作为主料，调成釉汁。出窑后，形成隐约像螃蟹爪一样极美观的细纹（古物鉴别家，就靠此种细纹，判断瓷器的真伪）。哥窑，在龙泉（浙江龙泉），当地章氏兄弟二人，同是伟大的艺术家和企业家。哥哥章生一，弟弟章生二。最初合造一窑，名琉田窑。后来兄弟分造，章生一的窑称哥窑，章生二的窑称龙泉窑。哥窑出品因土质奇润，呈现一种鱼子般的纹路。龙泉窑则没有这种纹路，但彩色同样优异。

——景德窑和汝窑，是国营企业成功的先例。章氏兄弟世界性的贡献，使二百余年衰弱的中国生色。

五、其他　纺织，刺绣，都十分发达，尤其杭州刺绣，它的领导地位保持到二十世纪不衰。棉花经阿拉伯人引进中国，大量在江南种植。天文浑天仪已用水力发动，气压测量计（浮漏景表）也开始使用。数学家秦九韶，对平方根的计算方法有很大贡献。在建设上，在江南的水利灌溉系统，在世界上首屈一指。三百年间，江南（半个欧洲那么大）几乎年年丰收，很少水灾旱灾（宋帝国把黄河移交给金帝国，它永不停止泛滥溃决的特性，使金帝国焦头烂额)。本世纪(十二)的江南,已不是小分裂时代,更不是大分裂时代的江南,而是一个富庶繁华,锦绣般的世界。

中国高度文化盛况,类似罗马帝国在异族入侵之前的情形,武装力量跟文化水平不能配合。七世纪第二个黄金时代已经过去,不再重现。但广大的社会在被长期的蹂躏破坏后,自动复苏,而且更加蓬勃。这是中国人所具有的一种雄厚潜力。靠此潜力,永远屹立在地球之上。假如有李世民大帝一样的人物作为国家领导人,而不是赵匡胤之类,中国第三个黄金时代当比第二个黄金时代更伟大。

然而,中国没有出李世民大帝,却出现道学。

九 道学与圣人系统

道学,即上世纪(十一)萌芽的理学。

进入本世纪(十二)后,理学改称道学,我们不知道为什么要改,可能是理学只是纯学术性的学派,而道学则由意识形态领域,进入到实际的行为,成为一种政治上或社会上的党派。士大夫在理学思想指导下,一面自卫,一面打击异端。我们似乎可以称道学是"应用理学"。

道学一开始就以儒家学派的正统自居,而儒家学派的思想又一直被认为是中国的正统思想,所以道学自然顺理成章地成为中国的正统思想。此一正统,靠一个道学家所拟就的、庄严的圣人系统维持,所以这系统有时候也被称为"道统",道统由下表所列一系列的圣人组成:

代别	第一代	第二代	第三代	第四代	第五代	第六代	第七代	第八代	第九代	第十代	第十一代
世纪	前二十三	前二十三	前二十二	前十八	前十二	前十二	前十二	前六	前四	后十一	后十二
圣人姓名	伊祁放勋	姚重华	姒文命	子天乙	姬昌	姬发	姬旦	孔丘	孟轲	程颐	朱熹
术语简称	尧	舜	禹	汤	文	武	周公	孔子	孟子	伊川	朱子

从这个表可以看出,中国自公元前三世纪到公元后十世纪,凡一千二百

年之久，所有的人都是凡夫俗子，没有出现过圣人。而在上世纪（十一）和本世纪（十二），却连续产生两位：程颐和朱熹，由此可知道学家的重要地位。朱熹的哲学基础是程颐的"敬畏"，他把它阐扬为"居敬穷理"。于是他发现"天"是宇宙的自然法则，同时也是道德（个人的）法则和政治（国家的）法则。一个道德上没有瑕疵的人，才有资格去治理国家。一个道德上有瑕疵的人，即令再有才干，也不会把国家治理完善。至于道德的内容和标准，则由道学家订定。

道学家认为，人类只有两种："不是圣贤，便是禽兽。"这跟"君子""小人"的二分法同样严厉。圣人是一种凝固剂，主要功能在维持社会秩序的安定，维持既定的名分和既定的尊卑，使不做任何改变，以免名分和尊卑紊乱。这种道德法则的精神和形态，被称为"礼教"（以后又称为"名教"）。怎么样使礼教达到至善，朱熹认为关键在于"天理人欲"。天理是善，人欲是恶，所以必须尽量发扬善而摒斥恶。礼教的正常运行，是天理、是善。企图予以变革的，是人欲、是恶。一个人必须努力减少自己的欲望，减少越多，越接近圣人的境界。减少欲望最有效的方法是：无时无刻不在思念圣人们所下定义的道德，无时无刻不在思念忠君爱国，除此一念外，别无他念。

——自从公元前二世纪，西汉政府罢黜百家，独尊儒家学说为中国法定思想，中国人的思想开始受到拘束，经过一千余年的累积，到了本世纪（十二），更加严厉的拘束，在理学家道学家手中完成。

问题就恰恰发生在这里，因为道学家的要求太高，所以很难有人能够达到标准，连道学领袖，圣人系统中最重要人物朱熹都不能。朱熹担任浙东地区（浙江）高等法院院长（提举浙东刑狱）时，跟台州（浙江临海）州长（知台州）唐仲友，为了争夺一位漂亮的妓女严蕊，朱熹失败（我们可以想象得到，她对满面道学的圣人，恐怕难以激起澎湃的爱情），朱熹遂攻击唐仲友奸邪，向皇帝上奏章弹劾，是跟程颐对付苏轼的手段如出一辙。他们在感情激动时，都不能实践他们对人的要求，其他人当然更为困难。于是产生下列两种现象：

一、道学家在礼教甲胄之中，因不能忍受那种压力，往往人格分裂，成为言行不符，甚至言行恰恰相反的两面人，道学家所要求的道德，几乎全部都是外销品。

二、因为自己做不到，所以道学家往往一味要求别人在礼教甲胄中受苦。这种心理背景，产生一种愿望，对别人的责备永无止境。动不动就要求别人死，甚至即令死也不能逃脱责备。

这种偏差的行为，当然引起反感。道学与反道学双方都向皇帝争取支持，反道学的一派在宰相韩侂胄领导下，获得胜利。九十年代1196年（已是本世纪尾声），第十五任皇帝赵扩（宋宁宗）下令，禁止道学传播，担任国立图书馆官员（秘阁修撰）的朱熹，也被免职。但只禁止了六年，到下世纪（十三）头十年代1202年，即行解禁。但道学家却掌握着两大武器：一是教育，朱熹在私立大学白鹿洞书院当校长，学生遂成为道学的主要传播者。另一是考试，国家考试大权，始终握在道学家之手，它只录取赞扬道学的人，知识分子遂大批被引到他们指定的道路上。

在这个庞然而坚固的道学思想指导原则下，寡妇被迫活活饿死，也不许再嫁。音乐、戏剧、绘画，一律成为坏人心术的毒品，逐渐被轻视。作诗也属于堕落行为，因为不专心便做不好，专心则就没有时间思念道德和忠君爱国的大事了。其他文学作品，如小说、散文之类，看一眼都是罪过。只有低贱的人才去从事体力劳动，圣人系统和准圣人系统——道学家，则必须全神贯注于道德和道德基础上的"治国""平天下"。人们连走路都要有一定姿态，奔跑和急促的步子，都是轻浮下贱。服从传统权威，崇拜古人古事，崇拜祖先，都是最高贵的善。任何改变和抗拒的念头，都是邪恶，必须在念头一起时就予以无情克制。任何发明创造，更都是专门取悦小人和女人的奇技淫巧。

这就是直到二十世纪，中国大多数的知识分子——士大夫的意识形态，我们必须对此有简明的印象。

东西方世界

——四十年代·1147年（岳飞冤狱后第六年），第二次十字军兴起。

——四十年代·1149年（金帝完颜亮即位），第二次十字军结束，历时三年，他们在叙利亚境，即被击退。

——六十年代·1166年（采石战役后第五年），英王亨利二世，颁布《克拉林敦条例》，设司法陪审员制度（这是英国人对全人类最伟大的贡献之一，使人权获得法律的具体保障，本年应是文化史划时代的一年）。

——八十年代·1185年（宋帝赵构逝世前二年），日本"平安时期"

终。日本征夷大将军源赖朝，在镰仓设司令部，号令全国，世称"镰仓幕府"。日本幕府政治自此开始，"前期武家时代"也自此开始。

——八十年代·1187年（宋帝赵构逝世），伊斯兰教徒兴起反十字军，攻陷耶路撒冷，耶路撒冷王国亡，欧洲基督徒大为震恐。

——八十年代·1189年（金帝完颜雍逝世，孙儿完颜璟继位），第三次十字军兴起，统帅都是名王：神圣罗马帝国皇帝红胡子腓特烈一世，法王腓力，英王狮心理查。

——九十年代·1191年（宋帝赵伯琮病逝前三年），第三次十字军结束，历时四年。前一年，红胡子腓特烈一世在小亚细亚渡河时溺死，军队星散。腓力于中途折回。理查挺进到耶路撒冷近郊，跟伊斯兰教领袖撒拉丁订约缔和，规定基督徒可以自由朝圣。

——九十年代·1195年（宋政府下令禁止道学前一年），东罗马帝国皇帝伊萨克二世，荒淫无道，贵族把他废掉，立他的弟弟阿历克西乌斯三世继位。伊萨克二世的儿子逃亡到意大利，广结外援，企图使他父亲复位（种下了下世纪第四次十字军戏剧性结局）。

第 26 章
第十三世纪

本世纪，英国在它的不列颠小岛上，颁布大宪章，创立国会，为人类立下万世光芒的楷模。但世界上其他大多数地区，却一片血腥。

原因是蒙古帝国像巨怪一样，在荒凉穷恶的瀚海沙漠群上崛起，它的强大攻击力量，超过女真百倍。开国可汗铁木真，在攻陷中亚信奉伊斯兰教的花剌子模王国的重镇不花剌城（乌兹别克斯坦布哈拉），准备屠杀之前，曾把居民召集到祈祷场，向他们宣布说："你们必须知道，你们都犯了滔天大罪，所以必须加以惩罚。你们一定会问，我有什么证据，证明你们犯罪。我告诉你们，我就是上天的灾祸，如果你们没有犯罪，上天为什么派我来屠杀你们？"

在这种逻辑下，中国版图上的四个帝国：辽、西夏、金、宋，全被消灭。

本世纪最后二十年，汉民族第一次全部沦入异民族的统治之下。

一 韩侂胄北伐与失败

上世纪（十二）六十年代，宋帝国大将张浚，大举北伐，结果在符离（安徽宿州）被击败。从此再没有人敢想这件事，大家沉湎在首都临安（浙江杭州）歌舞升平之中，把反攻当作一件不祥的妄动。一直到韩侂胄当宰相，这个反苟且偷安传统，雄心勃勃的人物，决心再度北伐。他遭受最大的阻力来自在意料中的道学家，道学家抨击他开罪邻邦。韩侂胄用严厉的手段对付他们，他请皇帝下令禁止道学，并把道学领袖朱熹逐出政府。但到了本世纪（十三）开始后的第三年（1202），有人劝告韩侂胄应该适可而止，如果压迫太甚，可能招来的报复更大。韩侂胄也厌倦于内斗，才把道学解禁。

韩侂胄选择本世纪（十三）初北伐，时机上十分明智。金帝国正被北方新兴的蒙古诸部落连连击败，而韩侂胄在把道学家整肃了之后，已完全控制政府，兵源粮秣，都获得充分的支持。可是，他没有适当的统帅人才，连张浚那种庸碌之辈都没有，他所依靠的全是一些用不尊严手段达到尊严地位的将领，这些将领在太平日子里表演韬略有余，却没有能力实际行动。北伐是一件严重的大事，韩侂胄却犯了五世纪南宋帝国皇帝刘义隆的错误，把如此严重的大事，看得过于简单。他只检查了敌人的弱点，没有检查自己的弱点。

头十年1206年，韩侂胄任命的北伐军总司令（京洛招抚使）郭倪，出奇兵突击，攻陷金帝国边境重镇泗州（江苏盱眙北）。韩侂胄大喜，就由皇帝赵扩（宋宁宗）昭告全国，宣布金帝国的罪状，下令北伐。金帝国着实大吃一惊，不是吃惊宋帝国又叛盟（宋帝国叛盟的次数，在历史上恐怕占第一位），而是吃惊宋帝国可怜的国防军，怎么一再如此不自量力的盲动。宋军四道并进，总司令郭倪攻宿州（安徽宿州），大将李爽攻寿州（安徽凤台），皇甫斌攻唐州（河南唐河），另一位大将王大节攻蔡州（河南汝南）。四道相继失败，而且失败的很惨。金军分九路渡过淮河追击，一连攻陷十余州，再度抵达长江北岸的真州（江苏仪征），扬言造舰渡江，宋帝国上下震恐。

——郭倪一向以诸葛亮自居，认为可以在轻松谈笑之间，建立震动天地的奇功。大军出发时，他告诉后勤司令官说："木牛流马，靠你支持。"（木牛流马，诸葛亮所使用的运输工具）等到全军崩溃，他对残兵败将不能控制，狼狈逃命，发现闯下的是一件不能挽救的大祸时，不禁泫然流泪。人们遂称他是"带汁诸葛亮"。

韩侂胄的美梦破灭,急向金帝国求和。金帝国答复说:必须先交出祸首。于是赵扩的妻子杨皇后,布下罗网,乘韩侂胄入朝时,将他杀掉,把人头送到一千一百公里外的金帝国首都中都(北京),悬挂街头。然而对韩侂胄之死最高兴的还是道学家,开始大批返回政府。接连下去的一些宰相,如参与杀韩侂胄的史弥远和被国立大学学生歌颂为"师相"的贾似道,都是道学家在当时所喜欢的人物。靠着政治权力,道学日固。

——不过,"道学"这个名词,却因韩侂胄反道学一派,不断公开揭疮疤的缘故,渐带有讽刺意义,如果称某人"道学",即等于指责他面貌忠厚而内心奸诈。所以"道学"逐渐不再使用,而恢复"理学"原名。

二 蒙古帝国崛起瀚海

就在宋帝国北伐失败,金军九路反攻的那一年(1206),中都(北京)西北九百六十公里瀚海沙漠群北的斡难河(鄂嫩河)上游,金帝国的藩属蒙古民族诸部落,正举行一个重大的集会。在集会上,孛儿只斤部落五十二岁的酋长铁木真,被推举为大可汗,号称成吉思可汗,意思是海洋皇帝,蒙古帝国正式诞生。

——古华夏人最喜欢用单音节,"可汗"有时就被简称为"汗"。

蒙古民族是匈奴民族的后裔,不知道什么原因和什么时候,改称蒙古。他们居住在以不儿罕山(肯特山)为中心的荒漠地带,四周有著名的斡难河(鄂嫩河),怯绿连河(克鲁伦河),土兀剌河(土拉河)。蒙古民族似乎从没有过统一的政府组织,即令有,恐怕也都为期很短。在我们所知的他们的历史中,诸部落都是独立的自求生存。最重要的部落有:孛儿只斤部落(铁木真当酋长的部落)、主儿勤部落、泰赤乌部落(俺巴孩的后裔)、弘吉剌部落(蒙古帝国的皇后,多出于这个部落)。而蒙古民族诸部落四周,则环绕着突厥民族诸部落,像塔塔儿部落(即闻名世界的鞑靼)、克烈部落(酋长汪罕)、蔑儿乞部落、乃蛮部落(酋长太阳可汗)。

因长期的互相通婚的缘故,他们之间民族的界线并不明显。明显的却是以经济利益为主的部落界线。沙漠地带,水草有限,为争夺水草,部落间遂不断的攻杀和劫掠,往往成为血海世仇。不但抢水草,而且抢女人,铁木真的母亲就是被铁木真父亲抢来的,铁木真的妻子也曾被人抢去又抢回。纵在和平状态之下，暗杀行为也从没有中止。铁木真的父亲也速该，就是在塔塔儿部落的宴席上中了毒，死于归途。但这也有一点好处，使蒙古每一个人，包括妇女和孩童，都成为坚强而机警的战士。一旦团结对外，即势不可当。

历史似乎在重演，当初金帝国如何对待辽帝国，现在蒙古帝国也如何对待金帝国。一十年代 1210 年，金帝国第七任皇帝完颜允济的钦差大臣，到蒙古地区巡视，他显然还不知道铁木真已被推举为成吉思可汗这回事。在召集各部落酋长集会时，命铁木真跟过去一样，跪拜诏书。铁木真问："皇帝是谁？"钦差大臣告诉他是完颜允济，铁木真是见过完颜允济的，对他的昏庸有深刻了解，不由得把口水唾在地上："我以为南方皇帝都是天上人，原来是这种蠢货。"在钦差大臣目瞪口呆中，跨马驰去。

金帝国从上世纪（十二）五十年代后，便开始没落。女真民族本没有文字，文化水平很低，连契丹人都不如。骤然间接触到繁华世界，虽然及时地创造了女真文字，但它阻挡不住华化的趋势。尤其在迁都中都（北京）之后，接受了中国传统的宫廷制度，就再也产生不出英明的君主。第五任皇帝完颜雍对加速华化，有过警觉。他曾下令禁止女真人改为华姓，并不准穿华人服装。但这些都是小节，问题并不在此，而且他也不过顺口谈谈，表示他很聪明罢了，并没有认真地去做。

铁木真唾口水到地上的明年（1211），他宣布为蒙古过去被金帝国钉死在木驴上的一位酋长俺巴孩报仇，向金帝国攻击。金帝国的西京（山西大同），立即陷落。蒙古兵团尾追金军，沿途截杀，攻破居庸关（北京昌平）——注意这个居庸关，它是中国本部和塞北沙漠分界线上最险要的长城关隘，南距中都（北京）四十公里，万山环抱。蒙古既攻破居庸关，便直抵中都城下，一口气再攻破燕云十六州大部分州县城镇，烧杀饱掠而去。金帝国惊魂甫定，认为这只是边将偶然疏忽所致。可是两年后（1213），蒙古兵团再攻破居庸关，金帝国最精锐的主力部队，全被歼灭，横尸一百五十公里，中都再被包围。金军总司令纥石烈（姓）胡沙虎（名）恐怕皇帝完颜允济追究他战败的责任，索性把完颜允济杀掉，另立完颜允济的侄儿完颜瑨当皇帝。完颜瑨向蒙古求和，献出岐国公主（蒙古称她为汉公主，由此可看出女真民族华化的程度，至少在蒙古人眼中，已无法分别华夏民族和女真民族的不同），再献出童男童女各五百人（没有人知道这些孩子们的命运），马三千匹，以及大批来自宋帝国进贡的金银绸缎，蒙古兵团才高高兴兴地撤退。

金帝国枯槁的原形，到此完全暴露。中都咫尺之外，就是敌境，随时有在再一次突击之下陷落的危险。完颜瑞决定躲避，他把首都南迁到一度南迁过的、宋帝国的故都开封（河南开封）。铁木真得到报告，咆哮说："既然和解，而又南迁，只是骗我们罢了。"立即做第三度攻击。1215年，中都陷落。

不过，铁木真并没有挥军南下，他的兴趣转向中亚的花剌子模王国（乌兹别克斯坦撒马尔罕）。只留下少数兵力给他的大将木华黎，命木华黎彻底摧残金帝国的农村。木华黎采取游击战术，避免攻城，只使骑兵部队百道俱发，纵横华北大平原上、杀掠烧毁，如入无人之境。

三 辽·花·西夏·相继覆亡

铁木真是历史上最伟大的组织家暨军事家之一，他在政治上和战场上的光辉成就，在二十世纪之前，很少人可跟他媲美。铁木真具有野性民族残忍好杀的缺点，也具有英雄们所不容易集于一身的各种优点。铁木真胸襟开阔，气度恢宏，对朦胧不明的情况能立即做出正确的判断。他用深得人心的公正态度和严厉的警察手段统御他那每天都在膨胀的帝国。高度智慧使他发挥出高度的才能，第一，蒙古地区其乱如麻的大小部落，互相间隔阂很深，有些且为世仇。经他统一以后，即行融合为一个坚固的核心集团，没有再发生致命的分裂叛变，这是他稀有的政治才能。第二，铁木真除了年轻初起兵时，跟札只剌部落（俄罗斯额尔古纳河中游）酋长札木合作战，打过一次败仗外，以后他从没有战败过。甚至他的下一代，也都如此。这是他稀有的军事才能。

铁木真夺取了金帝国的中都（北京）后，即亲自西征。本世纪（十三）内，蒙古帝国总共发动六次大规模的军事行动，建立一个前无古人，之后一直到二十世纪尚无来者的庞大帝国。我们把这六次大的征伐列为下表。其中三次西征，跟宋帝国无关。另三次南征，灾祸才加到宋帝国身上。

征次	征向	年代	灭国	建国
1	第一次西征	一十一二十	辽帝国·花剌子模王国	察合台汗国
2	第一次南征	二十一三十	西夏帝国·金帝国	
3	第二次西征	三十一四十	东欧平原诸国	钦察汗国
4	第二次南征	五十	大理帝国	
5	第三次西征	五十	阿拉伯帝国（黑衣大食）	窝阔台汗国·伊尔汗国
6	第三次南征	五十一七十	宋帝国	

铁木真攻击金帝国是蓄意的，是百余年来所受压迫的反应，也是巩固新国家的必要手段。但对三千五百公里之外，远在中亚咸海以南图兰低地的花剌子模王国，并没有侵略的企图，只是希望能够自由贸易。可是花剌子模王国边境大将，却把铁木真派去的蒙古商队屠杀。铁木真再派一个使节团前往，要求道歉并保证不再发生第二次事件，结果被国王杀了一半，另一半被剃掉胡子逐回。国家衰弱就是一种罪恶，不承认衰弱而又横挑强敌，更是不能原谅的罪恶。为了帝国颜面和商业利益，铁木真暂时放下金帝国，大军西征。

这是蒙古兵团第一次西征，铁木真亲自率领，于一十年代1219年出发。为了肃清道路，铁木真派遣大将哲别，攻击西迁后残存到现在的辽帝国（吉尔吉斯斯坦托克马克），辽帝国在一击之下，立即覆亡，立国三百零三年。花剌子模王国首都寻思干（乌兹别克斯坦撒马尔罕），在铁木真围攻下陷落，国王逃到里海一个荒岛上病死；屠杀蒙古商队的大将被捉住后，用滚热的银汁灌到他耳朵和眼睛里而死。消灭花剌子模王国后，铁木真继续率兵南下，消灭位于今阿富汗及伊朗东部的几个古老王国。这次西征历时六年，于二十年代1224年结束。铁木真把原辽帝国（西辽）大部分，以及花剌子模王国故地封给他的次子察合台，称察合台汗国，建都阿力麻里（新疆霍城）。

花剌子模王国的灭亡，是一个转折点，本来并没有野心的铁木真和他的那些杰出的儿子们，现在受到鼓舞。辽帝国和花剌子模王国的脆弱，战争胜利后精神上和物质上的满足和享受，使他们的人生观改变。铁木真在归途中便拟订下帝国的扩张计划，决定迅速征服西夏帝国和金帝国。

西征回军后的第二年（1226），蒙古兵团向西夏帝国攻击，这个曾使宋帝国筋疲力尽的顽强小邦，对蒙古惨烈抵抗，寸土必争，房屋城市烧掉后，即转入地洞。然而勇敢和信心并不是决定胜负的唯一要素，在战士们死尽、白骨蔽野之下，不能不屈服。最后一任皇帝李睍投降，铁木真立即把他处斩，并将李姓皇族全部屠杀，这个本不具有立国资格的西夏帝国，立国一百九十六年。

西夏帝国灭亡后，铁木真在六盘山（宁夏隆德北）逝世。临死时，他吩咐身旁最小的儿子拖雷说："金帝国的重兵，都驻防潼关（陕西潼关），一边是河，一边是山，攻击不易。宋帝国跟金帝国是世仇，可以向宋帝国借路，从金帝国南方重镇邓州（河南邓州）揳入，直趋他们的首都开封（河南开封）。潼关守军势必回军援救，数百里敌前行军，人困马乏，一战就可把它击溃。"

很多闻名西方世界的帝王，如亚历山大、查理曼等，身死之后，千辛万苦经营的帝国即告瓦解。然而，铁木真的逝世，对成长中的蒙古帝国，却没有发生分崩析离的震撼。这是一个奇迹，再度显示铁木真的组织才能。1229年，铁木真的第三子窝阔台继任第二任大可汗，遵照老爹的遗嘱，对金帝国采取行动。

四 金帝国末路

金帝国华化太深的现象之一是，政府中繁文缛节，一切以失败在自己手下的宋帝国为蓝图。国家领导阶层唯一的工作是比赛谁更能敷衍。遇到事情，都希望由对方解决，以便失败时自己不负责任。会议时低言缓语，措辞高雅，互相谦让，毫无争执，当时称为"保持宰相的风度"（养相礼）。遇到重大变故必须反应时，就说："圣主心正忧困，我们不应该轻率地向他报告。"或者决定："下一次会议时再加讨论。"中国历代王朝将亡时必有的各种亡征，一一具备。

金帝国自一十年代1214年迁都开封（河南开封），沉重的积习使它已不能做痛定思痛的改革，却相反地产生了两项错误的决策。一是因为东北故土和黄河以北领地的全失，他们想向南夺取宋帝国的土地，作为补偿。但这时的女真兵团，已不是上世纪（十二）的女真兵团，腐败日甚。虽然宋帝国仍然抵挡不住，金军的进展仍很困难，最后不得不自行停止，除了损失更多兵力，更增加宋帝国的仇恨外，毫无收获。另一是，他们认为女真人所以不能像往昔一样骁勇，是因为家庭贫困，没有恒产的缘故，于是金政府下令分田给女真人。黄河和淮河流域正是华夏民族密集耕种地带，并没有荒田。但荒田不荒田，在于金政府判断，它判断的结果是，所有的肥田都是荒田。大批汉人遂被逐出他们的耕地，这举动徒使华夏人跟女真人结下深仇，而女真人不能作战如故。这时候，金帝国只剩下黄河以南、淮河以北小小一隅，处境已经绝望，境外四面都是死敌，境内又沸腾着华夏人的愤恨。

蒙古大汗窝阔台即位后第三年（1231），皇弟拖雷派遣使节速不罕到宋帝国，谈判借路。然而走到沔州（陕西略阳）时，被守将张宣杀掉。拖雷大怒，即从大散关（陕西宝鸡西南）攻入宋境，一连攻陷兴元（陕西汉中）、金州（陕西安康），沿汉水而下，在光化（湖北老河口）进入金境。宋帝国因一个将领的颠顿，竟付出数十万人死亡的代价，并为拖雷解决了借路的困难；现在不需要借，路已经成为他的了。金帝国驻防邓州（河南邓州）大将完颜合达，在邓州西南境禹山迎战，大败，急撤退到邓州固守，一面向中央报告大捷。首都开封城内雀跃欢腾，奔走相告，群臣齐向皇帝庆贺。国务院秘书长（尚书省左丞）李蹊，在庆祝宴会上，感动得流泪，他说："如果不是这一次胜利，人民还要受到更大的灾难。"

金帝国在狂欢中度过新年，转眼明年（1232）春天，拖雷兵团绕过邓州，向北挺进。完颜合达放弃邓州，统军北上，星夜赶向开封入卫。可是蒙古大汗窝阔台亲自统率另一支大军，乘着隆冬时节，黄河结冰，在河清县（河南孟县）踏冰渡河南下。分兵两路：一路由大将速不台率领，向东进攻开封；一路由窝阔台率领，继续南下，在三峰山（河南禹州境）跟北上的拖雷兵团会师。完颜合达的女真兵团适时赶到，进入蒙古的口袋阵地。在蒙古骑兵冲杀下，霎时崩溃，崩溃时，十五万人四散逃命，发出天塌地裂般巨声。这时潼关守军也急行军赴援开封，他们携妻负子，疲惫恐惧，好容易走到洛阳以南，被埋伏的蒙古兵团截击，全军覆没。一切如铁木真所料。

开封现在成为孤岛，金帝完颜守绪（完颜珣的儿子）只好乞和。速不台表示同意，退到郑州（河南郑州），派遣使节唐庆到开封谈判，唐庆坚持必须完颜守绪亲自前往蒙古军营跟速不台举行高阶层会议，完颜守绪拒绝，唐庆言词激烈，金帝国禁卫军（飞虎卒）看见皇帝受到如此屈辱，不胜羞愤，就把唐庆和他率领的蒙古使节团，全部杀掉。完颜守绪不忍心对这批爱国将士处分，同时他也想乘此机会，亲自出征河北（黄河以北），收复若干土地，再集结一支野战主力。于是，在年尾严寒中，离开开封北进。速不台得到消息，再把开封团团围住。

明年（1233）春天，完颜守绪到了黄河以北，用御旗向各城镇招降，表示皇帝御驾亲临，然而没有一个城镇响应，有些甚至登城拒战。完颜守绪这才发现他的政府得不到人民的支持，他所带的军队因没有粮食，陆续溃散，他只好撤退，但已不能返回开封，便退到开封东方一百三十公里外的归德（河南商丘）。开封留守长官崔立，遂向蒙古投降，献出全部完颜皇族，包括皇后、嫔妃、亲王、公主、驸马。这是一个有趣的对比，就在上世纪（十二）——一百零六年之前，也在这个巨城，也在这个宫廷，宋帝国政府献出它的全部赵姓皇族。完颜皇族被送到北方沙漠后，没有人知道他们的命运。

归德距敌人太近，又缺少食粮。完颜守绪向南逃亡，投奔蔡州（河南汝南）。蒙古帝国派人到宋帝国的襄阳（湖北襄樊），要求援助。于是，两国签订军事同盟，蒙古帝国答应宋帝国可以收回淮河以南若干被金帝国强占的地区，宋帝国答应供应粮秣；宋与蒙古，仍以淮河为界。

蔡州保持了六个月的平静，在这六个月中，大小官员都以为蒙古会放过他们，天下终于又归太平，纷纷结婚成家。不久，商旅云集，市面呈现繁荣，完颜守绪还朦朦胧胧，企图挑选秀女和兴建宫殿。然而，到了年终，蒙古兵团抵达城下。宋军两万人在大将孟珙率领下，携带盟约规定馈赠给蒙古兵团的粮秣三十万石，也抵达城下。两国战士在城外砍伐树木，制造攻城的武器撞车云梯，声音传闻数里，城中恐怖。

明年（1234）正月，完颜守绪在围城中知道大势已去，传位给皇族大将完颜承麟之后，自缢身死，纵火焚尸。刚刚火起，城即陷落，完颜承麟在巷战中殉国。金帝国立国一百二十年，到此灭亡。

五　福华篇时代

孟珙把完颜守绪一部分烧焦了的骨骸，带回宋帝国首都临安（浙江杭州）呈献，赵贵诚命祭皇家祖庙。百余年的血海深仇，终于报复，宋帝国再一次地又站在胜利的一边，全国狂欢。官员们对被俘虏的金帝国副宰相（参知政事）张天纲，争着侮辱——这正是最安全的表演忠贞的机会。临安市长（知临安府）薛琼，尤其激昂，他问张天纲："你有什么脸面到此？"张天纲说："敝国之亡，比你们贵国的两位皇帝如何？"薛琼除了老羞成怒外，别无他法。

虽然有人警告宋政府，现在的情势，跟上世纪（十二）辽帝国崩溃后的情势，完全相同；一个也是新兴的，但却是更强大的外族巨怪，蓦然间成为紧邻，绝不可有丝毫疏忽大意。但当权的官员认为这是一种扫兴的反调，跟上世纪（十二）当权的官员认为马植的警告是一种扫兴的反调一样，根本听不进去。所以，没有多久，宰相郑清之和大将赵范，就决定乘蒙古帝国不备的千载良机，收复三京：东京开封，西京洛阳，南京应天（河南商丘）。也就是收复整个黄河以南地区。

——宋帝国帮助蒙古消灭金帝国，在感情上有合理的解释。但竟然再蹈历史覆辙，迅速地即对蒙古叛盟，这是第二次像盲目的蠢猪一样，咻咻然把头伸到巨怪的血盆大口中，寻找食物，便找不出合理的解释了。因此，我们只好认为，历史至少对某些人不发生教训作用。

蔡州（河南汝南）于三十年代1234年正月陷落，蒙古兵团撤回关中（陕西中部）。六月，宋帝国北伐兵团，即三道出击。一切顺利，大将赵葵、全子才，在没有遇到抵抗下，收复开封和归德（即应天，金帝国改名归德）。七月，另一位大将徐敏子，也在没有遇到抵抗下，收复洛阳。然而，到了八月，宋帝国还没有来得及举国庆祝，蒙古兵团已发动反攻。结果是可以推测的，除了三京再度陷落外，宋军并丧失（包括被杀或饿死）战士十余万人。

在此之前，蒙古并没有跟宋帝国为敌的意思，江南纵横的河渠和稻田，对他们既神奇又陌生。现在被宋帝国的无端攻击所激怒，也被宋军的腐朽无能所诱惑。于是顺便地把宋帝国也列入它的狩猎名单。不过，幸运的是，宋帝国在名单上居最末位，蒙古正准备对西方世界发动征伐，对宋帝国只采取当初对金帝国的办法，留下少数兵力，沿着边境，做无休止的攻击，促使宋帝国疲惫。

宋帝国叛盟后的第二年（1235），蒙古兵团在铁木真的孙儿拔都率领下，做第二次西征，历时八年，于1242年，因大汗窝阔台逝世而结束。共计征服东部欧洲，包括不里阿耳（俄罗斯伏尔加河中游萨马拉市）、斡罗思（俄罗斯）、波兰、匈牙利。蒙古大汗把这块广大的土地分封给拔都。拔都在伏尔加河下游，建萨来城（俄罗斯阿斯特拉罕），作为封国首都，称钦察汗国。

——因为日耳曼诸王国、波兰王国和匈牙利王国的联合兵团被击败，欧洲震恐。对这个亚洲黄种人的侵略者，称为"黄祸"。这跟六百年后十九世纪亚洲人称向东侵略的欧洲白种人为"白祸"，成一个对比。

蒙古第二次西征结束后十年（1252），在铁木真另一位孙儿旭烈兀率领下，由帝国首都和林（蒙古哈尔和林）出发，做第三次西征。历时八年，于1259年，因大汗蒙哥逝世而结束（两次西征，都如此结束，我们不能想象，如果这两位大汗的寿命延长几年，世界又成什么局面）。这次征服了波斯（伊朗）和黑衣大食（伊拉克），军队曾一度占领今叙利亚和土耳其东部。蒙古大汗把这块广大的土地分封给旭烈兀。他在里海南岸，建帖必力思城（伊朗西北大不里士），作为封国首都，称伊尔汗国。

在两次西征中间，第二任大汗窝阔台的孙儿海都，因为不满意他的堂兄蒙哥继任第六任大汗，就在祖父原来的封地上，建也迷里城（新疆额敏），称窝阔台汗国，跟大汗对抗。蒙古帝国所属举世闻名的四大汗国，先后完成。

蒙古帝国在西方世界的大征伐，宋帝国一点都不知道，只知道边境所受的压力，越来越重。当第三次西征进入第二年（1253）时，蒙古在东方也给了宋帝国凶猛的一击，蒙古兵团深入万山丛立的云南地区（云南），攻陷大理帝国的首都大理城（云南大理）。明年（1254），大理皇帝段兴智被擒。这个在八世纪建立起来的古老国度——南诏王国，经过十一个王朝，历五百一十六年，到此灭亡。蒙古远征兵团继续进攻安南王国（越南北部），1258年，国王陈日照投降。于是蒙古帝国遂对宋帝国西部做三路并进的夹攻：西路由大汗蒙哥率领，南下进攻合州（四川合川）。北路由皇弟忽必烈（元世祖）率领，南下进攻鄂州（湖北武汉）。南路由大将兀良哈台率领征服安南王国的远征军，北上进攻潭州（湖南长沙）。

明年（1259），即第三次西征结束的那一年，南路兀良哈台势如破竹，抵达潭州城下攻城。北路忽必烈也渡过长江，抵达鄂州城下攻城。宋政府擢升西部军区司令官（京西湖南北四川宣抚使）贾似道当宰相，命他救援鄂州。贾似道那时驻防在航空距离六十公里的黄州（湖北黄州），面对着强大的敌人，手足失措。最后无可奈何，他派遣密使向忽必烈乞求和解，愿意承诺下列条件：

一、宋帝国向蒙古国称臣，降为藩属。
二、以长江为两国疆界，宋帝国全部割让江北土地。
三、宋帝国每年向蒙古帝国进贡银币二十万两，绸缎二十万匹。

和解的建议提出得恰是时候，因为蒙古大汗蒙哥在合州城下逝世，传来消息说，亲族会议可能推举忽必烈的弟弟阿里不哥继任大汗。这使忽必烈心如火焚，所以他迫不及待地接受贾似道的条件，命兀良哈台兵团放弃潭州，一齐北返。

贾似道立即叛盟，下令截杀蒙古殿后的散兵游卒，用他们的人头，作为辉煌战果的证据，向首都临安（浙江杭州）报告大捷。宋帝国举国兴奋，皇帝赵贵诚（宋理宗）以贾似道有再造帝国的盖世功勋，当贾似道凯旋返都之时，赵贵诚命全体文武官员都到郊外，盛大欢迎。名作家廖莹中，还撰写《福华篇》巨著，歌颂贾似道对国家民族的伟大贡献。

就在全国庆祝胜利时，蒙古帝国的使节郝经，前来宋帝国报聘，并谈判履行和约的细则。贾似道的反应很快，他把郝经逮捕，秘密囚禁在真州（江苏仪征）军营。全国没有人知道贾似道乞和这回事，更没有人知道蒙古使节这回事。

蒙古帝国一度陷于混乱，忽必烈率军北返，走到开平（内蒙正蓝旗），宣布继任大汗。皇族会议在和林（蒙古哈尔和林）则选举阿里不哥继任大汗。忽必烈的举动显然不合法，但他手下的强大兵力使他合法。阿里不哥战败。1264年，忽必烈把首都从和林迁到燕京（北京），不久改名大都——当时世界上最壮观的都市。

六 宋帝国末路

蒙古帝国对宋帝国的攻击，于六十年代1269年进入新的阶段，放弃游击战，改为攻坚，遂进围襄阳（湖北襄樊）。

宋皇帝赵贵诚逝世后，侄儿赵孟启（宋度宗）继位，把贾似道当作国家民族的唯一救星。不仅皇帝如此，道学家也如此——贾似道鉴于韩侂胄跟道学家为敌的恶劣后果，所以对道学家采取怀柔政策，道学家也报之以阿谀的推崇，认为国家非贾似道领导不可。贾似道遂把有才干的将领，一一排除，确实掌握全国军权。又建立秘密警察网，隔绝皇帝的耳目，镇压人民的不满和反抗。他对襄阳被围的消息，一开始就严加封锁。一年之后，赵孟启才恍恍惚惚问贾似道："仿佛听说襄阳被围很久。"贾似道回答说："蒙古兵早就被我们击退了，怎么会有这种谣言？"赵孟启说："一个宫女这么讲。"贾似道不久就查出宫女姓名，用别的罪状把她逮捕，死于监狱。从此再没有人敢忧虑国事，而只敢赞扬贾似道英明。

贾似道并不是不赴援襄阳，事实上他不断派出援军，只不过他派出去的援军像羊群一样，一批批被蒙古吞食。最后他打出王牌，命他最亲信的大将范文虎前往。问题是范文虎只肯用谄媚效忠，而无意用生命效忠，他在包围圈外扎营，偶尔截击一下蒙古的巡逻部队，大部分时间都在跟美女欢宴享乐。襄阳在如此情况下被围五年，粮尽援绝。到了七十年代1273年，蒙古兵团运来回回巨炮，一炮就把城楼轰碎，声如百万霹雳俱发。这是战争史从没有见过的可怕怪物，跟七百年后二十世纪原子弹的一击一样。守将吕文焕望着首都临安（浙江杭州）痛哭，开城出降。

襄阳陷落的明年（1274），蒙古大汗忽必烈下令对宋帝国全面进攻，宣布宋帝国叛盟和扣留使节郝经的罪状。蒙古兵团在大将伯颜率领下，攻陷鄂州（湖北武汉），顺长江东下。就在此时，宋皇帝赵孟启逝世，他的四岁儿子赵显（恭帝）继位，由孩子的祖母谢太后主持政府。孤儿寡妇，面临着国亡家破的恐慌，唯一的倚靠是贾似道。全体官员和国立大学学生（太学生），一致要求贾似道亲征。大家认为，只有贾似道亲征，才能旋乾转坤。

贾似道只好亲征，进抵芜湖（安徽芜湖），横江布防。任命范文虎当海陆联军总司令（诸军总统），据守安庆（安徽安庆）。明年（1275），蒙古兵团迫近安庆，范文虎魂不附体，全军投降。贾似道如雷轰顶，他知道事态的严重，于是再用曾经使他转危为安的和解法宝，派遣密使晋见伯颜，愿接受任何条件。伯颜根本不相信贾似道，拒绝密使的要求，大军继续挺进。在芜湖（安徽芜湖）江面，把宋军最后一道防线击溃。贾似道逃到扬州（江苏扬州），急下令把囚禁已达十六年之久的郝经释放，企图缓和蒙古的愤怒，但为时已经太晚了。

——谢太后把贾似道免职，但没有杀他，只贬谪到循州（广东龙川）。走到漳州（福建漳州）时，住宿在木绵庵，押解他的差官郑虎臣，把他拖到厕所，击碎肋骨而死。

谢太后直接派人向伯颜乞和，愿降为属国。伯颜这一次接受了，蒙古最初的目的并不一定要消灭宋帝国，只不过要求宋帝国像安南王国和高丽王国一样，做一个臣服的外藩。可是，当蒙古使节廉希贤一行前往临安（浙江杭州）谈判，走到独松关（浙江安吉南）时，却被一位爱国心强烈的守将杀掉。这已经使事态恶化，谢太后在惊恐中，急再第二次派特使，到已经陷落了的建康（江苏南京），向伯颜解释误会，保证严惩那个守将。伯颜于是第二次派出使节张羽，走到平江（江苏苏州），又被另一位爱国心强烈的守将杀掉。伯颜怒不可遏，他发现他面对的是一个不可理喻而又狡狯凶恶的野蛮部落，任何力量都不能阻止他的军队前进。

——狂热一旦到了靠着流别人的血来表达自己忠贞的地步，这种狂热便成为两头尖的剑，固然伤害别人，也同样伤害自己。强烈的爱国心是可敬的，但只用别人的生命表达它，这个爱国心就不纯洁，有邪恶的成分在内。

蒙古兵团在毫无抵抗的情形下，进抵临安（浙江杭州）。宋政府已经瓦解，包括宰相在内的当权官员，以及日夜都在思念忠君爱国的道学家士大夫群，大都逃走，谢太后和不懂事的孩子皇帝赵显，只有投降。

然而，九岁的亲王赵昰（赵显的哥哥），随着他的母亲杨太后逃到福州（福建福州），即在福州继位，号召全国继续抗战。但大势已去，蒙古军队不停追击，地方官员不断叛变，母子们在一批仍然效忠的大臣陆秀夫、将领张世杰的保护下，辗转向南逃亡，由福州，而泉州（福建泉州），而潮州（广东潮州），而秀山（广东东莞虎门镇）。最后到了井澳（广东中山南方一百公里海上横琴山小岛），遇到飓风，龙舟翻覆，赵昰跌到大海里，受到惊吓。于再逃到矿洲（广东湛江东南）时逝世。大臣们再拥立他的弟弟，八岁的赵昺，进驻崖山。

崖山，位于广东新会南约四十公里，是一个荒凉的海滩，面对着波浪滔天的南中国海。这时残余的军民和眷属，还有二十余万人，杨太后每天抱着幼儿，在用绳索相连的巨舟上主持政府。这样支持了一年，明年（1279），蒙古大将张弘范发动海陆攻击，宋军崩溃。陆秀夫把赵昺负在背上说："我们君臣，不应受到外国人的侮辱。"投海而死。张世杰率领残舰突围，遇到杨太后，杨太后得知赵昺已死，她说："赵家两块骨肉，都已死尽，我还指望什么？"也投海而死。张世杰前往广州（广东广州），准备继续奋斗。可是，他又遇到飓风，堕入大海。

宋帝国，这个士大夫的乐园，建立三百二十年，到此灭亡。

——宋帝国最后一位殉国的大臣是宰相文天祥，他于1278年在海丰（广东海丰）兵败被掳，送到蒙古帝国首都大都（北京）囚禁，始终拒绝投降。四年后（1282），宋帝国已亡了三年，他拒绝投降如故，忽必烈才下令把他杀掉。文天祥从容不迫接受死刑的态度，受到中国人长久的敬仰。

七　元政府的建立

宋帝国灭亡，使尘埃落定。

蒙古帝国横跨欧亚大陆，面积约三千万方公里的版图，扩张完成。这是一个空前庞大的帝国，在当时以马匹为主要交通工具的时代，几乎无法做有效的统治。蒙古人采取地方分权制度，把疆域划分为下表所列的六个子国，平等地并列于最高元首——大汗之下。

最高元首	子国	子国元首	都城	辖区	兴亡年份
大汗	元帝国	皇帝	大都（北京）	中国本部	1271—1381
	吐蕃宗教国	法王	逻些城（西藏拉萨）	西藏、青海	
	察合台汗国	汗	阿力麻里（新疆霍城）	新疆西部、中亚南部	1224—1369
	窝阔台汗国	汗	也迷里（新疆额敏）	新疆北部、哈萨克斯坦东部	1225—1309
	钦察汗国	汗	萨来（俄罗斯伏尔加河下游阿斯特拉罕）	东欧平原	1242—1480
	伊尔汗国	汗	帖必力思（伊朗大不里士）	伊朗、伊拉克、高加索地区	1256—1386

四个汗国跟中国无关，我们不再叙述。

吐蕃宗教国，是我们姑且加给它的名称。它本是一个王国，并以强大的武力于第七第八两世纪，使唐帝国焦头烂额。九世纪之后，不知道什么缘故，它的政府瓦解，分散为无数部落。但唐帝国文成公主和金城公主努力推广的佛教，已深入人心。经过一番传说不一的演变，吐蕃人民的信仰归向于佛教中的一个神秘支派——密宗，也称喇嘛教。又因僧侣都穿红色袈裟，所以也称红教。有名望而又有统御力的一位高僧，被尊为法王。喇嘛教就像罗马帝国崩溃后的天主教一样，法王就是教皇。蒙古大汗在征服了吐蕃之后，即接受了喇嘛教，并册封法王巴思八当蒙古帝国的国师。国师除了为国祈福外，仍兼任吐蕃地区政教合一的元首。巴思八是一位聪明睿智的高僧，他曾为蒙古制定文字。

本世纪（十三）七十年代1271年，蒙古帝国大汗忽必烈，把原来属于西夏帝国、金帝国、宋帝国、大理帝国，四国的土地和蒙古本土，合并组成一个元帝国——在中国历史中，我们称之为元王朝，由大汗兼任皇帝（蒙古人了解汉人习惯皇帝，不习惯可汗）。中央政府完全仿效金帝国的组织，所以也属于中国古老的传统。只有一点不同，即传统上占重要位置的尚书省和门下省，从金帝国时就不再设立，元政府亦然。不过元政府要同时充当蒙古帝国政府，所以组织复杂繁琐，十分庞大。各官署的首长，有时竟达十数人之多。但它的中枢机构，只有三个，我们用下列表格说明：

元帝国元首	中枢机构	实际首长	官阶	职掌
皇帝（大汗兼）	中书省	右左丞相	正一品	行政
	枢密院	知院	从一品	军事
	御史台	御史大夫	从一品	监察

元帝国只是蒙古帝国大汗的直辖殖民地，在这个直辖殖民地上，划分为十一个行政地区，它们的名称列于下表。所在的位置和辖区，跟二十世纪现代的行政地区相近。

"行中书省"本是官署名称，即中书省的支部或分部，也就是现代的省政府。每一个行中书省，都有一定的管辖区域。但久而久之，行省的意义，除了偶尔指官署外，大多数都指所辖的地区。

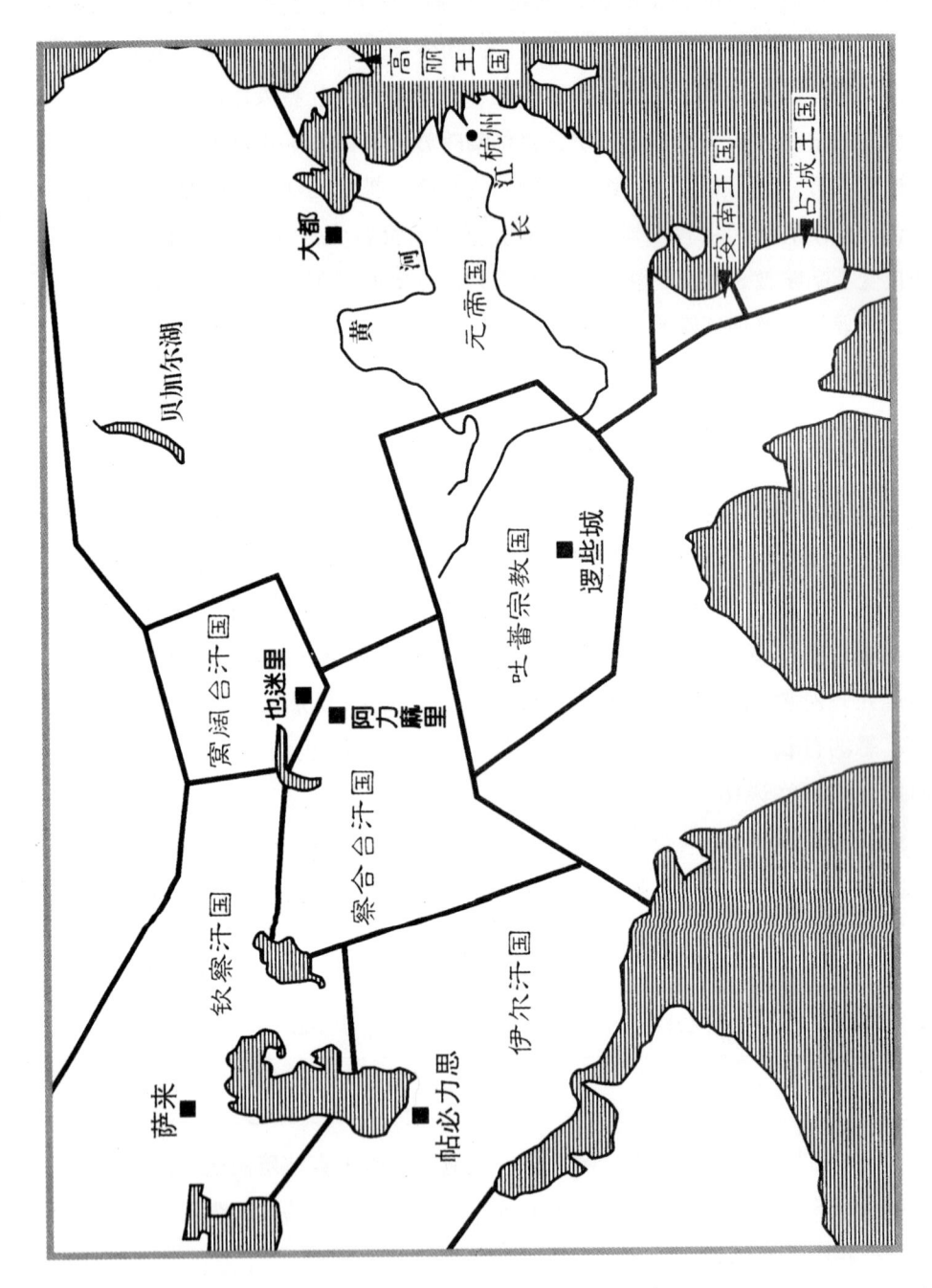

图四〇　十三世纪·蒙古帝国

行政区域名称	简称	再简称	首府（省都）
腹里中书省	中书省	腹里	大都（北京）
辽阳等处行中书省	辽阳行省	辽阳省	辽阳（辽宁辽阳）
河南江北等处行中书省	河南行省	河南省	汴梁（河南开封）
陕西等处行中书省	陕西行省	陕西省	奉元（陕西西安）
四川等处行中书省	四川行省	四川省	成都（四川成都）
江浙等处行中书省	江浙行省	江浙省	杭州（浙江杭州）
江西等处行中书省	江西行省	江西省	龙兴（江西南昌）
云南诸路行中书省	云南行省	云南省	中庆（云南昆明）
湖广等处行中书省	湖广行省	湖广省	武昌（湖北武汉）
甘肃等处行中书省	甘肃行省	甘肃省	甘州（甘肃张掖）
岭北等处行中书省	岭北行省	岭北省	和林（蒙古哈尔和林）

——下世纪（十四）明王朝时，作为官署的"省"（省政府）取消，改称"布政司"，但作为地区的"省"仍在，一直沿用到二十世纪的今日。

大分裂时代和辽、金帝国时代，华夏人也曾被异民族统治过，但整个华夏民族全部沦落到异民族之下，现在却是第一次。元政府把帝国人民，分为四等：第一等当然是蒙古人，他们是天之骄子，充任各级政府的首长。第二等是中亚人（色目人），因为他们大多数信奉伊斯兰教的缘故，所以也称回回；当亡国奴较早（像花刺子模王国），也较能得到主子信任。第三等人是"汉人"，即金帝国所属（淮河以北）的中国人。第四等人是"南人"，即宋帝国所属（淮河以南）的中国人。在中国的国土上，华夏人却最低贱。

元政府更依职业的性质，把帝国人民，分为十级：一、官（政府官员）。二、吏（吏佐，不能擢升为官员的政府雇员）。三、僧（佛教僧侣）。四、道（道教道士）。五、医（医生）。六、工（高级技术人员）。七、匠（低级技术人员）。八、娼（娼妓）。九、儒（儒家·道学家）。十、丐（乞丐）。一向在中国传统社会最受尊敬的儒家道学家知识分子士大夫，在蒙古人看来，是彻头彻尾的寄生虫，比儒家所最卑视的娼妓都不如，仅只稍稍胜过乞丐。因为在蒙古故土的沙漠地区，每一个人，包括妇女儿童，都要从事劳动，在他们知识领域内，实在想不通世界上还有专门读书和专门做官的这种行业。

八　蒙古最后五次征伐

侵略扩张是没有终点的，永远不会自动停止。

蒙古帝国并不因已获有广大领土而满足，灭掉宋帝国后，大汗忽必烈又列出一张狩猎名单，名单上是一些还没有完全降服的邻邦。于是，就在本世纪（十三）最后二十年中，他共发动了五次征伐：一、征日本。二、征缅甸。三、征占城。四、征安南。五、征爪哇。不过忽必烈并没有动员蒙古帝国全部力量，而仅由子国之一的元帝国担任主角。

蒙古帝国于五十年代1259年完全征服高丽王国后，听说在更东方的大海上，还有一个日本帝国，便于1266年，派遣使节前往招降。日本当时是龟山天皇在位，根本不知道世界上有蒙古帝国这回事。对这种来历不明的使节，自然不予理会。这种冷淡态度，引起两次无妄的灾难：

第一次，七十年代1274年，元兵团一万五千人，在蒙古大将忻都、高丽大将洪茶丘率领下，乘战舰九百艘，从朝鲜半岛合浦港出发，攻陷对马岛，在日本肥前沿海登陆。日本集结十二万人抵抗，死伤惨重，但坚守不退。后来元兵团的箭用尽，无法补充，只好撤回。

七年后的八十年代1281年，即宋帝国亡后第二年，大汗忽必烈在高丽王国首都开京（朝鲜开城）设征东司令部（征东行省），由蒙古大将阿剌罕担任总司令（行省右丞相），华人大将范文虎担任副总司令（行省右丞）。分南北两路，在对马岛上会师。会师之后，阿剌罕逝世。大汗忽必烈命副宰相（中书省右丞）阿塔海前往接替。可是范文虎企图由他来完成这件英雄事业，没有等阿塔海到达，即行进军，在日本平壸岛（长崎北）登陆。计战士十万人，战舰四千四百艘，漫天遍海，旌旗蔽日。日本第一次面对着这么强大的敌人，全国震怖，自知不能抵抗，唯有奔走呼号，祈祷上苍拯救。这时候是阴历七月，正逢西南太平洋上台风季节（内陆人民不可能了解台风所带来的可怕破坏力，即令二十世纪，二十万吨以上的船舰，得到台风消息，都要躲避）。当日本慌张失措，朝不保夕之际，台风适时而至。八月一日，突然间海上风浪大作，暴雨倾盆，四千四百艘战舰在怒风骇浪中，四处漂散，像鸭蛋壳一样，互相被撞击粉碎，或被波涛吞噬，几乎全部沉没。战士尸体，漂满海面。军储粮秣以及弓箭武器，都在舰上，也全部丧失。这次台风历时四天，八月五日，好不容易风雨停住，范文虎发现他已无法收拾这个残局，就把已经登陆驻扎在五龙山下的约十万人的部属，全部遗弃。自己和一批高级将领，乘上残余的几艘战舰，悄悄逃走。十余万人的登陆五龙山部队，当发觉被他们的统帅遗弃时，好像被遗弃的孤儿，相对大哭。但他们立即组织起来，推举一位张百户（营长阶级）当司令官，伐木作舟，准备逃回。但时间已不许可，八月七日，日本反攻，登陆五龙山部队奋战两昼夜，箭已射尽，粮也食尽，结果是六七万人被杀，未死的二三万人，于八月九日被日军驱到八角岛，凡蒙古人、高丽人、中国北方人（汉人），全部处斩。只留下中国南方人（南人），日本称为"唐人"的，免死，充作奴隶。登陆五龙山十余万部队，只有三个幸运儿逃掉，分别偷乘破烂的渔舟，漂回中国。然而，最悲惨的是，这件全军覆没的悲剧，竟没有引起责任问题。范文虎向忽必烈报告说："我们到了日本，正准备攻击太宰府时，不料暴风把船摧毁。我们仍然照原计划行事，可是某将领某将领（这些人都被遗弃在五龙山下，死无对证），不听指挥，率军先退，大军只好跟随。全体战士于回到合浦港后解散，已各回本乡。"忽必烈相信他的话，逃回的三个人虽拆穿了他的谎言，死难者的家属虽向政府申诉，但这声音是太微弱了，忽必烈根本听不到，蒙古帝国高阶层已开始腐烂。

——这一阵台风拯救了日本，日本感谢它，称它为"神风"。二十世纪第二次世界大战末期，日本组织自杀飞机，即称"神风特攻队"，希望神风第二次降临。结果虽然失望，但可看出这次台风在历史上的重要地位。检查蒙古帝国东征失败的原因，我们认为可归纳为三项：一、将领们统大军渡海作战，却没有一个人对海洋气候了解。二、任用人类渣滓范文虎当统帅。三、在出发时，忽必烈拒绝配备马匹和回回炮，否则登陆五龙山部队可能在巨炮掩护下，支持到撤退使用的新舰造成。

东征失败后第二年（1283），蒙古帝国的使节被缅甸王国驱逐，遂向缅甸攻击，继续作战六年，到1289年，缅甸始告屈服，降为臣属。而在进攻缅甸王国的前一年（1282），占城王国（越南南部地区）囚禁蒙古帝国的使节，元兵团在蒙古大将唆都率领下，乘战舰一千艘，由广州出发攻击。占城王国坚壁清野，退入丛林山谷。元兵团攻陷它的首都，但归路和粮道却被切断，狼狈撤退，几乎全被歼灭。

明年（1284），蒙古帝国向安南王国（越南北部地区）借路，计划纵穿安南，从陆道进攻占城。安南王国拒绝，它不敢冒这个险。忽必烈命他的儿子脱欢亲王当总司令，攻击安南王国。安南是热带地方，森林连亘，密不见天日，又有地区性的瘴气恶雾，以及北方战士从没有见过的毒蛇猛兽和致命的蚊虫蚂蟥。元兵团首先发生瘟疫，又加上安南军不断伏击，以致死伤狼藉，大败而还。

三年后（1287），脱欢亲王对安南王国做第二次攻击，这一次攻陷安南首都螺城（越南河内）。但安南军切断元兵团的粮道，节节反攻。元兵团只好放弃螺城，且战且退，沿途毒蛇毒箭，雨一般落下，战士将领，死亡殆尽，脱欢亲王只剩下一条性命逃归。不过安南国王陈日烜是一个有远见的政治家，他知道绝不能长期触怒这个庞大的邻邦，仍然派遣使节到大都（北京），献出用黄金铸成的自己的跪像，代替自己谢罪。占城王国也明智地请求和解，它也不愿作为北方巨怪的长期敌人。

蒙古帝国最后一次扩张，是远征爪哇王国（印度尼西亚爪哇岛）。爪哇王国不过一个小岛，比日本还要小而且还要远。但蒙古使节也到了那里招降，爪哇国王在他脸上刺字后赶走，以表示对蒙古的轻蔑。九十年代1292年，元兵团两万人，战舰五百艘，在蒙古大将亦黑迷失、汉人大将史弼率领下，从泉州（福建泉州）出发，越洋攻击，次年登陆爪哇岛。恰巧遇上爪哇国王被他的邻邦葛郎国王所杀。爪哇国王的女婿土罕必阇耶，是一个有谋略的领袖人物，他投降元兵团，引导大军击灭葛郎王国。然后，他再对元兵团发动奇袭，元兵团大败，勉强撤回泉州，此役共三千余人葬身在那个荒岛。

征爪哇失败之后，蒙古帝国那种像着了魔似的扩张狂，终于停止。热带土地是他们所不了解的，变化莫测的海洋他们也无法克服。从头十年1206年铁木真建立帝国，就一天都不停地对外侵略，到九十年代1293年爪哇兵败，为时八十八年。蒙古人的扩张力量竟持续如此之久，使人叹为观止，没有一个国家和民族能够如此。

九 中国的都市

蒙古帝国对外不断战争，并没有严重地影响社会经济自然成长。又因整个欧亚地区处于大汗一人统治之下，交通和贸易，都有重大的发展。都市蓬勃，更超过八世纪唐王朝时代。海运空前的兴盛，杭州、广州、泉州、温州（浙江温州）、庆元（浙江宁波），都设有贸易船舶管理处（市舶司），管理中外船舶货运和产品销售。各子国之间的贸易，则依靠车马。自东方的山东半岛，到西方的乌克兰平原，都有广阔和四通八达的公路驿站，以及旅馆。又有公路巡逻队（巡防弓手），以保护商旅安全。在这种情形下，都市的繁荣，每日都在增加。我们可藉本世纪（十三）在欧洲出版的一本书，对本世纪（十三）的中国都市，做一鸟瞰。

这本书的作者是欧洲威尼斯王国的商人马可·波罗，他于本世纪（十三）七十年代1275年，随他父亲来到中国，十七年后的九十年代1292年，离中国西返，而于1295年回到故乡。回乡后第三年（1298），威尼斯王国跟热那亚王国开战（这两个王国的首都，现在同是意大利共和国的城市），马可·波罗担任一艘战舰的舰长，战败被俘，囚禁在热那亚监狱。就在监狱中，他口述他在中国的见闻给他的同牢朋友，由朋友把它写下来，即我们将行引用，闻名世界的《马可·波罗游记》。

马可·波罗如果不是这本书，他已与草木同朽。这本游记跟柳永的"三秋桂子，十里荷花"的词句一样，以后"白祸"的兴起，欧洲探险家相信向西方一直航行，一定可以到达遍地黄金的大汗的国土，受这本书的诱惑很大。我们摘录一段他对杭州的描写，以了解当时中国商业都市的规模。杭州是宋帝国政府南迁后的首都，两个世纪以来，一直保持一百万以上的人口（即令在二十世纪初叶，这也是一个惊人的庞大数目）。马可·波罗的生动报道，使我们回到十三世纪，置身于那些熙熙攘攘的人群之中。

杭州的街道和运河，都相当广阔，船舶和马车载着生活日用品，不停地来往街道上和运河上。估计杭州所有的桥，有一万两千座之多。连接运河两岸主要街道所架的桥，都有高级的建筑技术，使桥身高拱，以便竖有很高桅杆的船只可以从下面顺利通过。高拱的桥身并不妨碍马车通行，因为桥面在很远的地方，就开始垫高。它的坡度逐渐上升，一直升到拱桥的顶点。

杭州城内有十个巨大的广场和市场，街道两旁的商店，不计其数。每一个广场的长度都在一公里左右，广场对面则是主要街道，宽四十步，从城的这一端直通到城的那一端。运河跟一条主要街道平行，河岸上有庞大的用巨石建筑的货栈，存放着从印度或其他地方来的商人们所带的货物。这些外国商人，可以很方便地到就近的市场上交易。一星期中有三天是交易日子，每一个市场在这三天交易的日子里，总有四万人到五万人参加。

杭州街道全铺着石板或方砖，主要道路的两侧，各有十步宽的距离，用石板或方砖铺成，但中间却铺着小鹅卵石。阴沟纵横，使雨水得以流入运河。街道上始终非常清洁干燥，在这些小鹅卵石的道路上，车如流水马如龙一样的不停奔驰。马车是长方形的，上面有篷盖，更有丝织的窗帘和丝织的坐垫，可以容纳六个人。

从二十六公里外的内海所捕获的鱼虾，每天被送到杭州。当你看到那庞大的鱼虾数量，你会想到怎么能卖完。可是，不到几小时光景，就被抢购一空，因为杭州的居民实在太多。

通往市场的街道都很繁华，有些市场还设有相当多的冷水浴室，有男女侍者分别担任招待。杭州人不管是男是女，终年都用冷水沐浴。他们从小就养成了这个习惯，认为冷水对身体有益。当然，也有热水浴室，不过专供外国人使用，因为外国人不能忍受那冰一样的冷水。杭州市民每天都要沐浴，沐浴的时间，大都在晚饭之前。

另外还有艺妓区，艺妓之多，使我吃惊。她们衣服华丽，粉香扑鼻。艺妓馆设备豪华，并有许多女仆伺候她们。另外一个区域，则住着医生和卜卦算命的星相家。

杭州主要街道的两旁，矗立着高楼大厦。男人跟女人一样，皮肤很细，外貌很潇洒。不过女人尤其漂亮，眉目清秀，弱不胜衣。她们的服装都很讲究，除了衣服是绸缎做的外，还佩戴着珠宝，这些珠宝价值连城。

我们要注意两点：一是欧洲人一直到本世纪（十三），还不知道沐浴（至少也不普遍），所以马可·波罗对中国人天天沐浴，特别强调。二是绸缎，这是欧洲人非常羡慕的贵重奢侈品，而中国人竟很多人使用，所以使马可·波罗惊奇不止。

一○　元　曲

蒙古帝国对中国传统知识分子的摒弃，固然使知识分子难堪，却也有一个很大的收获，即知识分子可以不必再继续板着道学面孔。儒家学派一旦失去政权的支持，对知识分子也就立即失去控制力量。知识分子再没有柳永"奉旨填词"的顾虑和史达祖脸上刺字的危险。因之在性灵上获得解放，呈现元曲时代。

元曲是戏剧文学部分，也是"词"的一种蜕变进步。中国戏剧一直是民间的艺术，知识分子被蒙古驱出统治阶层之后，才向这方面发展，开始写作片段的唱词或整出的剧本，总称为"曲"，因为它在蒙古帝国子国之一的元帝国时期的成就最为辉煌灿烂，所以称为"元曲"。

曲分为两种：一种称"散曲"，即没有对白的纯唱词，也就是现代所谓的流行歌曲。一种称"传奇"，即有对白的唱词，能够大规模在舞台上演出。

词是诗余，曲是词余，但曲所具有的字句的活泼，意境的超越，想象力的丰富，从前任何作品都很难望其项背。知识分子思想得到正常发展后，创造力极为兴旺。他们嘲弄帝王将相，调侃圣贤，歌颂爱情。很少有圣人系统的意识形态，大多数被真实感情充满。这是公元前二世纪政治力量独尊儒家以来，从没有发生过的现象。

元曲中最著名的作家和作品，有王实甫《西厢记》，写张君瑞和崔莺莺自由恋爱的故事。关汉卿《窦娥冤》，写少妇窦娥死于冤狱的故事。马致远《汉宫秋》，写西汉王朝皇帝刘奭跟宫女王昭君的故事。白朴《梧桐雨》，写唐王朝皇帝李隆基跟贵妃杨玉环的故事。施惠《拜月亭》，写一对夫妇在战乱中逃散而又团聚的故事。高明《琵琶记》，写一个人弃妻再娶，前妻千里寻夫的故事。

我们无法介绍上述的作品，它们属于传奇之类，每一部作品都是数百页巨著。现在介绍一首散曲，作为元曲的代表，使我们有一个具体的印象（方括号中是曲牌名，舞台上演出时演奏的音乐谱调。圆括号中是简单的注释）。

这首散曲，是马致远的《借马》：

〔耍孩儿〕近来时买得匹蒲梢骑（蒲梢，十三世纪时方言，谓马），气命儿般看承爱惜。逐宵上草料数十番，喂饲得䐗息胖肥（息，马的胸肋肌肉）。但有些秽污却早忙刷洗，微有些辛勤便下骑。有那等无知辈，出言要借，对面难推。

〔七煞〕懒设设牵下槽，意迟迟背后随，气忿忿懒把鞍来鞴。我沉吟了半晌语不语（晌，片时之意），不晓事颓人知不知？他又不是不精细，道不得他人弓莫挽，他人马休骑。

〔六煞〕不骑呵西棚下凉处拴，骑时节拣地皮平处骑，将青青嫩草频频的喂。歇时节肚带松松放，怕坐的困尻包儿款款移。勤觑着鞍和辔，牢踏着宝镫，前口儿（马口中衔勒）休提。

〔五煞〕饥时节喂些草，渴时节饮些水，着皮肤休使粗毡屈（不要压得太重以致鞍上毡毛为之弯曲），三山骨（马尾骨）休使鞭来打，砖瓦上休教隐着蹄（不要在碎瓦碎砖上久站，以免伤足）。有口话你明明的记：饱时休走，饮了休驰。

〔四煞〕抛粪（大便）时教干处抛，绰尿时教净处（清洁）尿，拴时节拣个牢固桩橛上系。路途上休要踏砖块，过水处不教践起泥。这马知人义，似云长赤兔，如益德乌骓（云长，三国时代名将关羽字，战马名赤兔。益德，三国时代名将张飞字，战马名乌骓。二马皆历史上的名马，用以描写马主心理状态）。

〔三煞〕有汗时休去檐下拴（以免风吹生病），渲时休教浸着颓（颓，雄马的生殖器），软煮料草铡底细。上坡时款把身来耸，下坡时休教走得疾。休道人忒寒碎，休教鞭飐着马眼，休教鞭擦损毛衣。

〔二煞〕不借时恶了弟兄，不借时反了面皮。马儿行嘱付叮咛记，鞍心马户将伊打，刷子去刀莫作疑。则叹的一声长吁气，哀哀怨怨，切切悲悲。

〔一煞〕早晨间借与他，日平西盼望你。倚门专等来家内。柔肠寸寸因他断，侧耳频频听你嘶。道一声好去，早两泪双垂。

〔尾〕没道理没道理，忒下的（心狠手辣之意）忒下的，恰才说来的话君专记。一口气不违，借与了你。

马主人又怨又恨，又不得不借，致愁肠百结，淋漓无遗。我们用现代人不得不把心爱的自用新汽车，借给妻子的莽撞弟弟时的心理反应去推测，会钦佩作者的观察入微。然而主要的还是他所显示的幽默情调，在唠唠叨叨，一阵又一阵之后，还拍胸脯说："一口气不违，借与了你！"而幽默，正是酱缸中最缺少的东西。

东西方世界

——头十年·1202 年（宋帝国道学解禁），第四次十字军兴起，教皇英诺森三世号召基督教徒收复耶路撒冷，十字军集中威尼斯王国，乘船待发。

——头十年·1203 年（韩侂胄北伐前三年），威尼斯王国跟占领耶路撒冷的伊斯兰教徒，贸易正密，不愿发生战争，反而阴谋出击商业上竞争者东罗马帝国。恰巧东罗马废帝伊萨克二世的儿子允许把帝国交给教皇统治，又用二十万银币犒赏十字军，于是十字军东征目标，戏剧化的作一百八十度改变，放弃攻击伊斯兰教徒，反而攻击东罗马帝国的基督教徒。首都君士坦丁堡陷落，阿历克西乌斯三世出奔，伊萨克二世复位。

——头十年·1204 年（韩侂胄北伐前二年），第四次十字军结束，历时三年。十字军退出君士坦丁堡后，革命再起，群众攻杀伊萨克二世。于是十字军再陷君士坦丁堡，屠城，立十字军将领之一鲍德温伯爵当皇帝。鲍德温只会说拉丁语，世遂称拉丁帝国。

——一十年代·1215年（金帝国首都中都被蒙古帝国攻陷），英格兰国王约翰，低能而且暴虐，贵族教士联合起来，强迫他签署《大宪章》，保护人民基本权利。规定未经法庭审讯，不得对人民逮捕监禁。这是英国有宪法之始，也是全世界有宪法之始，为人类迈向文明最重要的一大步。

——五十年代·1254年（大理帝国覆亡），神圣罗马帝国皇帝腓特烈二世病逝，无子，霍亨施陶芬王朝绝。帝国凡二十年没有皇帝，史学家称大空位时代。

——六十年代·1261年（蒙古大汗忽必烈即位的次年），东罗马帝国故帝阿历克西乌斯三世后裔佩略罗加斯，起兵攻陷君士坦丁堡，即位，希腊人重掌政权。

——六十年代·1265年（蒙古帝国围襄阳前四年），英王亨利三世屡次违犯《大宪章》，蒙德福特伯爵把亨利三世囚禁，召集教士、贵族、武士、平民代表，成立议会。世界各国有国会自此开始。这是英国人对人类文明又一伟大贡献。

——七十年代·1273年（襄阳陷落），神圣罗马帝国选出奥地利大公鲁道夫当皇帝，大空位时代结束。鲁道夫祖先曾被封为哈布斯堡伯爵，因称哈布斯堡王朝。

——九十年代·1295年（蒙古大汗忽必烈逝世的次年），英王爱德华一世召集模范国会。议会政治，渐上正规。

——九十年代·1299年（远征爪哇失败后第六年），小亚细亚土耳其部落酋长奥斯曼崛起，称土耳其王。欧洲讹传为奥托曼，因称奥托曼土耳其帝国。

第27章
第十四世纪

　　征服中国本土的蒙古人,在汉人不断的反抗下,于本世纪八十年代,全部被逐出中国本土,回到他们原来的瀚海沙漠群故地。他们所建立的蒙古帝国和子国之一的元帝国,也随之烟消云散。山摇地动般扩张征服的帝国勋业,成为过去,只遗留下片段的历史陈迹。

　　代替蒙古人而起的是华夏民族组成的明王朝,一个纯华夏人的王朝。

　　不过,这并不等于中国本部人民噩运的结束,反而是一个更漫长黑暗的开始。

一　蒙古对中国本部的统治

马可·波罗所见的杭州市廛，是中国都市的外貌。马致远笔下的元曲，是士大夫地主阶层在象牙塔中的安闲生活。事实上大多数汉人都在水深火热之中，接受亡国奴的待遇，包括马可·波罗所称道的杭州那些衣服华丽的男女人民。

蒙古人在上世纪（十三）曾发挥出他们可惊的军事才能，缔造一个空前庞大帝国。但他们的政治才能却远为落后，这是由于他们的文化更为落后之故。蒙古人向外扩张，并没有任何政治理想，如中国儒家学派所倡导的吊民伐罪；也没有任何高级情操的动力，如基督教、伊斯兰教传播福音到天涯地角。蒙古人向外扩张的目的，只有两个：一是掠夺财富，一是满足征服欲望。了解蒙古帝国的本质和立国精神，就容易了解汉人所受迫害的沉重。

蒙古人根本轻视汉人，所以列为第三等和第四等国民。在蒙古人眼中，汉人除了供给他们固定的田赋外，没有别的用处。而中亚人（色目人·回回）则不然，他们在商业上的贡献，要超过汉人很多倍。蒙古人上自亲王公主，下至小民，都愿意把银币借给中亚人，以收取利息。一两纹银的利息，十年后能高达一千零二十四两，这是一种恐怖的剥削，当时称为"羊羔儿息"，只有中亚商人付得起。——方法很简单，必要时，中亚商人只要向地方政府报案，说他在途中被盗匪抢劫，地方政府就得如数赔偿。所以汉人自然要比中亚人低一等或低二等。第一任大汗铁木真即曾规定，杀蒙古人的偿命，杀中亚人的罚黄金四十巴里失（一巴里失大概折合二两银币），而杀死一个中国人，只要缴一头毛驴的价钱就可以了。遇到征伐战争，差别待遇较平时更甚。像上世纪（十三）八十年代1286年，为了第二年进攻安南王国，征用全国马匹，中亚人三匹马中只征两匹；而汉人的马，无论多少，全部征收。以后不断征马，每次如此，汉人的马就成为珍品。

蒙古统治中国本部，从基层起就有严密而彻底的控制。每二十家编为一"甲"，首长称"甲主"，由政府委派蒙古人充当。这蒙古人就是这二十家的总管，这二十家就是这蒙古总管的奴隶。衣服饮食，他可以随心索取；女子和财产，他更可以随心所欲。元政府有严厉规定：禁止汉人打猎，禁止汉人学习拳击武术，禁止汉人持有兵器，禁止汉人集会拜神，禁止汉人赶集赶场做买卖，禁止汉人夜间走路。

"甲主"以上的地方政府首长，全由蒙古人担任。当蒙古人不够分配，或中亚人贿赂够多时，则由中亚人担任。蒙古官员大多数是世袭的，每一个蒙古首长，如州长、县长，他所管辖的一州或一县，就是他的封建采邑，汉人则是他的农奴，他们对汉人没有政治责任，更没有法律责任。蒙古婴儿和幼童，往往很早地就继承了州长县长的位置，他的家人和侍奉他的奴仆，构成一个小型的宫廷。蒙古人都不会汉话，不识汉字，地方官员如此，中央官员也如此，蒙古大汗更很少会汉话和汉字。一百年间的政权，也只有两个汉人出任过宰相，一是上世纪（十三）帝国初创时的史天泽，一是本世纪（十四）帝国瓦解前夕的贺惟一，而贺惟一早已蒙古化，改名拓跋太平，忠于蒙古超过忠于汉。正因为这种缘故，蒙古大汗是以奴隶总管的身份，控制中国本土，所以对汉人毫无感情，对汉文化，自尊心也不允许接受。

蒙古官员的贪污腐败，跟他们的初期武功一样，在历史上也属空前。本世纪（十四）初1303年，第八任大汗铁木儿曾大力整顿官吏，一次就有一万八千四百七十三个贪官撤职。然而他不能坚持下去，他的后任大汗复行放任，以致每一个蒙古官员都是一个百万富翁。而蒙古帝国特征之一是官员特别多，一块玉石的发掘或一张弓的制造，都会有若干官员管理，所有官员都靠贪污勒索维持高级享受。帝国的繁重赋税，也是促成贪污腐败的要素之一，他们最初是采取包商制，上世纪（十三）第二任大汗窝阔台时，曾打算把元帝国的赋税，以一百四十万两银币包给中国籍巨商刘廷玉，大臣耶律楚材极力反对，才算作罢。可是不久中亚维吾尔族巨商奥都喇合蛮出价二百二十万两时，窝阔台怦然心动，终于包给了他。以后每一位大汗的注意力都集中在财税上，他们不知道鼓励生产，只知道盲目而凶恶地剥削。本世纪（十四）三十年代全国各项赋税，平均额较上世纪（十三）七十年代，几乎增加一百倍，这都出在汉人身上。

然而，仅只上述的这些压榨，痛苦还是轻微的。更大的迫害是赐田制度，蒙古大汗可以随时把汉人视如生命的农田，连同农田上的汉人，赏赐给皇亲国戚——亲王公主或功臣之类。宋帝国破灭后所举行的一次赏赐中，少者赏赐数十户数百户，多者竟赏赐十万户。每户以五口计，一次就得到五十万个农奴。汉人忽然间失去他祖宗传留下来的农田，而自己也忽然间从自由农民沦为农奴，没有地方可以申诉。除了大汗的威力无法抗拒外，任何一个蒙古人，都可以随意侵占，他们经常突然间把汉人从肥沃的农田上逐走，任凭农田荒芜，生出野草，以便畜牧。

蒙古帝国暴政中最特殊的一项是吐蕃宗教国的僧侣，世人称他们"喇嘛""西僧""番僧"。这些以慈悲为怀，普渡众生的所谓活佛，却是汉人的灾难之一。大汗既然尊称"法王"为国师，无论这种尊崇是政治性的，或出于真诚的信仰，结果都是一样，即喇嘛在蒙古帝国所属的元帝国中，具有强大力量，虽然还未到干涉政治的程度，但对汉人逞暴，却绰绰有余。像江南佛教总督杨琏真伽，驻扎杭州，把宋帝国皇帝和大臣所有的坟墓，全都发掘，挖取陪葬的金银珠宝；并且至少有五十万户农民（约二百五十万人）被他编为寺院的农奴。喇嘛所过之处，随从如云，强住汉人住宅，把男子逐走，留下妇女陪宿。第九任大汗海山，对喇嘛教尤其狂热。本世纪（十四）头十年1308年，海山下诏说："凡殴打喇嘛的，砍断他的手。凡诟骂喇嘛的，割掉他的舌头。"幸而皇弟爱育黎拔力八达，极力反对，才收回成命，但喇嘛仍受到形势的鼓励。他们在街上很少买东西，只径行夺取。一个柴贩曾向大都（北京）留守长官（留守）李壁申诉，李壁正在处理时，众喇嘛已手执木棍，呼啸而至，把李壁摔倒痛殴。李壁向大汗控告，大汗立即下令赦免喇嘛。又一次，喇嘛跟一位王妃争路，竟把王妃拖下车辆，拳脚交集，大汗的反应仍是下令赦免喇嘛。对高阶层统治者尚且如此，居于最下层的汉人，我们可以推断出所承受的蹂躏。

汉人知道，苦难不仅来自暴政，而更是来自鞑子——鞑靼。鞑子，是汉人对蒙古人轻侮的称谓。除非铲除鞑子，解除颈子上亡国奴的枷锁，暴政不会停止。

二　汉人激烈反抗

蒙古暴君不久就跟辽帝国第二任皇帝耶律德光一样，发现汉人并不像他们想象中那么容易奴役。就在蒙古帝国鼎盛的上世纪（十三）八十年代，江南即爆发抗暴革命二百余起。蒙古用残酷的杀戮来镇压，但再多的流血都堵不住全民族愤怒的火山口，汉人的反抗，跟蒙古人的统治相终始。

本世纪（十四）二十年代之后，随着蒙古帝国内部日增的腐烂，各地民变更不可遏制。四十年代时，仅山东、河北地区，就有三百余起农民暴动。——这比六世纪北魏帝国领土的民变，超过十倍，可看出蒙古统治者比鲜卑统治者的残暴程度更要严重。遍地战乱一定引起灾荒，旱灾果然大规模发生，赤地千里，最惨重的是黄河下游，饥馑逼人发狂，互相袭击烹食。1344年，黄河又在白茅堤（河南兰考东北）决口，向东倾泻，六百公里狭长地带上的村庄和人民，全被淹没，直入黄海。河水泛滥所及，又增加数十万无处投奔的饥民，成为武装群众无尽的兵源。在千百个群众领袖中，以下列六个人物，给蒙古统治的伤害最大：

时间	姓名	出身	起兵地	注
1348	方国珍	盐贩	台州（浙江临海）	后降蒙古
1351	刘福通	白莲教士	颍州（安徽阜阳）	建韩宋帝国
	李二（芝麻李）	农夫	徐州（江苏徐州）	大将有彭大、赵君用
	徐寿辉	布商	蕲水（湖北浠水）	建天完帝国
1352	郭子兴	卖卜人	濠州（安徽凤阳）	大将有朱元璋
1353	张士诚	盐贩	高邮（江苏高邮）	后降蒙古

上表显示出两个特征：第一，群众领袖都是平民出身，没有一个是士大夫。说明士大夫爱国的言论多于爱国的行动，即令有行动，也没有影响力。第二，推翻蒙古统治的，只有民变而没有政变和兵变，说明在蒙古帝国里，政权、军权都在蒙古人手中。蒙古人认为仅此一点，汉人就无可奈何，料不到民变一旦发生力量，跟政变、兵变一样地具有摧毁性。

正当汉人抗暴排山倒海而起之际，蒙古帝国政府却在决策上犯了一项错误，即引使黄河恢复故道。工程由宰相脱脱亲自主持，五十年代1351年，征调民夫十七万人，用五个月工夫，把白茅堤（河南兰考东北）决口堵塞，使黄河仍向东北流入渤海。这本是一件建设性的伟大工程，但它选错了时间，尤其是用错了方法；在人心沸腾的年岁中，把十七万满怀怨恨的劳工，从他们的家乡强逼征调，集中在一起。完工之后，又没有妥善安置，而任他们向四方流散。刘福通早就命他的教徒，刻一个一只眼的石人，背上写着："石人一只眼，挑动黄河天下反。"埋在黄河故道黄陵岗（河南兰考东北）附近。当民夫在施工中把这个石人掘出来的时候，人心大为震动。工程完毕后，除了少部分还乡外，大多数都集结在刘福通的红巾之下，成为主力。红巾，跟二世纪的黄巾一样，是刘福通抗暴力量所使用的一种标帜。

就在同年（1351），群众领袖之一的徐寿辉称帝，建立天完帝国，占领长江中游，派军进入江南，扫荡蒙古势力。刘福通也于1355年，迎立白莲教故教主韩山童的儿子韩林儿称帝，建立韩宋帝国，占领淮河流域和黄河以南地区，整个中原进入掌握。

——白莲教是佛教中的一个神秘支派，以反抗暴政为重要宗旨，就是韩山童开创的。韩山童曾宣称："白莲花开，弥勒佛降世。"设立白莲会，吸收信徒。

——关于汉人的抗暴革命,有一个流传甚广的民间故事。据说,刘福通最初在颍州(安徽阜阳)发动民众暴动时,因蒙古"甲主"监视严密,汉人既不能聚会宣告,又不能派人逐家传递消息,无法约定同一时刻举事。于是刘福通请"甲主"准许向家人分送像月亮一样的圆形甜饼,称为月饼,以便汉人为大汗祈福。"甲主"允许了,而月饼中夹有汉字写的字条:"八月十五日杀鞑子。"汉人准备妥当,当晚夜半,所有"甲主"和他的家族,都死在汉人棍棒之下。

——金帝国和蒙古帝国崩溃时,凡在中国的女真人和蒙古人,几乎全部被汉人屠杀,连怀中的婴儿都被摔到石阶上,脑浆迸裂,做母亲的还没有哀号出声音,已死于乱刀之下,凶惨不忍卒睹。然而这是可以理解的,汉人所负的是民族深仇。女真和蒙古统治阶层的残忍屠杀,举世皆知,对被称为"蛮子国"的汉人,更加轻蔑。像兴化(福建莆田)不过一个小城,上世纪(十三)蒙古兵团攻陷它,全城男女被屠之后,就血流有声。侵略者必须付出代价,即令本身没有付出,后裔也要付出。这种付出使人对佛教的因果报应,发生联想,会禁不住悚然叹息。

韩宋帝国宰相刘福通,是反抗蒙古统治最伟大的民族英雄,他毫无私心地用他新兴的武装力量,打击当时世界上最强大的蒙古帝国。五十年代1358年,他于攻陷开封(河南开封)作为首都后,即向蒙古发动总攻,分三路进兵。东路由大将毛贵率领,攻山东,西路由大将白不信率领,攻陕西。北路由大将关先生率领,攻上都开平(内蒙正蓝旗)。东路兵团于扫荡了山东蒙古人的势力后,直指大都(北京),挺进到距大都只五十公里的柳林村。蒙古第十八任大汗脱欢帖木儿,一个标准的亡国型君主,手足失措,准备放弃大都,向北逃亡。但宰相拓跋太平(即中国人贺惟一)坚持固守。毛贵攻击不顺利,孤军不能久留,仍退回山东。西路兵团深入关中(陕西中部)后,战败溃散。只北路兵团势如破竹,穿过山西,摧毁蒙古所有抵抗,攻陷开平(内蒙正蓝旗)。开平距作为首都的大都(北京)只二百八十公里,我们不知道他们为什么不南下攻大都(北京),先行把蒙古大汗擒获。北路兵团没有这样做,却向东推进,攻陷辽阳(辽宁辽阳),进入高丽王国(朝鲜半岛),高丽向北路兵团投降。可是,这批所向无敌的革命部队,经过长途远征,军纪已全部败坏,引起高丽人民极大的痛恨。高丽有计划地出动大批美女,跟战士们交往缠绵,男子们则乘机把他们的战马和武器藏匿。一切妥当后,发动反击,包括关先生在内,大部分被杀。只剩下万余人辗转脱险,逃回中国，又被盛怒等待他们的蒙古人，一网打尽。

韩宋帝国三路出征，把自己的力量完全消耗。但蒙古帝国的墙基，却被掘空，只需要最后轻轻一推。

三　明王朝兴起

对蒙古帝国最后一推的是朱元璋和他所建立的明帝国。

朱元璋是韩宋帝国的将领之一，他生于一个极度贫苦的家庭，父母双双死于瘟疫，他以一个孤儿，投入他故乡锺离（濠州·安徽凤阳）皇觉寺当小和尚，供大和尚当役使。然而遍地混战又把庙院毁掉，他只好铤而走险，去当"盗匪"，投奔民众武装领袖郭子兴。郭子兴欣赏他的才干，把好友的女儿马氏嫁给他，用他做自己的卫士，以后又任命他当军官，逐渐擢升到重要地位。韩宋帝国建立后，郭子兴这支武装力量即行归附。郭子兴不久逝世，韩宋政府任命郭子兴的儿子郭天叙当司令官（都元帅），朱元璋当副司令官（副都元帅），渡长江南征。朱元璋这时野心勃勃，决定排除他的恩主之子。在进攻集庆（江苏南京）时，朱元璋的好友陈野先叛变，把郭天叙杀掉。然后朱元璋再把陈野先杀掉。韩宋政府无法做深入的追究，只好任命朱元璋接任司令官兼江南省省长（江南行省平章事）。朱元璋攻陷集庆（江苏南京）后，改名应天，即作为自己的根据地。当时全国都在对蒙古人苦斗，只朱元璋不然，他的作战目标不是蒙古，而是中国人的其他抗暴力量。当韩宋帝国三路出兵向蒙古总攻的时候，朱元璋却在南方扩张——表面上看起来是韩宋帝国扩张。

就在同时，立国十年的天完帝国内乱。六十年代1360年，宰相陈友谅政变，把皇帝徐寿辉杀掉。陈友谅上台，改称陈汉帝国，建都武昌（湖北武汉）。驻扎在成都（四川成都）的天完大将明玉珍得到消息，宣布独立，于1362年，迁驻重庆（四川重庆），建立明夏帝国。至于早期起兵的李二，早已战死。而张士诚和方国珍，在接受蒙古元政府的官爵后，表面上臣服蒙古，实际上仍保持自己独立王国的割据局面。

经过三十一年的改朝换代混战，胜利最后属于朱元璋。

1363年，朱元璋跟陈友谅在鄱阳湖决战，陈友谅的运气太坏，当战斗正酣时，他从船舱中偶尔探头出来，竟被流箭射死。儿子陈理年幼，不能统率他的部队，明年（1364），投降朱元璋。陈汉帝国立国五年而亡。

图四一 十四世纪·明王朝初期

1365年，韩宋帝国受到张士诚的攻击，宰相刘福通战死，皇帝韩林儿出奔滁州（安徽滁州）。朱元璋请求迁都到他所控制下的应天（江苏南京），并派军队前往奉迎。一切仪式都十分隆重，充分显示一个将领对皇家的忠贞。然而，到了瓜步镇（江苏六合），登上长江的龙舟之后，奉迎的军队却把韩林儿推入长江溺死。韩宋帝国立国十二年而亡，它像蜡烛一样，毁灭了自己而照亮别人。朱元璋夺取了宝座后，于1368年即位，改称明王朝。——这是一个长命政权，长达二百九十四年。

1367年，朱元璋兵团攻入平江（江苏苏州），张士诚被擒，送往应天，自缢而死。朱元璋另一兵团攻入浙江，方国珍投降。

1368年，距刘福通集结黄河劳工，反抗蒙古暴政已十七年，朱元璋才正式面对蒙古帝国。不过这时的蒙古，已不是十七年前的蒙古了，墙基已空。朱元璋兵团在大将徐达率领下北伐，进抵通州（北京通县），距大都（北京）二十公里。蒙古大汗脱欢帖木儿再度手足失措，拒绝任何固守决战的建议，带着妻子儿女和亲信大臣，向他祖先铁木真、忽必烈所来自的北方沙漠逃走。徐达比毛贵幸运，他轻而易举地克复大都（北京）。

七十年代1371年，朱元璋兵团攻入四川，明夏帝国立国十年而亡。

八十年代1381年，蒙古在中国版图上最后一块领土云南，被朱元璋兵团夺取，镇守云南的亲王把匝剌瓦尔密，在逃亡途中自杀。蒙古人至此全部被逐出中国，蒙古帝国自上世纪（十三）六十年代1264年，迁都大都（北京），到1381年云南陷落，统治中国共一百一十八年，做了一百一十八年汉人的奴隶总管。

朱元璋建立的明王朝，接替元帝国的疆域，只漠北地区不包括在内，那里是蒙古帝国本土。明政府把全国划为下列的十五个行政区域：

省别	首府（省都）	今地	省别	首府（省都）	今地
南直隶（原称京师）	应天府	江苏南京	四川	成都府	四川成都
北直隶（原称北平）	北平府	北京	湖广	武昌府	湖北武汉
浙江	杭州府	浙江杭州	江西	南昌府	江西南昌
福建	福州府	福建福州	河南开封府	河南开封
广东	广州府	广东广州	陕西	西安府	陕西西安
广西	桂林府	广西桂林	山东	济南府	山东济南
贵州（1413年置）	贵阳府	贵州贵阳	山西	太原府	山西太原
云南	云南府	云南昆明			

本世纪（十四）内，明王朝首都设在应天（江苏南京）。下世纪（十

五）二十年代1421年，迁都蒙古帝国故都大都改名的北平。即将应天改作南京，而将北平改名顺天，作为北京。从本世纪（十四）开始，中国地名变化较少，大多数保留到二十世纪。所以我们的夹注工作，也可大为减少。古地名是研究历史最大的烦恼之一，使人有一种悬空行走，无法足踏实地的感觉。本世纪（十四）之后，历史舞台因地名熟习的缘故，似距离我们更近。

四 朱元璋的大屠杀

明政府统一中国，中国人自然地升起一种愿望，认为蒙古统治的黑暗时代已经过去，华夏民族自己建立的政府，应该跟历史上若干伟大的王朝一样，至少在开创初期，呈现一片蓬勃祥和的欣欣向荣气氛。

这种愿望并不奢侈，然而，中国人的命运太坏，他们所遇到的政治领袖，不是刘邦，不是李世民，而是朱元璋，现实走上一条更黑暗的道路。朱元璋不久就发动有计划的合法屠杀，完全采用七世纪来俊臣的冤狱手段，但残酷的程度，却使来俊臣所做的，看起来好像儿戏。

最重要的两次行动，一是胡惟庸冤狱，一是蓝玉冤狱。

胡惟庸是朱元璋的宰相，极有才干。在本质上，自卑感过重的领袖跟有才干的干部不能并存。八十年代1380年，"有人"告发胡惟庸谋反，勾结东方大海中的日本，准备在宴会上杀掉朱元璋（参考来俊臣的《罗织经》，就可了解，当权人物决心除去某人时，自会"有人"告发他谋反）。朱元璋把胡惟庸磔死，屠灭三族。

过了漫长的十年，到了九十年代1390年，朱元璋的兽性再度发作，宣称，他又发现已死的胡惟庸的新阴谋和新同党，于是展开全面逮捕，连朱元璋最尊敬的开国元老，七十七岁的宰相（太师）李善长，都包括在内，共处决两万余人。朱元璋还编撰一本书，名《奸党录》，附录李善长的供词，昭告全国。

三年后，1393年，朱元璋发动第二次屠杀。"有人"告发大将蓝玉谋反，立即逮捕下狱。然后发表蓝玉的供词，蓝玉在供词中承认准备发动兵变。于是蓝玉被磔死，灭族。根据口供牵引，被灭族的有一万五千人，其中有一个公爵，十三个侯爵，两个伯爵。若干人早已死亡，但朱元璋的法律是追溯既往的，所以死者的子孙仍要抵罪。朱元璋又编撰一本书，名《逆臣录》，昭告全国。

朱元璋两次大屠杀的对象，都是他初起兵时亲如手足的患难朋友。他们为朱元璋效命，当他们以为可以分享富贵时，却遭到朱元璋的毒手。然而，这两次大屠杀不过只是整批死亡。事实上朱元璋每天都在屠杀，像皇太子的教师宋濂，朱元璋尊称他是"圣人"，来往宫中，如同一家，因他孙儿牵涉到胡惟庸案中，乃贬谪而死。朱元璋最信任的智囊刘基，他的高度智慧使朱元璋如芒刺在背，终于把他毒死，反而宣称是胡惟庸毒死的，故意向宰相之一的汪广洋询问是否知道。汪广洋不明了朱元璋的用心，回答说不知道。朱元璋大怒，立即把汪广洋贬谪，等他走到中途，再下令把他绞死。平定云南的大将傅友德，父子同时赐死。平定广东的大将朱亮祖，父子同时被鞭死。大臣李仕鲁在金銮殿上表示坚决辞职，朱元璋认为看不起他这个皇帝，教武士摔死阶下。在所有共患难的老友之中，只有三个人保全生命，没有被扣上谋反的帽子。一是常遇春，一是徐达，一是汤和。常遇春运气最好，早早地就病死。徐达事实上死于处决，他患一种疽疮，最忌鹅肉。朱元璋偏偏送了一碗鹅肉给他，并命送鹅肉的宦官在旁监督着他吃掉，徐达一面吃一面流泪，当晚毒发逝世。所以事实上只有汤和一个人活得最久而且善终。他逝世后，他的家族暗暗庆祝。

本世纪（十四）最后三十年，中国成为恐怖世界。官员们每天早上入朝，即跟妻子诀别，到晚上平安回来，合家才有笑容。首都应天（江苏南京）如此，全国各地皆然。朱元璋在各州县设有"剥皮亭"，官员一旦被指控贪污，即被剥皮，悬皮于亭中，以示警戒。根据统计，中央政府副部长以下和南直隶（江苏及安徽）一省大小官员，因贪污罪名死于监狱或被判决做苦工的，每年都有数万人。而严厉的追缴赃款制度，更使大逮捕向四方蔓延，全国中等以上人家，几全部破产。

严惩贪污使人歌颂，但问题在于诉讼法，即被指控贪污的官员，是不是真的贪污。在酷吏酷刑之下，连灭三族的谋反罪名，都坦承不讳，更何况仅杀一身的贪污。不过真正的恐怖并非死刑，而是追赃。死刑一死即了，追赃则遗祸无穷。死囚的财产不足以赔偿赃款时，在拷打中只好供出曾寄存某家若干，于是某家即被摧毁。如果仍不能够足额，那一家在拷打下也只好再供出曾转存到另一家若干。辗转牵引，千里外素不相识之人，都会成为窝主，家破人亡。

五　人权的蹂躏

朱元璋无止境的屠杀，史学家认为最主要的原因是皇太子懦弱而皇太孙年幼，后来皇太子又很早死去。为了保持政权，不得不如此。但仅此现象不一定非产生无止境的屠杀不可，十世纪宋王朝开国皇帝赵匡胤就曾使用"杯酒释兵权"的方法作为反应。前二世纪西汉王朝开国皇帝刘邦的情形相同，但刘邦只对少数的将领惩处。七世纪南周王朝开国皇帝武曌的处境更为严重，也只个别打击。朱元璋所以如此，主要的在于他的性格，一种绝对自私和愚昧的蛇蝎性格——他的后裔也具有这种性格，表现在行为上的是短见、冷血，喜欢看别人流血、看别人痛苦、看别人跪下来向他哀求，而他又拒绝宽恕。这是人类中最卑鄙最可怕的一种质量，具有这种质量的普通人，对他的朋友和他的社会，都能造出最大灾害。身为皇帝而具有这种质量，更使这种灾害扩大，无法加以控制。历史上任何一位暴君，偶尔都还有他善良的一面，朱元璋则完全没有，除了一些故意做出来的小动作。

——对草莽英雄或群众而言，一旦判断错误，或被命运之神作弄，选择或拥护朱元璋这类人物作为领袖，那是一种真正的不幸。

然而，仅只屠杀，带给中国人的痛苦，仍是暂时的。朱元璋对中国人最严重的伤害，是他在政治上所做的若干重要措施。中国文化和物质文明，一直到本世纪（十四），都比欧洲进步，但朱元璋使这种进步停止。以致十九世纪欧洲人侵入中国时，中国已堕落成一个白痴般的部落，至少落后三百年，植根于此。

三百年的落后，才是朱元璋和他的明政府的无与伦比的罪恶。我们分下列三项，叙述这罪恶的内容。

一、人权的蹂躏
二、绝对专制制度的建立
三、文化酱缸的加深

朱元璋跟刘邦，是中国历史上仅有的两位平民出身的帝王，但刘邦毕竟是一位英雄,他始终保持英雄们所有的豁达大度的气质,不脱平民社会的本色。朱元璋却深以他的平民身份为耻深以他当过乞丐为耻和当过和尚为耻。在他充满自卑的情结中,异常羡慕官员和士大夫所保持的优越地位,因而产生强烈压制别人的暴虐意念,以求自己心理平衡。

我们曾一再提及中国古政治思想中缺乏人权观念,但故意建立摧残人权制度的,则由朱元璋创始,即三百年间使人闻而颤栗的"诏狱"与"廷杖"。

我们先用下表,说明明政府中刑事诉讼机构的地位和互相关系:

元首	中央级司法官署	首长	职掌	设立时间	性质	注
皇帝	刑部	尚书	(司法部)		司法机构（三法司）	司法系统
	都察院	都御史	(监察部)			
	大理寺	大理寺卿	(最高法院)			
	锦衣卫	指挥使	调查及逮捕谋反妖言大奸大恶	一任帝朱元璋（十四世纪八十年代）	军法机构	诏狱系统（即秘密警察系统）
	锦衣卫镇抚司	镇抚使	对移交案件审判	同上		
	东厂	提督太监	调查及逮捕谋反妖言大奸大恶	三任帝朱棣（明成祖）（十五世纪二十年代）	宦官机构	
	西厂	提督太监	调查及逮捕谋反妖言大奸大恶	九任帝朱见深（明宪宗）（十五世纪七十年代）		
	内厂	提督太监	调查及逮捕谋反妖言大奸大恶	十一任帝朱厚照（明武宗）（十六世纪头十年）		

刑部负责法律的制定和颁布,管辖全国各地司法机构,有权提审它认为不恰当的案件。都察院负责对不法事件纠察检举,并派遣官员（御史）分赴各地,担任"巡抚"官职,接受人民对官吏的控诉,它也可以审理,也可以判决。大理寺类似国家最高法院,负责对前二机构的审判,做最后裁定。它们被称为"三法司",是政府正规的司法系统。三法司当然的是在皇帝绝对控制之下,但朱元璋认为它们仍有理性成分,于是另行设立他直接指挥的"锦衣卫"（锦衣卫亲军指挥使司）,即首都治安司令部。锦衣卫内设"镇抚

司"，即军法处。锦衣卫逮捕罪犯，拷打出口供后，即交镇抚司判刑处决。如臂使指，快捷了当，没有任何顾忌。胡惟庸、蓝玉等五万人的两大冤狱，就是锦衣卫完成的使命。

然而，朱元璋的后裔认为锦衣卫的理性仍未能完全泯灭，于是，下世纪（十五）时，再创立"东厂"，又创立"西厂"。下下世纪（十六）时，更创立"内厂"，由皇帝最亲信的宦官主持。本已布满全国的秘密警察，遂互相交错，密如蛛网，这是中国前所未有的现象。街头巷尾的一举一动，夫妻争吵和市井打斗，早上发生，晚上就到了皇帝耳朵。宦官主持诏狱最大的方便，是他可以随时向皇帝直接报告，皇帝可以随时向宦官发布命令。宦官具有雷霆般威力，无人可以抗拒。所以罪犯如果落到三法司之手，还有活命的希望或不受苦刑的希望，一旦被"厂""卫"逮捕，没有一个人能够幸免。

对人权具有同等摧毁功能的，还有廷杖。廷杖，即在大庭广众之下，用木棍对罪犯拷掠（打问）。它是逼取口供的工具和追赃的工具，也是刑罚的一种。一个人如果被处罚廷杖一百以上，他所接受的即是死刑，而且是极端痛苦羞辱的死刑。在廷杖制度下，上自宰相，下至平民，没有人能维持人性的尊严。对高级官员（部长副部长以上）执行廷杖时，一定有宦官高坐中央监刑，其他政府官员则陪坐两旁，左边站小宦官三十人，右边站锦衣卫三十人，庭下站行刑狱吏百余人，都穿短裤，手执木棍。宦官向"犯罪"的大臣宣读皇帝的诏书（判决书）后，"犯罪"大臣立即被行刑狱吏扑上来，摔伏倒地，用麻布把他从肩膀以下绑住，使他不能转动。再把他双足用绳索绑住，由壮士四方牵拽握定，只露出臀部和腿部，接受廷杖。廷杖时，受刑人痛苦难忍，大声哀号，头面撞地，尘土塞满口中，胡须全被磨脱。这是一副惨不忍睹的摧残人权的图画，朱元璋用它对付中国人民。

——强壮的人可支持八十下，超过一百的往往即在杖下毙命。不死时，也要割去败肉数十碗，医治半年以上。锦衣卫行刑狱吏，都受过特别训练。如果得到满意的贿赂，他们打下的木棍，看起来很重，甚至血肉横飞，但受伤较轻，痛苦也较轻。如果家庭贫苦，无钱行贿，他们下杖时看起来很轻，皮肤也不破，但痛彻心腑，只三四十杖，静脉血管就会寸寸切断，全部肌肉组织溃散，不久即死，无药可救。

——英国于一百年前的上世纪（十三），即颁布大宪章，保障人权，非经过法院审讯，对人民不得逮捕监禁，而中国却出现诏狱和廷杖。

六　绝对专制制度的建立

明政府建立之初，仿效韩宋帝国，中央政府设立下表所列的三个机构，作为中枢。由中书省首长，担任宰相，作为皇帝的助理。中书省内设立六部，负责全国行政。

元首	元首助理	一级机构	二级机构	性质
皇帝	宰相	中书省	吏部·户部·礼部·兵部·刑部·工部	行政
		都督府		军事
		御史台		监察

本世纪（十四）八十年代，朱元璋诬陷宰相胡惟庸谋反后，即下令撤销中书省编制和宰相职位。擢升六部为一级中枢机构，各部首长（尚书）直接向皇帝负责，皇帝不再设立助手，而直接向各部发号施令。已经够专制的政府，此后进入更绝对的专制。朱元璋另外成立一个秘书机构，称为"内阁"，所委派的秘书，称为"大学士"。大学士冠有某殿某阁字样，以资分别（殿阁都是宫廷中的建筑物）。大学士的职位很低，只正五品，比各部首长（尚书·正二品）要低三级，等于各部最低的助理科员。

中国有史以来在政治上占重要位置的宰相制度，从此消失。皇帝遂在没有助手帮手的情形下，单独处理帝国事务。朱元璋对此一措施沾沾自喜，认为是他最高智慧的结晶，可以永远保持明政权于不坠。所以他下令说："后世子孙永不许恢复宰相制度，如果有人如此请求，即以叛逆论罪，凌迟处死。"

然而，问题就发生在皇帝身上，朱元璋来自民间，政权又由他创立，对繁琐的政务，还可以勉强应付。但他的后裔却是一群花花大少——而且是一群恶少，生长在深宫之中和女人、宦官之手，面对着千万种变化莫测的帝国事务，必然手足失措。本世纪（十四）末年，朱元璋平均每日要亲自批阅一百五十份奏章，裁决四百种案件。从前有宰相可以帮助皇帝，如今没有人能为他分担，他也不准别人分担。花花大少皇帝只有依靠内阁，命那些大学士在每一个奏章或案件上，签注意见，写出对该事的分析和应如何反应的建议，甚至皇帝颁发命令的草稿，都一并拟好呈上。——当时术语称为"票拟"和"条旨"。皇帝即根据这些签注，加以批示。于是，不久之后，大权遂渐渐滑入大学士之手。大学士成为没有宰相名义的宰相，内阁也成为没有中书省名义的中书省。

内阁大学士有数人之多，并不是每一位大学士都可签注意见，必须资格最高，深得皇帝信任的人（往往是华盖殿大学士，华盖殿后来改为中极殿），此人即世人所称的"首相"——首席宰相。但大学士毕竟不同于正式宰相，正式宰相可以单独推行政令，大学士便无此权。他只能依靠"票拟"——签注意见，来窃弄皇帝的权力，只有黑市地位，没有法定地位。

更主要的原因是，大学士跟皇帝之间，还有一段距离。对皇帝如何裁决，是不是依照他签注的意见裁决，甚至会不会做相反的裁决，大学士都不知道，他们也很少有向皇帝当面陈述解释的机会。事实上，到了后来，皇帝深居宫中，不出来露面，大学士遂数月数年，或数十年，都看不到皇帝的影子。他只有依靠这种脆弱的"票拟"，维持权力。而此"票拟"，却要仰仗宦官转达，并仰仗宦官在皇帝面前做补充说明。皇帝所颁发的命令，也由宦官传递，有时用批示，有时用口头，宦官的权力遂日形膨胀。而皇帝和大学士之间，往往互不认识。皇帝对大学士的印象，全来自宦官的报告。于是，政府大权又从大学士手中滑出，滑到宦官之手。我们可用下表显示明政府在下世纪（十五）中叶后所呈现的组织形态。必须对此形态了解，才能对明王朝了解。

元首	超级宰相	实质宰相	中枢一级机构首长	注
皇帝	司礼太监（宦官）	大学士（正五品） （华盖殿大学士） （中极殿大学士） （谨身殿大学士） （建极殿大学士） （武英殿大学士） （文华殿大学士） （文渊阁大学士） （东阁大学士）	吏部尚书（内政部长）（正二品） 户部尚书（财政部长）（正二品） 礼部尚书（教育部长）（正二品） 兵部尚书（国防部长）（正二品） 刑部尚书（司法部长）（正二品） 工部尚书（工程部长）（正二品） 都御史（监察部长）（正二品）	世称"七卿"

宦官，在蒙古帝国时，改称"太监"。太监本是宦官中的一种官职，后来演变为凡宦官都称太监。明政府的宦官组织，共有四十个机构（十二监、四司、八局、十六杂房）。司礼太监仅只是四十个机构中十二监之一的"司礼监"的首长，但却是一个最高职位，可称之为宦官之王。原因很简单，他负责伺候皇帝，并担任皇帝和内阁间的跑腿工作，最接近权力魔杖。大学士

签注的意见，必须司礼太监先看过，才能到达皇帝面前。皇帝批示时，司礼太监有机会随时参加意见。举一个例子，可以说明司礼太监的关键位置。第十一任皇帝朱厚照十五岁即位，正是贪玩的年龄，司礼太监刘瑾，每乘他专心游戏时，请他批阅奏章，朱厚照就大怒说："你不会代我批吗，我用你干什么？"刘瑾正是要小家伙说这句话，然后他的批示即获得法律根据。于是司礼太监成为皇帝助手，大学士反而降为司礼太监的秘书，司礼太监命他如何签注意见，他只有照办。到了以后，连大学士都由宦官推荐，绝对专制的弊端，全部出现。

——英国于一百年前，即建立国会，约束君主权力。中国却恰恰相反，君权更加肥壮，这是明王朝加给中国人的不幸。

七　大黑暗时代

中国悠久而光辉的文化发展，像一条壮观伟大的河流。公元前二世纪西汉政府罢黜百家，独尊儒家时，开始由灿烂而平静。十二、十三世纪宋王朝理学道学兴起时，开始沉淀。本世纪（十四）末期，这河流终于淤塞成为一个酱缸，构成一个最庞大最可哀的时代。

明王朝使中国文化淤塞成为一个酱缸的工具有二：一是文字狱，一是八股文。

文字狱属于诏狱的一种，它的特征是：罪状由当权人物对文字的歪曲解释而起，证据也由当权人物对文字的歪曲解释而成。一个单字或一个句子，一旦被认为诽谤元首或讽刺政府，即构成刑责。文字的意义不在客观的解释，而在当权人物主观解释。文字狱的本身就是当权人物做贼心虚的一种反应，越是心虚，越是神魂不宁，听到别人说"亮了"，他就肯定是讥讽自己的秃头，因而老羞成怒。于是知识分子除了被"诬以谋反"外，又多出一种纯属于文字的灾难。——因而我们想到仓颉造字时，神鬼曾经夜哭，不知道是不是这个缘故。

现在举出例子说明：浙江（杭州）府学教授林元亮，奏章上有"作则垂宪"，处斩。北平（北京）府学教授赵伯彦，奏章上有"仪则天下"，处斩。桂林（广西桂林）府学教授蒋质，奏章上有"建中作则"，处斩。这些句子里的"则"，本是"法则"和"标准"之意。但朱元璋不做如此解释，当时江南方言，"则"，与"贼"同音，朱元璋认为显然是讥讽他做过小偷的往事。尉氏（河南尉氏）县学教授许元，在奏章上有"体干法坤，藻饰太平"。这两句话是千年以前的古文，但朱元璋却解释说："法坤与'发髡'同音，发髡是剃光了头，讽刺我当过和尚。藻饰与'早失'同音，显然要我早失太平。"于是许元处斩。这一批人都是地方学校教师，只不过代地方官员撰写奏章，竟招来杀身之祸。当然，文字狱不限于奏章。朱元璋崇信佛教，对印度高僧释来复最为礼敬。释来复告辞回国，行前写了一首谢恩诗，诗中有两句："殊域及自惭，无德颂陶唐。"意思很明显，他生在异国（殊域），自惭不生在中国，觉得自己还没有资格歌颂大皇帝。但朱元璋的解释不同，他说："殊，明明指我'歹朱'。无德，明明指我没有品德。"于是释来复从座上客变为阶下囚，处斩。

文字狱是围堵，八股文是钓钩。

科举制度到明王朝，只剩下进士一科，并分为三个阶段完成。县级考试（县试）录取，称为秀才，即初级知识分子。然后才有资格参加省级考试（乡试），录取后称为举人，即中级知识分子。然后才有资格参加由教育部（礼部）主持的中央级考试（会试），录取后再参加由皇帝主持（实际上由宰相或宦官主持）的最高考试（殿试），录取后称为进士，即高级知识分子。明王朝跟宋王朝一样，有一项不成文法，非进士出身，不能担任宰相（大学士）或部长级高级官员。

科举对知识分子的重要性，至为了然。它是知识分子唯一的出路，汉、唐王朝时还有学校一途，明王朝则学校不过培养参加考试的人才。汉、唐王朝还有立功边疆一途，明王朝则没有任何其他机会。朱元璋更规定考试范围，以"五经""四书"为限。"五经""四书"，又以理学道学领袖人物朱熹的批注为标准课本。本世纪（十四）八十年代，朱元璋更特别颁布一种试卷格式，规定应考的知识分子遵守。下世纪（十五）初期，第三任皇帝朱棣（明成祖），进一步加以约束，规定使用八股文。

八股文是一种文章的体裁，一篇文章中，不多不少，恰恰包括八股——一股即两个或四个完整的句子，这形式是严格的，不能改变，改变便不是八股了。但八股主要的特征却在精神方面，即内容方面。依照规定，作八股文，不能发表自己的意见，也不是自己在说话（八股文中没有"我"字），而是儒家圣人系统在说话，看起来四平八稳，面面俱到，实际上却什么都没有触及。这种文体，跟代数学上的方程式一样，用不着独立思考——事实上是严厉地禁止独立思考，只要能把圣人系统的言语恰当地代入八股的方程式中，便是一篇最好的文章。如果被主考的试官欣赏录取，便可由秀才，而举人，而进士，而成为国家的领导人。至于怎么才能恰当地代入，那就是自此之后直到十九世纪末期，五百年间，中国知识分子所追求的最大奥秘和最大学问。

知识分子所从事的唯一研究工作，是从"五经""四书"中选出全部可作为考试的题目，请老于此道的八股专家，撰写数百篇八股文，日夜背诵。考试时，把适当的一篇，照抄一遍。就像赌博时押赌注一样，押中时就成为进士，被任命为官员；押不中时，则落第而归，下次考试再来。知识分子不接触其他任何书籍，甚至连"五经""四书"都不接触。年轻人偶尔翻阅"五经""四书"，或偶尔翻阅历史古籍，如司马迁的《史记》之类，不但自己会懊悔浪费宝贵的光阴，即家长和教师，也必大大的震惊。如果有人竟然对文学艺术和科学工程有兴趣，那更骇人听闻，会被他的亲友所不齿。知识分子被八股文硬拖到酱缸之中，没有自己的思想，更没有自己的感情。不知道人类还有别的知识和别的情操，只知道如何作八股文和如何做官，于是一种只有中国才有的"官场"社会形成。

明王朝统治阶层曾由这类知识分子组成，他们对人的评价，完全以官为标准。——犹如资本主义社会对人的评价，完全以钱为标准一样。为了做官，不但忍受廷杖的耻辱，还建立一系列的奴才哲学，宣称皇帝即是父亲（君父），所以"君要臣死，臣不敢不死"，仅只廷杖，算不了什么。于是霎时间耻辱化为荣耀，本来应该愤怒的心情，因已找到奇异的理论基础的缘故，反而大悦。人性尊严被严重歪曲，这正是酱缸文化的特征之一。

——欧洲历史正开快车，本世纪（十四）已进入文艺复兴时代，挣脱黑暗时代的枷锁，呈现一片耀眼的光明。而中国人却被糟蹋到这种地步，真是一个巨大悲剧。

八　靖难之役

本世纪（十四）最后第二年（1398），暴君朱元璋逝世。二十二岁的孙儿朱允炆（建文帝）继位。

明王朝面临它的瓶颈。

朱元璋共有二十六个儿子，长子即皇太子（朱允炆的父亲），早死；另一幼子也早死。其他二十四个儿子，全都分封到各重要地区。这些亲王每人都拥有一万五千人左右的警备部队，称为"护卫"。在北方边疆地带，共封有九个亲王。地方军事调动，都要先报请亲王核准，所以亲王又类似军区的太上司令官。朱元璋的目的是，用边疆诸亲王抵抗退出塞外的蒙古人，用内地诸亲王镇压人民对暴政的反抗。

这种现象仿佛公元前二世纪西汉王朝七国之乱和公元后三世纪晋王朝八王之乱发生前的形势，但没有那么严重，因为明王朝的亲王只有一万五千人的军权，对地方没有行政权和财政权。不过这已使少年皇帝朱允炆不安。朱允炆最亲信的大臣黄子澄、齐泰、方孝孺，一致主张迅速削藩。

削藩，在任何时代都是正当的，一个正常的国家内不允许同时存在很多独立王国。可是有两件事朱允炆失于考虑：第一，当时诸亲王并没有割据一方反抗中央的企图和迹象。诸亲王除了王府一万五千人警备部队外，对地方军权并不能直接掌握，还够不上独立王国的威胁。第二，黄子澄一批庸才，根本不懂政治，不是处理这种带有爆炸性事件的良好人选。

朱允炆登极的当年（1398），刚把祖父朱元璋埋葬，就派遣军队奇袭开封（河南开封），把分封在开封的周王朱橚逮捕，废为平民，贬谪到云南。这种像对付叛逆一样的发兵奇袭和废贬的严厉处分，使所有亲王大为震恐。明年（1399），"有人"告发分封在云南（云南昆明）的岷王朱楩有犯法的行为，朱允炆下令废朱楩为平民。不久，又"有人"告发分封在荆州（湖北江陵）的湘王朱柏也有不法的行为，朱柏得到消息，全家自焚而死。接着又"有人"告发分封在青州（山东青州）的齐王朱榑，朱允炆下令废朱榑为平民。于是又"有人"告发分封在大同（山西大同）的代王朱桂，朱允炆下令把朱桂囚禁高墙。

亲王们在地方上种种暴行，都是事实。但朱允炆这种一连串暴风雨般的措施，暴露了他的目的并不是惩治不法，而且也超过了削藩的范围，分明是要消灭他的叔父一代。

就在代王朱桂被囚高墙后，朱元璋的第四个儿子，分封在北平（北京）的燕王朱棣叛变，率军南下，宣称皇帝被奸恶的高级官员包围蒙蔽，已不能依自己的自由意志行使职权，对这批奸恶分子，必须肃清。这是有名的"靖难之役"，即安靖内部灾难的军事行动。朱允炆对朱棣这种激烈反应，并不认为太出意外。七国之乱终被削平的史迹，给朱允炆很大鼓励，他下令讨伐。

当本世纪（十四）结束时，靖难军和中央军在黄河以北，进行猛烈战斗，互有胜负，没有人敢预测它的演变。

东西方世界

——头十年·1305年（蒙古帝国大汗海山，下令凡殴打喇嘛僧侣者断手的前三年），法国人克勒门五世，当选教皇，自罗马迁到亚威农，历时七十三年，世称"巴比伦之囚"。

——二十年代·1321年（蒙古十一任大汗硕德八剌即位的次年），意大利诗人但丁逝世。

——三十年代·1333年（蒙古十八任大汗脱欢帖木儿即位），日本后醍醐天皇讨伐镰仓幕府，皇军攻陷镰仓，镰仓幕府终，共历时一百四十八年。

——三十年代·1336年（脱欢帖木儿即位的第四年），日本皇军元帅足利尊，逐后醍醐天皇，另行拥立光明天皇，史称"北朝"。后醍醐天皇奔吉野，史称"南朝"。足利尊称征夷大将军，于平安（京都）设幕府，世称室町幕府（室町，足利尊宅名）。

——三十年代·1337年（天完帝国建国前十四年），法王腓力六世宣布收回英王爱德华三世在法国分封的土地，爱德华三世也宣布自己是法国王位的合法继承人。法遂向英宣战，战争延续一百一十七年，史称英法百年战争。

——四十年代·1347年（黄河掘出一只眼石人前四年），黑死病自亚洲随着商业路线，传入欧洲，三年内，英法人口死三分之一，百年战争为之停顿三年。

——六十年代·1360年（韩宋帝国建国第六年），英法百年战争第一次战役终，历时二十四年。英王放弃继承法国王位，法割若干土地与英。

——六十年代·1369年（明王朝建立第二年），（一）英法百年战争再起，法军进攻英国在法国的领土，英军节节失利。（二）蒙古帝国所属察合台汗国大将帖木儿，夺取汗位，建都撒马尔罕（乌兹别克斯坦撒马尔罕），史称帖木儿帝国。

——九十年代·1392年（蓝玉案大屠杀前一年），（一）日本南朝并入北朝，南北朝时代终，历时五十九年。（二）高丽王国政变，国王王瑶让位给他的大将李成桂，高丽王国亡。明年（1393），李成桂改国号为朝鲜（王瑶忽然想起来向中国索取鸭绿江北岸，在四世纪末，那是被高句丽王国占领的一片土地。动员全国军队，分道并进。当军队发现是进攻中国时，大为惊恐。大将李成桂遂把王瑶逐下宝座。李成桂即位后，向中国上奏章谢罪，请求册封，中国封李成桂为朝鲜国王。此事使我们回忆八世纪八十年代，回纥汗国所发生的同样政变，也由反对进攻唐帝国而起）。

——九十年代·1395年（蓝玉案大屠杀后二年），英法百年战争第二次战役终，历时十九年。英国把在法国的封地，大部分割给法国。但英王娶法王的女儿当皇后。

第28章
第十五世纪

明王朝在血流成河中通过瓶颈，这是它的好运气。

仅只比明王朝晚一年，在中亚兴起的帖木儿帝国，正决心恢复蒙古帝国东方的故有版图。1404年，靖难之役结束后第二年，帖木儿大汗从他的首都撒马尔罕，出发东征，进攻明帝国，不料在中途逝世，军事行动中止。如果帖木儿不适时地死，根据已知的资料推断，明王朝以当时残破的力量，势将无力抵抗。一个新的异族统治，可能再现。

明政府不久迁都北京，一度力图振作，北征蒙古，南收交趾，更向印度洋发展。然而，这种并不算好的好景也不过三十年。四十年代后，中国第三次宦官时代来临。

本世纪末叶，伟大的哥伦布船长发现新大陆。文艺复兴运动进入高潮，欧洲正以无比蓬勃的精神，投向海洋。而中国却奄奄一息，暗无天日。

一 朱棣的大屠杀

靖难军跟中央军的战争，历时四年。最后，皇帝朱允炆失败。他本占有各方面的优势，甚至拥有最好的将领，但他缺少周亚夫那样杰出的统帅。黄子澄极力推荐李景隆，当总司令李景隆一败再败时，黄子澄又为他掩饰，希望他能扭转局势，李景隆反而溃不成军。黄子澄仍不主张处罚他，只撤职了事，无法挽救的颓势就这样造成。

头十年1402年，靖难军渡过长江，挺进到应天（江苏南京）城下，撤职居家的李景隆，率领他的家丁叛变，开城门迎接。朱允炆得到噩耗，纵火焚宫自杀。

——不过民间坚信朱允炆并没有死，据说，朱允炆在危急时打开祖父朱元璋留下的秘密铁匣，里面有一把剃刀，一份度牒（和尚证明文件），一件袈裟（和尚衣服）和碎银币若干（逃亡时零用）。于是剃发为僧，从宫后水门逃出，浪迹江湖三十余年。到四十年代1440年，当时的皇帝是朱棣的重孙第六任皇帝朱祁镇（明英宗），恩怨已消。朱允炆才表明身份，回到宫中，终其天年。

朱允炆既死，朱棣（明成祖）继位。他可以说因祸得福，如果不是削藩，他不过仍是亲王。但他对力主削藩的黄子澄一批人，并不因此而予宽恕。他效法老爹朱元璋的手段，展开合法的屠杀。在这次屠杀中，刑事诉讼法中的"瓜蔓抄"，发挥强大的威力。那就是，逮捕行动像瓜藤须蔓一样，向四面八方伸展，凡是能攀得到的，就攀住不放，辗转牵引，除非当权人物主动停止，否则能把天下人都网罗俱尽。

黄子澄当时担任祭祀部长（太常卿），处斩，全族被杀。齐泰，前任国防部长（兵部尚书），处斩，兄弟全体被杀。方孝孺，教育研究官（文学博士），朱棣对他特别厌恶，屠杀十族，连朋友学生都包括在内，八百七十三人死亡。财政部副部长（户部侍郎）卓敬，处斩，灭三族。现任国防部长铁铉，磔死。教育部部长（礼部尚书）陈迪，磔死，六个儿子被杀，亲属一百八十余人，廷杖后贬谪蛮荒。总监察官（御史大夫）景清，磔死，用瓜蔓抄法，逮捕所可能逮捕的他的家属和亲戚朋友，以及亲戚朋友的亲戚朋友，使他故乡一连数个村庄的村民，全数处决，房舍一空。监察部副部长（左副都御史）练子宁，磔死，家族一百五十一人处决，数百人贬谪蛮荒。最高法院秘书长（大理丞）邹瑾，自杀，家族四百四十八人处决。最高法院副院长（大理少卿）胡闰，绞死，家族二百一十七人处决。

靖难的合法屠杀，大约死一万四千余人，比起朱元璋自然大有逊色。不过有一项要特别提出的，即罪犯的妻子和女儿，除了斩首外，大都发配给家奴或奴隶，或发配给妓院卖淫，百般侮辱。生下的孩子，世世在妓院当龟奴。

——"瓜蔓抄"和妻女发配，不起于朱棣，而起于朱元璋，但在朱棣手中成为一种血腥制度。朱元璋就是用"瓜蔓抄"的刑事诉讼法，把仅只两个所谓的罪犯，牵引出五万余人的同党。至于眷属沦为娼妓，以朱元璋的性格，他绝不会放弃凌辱他人的机会。

二 中国第一位海上英雄——郑和

靖难的屠杀结束后，一项空前的海上事业开始。

中国一直是陆权国家，海岸线虽长，却不重要，原因之一是陆上有够多的空间可以发展。七世纪以降，唐、宋王朝才有繁盛的海上交通。蒙古帝国时，亚洲合为一家，海上交通更形发达。但上世纪（十四）明王朝建立后，朱元璋强烈地排除外来事物，遂使海上交通停顿。他下令说："一片木板都不准出海。"

闭关持续三十年，但对暗中进行的贸易，无法禁绝。到本世纪（十五）初，朱棣索性解禁，并派遣一个庞大的远洋武装船团，向印度洋出发。于是中国蓦然间出现一批海上英雄，四十年间，把南中国海和印度洋，全部置于控制之下，建立一个前所未有的海上霸权。

这批海上英雄的首领郑和，云南人，本来姓马，后来入宫当宦官，朱棣因他与自己的母亲马皇后同姓，命他改姓，他遂改姓为郑——可能是他母亲的姓。郑和父亲是一位曾经到过麦加（在阿拉伯半岛中心）朝过圣的虔诚伊斯兰教徒，但郑和后来改信佛教。本世纪（十五）头十年，朱棣靖难之役成功后，疑心朱允炆果如民间传说的并没有死，可能逃到海外，图谋反击，他必须调查。同时自命不凡的君主都有一种炫耀狂，使朱棣也觉得有必要把中国国威向海外展示。于是，他命令郑和率领一支庞大的武装船团，出发西洋。

——"西洋"的意义今昔不同，十五世纪的西洋，指南中国海及印度洋。十九世纪的西洋，指大西洋，而改称印度洋为小西洋。

郑和一连出航七次，都由浏河（江苏太仓浏河镇）出发。每次所到主要诸国，列表于下：

次数	起年	讫年	所到诸国	注
1	1405	1407	占城·爪哇·苏门答腊·锡兰山·柯枝·旧港	1407年，在旧港擒国王陈祖义，斩于南京。
2	1408	1411	占城·爪哇·满拉加·苏门答腊·翠兰屿·榜葛剌·锡兰山·柯枝·古里	1409年，在锡兰擒国王亚烈苦奈儿，送到南京，又释放回国。
3	1412	1415	占城·阇婆·旧港·苏门答腊·锡兰山·甘巴里·柯枝·古里·忽鲁谟斯·彭亨	1413年，在苏门答腊，擒前王之子苏干剌，斩于北京。
4	1416	1419	占城·爪哇·满拉加·苏门答腊·渤泥·彭亨·溜山国·阿丹·忽鲁谟斯·柯枝·竹步	
5	1421	1422	占城·苏门答腊·祖法儿·天方·木骨都束·不拉哇·竹步	
6	1424	1425	占城·旧港	
7	1430	1433	占城·爪哇·旧港·苏门答腊·翠兰屿·锡兰山·古里·忽鲁谟斯·祖法儿·阿丹·天方·木骨都束·不拉哇·暹罗	

郑和率领的武装船团，第一次出动军舰六十二艘，战士两万七千余人。第二次出动军舰四十八艘，战士三万余人。每舰平均容纳四百余人，旗舰和若干主力舰，长一百二十米，宽四十米，可载一千余人。如此巨大工程，没有精密的造船技术和精密的航海技术，无法负担（就在本世纪【十五】初，欧洲执造船牛耳的威尼斯王国，对巨舰下水之前，往往因不胜负荷而破裂，仍感到是最难克服的困难）。郑和一连七次出发西洋，就凭此无敌舰队，纵横印度洋上，没有一个国家能够抵抗。新兴的帖木儿帝国，也只是陆权国家，武力还没有扩张到海上。其他都是小国，至少跟庞然大物的中国比起来，它们都是小国。

郑和最初的航程，仅限于亚洲。第四次起，他延伸到非洲海岸，今索马里及肯尼亚之地。假如继续发展下去，航线再行向南，可能会绕过好望角。郑和七次出海，虽没有搜索到朱允炆，但他在政治上和外交上的成就，却十分可惊。中国武装船团，航行印度洋和南中国海，好像泛舟于中国的内湖。它带给诸国的冲击，可由推测而知。尤其使诸国震动的，是"三擒番王"之举。

第一次发生于第一次下西洋时，就在苏门答腊岛（印度尼西亚最西境），完全由中国移民建立的旧港王国，国王陈祖义，向他祖国的舰队司令郑和诈降，然后像高丽王国对付关先生一样，向郑和突击。但他的运气不佳，被击败擒获，送回中国处斩。第二次发生于第二次下西洋时，在锡兰山王国（锡兰岛），国王亚烈苦奈儿把郑和诱到首都副罗里城，然后倾全国之力攻击停泊在港口的中国船团。郑和身旁只有两千人，他发现情况有异后，即用此两千人乘首都空虚，突袭王宫，生擒亚烈苦奈儿。锡兰山军队半途闻警，急折回相救。被中国军队前后夹攻，大败。亚烈苦奈儿被送到中国，但中国没有杀他，反而又送他回锡兰山。从此锡兰山成为中国最忠实的盟邦，每届国王即位，跟朝鲜、安南一样，一定请中国册封。第三次发生于第三次下西洋时，苏门答腊王国正逢内乱，前王的儿子苏干剌起兵夺取王位，但他缺乏政治头脑，不知道联络中国求助，反而向中国船团袭击，企图取得财宝。结果被俘，送到中国处斩。

郑和下西洋，跟公元前二世纪张骞通西域一样，都是为中国凿开一个过去很少人知道的混沌而广大的天地。他们对国家贡献和东西文化交流，有伟大的功绩。不过，张骞处在一个朝气蓬勃的时代，而郑和却处在一个暮气日增的时代，所以结局完全不同。

二十年代1424年，朱棣逝世，他的儿子朱高炽（明仁宗）继位，朱高炽左右那批儒家的理学大亨，把下西洋当作老爹的暴政之一，下令停止，甚至把一些重要档案都加以销毁，以防后来再有英雄人物效法。六年后，三十年代1430年，因朝贡的国家减少，当时的皇帝朱瞻基（明宣宗，朱高炽的儿子），命郑和做第七次出航，也是最后一次出航。中国社会的停滞性质已经形成，任何开展和进取的思想行为，都被排斥。不久中国又恢复闭关，虽然没有回到"一片木板都不准出海"，但海外贸易，完全成为被动，印度洋上，留下权力真空。

——郑和最后一次下西洋，于1433年返国。六十九年后（1502），葡萄牙王国舰队司令达·伽马绕过好望角，攻陷印度半岛南部的加里库特城（即中国所称的古里，今科泽科德），征服锡兰山王国，自称印度总督。假如中国能保持郑和的成果，东方和西方两大文明，势将提前在海上接触，其影响必深而且远。

不过，政府方面有组织的航海事业虽然中止，民间并没有中止。反而由于郑和一连七次强大的海上武力展示，使民间的海上活动加强。尤其沿海一带居民，广州、泉州、潮州、漳州，以及客家人，大批的私自闯关，涌向海外，迁移到南中国海各国，使原来已有中国人的地方更为繁盛，而一些荒野也由中国人开垦，成为良田，他们正是今日东南亚各国华人的滥觞。

三　交趾省的设立与永久脱离

与郑和下西洋同时发生的，还有交趾（越南北部）的得而复失。

以大罗城（古交趾城，越南河内）作为首都的交趾王国，十二世纪时，中国改封它的国王李日燇为安南国王，遂改称安南王国。后来李氏王朝男嗣断绝，女儿继位，生子陈日煊，遂转为陈氏王朝，除对中国自称王国外，对内和对其他国家，都称大越帝国。上世纪（十四）末，驸马黎季犛当权。本世纪（十五）初，黎季犛把岳父家陈姓王族，全部屠杀。宣称自己是中国儒家圣人系统虞舜帝姚重华后裔胡公满的子孙，于是改名胡一元，命他的儿子胡苍当皇帝，自己当太上皇，遂建立大虞帝国。上奏章给中国皇帝说，陈氏王族已经绝嗣，胡苍是公主之子，请求准予代理国王。中国政府想不到其中如此曲折，就册封胡苍当安南国王。

可是，陈氏王族的一位漏网之鱼陈天平王子，却逃到老挝王国（寮国），老挝是中国藩属之一，把陈天平送到中国。恰巧胡一元的使节也到首都应天（江苏南京），他们本都是陈氏王朝的故臣，见了陈天平，惊愕下拜，这证实他王子的身份，并无错误。中国政府向胡一元责问，胡一元上奏章谢罪，请求准予迎接陈天平返国复位。

本世纪（十五）头十年1405年，中国派大将黄中，率军五千人，护送陈天平回国。次年（1406），进入安南国境后，沿途欢迎人员，都十分恭顺，黄中的戒备因之大为松懈。当走到芹站（富良江北岸）时，山路险峻，树林茂盛，又逢大雨，忽然间伏兵四起，护送军团错愕之间，伏兵已把陈天平杀死，向南撤退。在陈天平身旁担任护卫的中国若干高级官员，也都丧生。黄中急忙集中兵力反击时，桥已被砍断，伏兵在南岸叩拜说："我们不敢抗拒天朝，但陈天平不过市井小人，不是王子，不得不把他除掉。小国贫乏，不能招待天朝大军，请回，我们国王自会请罪。"

这种戏侮性的流血手段，使中国没有回转余地。四个月后，远征军在名将张辅率领下，进入安南，大破胡一元的象阵。明年（1407），胡一元父子被擒。

——胡一元父子送到中国后，在监狱里囚禁了一些时候，即被释放，发遣到广西为民。广西虽跟安南王国相邻，但胡一元已没有影响能力。

胡姓王朝覆灭，陈姓王朝又没有近亲。而安南王国故地从公元前二世纪时起，就是中国疆土。于是，中国宣布撤销安南王国，改称交趾省，管辖十五个府，四十一个州，二百一十个县。这个从十世纪脱离中国而独立的国土，经四百余年的隔绝，再回归祖国。

可是，不幸的是，祖国的明政府带给新交趾省的，却是腐败的统治。第一是地方官员，大多数来自邻近的广西、广东、云南，只不过略识文字，他们冒险深入蛮荒，目的只有一个：发财。第二是宦官，监军太监马骐，是事实上安南军区的太上司令官和交趾省的太上省长，他对人民施展不堪负荷的勒索，仅孔雀尾一项，每年即要一万只，数目不足时，就对交趾人逮捕拷打，极尽残酷。

交趾人无处申诉，官逼民反的形势完成，于是叛变纷起，遍地战斗。其中最有力的一支是清化府俄乐县警察局长（巡检）黎利。黎利最初集结兵力时，交趾省两位副省长（参政）冯贵、侯保，动员军队征讨，本来可能扑灭，但马骐不愿看到他们胜利，而把精锐部队留着自卫，只拨给他们数百名老弱残兵，结果二人战死，黎利的势力遂不能控制。二十年代1426年，安南兵团司令官（安南总兵官）王通，在交州府应平县宁桥遇伏，死两万余人。明年（1427），中国援军司令官柳升，在倒马坡（越南同登）也遇伏，柳升战死，七万余战士全部被杀。王通惶恐失措，还没有等到呈报中央批准，就向黎利求和，允许退出交趾。黎利接受这个提议，双方筑坛盟誓。

黎利也知道王通只是私自求和，所以又向明政府发动政治攻势，用陈暠的名义，上奏章给中国皇帝，自称是陈姓王朝的近亲，请求册封。中国刚受到严重挫败，又听到王通私自求和消息，又觉得中国本是为维护陈氏王朝正统而战，于是顺水推舟，册封陈暠当安南国王，撤销交趾省。这个新省回到中国只二十一年，到此再度脱离，直到二十世纪的今天。可是，等到中国官员和武装部队撤退之后，黎利上奏章说陈暠已死，请求改封他自己。中国明知道他在耍花样，但已无力再发动战争，只好册封黎利当安南国王。

不过黎利并无意与中国对抗，他在被封之后，对中国继续执行传统的事奉大国政策，邦交更为敦睦。

——马骐以激变番邦罪，处斩抄家，然而已无补于大局。历史沉痛地证实，贪污对中国的伤害太大了，无数民变兵变，辱国失地，政权覆灭，以及大屠杀大流血,几乎全都起因于官员贪污和由贪污而引发的暴虐。

四 北方边患

中原王朝的忧患总是来自北方,明王朝不能例外。

蒙古统治阶层入据中国本土一个世纪,并没有吸收太多的汉文化。他们进入中国本土时是什么样子,在被逐出中国本土,回到蒙古本土时,几乎仍是什么样子。事实上蒙古帝国政府在撤出大都(北京)后,帝国即行瓦解。它所属的五个子国,窝阔台汗国早已被察合台汗国并吞(1308),元帝国亡于明帝国(1381),吐蕃宗教国自然脱幅(1381),察合台汗国(1369)与伊尔汗国(1386),先后亡于帖木儿汗国。只剩下一个一向疏淡,而又远在六千公里之外的钦察汗国,到了本世纪(十五)八十年代,也被俄国消灭(1480)。帝国的瓦解,中央政府组织,也跟着瓦解。不知道什么缘故,它没有回到它所来自的故都和林(蒙古哈尔和林),大汗反而跟一个部落酋长一样,逐水草而居,在沙漠上飘忽不定。总而言之,一切都恢复到十三世纪铁木真崛起前那种游牧生活方式,部落林立,互相战争。二百年帝国的伟大光荣,全成为历史陈迹。

蒙古十八任大汗脱欢帖木儿逃出大都(北京)后,即行逝世,他的儿子爱猷识理达腊继位。之后,自二十任大汗起,二十一任大汗,二十二任大汗(其实只是酋长),无不死于谋杀。本世纪(十五)头十年1403年,二十三任大汗坤帖木儿又被他的部下鬼力赤刺死,蒙古更混乱不堪。

鬼力赤以后蒙古地区政治情况的发展,我们用下表示意:

部落	十五世纪头十年	十五世纪三十年代	十五世纪五十年代		十五世纪七十年代	十六世纪四十年代
鞑靼部落	蒙古廿四任大汗鬼力赤1409年,被酋长阿鲁台所杀,立本雅失里。					

（续表）

部落	十五世纪头十年	十五世纪三十年代	十五世纪五十年代		十五世纪七十年代	十六世纪四十年代	
蒙古部落	蒙古廿五任大汗本雅失里1410年，被明帝国击败，投瓦剌部落被杀。阿鲁台降中国，封和宁王，寻又叛，与明帝国及瓦剌战斗不息。	脱脱不花为脱欢所立，脱欢自任宰相。1453年，为也先所杀。	小王子马儿可儿脱不花子，为酋长孛来（喀喇沁部），毛里孩（翁牛特部）所立。	小王子马可儿吉思为孛来所杀，毛里孩又杀孛来，立摩伦，又立满都督，均被部下所杀。蒙古混乱更甚。	达延汗巴图蒙和二十任大汗脱古思帖木儿六世孙。1470年立，统一蒙古，帝国复兴。1543年卒，分为下列四部：	嫡孙居锡林郭勒盟察哈尔部	林丹汗
						长孙居河套鄂尔多斯部	
						次孙居河套以北土默特部	顺义王俺答
						幼子居蒙古喀尔喀部	
瓦剌部落	顺宁王马哈木1412年，杀本雅失里。1416年，被阿鲁台假借明帝国远征军名义击斩。	脱欢马哈木子，杀其二叔，统一瓦剌部落。1434年，击斩阿鲁台。1439年，卒。	天圣可汗也先脱欢子，1449年，掳明帝国皇帝朱祁镇（明英宗）。1453年，杀脱脱不花，自称天圣可汗。1454年，被大臣阿拉刺死，部众溃散。		（瓦剌后改称"卫拉特"，又称"厄鲁特蒙古"，十七世纪时，分为右列四部:)	和硕特部（新疆东部）	固始汗
						准噶尔部（新疆伊宁一带）	噶尔丹
						杜尔伯特部（新疆北部）	
						土尔扈特部（新疆塔城一带）	

上表包括本世纪（十五）之后，三个世纪间蒙古地区和明帝国有关的主要政治领袖人物的关系位置。

蒙古地区上有很多民族和很多部落，除了蒙古民族本身诸部落外，主要的还有突厥民族的两个部落：一个鞑靼部落，一是瓦剌部落。鞑靼部落即十三世纪的塔塔尔部落，跟蒙古诸部落是世仇，几乎被屠杀绝种。因为他们的牧地夹在蒙古跟明帝国之间的缘故，明帝国遂把蒙古人也称为鞑靼，对蒙来说，简直是一种侮辱。

但鬼力赤却是鞑靼血统，他夺取政权后，使明帝国更振振有词地把蒙古当作鞑靼。可是鞑靼人无法做蒙古人的主人，鬼力赤不久就被蒙古一位强有力的酋长阿鲁台杀掉，另立本雅失里继位大汗。就在同时，一直屈服在蒙古统治之下的瓦剌部落，已经强大，在阿尔泰山（蒙古与新疆分界）一带游牧。现在乘着蒙古本土内乱，向东移动。有时跟蒙古诸部落合作，拥立一个傀儡可汗。有时跟蒙古诸部落对抗，互相攻杀。有时跟明帝国通商亲善，有时又向明帝国袭击劫掠。

由于蒙古支离破碎，明帝国的威胁，也相对减轻。缺少一个强大的政府支持，使他们不能有通盘计划和通盘行动。野心勃勃的一些酋长，不过只贪图抢夺财物女子，并没有政治上的远大抱负。比过去匈奴、突厥、契丹、女真，所发出的沉重压力，现在的北方敌人，只能算作一些小小扰乱。

然而明帝国仍为此倾全国之力，重新兴筑万里长城和疏浚南北运河。前者防止北方游牧民族再度南下，后者加强江南军粮运输。万里长城自十世纪燕云十六州割给辽帝国后，便丧失作用。四百年来，几乎全部倒塌。明王朝建立，又恢复十世纪前中原王朝与北方游牧民族对抗的局势，兴筑长城，自属必要。于是从东方山海关，直筑到河西走廊嘉峪关。山海关至黄河一段，在本世纪（十五）初期完成。黄河至嘉峪关一段，于下世纪（十六）完成。这个长达两千三百余公里的全部新建工程，比起公元前三世纪秦王朝所修筑的只数百公里的连接工程，巨大艰苦，达百倍以上。明政府又沿着长城，设立九个边疆军区，称为九边：

顺序	九边	总部所在	注
1	延绥军区	陕西榆林	1435年设，原设绥德，1471年迁榆林
2	辽东军区	辽宁辽阳	1436年设，后移广宁（辽宁北宁），又移山海关，又移宁远（辽宁兴城）
3	宣府军区	河北宣化	1436年设
4	宁夏军区	宁夏银川	1436年设
5	山西军区	山西宁武	1448年设，原设偏头关（山西偏关）
6	固原军区	宁夏固原	1501年设，又称陕西军区
7	甘肃军区	甘肃张掖	1450年设
8	大同军区	山西大同	1436年设
9	蓟州军区	河北迁西	1548年设

南北运河是蒙古帝国的工程（七世纪时杨广开的那些运河，九世纪后都湮

没了），但会通河（山东境内之南北运河）与清江浦（黄河与淮河合流处，江苏淮阴），已全部淤塞。本世纪（十五）初，重加挖凿。第三任皇帝朱棣又于二十年代1421年，把首都自南京迁到北京，这是一个进取性的措施。

朱棣是明帝国亲自深入漠北地区攻击北方游牧民族的皇帝之一，曾经五次亲征。第一次一十年代1410年，亲征本雅失里与阿鲁台，到达成吉思可汗铁木真即位的斡难河（鄂嫩河），本雅失里与阿鲁台大败，本雅失里溃不成军后，投奔瓦剌部落。瓦剌王马哈木最初表示尊奉他，后来当自己的势力迅速向东挺进时，他不再接受蒙古的统治，就把本雅失里杀掉。于是瓦剌代替蒙古，跟明帝国为邻。第二次1414年，朱棣亲征瓦剌，到达土拉河（蒙古乌兰巴托南），马哈木大败。第三次二十年代1422年，亲征阿鲁台，到达阔滦海（内蒙古东北部呼伦湖），不见敌踪。第四次1423年，再亲征阿鲁台，到达上庄堡（河北万全北），又不见敌踪。第五次1424年，再亲征阿鲁台，到达答兰纳木儿河（蒙古最东部哈拉哈河上游），派兵搜索，仍不见敌踪。回军途中，至榆木川（内蒙正蓝旗北），朱棣病死。

朱棣虽是一位较有作为的皇帝，但不是一个优秀的统帅人才，五次亲征，都不能捕捉到对方主力，予以决定性打击。除了第一次亲征有收获外，其他四次亲征，大军未发，四方皆知，敌人早已坚壁清野。然而，朱棣死后不久，中国进入第三次宦官时代，当权人物，相继竞赛昏暴，对北方游牧民族，便只有挨打的份，再无力还击。

五　中国第三次宦官时代

明王朝自靖难之役后，国内安定三十余年。此三十余年位于本世纪（十五）初期，是中国人民在明王朝统治三百年中，唯一的比较幸福的日子。郑和下西洋，交趾省（越南北部）设立和朱棣五次亲征，以及长城运河的建设工程，也都在这三十余年中完成。宦官的灾难虽然已经萌芽，像交趾监军马骐，竟逼使交趾脱离祖国，即是一个恶兆。可是马骐终于受到惩罚，社会还有一线光明。而三十年代之后，宦官时代降临，连这一线光明也都消失，而终于完全黑暗。

这是中国第三次宦官时代，距第一次宦官时代（二世纪）一千三百年，距第二次宦官时代（九世纪）六百年。我们姑且说，第三次宦官时代始于本世纪（十五）三十年代1435年王振当权，终于下下世纪（十七）六十年代

1661年明王朝覆亡，历时二百二十七年。

——注意一个现象，宦官时代的结束，一定是王朝的覆亡。

——肯定时代的起讫时间，是一件非常荒谬的事。但为了对社会形态有一个了解，必须如此，才可以有明确的印象。事实上二百余年间，宦官并不每年都在作怪。像下世纪（十六）第十二任皇帝朱厚熜（明世宗）在位的四十六年中，宦官就没有什么地位。

我们把宦官时代的主要当权的宦官人物，列出一表：

世纪	皇帝	宦官	职位	当权起讫	当权年数	注
15	六任帝朱祁镇	王振	司礼太监	1435—1449	15	朱祁镇在位15年。
	七任帝朱祁钰					朱祁钰在位9年，任用于谦，全国安定。
	八任帝朱祁镇	曹吉祥	司礼太监	1457—1461	5	朱祁镇复辟后又在位8年。
		门达	锦衣卫指挥使	1463		
	九任帝朱见深	汪直	西厂提督太监	1477—1483	7	朱见深在位24年，不出见政府官员。
	十任帝朱祐樘	李广	太监	1488—1498	11	朱祐樘在位19年，不出见政府官员。
16	十一任帝朱厚照	刘瑾	司礼太监	1506—1510	5	朱厚照在位17年。
		钱宁	锦衣卫指挥使	1513—1521	9	
	十二任帝朱厚熜					朱厚熜在位46年，无宦官之祸，然而任用大贪官严嵩当宰相。
	十三任帝朱载垕					朱载垕在位7年，不出见政府官员。
	十四任帝朱翊钧	冯保	司礼太监	1572—1582	11	朱翊钧在位49年，不出见政府官员。
		（诸太监）	税监、矿监	1583—1620	38	
	十五任帝朱常洛					朱常洛在位30日。
17	十六任帝朱由校	魏忠贤	司礼太监	1620—1627	8	朱由校在位8年。
	十七任帝朱由检	曹化淳	司礼太监	1628—1644	17	朱由检在位18年。
	十八任帝朱由崧	（诸太监）			1	朱由崧在位13月。
	十九任帝朱聿键					朱聿键在位16月，流亡不定。
	二十任帝朱由榔	马吉翔	司礼太监	1647—1661	16	朱由榔在位17年，流亡不定。

上表可以看出，明王朝几乎每一个皇帝，都有他亲信并掌握权柄的宦官。没有特别亲信宦官的皇帝，如朱厚熜，则有特别亲信的贪官。

当三十年代朱祁镇（明英宗）即位时（1435），年方九岁，还是一个顽童。由司礼太监王振带着他游戏，他对这个大玩伴，十分敬佩，尊称为"王先生"。最初，朱祁镇的祖母张太后，经常派人到内阁，查问政事，发现王振有假传圣旨的情形。大怒之下，亲自主持内阁会议，要杀王振，一批乡愿大臣代他求情，才算幸免。但张太后不久逝世，王振的威风日增，没有人能控制他，不但成为太上宰相，而且成为太上皇帝。第三次宦官时代，遂由王振揭幕。

首先受害的是皇家教师（侍讲）刘球，刘球上奏章劝朱祁镇亲政，王振认为讥讽自己，即把刘球逮入锦衣卫诏狱，乱刀砍死，尸体肢解，掷到荒郊。另一位受害人是国立北京大学校长（京师国子监祭酒）李时勉，有一天，王振前往视察，李时勉对他并没有表示特别的恭敬，王振就指控李时勉盗用国家树木，把他在大学门前带枷示众三天，大学生数千人哭号奔走，都不能解救，最后还是辗转求到朱祁镇的母亲何太后，何太后向朱祁镇询问，朱祁镇惊愕说："一定是王振干的事。"才下令释放。最高法院副院长（大理少卿）薛瑄，在大庭广众中没有先向王振行礼。王振即逮捕薛瑄，下锦衣卫诏狱，以贪污受贿罪名，判处死刑。处斩前夕，王振一位老仆人在厨房流泪，王振问他为什么时，老仆人说："我跟薛瑄是同乡，深知他的为人。"并举出若干事证，王振才把薛瑄开释，但仍被贬谪至边疆铁岭（辽宁铁岭）。然而锦衣卫一位名王永的兵士，却没有这种好运。王永看不惯王振为非作歹，写匿名传单，加以指摘，被捕碟死。

权力所在，谄媚必然集中。工程部副部长（工部侍郎）王佑，没有胡须，王振问他什么原因，王佑说："老爷没有，儿子辈安敢有。"

——注意王佑这件事，这是第三次宦官时代特征之一，政府高级官员和士大夫阶层，公然无耻地争向宦官卖身投靠，是第一第二次宦官时代所没有的现象。

六 土木之变与夺门之变

四十年代1449年，王振力排众议，要第六任皇帝朱祁镇亲征瓦刺。

瓦刺部落向东推进途中，于一十年代，曾被朱棣在土拉河（蒙古乌兰巴托南）击败，但它东进不止。不久就把蒙古诸部落，先后驱逐到更寒冷荒凉的东北地区，占领原来属于蒙古诸部落的广大塞北，跟明帝国接壤。

瓦剌可汗也先最初对明帝国谨慎从事，不断派人进贡土产，并效法匈奴、回纥，向明帝国求婚。翻译官马云贪图也先的贿赂和炫耀自己的权威，答复说："皇帝已经允许。"也先大喜。1449年，贡马千匹，作为聘礼。明帝国政府这才大吃一惊，告诉他并没有这回事。也先认为明帝国戏弄他，遂向明帝国发动攻击，沿边城堡，相继陷落。

于是，王振主张亲征。他把战争看成儿戏，认为权力的魔杖可以抵挡一切。诏书颁下后的第二天，朱祁镇即行出发，因仓促间没有准备，半途上军士已有人饿死，到了大同（山西大同）后，王振还要北进，可是派出去的几个兵团，先后溃败，军心大乱。镇守大同的宦官也提出警告，不但不可再北进，连大同都危在旦夕，王振不得已，始下令回京。走到距居庸关（北京昌平）四十公里的土木堡时，瓦剌追兵已至。国防部部长（兵部尚书）邝野请急速入关，但运送王振所搜括的金银财宝的车队，还没有赶到，他坚持等候。邝野坚持迅速撤退，王振诟骂说："军国大事，你懂什么？"把邝野逐出营帐。既而瓦剌骑兵合围，大呼："投降免死。"王振这时才发现他的权力魔杖失灵，禁卫军官樊忠，悲愤交加，用铁锤把王振击杀。但仍挡不住全军覆没，樊忠战死，朱祁镇被瓦剌生擒。

土木堡消息传到北京，明政府大乱。有人主张把沿边军队全部撤回保卫首都，有人主张迁都南京。高级官员的眷属和富商，纷纷逃走。幸而朱祁镇的弟弟朱祁钰（景泰帝）是一个英明亲王（明王朝二十任皇帝中，唯一杰出的君主），他采取断然措施，自己坐上宝座，用以堵塞瓦剌的勒索。又任命于谦当国防部部长（兵部尚书），积极整顿已腐烂透了的武装部队，刷新政治，全国转呈新兴气象。

一件利器握在力量不足的人手中，不但不能发挥威力，反而是一个负担。也先把朱祁镇活捉，高兴了一阵之后，简直不知道如何运用和如何处置才好。不过挟持着他沿边攻击，勒索一点财物。但后来直抵北京城下，被于谦击败，就改变主意，于土木之役的明年（1450），跟明帝国和解，接受巨额赎金，把朱祁镇释放。

——也先接着把蒙古大汗脱脱不花杀掉，而且称蒙古大汗，沉湎在从明帝国得来的女色和美酒之中。1454年，被部将阿拉剌死。蒙古诸部落乘机反攻，瓦剌部落崩溃，向西星散逃走，退出中国历史舞台。直到二百年后的十七世纪，才以分裂后的"四卫拉特"局面，再跟中国清政府接触，而终于被中国清政府征服。

朱祁镇在瓦剌手中时，曾向前往探望他的明政府使节教育部副部长（礼部侍郎）李实，痛哭流涕说："也先有意送我回去，请你转告政府，我回去后，只求做一个平民，便心满意足。"李实问他为什么那样宠信王振，朱祁镇说："王振没有死时，从没有人指摘他不对，如今人人都把罪过推到我头上。"然而，这只是赌徒失败后乞求同情的话，他内心的想法并不如此。朱祁镇被赎回之后，对他弟弟朱祁钰没有马上把宝座还给他，大大不满。他积极地谋求复辟，一些野心家也准备把赌注下在他身上。

——从这个观点，研究十二世纪宋王朝南迁后的局势，可以发现，赵构拒绝他哥哥赵桓回国，有充分的理由。没有人能保证赵桓回国后不像朱祁镇一样，发动政变。这是专制政体的另一个死结，无法解开。

五十年代1457年，朱祁钰病危，没有儿子，举朝感到将发生继承问题。宦官曹吉祥和监察部副部长（副都御史）徐有贞，集结私人部队和家丁，拥立朱祁镇。于黎明时分，夺取宫门，升殿复位。等到早朝，全体文武官员才发现坐在金銮殿上的已不是弟弟朱祁钰，而是故主朱祁镇。朱祁钰在病榻上听到消息，一惊而逝。

朱祁镇在这场戏剧化的政变中，担任使人失笑的急吼吼角色，因为他即令坐着不动，朱祁钰死后，既没有儿子，帝位仍会轮到他。大概他自己也发现这种情况，为了表示他的夺门有其必要，所以指控于谦和宰相（大学士）王文，阴谋迎立外藩——迎立远在襄阳（湖北襄樊）的朱厚颍亲王的儿子入承大统，把于谦、王文二人逮下诏狱。可是逮捕之后，专用来召唤亲王入京的金牌，立即被发现仍在皇太后宫中，证明根本没有此事。而自土木之变后，于谦独力支持危局，成为全国所敬仰的民族英雄，所以很多人申诉营救。但徐有贞跟于谦有私人恩怨，他提醒朱祁镇说："不杀于谦，我们所做的事便名不正，言不顺。"最高审判法庭（三法司）只好加上"意图"二字，定二人的罪名为"意图迎立藩王"，判决死刑。王文仍据理分辩，于谦叹息说："这不是法律问题，也不是法庭问题，千言万语，又有何用。"二人同被处斩，家产抄没。

——这是自十二世纪岳飞死后，第二位名将死于冤狱，相距三百年。于谦行刑之日，北京天气骤变阴霾，街巷到处听到哭泣。民间传说，于谦是岳飞转生，再来世上，为国家抵抗北方少数民族。

朱祁镇并没有在他所受的灾难中，接受任何教训，他的智力商数不允许他如此。他复位后竟然仍思念王振，特地雕刻一个王振木像，招魂安葬。

——朱祁镇对王振这种反应，除了显示朱祁镇冥顽不灵的性格外，实在找不出其他解释。

七　断头政治

宦官好像是明王朝皇帝的灵魂，明王朝皇帝不能没有宦官，犹如一个人不能没有灵魂。

朱祁镇逝世后，儿子朱见深（成化帝）继位，信任宦官汪直。还特地创立"西厂"，命汪直主持。诏狱系统除了锦衣卫、东厂之外，又多了一个西厂。秘密警察布满每一个角落，朱见深躲在深宫之中，靠着这一批耳目爪牙，统治他所统治下的帝国。宰相商辂向朱见深指出，这种做法，并不能帮助安定秩序，反而会激起反抗，动摇国家基础。朱见深大怒说："一个小小宦官，怎么会危害国家？"

——朱见深的话使人回忆九世纪时唐王朝皇帝李纯的话："宦官不过是家奴。"他们对问题的反应，如出一辙。

反对宦官的固然有人，但谄媚宦官的摇尾系统，也正式建立，王佑不过口头上说说，而监察部委员（御史）王亿，却上奏章给皇帝，颂扬汪直所主持的西厂，对治安有极大的贡献，他说："汪直所作所为，不仅可以为今日法，并且可以为万世法。"当奏章传出时，若干人要唾王亿的脸，但他立即被擢升为湖广省（湖南·湖北）高等法院副院长（按察副使）。

——从此，道德水平较低的人，官位越高。而官位越高的人，道德水平也越低。具有道德勇气的人，加速度地被排斥于政府之外，或被诬陷在诏狱之中。

朱见深的儿子朱祐樘（弘治帝），是头脑比较清楚的一位皇帝，而以不任用宦官闻名于世。但当宦官之一的李广死后，朱祐樘查看他家中账簿时，见有"某官送黄米几百石""某官送白米几百石"的记载，困惑说："李广能吃多少米？"左右告诉他，黄米指黄金，白米指白银，全是贿款。

王佑、王亿之类的无耻之徒，在宰相阶层中，也开始出现。宰相万安，完全靠进献春药秘方，被擢升为首相（华盖殿大学士）。朱见深死后，朱祐樘在一个小箱子里，找到这些秘方，每张秘方上都署名"臣万安进"，以便皇帝在淫乐中思念他的忠心。朱祐樘责备他说："这是宰相应该做的事吗？"教万安辞职，但万安婉转哀求，不肯提出辞呈。以致朱祐樘不得不下令把他免官。另一位宰相（大学士）刘吉，是宦官汪直的摇尾系统中最得意的一员，贪污狼藉，屡被弹劾，但每被弹劾一次，他却一定升官一次，世人称他为"刘棉花"，意思是越弹越起。一直到汪直下台，他才跟着下台。

中央政府腐败，促使地方政府加倍腐败，因为地方政府官员必须更加贪污才能有充分的财物行贿，以保持自己的职位和再图升迁。而明王朝另有一种特殊的社会阶层，介于官员与平民之间，即退休的官员和没有官职的秀才、举人、进士，以及在职官员的家属亲戚，他们被称为"乡绅"，在社会上构成一个新型的恶霸集团，跟地方政府官员结合，欺压平民，尤其欺压佃农。佃农贫苦已极，常因无力缴纳粮租，而被乡绅缚送到县政府打问——打问，是官员对平民的廷杖，官员只要看到乡绅的名片，即行动刑。

贪官和乡绅，像两条毒蛇缠在人民身上，任何合法的手段，都不能摆脱。于是，抗暴革命遂跟明王朝同在。本世纪（十五）若干重要民变，我们用下表列出，它们都是大规模的流血抗暴，使中央政府为之震动：

年代	年份	民变领袖	发生地区	注
二十	1420	唐赛儿	蒲台（山东滨州）	
三十	1438	思任发	麓川（云南瑞丽）	
四十	1444	叶宗留	庆元（浙江庆元）	
	1448	邓茂七	沙县（福建沙县）	
五十	1457	侯大狗	大藤峡（广西桂平）	战斗13年才平息
六十	1465	刘千斤	郧阳（湖北郧县）	
	1468	满俊	开城（宁夏固原南）	
七十	1470	李胡子	郧阳（湖北郧县）	

唐赛儿是佛教的女传教士，她失败后，像被地球吞没了似的无影无踪。明政府疑心她逃到庙庵里伪装尼姑，就把山东、北直隶（河北）两省所有的尼姑，数万人之多，全部逮捕，送到北京审讯。在酷刑下，她们的遭遇使人颤抖，但唐赛儿未能查获。邓茂七是一个佃农，在那个时代，佃农必须把粮租送到乡绅（乡绅和地主是一体的）家里，乡绅总百般挑剔虐待。邓茂七联络各地佃农，声明没有义务送粮上门，要乡绅自己下乡收取。乡绅立即通知政府，政府官员立即派兵镇压，邓茂七遂武装反抗。恰巧福建省省长（左布政使）宋彰，跟唐王朝末年的"债帅"一样，是一个同样性质的"债官"。他用借贷来的巨款贿赂宦官王振，才得到这个肥沃的高位，到任之后，急于偿清债务，用最凶暴的手段，无所不为。人民不堪忍受，尤溪县矿工蒋福成，首先发难，领导工人暴动。邓茂七跟蒋福成结合，声势浩大，最后当然

失败，但也给贪污官员一个血的回报。不过终局最悲惨的还是李胡子一役，郧阳（湖北郧县）一带，荒山相连，农民自从上世纪（十四）便在山中屯垦，聚集九十余万人，有的已传了三代。李胡子领导据险抗暴时，大多数农民都没有参加。可是，等到李胡子失败，剿匪司令官（都御史）项忠，却下令做斩草除根式的大屠杀，九十余万人，全部死于刀下，妇女儿童尸体，填满山谷。项忠还树立石碑，歌颂自己功德，世人沉痛地称它为"堕泪碑"。

人民的反抗如此强烈，中央政府的腐败反而更甚。本世纪（十五）六十年代是一个可纪念的时代，明王朝开始出现一种自从人类有政治组织以来，从来没有听说过的断头政治。中国历代王朝的皇帝，无论如何昏聩凶暴，总是经常地（甚至每天）都要出席金銮殿上举行的清晨会报，跟群臣见面，讨论国政。必要时还出席小型的在别殿举行的高阶层汇报，听取并裁决大臣的意见，术语称为"早朝"或"视朝"。然而，自本世纪（十五）六十年代1460年起，第九任皇帝朱见深继承他冥顽不灵的老爹朱祁镇的宝座后，他比老爹更冥顽不灵，索性不再露面。

朱见深在位二十四年，始终藏在深宫，大臣不认识他，他也不认识大臣。八十年代1487年，朱见深逝世，儿子第十任皇帝朱祐樘继位，龟缩如故。直到本世纪（十五）最后第三年，即九十年代1497年，朱祐樘才在文华殿跟几位宰相见一面，由宦官向各人泡上一杯茶，只谈了几句家常话，就教他们退出。这是三十八年来皇帝第一次召集内阁，也是大臣第一次看到皇帝的嘴脸，成为轰动一时的大事。

明政府像一个断了头的巨人，在悬崖绝壁上，蠕蠕而行。

东西方世界

——一十年代·1415年（交趾省官员解缙死于冤狱），英法百年战争第三次战役起，法国勃艮第公爵跟英王亨利五世联合，进攻法王查理六世。

——二十年代·1420年（明王朝迁都北京前一年），英法百年战争第三次战役终，历时六年。法国割诺曼底给英国，并同意英王继承法国王位。

——二十年代·1422年（朱棣第三次北征蒙古），法王查理六世逝世。英王亨利六世宣布即法王王位，法国人拒绝，拥立查理六世的儿子查理七世，与英作战。英法百年战争第四次战役起。

——二十年代·1429年（交趾省脱离中国独立后第二年），法军屡败，仅余奥尔良一城，英国围攻。法国十七岁少女贞德自田间起义，号召勤王，士气大振，解奥尔良之围。贞德引查理七世到教堂，正式加冕为法王。

——三十年代·1430年（郑和第七次下西洋），勃艮第公爵擒贞德，送与英军，法王查理七世拒绝出钱赎回。明年（1431），英军于鲁昂组教士法庭，将贞德焚死（我们发现，无论中国和外国，帝王们最容易忘恩负义）。

——五十年代·1453年（土木堡之役后第四年），（一）英法百年战争第四次战役终，历时三十二年。全战争也终，历时一百一十七年。英国大败，丧失在法国全部领地。（二）土耳其帝国苏丹穆罕默德二世，攻君士坦丁堡，历时五十三日，城破，东罗马帝国亡，立国两千二百零六年。

——五十年代·1455年（也先可汗被刺的明年），英国民怨沸腾，约克世家起兵，佩白玫瑰为标帜，反对国王亨利六世。亨利六世属兰开斯特世家，佩红玫瑰为标帜，发兵拒战。史学家称"玫瑰战争"。

——八十年代·1485年（春药宰相万安被免职前二年），玫瑰战争终，历时三十一年。兰开斯特世家外孙亨利·都铎当英国国王，娶约克世家女儿当皇后，两世家和解，称都铎王朝。

——八十年代·1487年（郑和第七次下西洋结束后五十四年），葡萄牙船长狄亚斯，发现南非洲好望角。

——九十年代·1492年（第三次宦官时代，棉花宰相刘吉当权），哥伦布发现美洲新大陆。

——九十年代·1494年（明王朝皇帝不出见政府官员已三十五年），天主教教皇亚历山大六世颁划界令，沿北美洲东海岸纵划一线，西归西班牙（包括北美洲与南美洲大部），东归葡萄牙（包括南美洲巴西，跟非洲全部）。

第29章
第十六世纪

本世纪起,东方跟西方发展的方向,分道扬镳。

欧洲的光辉日增:诸如:

——文艺复兴运动进入高峰。

——现代形式的民族国家,逐渐形成。

——葡萄牙商人远来中国,从浑噩的明政府手中取得澳门,作为殖民地。

——路德焚毁天主教教皇谕旨,向沉重而错误的传统权威反抗,欧洲人的灵性复苏。

——麦哲伦航海环绕地球一周,证明地球确是球体。

——西班牙人开始涌入新大陆,大量殖民,占领古巴、墨西哥、秘鲁。又在亚洲占领菲律宾群岛。

——哥白尼发现地球不是宇宙中心,太阳才是。

——伽利略在比萨斜塔试验物体落下速度,发现落体定律。后来又发现摆动定律,在此定律下,钟表出现。

但中国人仍被酱在大黑暗时代,仍继续把精神和生命,浪费在无聊的(如大礼议)和可哀的(如三年之丧)的争执上。全国一片八股文的吟哦声,诏狱的廷杖声和抗暴的呐喊声。

中国开始遥远地落在欧洲之后。

一 朱厚照与刘瑾

本世纪（十六）头十年1505年，明王朝第十任皇帝朱祐樘逝世，把十五岁的儿子朱厚照托孤给两位宰相谢迁和刘健。

然而朱厚照（正德帝）是一个对女人和游荡有兴趣的花花公子，荒唐而且任性。从小就跟他一起的玩伴宦官刘瑾，犹如他冥顽不灵的曾祖父朱祁镇的玩伴王振一样，事实上刘瑾一直崇拜老前辈王振的风范。

刘瑾有一个核心集团，被称为"八虎"，仅只这个名词就使人不寒而栗。不过"八虎"最初并没有干预政治的念头，他们只是引导朱厚照日夜不休地沉湎于声色犬马。于是谢迁、刘健，跟各部部长（尚书），联合要求朱厚照排除"八虎"。宰相兼托孤大臣的威望，使"八虎"大为恐惧，他们只要求保留性命，愿意被放逐到南京，永不回到皇帝身旁。但谢迁、刘健根据"君子小人不并立""除恶务尽"的格言，坚持必须全体处斩。"八虎"环跪在朱厚照面前，哀哀哭求，当然加上一番足使一个大孩子跳起来的挑拨刺激，于是朱厚照果然发现谢迁、刘健的阴谋原是使皇帝陷于孤立。第二天早朝，文武百官以为皇帝一定会下令把"八虎"砍头时，皇帝却下令把谢迁、刘健撤差。

政府大权立即落到刘瑾手上，他用皇帝名义公布"奸党"名单，包括谢迁、刘健和儒家阳明学派的创立人王守仁；中央政府全体官员跪在金水桥南，恭听此项谕旨。刘瑾对朱厚照的控制力量，从下列事件上可以看出，一天早朝时，殿阶上忽然发现一封信，朱厚照命拣起来看，原来是一份揭发刘瑾种种罪行的匿名控诉状。朱厚照就在状上批示："你所说贤能的人，我偏不用。你所说不贤能的人，我偏要用。"但刘瑾仍大发雷霆，命部长以下高级官员三百余人，跪在奉天门（宫门之一）外的烈日之下，追究事主。那些高级官员们从早晨跪到天黑，国防部科长（兵部主事）何钺，进士陆伸、跟北京地方法院法官（顺天府推官）周臣，焦渴过度，倒下来死掉。天黑之后，未死的人再囚进锦衣卫诏狱。后来还是刘瑾发现匿名状来自宦官内部，跟政府官员无关，才把他们释放。

上述的两件事显示出刘瑾已威不可当，自然而然的，他的摇尾系统迅速成立。宰相焦芳、刘宇，内政部长（吏部尚书）张彩，国防部长（兵部尚书）曹元，几乎跟刘瑾的家奴没有分别。政府大小措施，都在刘瑾私宅决

定,其中影响最大的,有下列的两项:

一、设立"内厂"和创立罚米输边制度。刘瑾为了加强对政府的控制,特别成立一个新的特务机构——内厂。诏狱系统除了锦衣卫、镇抚司、东厂、西厂外,又多了一个内厂。五个血腥的杀人机构并立,凡跟宦官拒绝合作的官员和人民,一律宣称他们贪污有据,照例的廷杖拷打。同时刘瑾还发明了另外两种刑罚,即戴重枷和罚米输边。巨枷的重量达七十五公斤,一个人如果被判决戴枷示众三日,他就死定了。罚米输边,从数百石到数千石,由"罪犯"家属直接运到九边要塞,作为军粮。它只是一种从刑,主刑往往是廷杖或贬谪,如退休的前任国防部部长刘大夏,被贬到军营做苦工,附带罚米两千石。一个人一旦得到这种处分,就等于破产,但破了产也不能免除输边。如果没有地方借贷,他跟他的家人就会死于追赃的拷掠。

二、建立镇守太监定期调任制度。我们回忆上世纪(十五)交趾省(越南北部)的丧失,对肇事的宦官马骐,一定还有印象,他的官衔是监军太监。这种制度有它的历史性,可以上溯到八世纪。但上世纪(十五)与监军太监同时并设的,还有一种镇守太监,却是明王朝的发明,到了本世纪(十六),已成为一种"祖宗制度"(祖制),而祖宗制度的特点是:永不可以变更。即由皇帝派出亲信宦官,到各省和各重要城市,长期驻留。这是政治性的,还有一种专业性的,如织造太监、税务太监、矿务太监。他们既在事实上和名义上都是皇帝的代表,那就跟一个土匪一样,所到之处,贪污勒索,甚至杀人放火,无恶不作。政府方面的唯一对策是:"养饿虎不如养饱虎",使他们在大贪特贪之后,胃口变小,所以要求皇帝不去调动他们。但刘瑾当权后第一件事就是把旧人调回,而放出他的同党,这批饿虎迫使全国民怨沸腾。

刘瑾于一十年代1510年被杀,死于"八虎"的内讧。"八虎"之一的宦官张永,向朱厚照密告刘瑾谋反,朱厚照激动起来,刘瑾就活不成了。刘瑾当权时间只有短短的五年,但整个明政府的结构,几乎被他拆散。

刘瑾死后,另一位宦官钱宁和边防军的一位军官江彬,接替刘瑾的位置,当人们盼望因刘瑾之死而有所转变之时,朱厚照在二人引导下,到南中国游荡,奸淫烧杀,比强盗还要凶暴。

——注意一个使人惊奇的现象,明王朝的皇帝,都好像跟明王朝有不共戴天的血海深仇,竞争着对它百般摧折,似乎不把它毁灭,誓不甘心。

二 "大礼议"事件

二十年代1521年,朱厚照结束他烂污的一生,没有儿子,由他的堂弟朱厚熜(嘉靖帝)继位。因为朱厚熜是以亲王的身份入承大统,于是发生著名的"大礼议"事件。朱厚熜在皇位世系上的关系位置,我们用下表说明:

第五代	第六代	第七代	第八代	第九代	第十代
八任帝朱祁镇	九任帝朱见深	十任帝(大宗)朱祐樘	十一任帝朱厚照		
		兴献王(小宗)朱佑杬	十二任帝朱厚熜	总十三任帝朱载垕	十四任帝朱翊钧

"大礼议"事件是十一世纪宋王朝"濮议"事件的翻版,不过"濮议"时代,儒家中的理学学派还没有兴起,而本世纪(十六)理学正在兴隆,所以也特别热闹和特别有趣。

"濮议"事件中的现任皇帝赵曙(宋英宗),是死皇帝赵受益(宋仁宗)的侄儿,自幼就被赵受益抱到宫里,当作儿子抚养。"大礼议"事件的现任皇帝朱厚熜则只是死皇帝朱厚照的堂弟,两个人从没有见过面。依人伦常理判断,"濮议"事件所发生的问题,根本不可能再发生,但它竟然发生。儒家系统的理学家,根据古老的公元前五世纪使鲁国国君被按住叩头的儒书规定,认为小宗入继大宗,应以大宗为主,朱厚熜虽无法做朱厚照的儿子,却必须做朱祐樘的儿子,然后大宗才算不绝。一切奇异的办法,都由此奇异的论断而生。那就是说,朱厚熜应称伯父朱祐樘为父亲,应称伯母朱祐樘的妻子为母亲,而改称自己的父亲为叔父,改称自己的母亲为叔母。

当此议论最初提出时,刚刚即位、年才十五岁的朱厚熜,便直觉的感觉到不对劲。他说:"父母怎么可以如此颠倒?"朱厚熜的父亲早死,他是一个独子,当他的寡母蒋氏从亲王封地安陆(湖北钟祥)前往北京,走到通州(北京通县),听到这个消息时,即拒绝前进,因为她不但当不了皇太后,而且还失去了儿子,她气愤说:"这是什么话,怎么把我的儿子当成别人的儿子?"

这一次跟"濮议"事件最大的不同是,政府全体官员的见解完全一致,宰相杨廷和跟教育部部长(礼部尚书)毛澄,合着了一篇《崇祀兴献王典礼》,自称是万世不易的经典,向文武百官宣布:"大家的行动都要以此作为根据，敢有异议的，就是奸邪。"——那就是说，凡是反对他的意见的人，一律纳入小人系统，这就是传统的古老法术。想不到一位新考取进士，在教育部（礼部）实习的年轻人张璁，他向副部长（侍郎）王瓒说，朱厚熜是继承堂兄的帝位，不是继承伯父的帝位。是入继帝统，不是入继大宗。朱祐樘自有他自己的儿子，如果一定要大宗不绝的话，不应该为朱祐樘立后，而应该为朱厚照立后，所以朱厚熜不应改变称呼。王瓒认为他的理由充分，略微向大家透露。杨廷和立即气冲斗牛，唆使监察部门的官员，寻找王瓒的毛病，提出弹劾。王瓒不敢再开口，但初生之犊不怕虎的张璁，索性直接向皇帝上奏章申明他的主张。杨廷和大怒，把张璁贬到南京，警告他说："你要听话，不要唱反调。"恰巧宫中发生火灾，杨廷和庄严地指出，这正是天老爷对违反礼教之徒的一种惩罚，必须朱厚熜称父亲为叔父，称母亲为叔母，天老爷才会龙心大悦。朱厚熜母子自问不能抗拒天老爷，只好照办。

但朱厚熜母子的屈服是短暂的，在火灾的震撼平息后不久，就旧事重提。朱厚熜坚持要恢复正常称呼，杨廷和用辞职作为要挟，朱厚熜毫不挽留，立即批准，而把张璁召回北京。这是一个大的转变，全体高级官员在内政部长（吏部尚书）乔宇领导下，杯葛（抵制）张璁，并阴谋用酷刑把张璁处死，他们的方法是来俊臣的《罗织经》上的一套，纷纷上奏章攻击张璁，司法部长（刑部尚书）赵鉴下令给他的部属，只要有一份奏章交下来查办，就逮捕张璁，不加询问，立即用廷杖拷死。朱厚熜对这个恶毒计划有所风闻，所以不但不把奏章交下查办，反而擢升张璁当翰林学士，后来更索性擢升他当宰相。

二十年代1524年，朱厚熜即位的第四年，正式下令恢复旧称，伯父仍称伯父，父亲仍称父亲。卫道之士大为震动，一个个中风狂走，好像到了世界末日。杨廷和的儿子杨慎尤其激烈，他大声疾呼说："国家养士一百五十年，仗节死义，正在今日。"

——注意"国家养士"这句话，中国历史上以明王朝对人民（包括所谓"士"）摧辱得最为残酷，却竟然出现与事实恰恰相反的"养士"论调，说明奴性不但使人恬不知耻，更能使人颠倒是非。

杨慎的奴性狂热得到了响应，另一位大臣王元正也哀号说："万世瞻仰，在此一举。"于是包括各部部长（尚书）在内的全体高级官员数百人，一齐集合在左顺门（宫门之一）外，匍匐跪下，大喊朱元璋和朱祐樘的帝王称号。王元正的表演更为出众，他像一个委屈万状的无赖一样，用拳头擂着宫门，拉起连老天爷都听得见的喉咙，放声大哭。大家发现如果不跟着他也如此大哭，就有被指控为离经叛道的危险，于是一片哭声，使金銮殿上的瓦片都摇晃起来。他们宣称所以如此，是痛心千古伦常和国家命脉，都已濒于毁灭前夕。虽然有宦官奉朱厚熜的命令前来劝解，但他们誓言在朱厚熜不改称父亲为叔父、母亲为叔母之前，哭声绝不停止。

朱厚熜下令逮捕哭声最大的官员一百三十四人，投入锦衣卫诏狱。第二天再补行逮捕九十余人，全部廷杖，其中十六位官员没有福气承受这种"养士"的待遇，竟死在杖下。杨慎、王元正幸而不死，于廷杖后贬谪到蛮荒边区。

三 断头政治的恶化

朱厚熜在父母的称呼上，因父子至情，闪电似的爆出一线灵性。"大礼议"过去之后，闪电熄灭，不久他就恢复了他祖先传统下来的冥顽不灵。

朱厚熜在宦官群的引导下，信奉了道教，而且十分热切。但他并没有把道教福音传播全世界的情操，他只有一颗私心，相信如果他利用皇帝的权力，召请天下法术高超的道士，建筑华丽的祭坛，用美好的中国古文颂词，向天老爷——玉皇大帝谄媚哀求的话，一定能感动那位世界上最高的神祇，保佑他逢凶化吉，长生不死。于是，建醮（筑坛祭神）和青词（用红笔把拍玉皇大帝马屁的颂词，写在青颜色的符箓纸上，在祭坛上焚化，玉皇大帝就可以看到），遂成为政治上的两件大事。

道士段朝用曾向朱厚熜建议，如果能不跟外人接触，静心修炼，就可得到炼金的法术和得到公元前三世纪嬴政大帝所得不到的长生不死之药。朱厚熜乐不可支，四十年代1540年，他宣布要皇太子代理皇帝（监国），而自己准备退居到一个隐蔽的地方（静宅）一两年，一两年后即可修炼成功，然后以神仙之体，再出来执政。交通部长（太仆寺卿）杨最，上谏章抨击这种修炼之术，说它完全是谎话，不可相信。朱厚熜大怒（因为戳破了他的白日梦），把杨最逮入镇抚司诏狱，用廷杖拷死。朱厚熜经过这次扫兴，不再提起太子代理皇帝的事。但从这一年起，他就不再出席早朝，不跟任何官员接触。明政府又回到断头政治的混沌之境。

朱厚熜自四十年代1540年到六十年代1566年逝世，二十七年间，总共跟群臣只见过四次面，平均七年出席早朝一次。平常完全靠"票拟"（宰相签注意见）和"朱批"（皇帝红笔批示），跟政府保持不绝如缕的联系。朱厚熜把全副精力用到追求"长生"上，对骨肉亲属的感情，非常淡薄。对政府官员的感情，更是冷酷。"大礼议"事件使他疑心所有大臣联合起来跟他作对，于是，在断头政治期间——正是本世纪（十六）中叶，他只信任他认为无党无派，孤立于群臣之外的宰相严嵩。

严嵩是中国历史上最成功的大政客兼大贪官之一，他完全靠精密的谄媚和撰写歌颂玉皇大帝的青词，而被擢升到宰相的高位，他谨慎小心地伺候着政治老板，外貌上对任何人都和蔼可亲，只有在排除他的政敌时才露出毒牙。最奇异的是他有一个绝顶聪明的独生子严世蕃，朱厚熜写给内阁的，或直接写给严嵩的谕旨，字迹潦草而辞意含糊，没有人能看得懂。严世蕃却能一目了然，代他父亲所做的回答，无一不适应朱厚熜的心理状态。这使得朱厚熜一天都不能离开他的宰相严嵩，严嵩也一天都不能离开他的儿子严世蕃。

严嵩的唯一工作不是处理国家大事，而是研究朱厚熜的性格脾气，他对朱厚熜大脑上每一根神经都了如指掌。朱厚熜自以为十分英明，严嵩在朱厚熜面前便处处表示自己窝囊。朱厚熜死不认错，严嵩在任何情形下都避免暴露朱厚熜的过失。朱厚熜反复无常，严嵩就永不提任何建设性的建议。朱厚熜猜忌大臣结党营私，严嵩对任何陷于危难的朋友都拒绝援救。朱厚熜残忍好杀，严嵩正好利用它来肃清异己。君臣之间没有一点道德性质或政治见解的契合，只有无微不至的揣摩和欺骗。朱厚熜用官位玩弄严嵩，严嵩用上述的方法玩弄朱厚熜。

举一个例子可以说明这种情形，严嵩每逢巨大的贪污案件败露，人赃俱获，受到监察部门官员纠举弹劾，面临杀头坐牢的危机时，他就去长跪在宫门口，或长跪在朱厚熜面前，痛哭流涕，承认自己罪不可逭，唯求大皇帝开恩，但他所以被那些具有别种心肠的官员围攻，却都是因为他太忠心耿耿的缘故。朱厚熜最欣赏他这种婢膝奴颜的"投案"，所以每次都不予追究。这就是严嵩看穿了朱厚熜的肺腑后的大胆适应，他知道朱厚熜认为贪污算不了什么，不过恬不知耻而已，而那么多人不断围攻，正足以证明严嵩只对皇帝一个人忠贞，这恰是朱厚熜所要求的。严嵩对朱厚熜的了解，超过朱厚熜对自己的了解。所以严嵩从不说一句使朱厚熜不愉快的话，任何情形之下都不说，这正是一个成功政客最基本的素养。

严嵩当权二十年，六十年代1562年，终于被朱厚熜勒令退休。并不是他的法宝有什么不灵光，而是严世蕃对他的工作日久生厌，每天荒于酒色，不再把皇帝的谕旨放在心上。严嵩年老，无法控制儿子，只好自己提笔应付,遂大大地失去朱厚熜的欢心。

严嵩虽去,但纯政客类型的政治形态,从此在中国政坛上生根,成为以后数百年间最丑陋的政治现象之一。

四 全国沸腾的民众抗暴

在这种断头政治和这种纵容贪污的社会条件之下,上世纪(十五)遍地爆发的民众抗暴,进入本世纪(十六)后,更如火如荼,全国人民每年至少都要有一次以上大规模的暴动。有些被明政府迅速扑灭,有些则战斗数年或数十年。如汤麻九集团,占据孝丰(浙江安吉)一带一万余方公里,达二十余年。徐九龄集团,占据建昌(江西永修)一带两万余方公里,达三十余年。陈阔口集团,占据下历(江西定南)、和平(广东和平)一带两万余方公里,达四十余年。这种长期的跟明政府对抗,组成国内之国的现象,是大黑暗时代中政治腐败、宦官当权和断头政治特有产物之一。

我们再把其他重大的人民抗暴行动,列为下表:

年代	年份	领导人物	起兵地区	注
头十年	1509	蓝廷瑞	保宁(四川阆中)	
一十	1510	刘六	文安(河北文安)	
		朱寘鐇	宁夏(宁夏银川)	
	1519	朱宸濠	南昌(江西南昌)	
二十	1525	岑猛	田州(广西田阳)	
三十	1533	黄镇	大同(山西大同)	
四十	1542	杨金英	北京	
五十	1553	师尚诏	归德(河南商丘)	
六十	1560	张琏	饶平(广东饶平)	
七十	1572	蓝一清	潮州(广东潮州)	据地400公里
八十	1589	刘汝国	太湖(安徽太湖)	
九十	1592	哱拜	宁夏(宁夏银川)	
	1593	杨应龙	播州(贵州遵义)	

摘要地加以说明:

刘六集团发生在河北心脏地区,跟首都北京只有一百二十公里,他们分成数个支队,在华北大平原上进行游击战,大肆杀戮贪污官员和被称为"乡绅"的大地主。他们在初起事时，一度想向政府投降，曾透过宦官张忠，向皇帝请求赦免，张忠要白银两万两的贿赂，才肯保证下大赦令，而更大的宦官刘瑾的家人，又另外索取一万两，刘六集团无力缴纳，虽经更加努力劫掠，仍不能凑足。一十年代1511年，剿匪总司令（右都御史提督军务统京营兵）马中锡，派人招降，态度十分诚恳，刘六深为感动，决心归附，但他的弟弟刘七说："现在宦官当道，马中锡自保都不容易，他怎么有力量实践他的承诺？"刘七的判断十分正确，马中锡不久就被宦官逮捕，死在锦衣卫诏狱。

朱寘镭是一位亲王，他本身并没有受到迫害，但他不忍看到人民所受的迫害。事变发生那一年，刘瑾派他的摇尾系统最高法院副院长（大理少卿）周东，到宁夏地区测量耕田，征取马匹及追缴人民历年所欠的地租。连年旱灾，人民早都成为赤贫，但周东仍然用严厉的手段对付，法庭之上，每天拷打，后来更牵涉到军中屯田战士和低级军官，军民的愤怒一时爆发，拥戴朱寘镭当领袖，发动军民联合的抗暴行动，包括周东在内的贪官酷吏群，全被砍头。

朱宸濠也是一位亲王，他的叛变目的跟朱寘镭不同，只不过想当皇帝而已。但他的叛变行为，却是贪污的产品。他利用巨额的贿赂收买宦官钱宁和国防部长（兵部尚书）陆完。朱宸濠的父亲因为作恶多端，中央政府曾把他的亲王府的守卫撤销。在钱宁、陆完的建议下，朱宸濠获准恢复，他就用这支警卫军作他的基本武力，向中央发动第二次靖难之役，结果因阳明学派创始人王守仁抄他的后路而迅速失败。

最奇异最悲惨的是杨金英集团。她们都是美丽的妙龄少女，充当第十二任皇帝朱厚熜的宫人，乘朱厚熜熟睡的时候，把绳索套到朱厚熜的脖子上，企图把他勒死。可是她们太紧张了，竟打了一个活结，以致把朱厚熜勒昏之后，误以为已经死了，就急忙逃走，却不知道绳索一松，朱厚熜竟悠悠苏醒。杨金英集团在意料中的被残酷地处决——磔死。宫廷的事，肮脏恐怖而秘密，没有人知道她们为什么要杀朱厚熜，但我们可以判断，无疑的由于仇恨，一种深入骨髓的仇恨，迫使她们用谋杀的手段，以图跟她们的仇敌同归于尽。杨金英事件是中国宫廷第二次透露出来宫女对暴君的激烈反抗（第一次是四世纪九十年代，张贵人谋杀晋帝国皇帝司马曜），也显示明王朝宫廷的黑暗，更甚于其他王朝。

哱拜当过宁夏军区的高级指挥官，早已退休。宁夏军区司令官（宁夏巡抚）党馨，是一位标准的小官僚。严冬已深，而军中冬天的衣服装备和冬季的粮饷，仍扣留不发。战士们向将领请愿，将领们向党馨请愿，并且婉转地向党馨建议，假如不能现在马上发，那么，把从前积欠的粮饷先发也可。党馨严词拒绝，他的理由是："这种动不动就向上级请愿的作风，不可以鼓励。"有人暗示他，这样做可能激起兵变。党馨冷笑说："难道他们不怕全家砍头吗？"战士们只有两条路可走——一是冻饿至死，一是叛变。他们选择叛变，拥护哱拜起兵。当党馨发现竟然有不怕全家砍头的勇士时，他慌了手脚，逃到水洞里发抖，但仍被搜出杀掉。

抗暴行动最后虽然都被镇压下去，但抗暴不止。

五　倭寇

当全国抗暴蜂起之际，东南地区发生倭寇的灾难。

倭寇，即日本海盗。

倭寇对中国的伤害，可分为两个阶段。第一阶段，从上上世纪（十四）末叶到上世纪（十五）三十年代，是日本海盗对中国沿海侵犯。第二阶段，从本世纪（十六）二十年代到六十年代（恰是明王朝第十二任皇帝朱厚熜在位期间），则是中国明政府官员贪污和政治黑暗招来的外侮。

十四世纪末叶，浙江反抗蒙古人统治的革命领袖方国珍的势力，虽然被明王朝开国皇帝朱元璋并吞，但他的若干部属，跟日本的海上亡命之徒勾结，在沿海劫掠不息。朱元璋简单的头脑无法处理广阔的海洋上的事务，于是他下令"一片木板都不准出海"，禁止中国渔民们捕鱼，而且把沿海渔民和船户，统统编入军籍，改做战士。这种做法只能伤害民生，不能根绝海盗。适逢十四世纪九十年代日本南北朝结束，南朝被并，一些不肯向北朝屈服的臣僚，向中国发展，也加入了海盗行列，声势就更浩大。

上世纪（十五）初，明王朝第三任皇帝朱棣改变闭关政策，一面准许日本跟中国做正规的贸易，一面加封日本征夷大将军足利义满为日本国王，请他加强海禁。足利义满虽然拒绝日本国王的封号，但对正规贸易感到满意，所以对骚扰中国的海盗，严厉剿捕，沿海社会秩序遂渐渐恢复正常。

——日本这时已十分中国化了，处处模仿中国，但中国对日本却一直像瞎子一样茫然不知。甚至到了十八世纪，还不知道日本有一位万世一系的天皇，而总是把他的征夷大将军（幕府）或最高执政官（关白）当作国王。

中国沿海保持八十余年的平静，然后进入第二阶段。

本世纪（十六）二十年代1523年，日本两个商船队，一队由宗设率领，一队由瑞佐率领，先后到达当时中国东方最大的港口宁波（浙江宁波）。宗设先到，瑞佐后到。依照中国规定，商船到达后，由市舶司（海外贸易管理处·海关·招待所混合机构）检查报税，并设宴款待。先到的先检查，坐上座；后到的后检查，坐于次位。瑞佐后到，当然后检查和坐于宗设之下。可是，明政府是一个无微不至的贪污集团，瑞佐的一个翻译人员宋素卿，把重贿送给市舶司的主任（市舶太监）赖恩（市舶司首长是一个贪污的最好位置，所以由皇帝直接派宦官担任，合法的收入呈献皇帝，非法的收入进宦官腰包），于是，赖恩就先检查瑞佐的货物，并在宴会时请瑞佐高高上座。宗设气得暴跳如雷，要殴打瑞佐。赖恩袒护瑞佐，更暗中帮助他准备军械。宗设无处申诉，就攻击瑞佐所住的旅社，瑞佐抵抗不住，向城外逃走。宗设追击，沿途烧杀，夺船出海回国。

明政府的反应不是检讨错误，而是认为一切罪过都由于贸易，就把市舶司撤销，一些高级官员坚持这样做才能发扬中国的国威。

问题是，政府主持的贸易机构虽然撤销，但贸易不会停止，只不过由政府转到了民间。日本商船队到达后，改由当地的富商出面招待，作为代理店。最初双方合作得十分融洽，久而久之，中国富商积欠日本商船队的货款日多，最多的达一万余两，少的也有数千两。日本人不断讨债，那些富商使出种种推拖手段，等到实在推不下拖不下时，就索性逃得无影无踪，明政府对这种骗局根本不管。日本商船队吃了哑巴亏后，只好转而委托有声望绝不致逃掉的"乡绅"，想不到乡绅的手段更为毒辣，积欠得更多。日本商船队不得已，就停泊在沿海岛屿坐索。乡绅们大为烦恼，最后想出了砸锅补锅妙计，他们警告地方官员说："倭寇为患，不是突发的，有它的历史性，现在又横行海上了。听说他们杀人掠财，无所不为，如果不早日扑灭，恐怕有严重的后果。"政府官员跟乡绅是一个鼻孔出气的，果然出动军队，要把讨债的日本商船队当海盗进剿。乡绅却适时地向日本商船队透露军队出动的消息，教他们逃走。日本商船队十分感激他们的照顾，欠债就更多起来了。如此一而再，再而三的欺诈花样，日本商船队被愚弄了二十余年。最后，到了四十年代1546年，日本商船队的忍耐达到饱和，就占领了若干岛屿，誓言得不到债款，决不回国，中国如果用武力对付他们，他们就用武力对抗。

乡绅们发现法宝已不灵光，只好请明政府的军队真的向日本商船队攻击，日本商船队早已准备妥当，从本国带来的武装部队，即登陆应战。并把那些进剿的明政府军队击溃，索债军跟在溃兵屁股后，一拨一拨地攻城略地。于是战斗蔓延三省：浙江、福建、南直隶（江苏省）。日本正当的贸易商人，遂被迫变成"倭寇"，他们因对明政府官员和奸商痛恨入骨，就把全部愤怒加到所遇见的无辜的中国人身上，所到之处，备极残酷。

这场灾祸历时十九年之久，到了六十年代1564年，以抗倭而成名的将领戚继光，才把已失去索债初意、全成为海盗的日本最后一支突击部队，在仙游（福建仙游）消灭，倭寇才告平息。中国为那些贪官奸商所付出的代价是数十万人死亡和广袤五十万方公里的富庶地区全部残破。——仅杭州一城，日本所杀的中国人的血，就汇流成河。

六　北方边患及和解

中国东南地区倭寇的灾难正严重时，北方的边患又起。

瓦剌部落于上世纪（十五）也先可汗被刺身死后，向西方撤退。蒙古诸部落又回到塞北故地，经过无数次流血火并，到了上世纪（十五）七十年代，一位年仅七岁，名叫巴图蒙和的孩子，他是蒙古帝国第二十任大汗脱古思帖木儿的六世孙，被各部落拥立，号称达延汗——我们猜想这可能是"大元汗"——大元帝国可汗的讹音。这位达延汗年事渐长，发挥出他的才能，再度把蒙古统一。在完成统一工作的过程中，他专心对内，明帝国边境得以保持一段相当长时间的平静。这个中兴的蒙古帝国，恢复到十三世纪成吉思可汗铁木真攻击金帝国前的初期版图。

但是，巴图蒙和到底不是铁木真，他没有力量并吞明帝国，而他的组织才能也只限于他在世之日。本世纪（十六）四十年代，巴图蒙和逝世，帝国立即瓦解，分裂为下列四部：

部别	地区	演变
察哈尔部	内蒙古西辽河上游	内蒙古
鄂尔多斯部	河套	内蒙古
土默特部	内蒙古乌兰察布盟	内蒙古
喀尔喀部	漠北	外蒙古

对明帝国伤害最大的是鄂尔多斯部酋长吉囊和土默特部酋长俺答，俺答尤其强悍好战。他们都是达延汗巴图蒙和的后裔，在巴图蒙和在世的末年，便开始向明帝国侵袭。四十年代后，更变本加厉，经常攻破长城，深入太原

（山西太原）、平凉（甘肃平凉），烧杀掳掠，如入无人之境，明政府的边防军无力抵抗——这是可以理解的，腐败的政府不会有能作战的军队。

四十年代1547年，陕西三边总督曾铣（三边指长城三要塞：固原、宁夏、延绥），计划把鄂尔多斯部逐出河套，把国防线从长城向北推移五百公里，以黄河为界。他向皇帝朱厚熜建议训练精兵六万人，再加上使用当时最新式火枪的现代化装备的部队两千人，每年春夏之交，携带五十天的粮秣，水陆两道同时出发，向河套扫荡，焚烧牧草和蒙古人积存的粮食。每年如此，三年之后，敌人被饥饿所迫，只有退出河套，然后就在阴山跟黄河之间，修筑新的防线，可以一劳永逸，并且使土默特部有后顾之忧，不敢东进。

朱厚熜被这个雄壮的建议大大的感动，立即交给国防部做进一步的研究，当国防部弄不清皇帝的意向，不敢表示意见时，朱厚熜大发雷霆，下谕旨说："敌人盘踞河套，为大明边患已久，连年破关入侵，使我日夜不安，而边疆将领中从没有一个人为我分忧。曾铣收复河套的计划，规模壮伟，国防部为什么迟疑不决，拿不出主意？"下令先发给曾铣白银二十万两调度使用。曾铣深庆他遇到盖世英主，积极准备。

但是，没有人对疯狗能预测它什么时候会忽然发作咬人，对拥有绝对权力的暴君亦然。事情突然变化，首席宰相（中极殿大学士）夏言，全力赞助曾铣。而次席宰相（建极殿大学士）严嵩，则正积极排除夏言，河套战略正供给他攻击夏言的工具。我们不知道他用什么方法和用什么理由，只知道严嵩和宦官勾结，在宫廷中秘密下手，终于使朱厚熜做一百八十度改变。1548年，当国防部把实施攻击的详细作业拟妥，而且刚刚呈请批准时，朱厚熜忽然下了一道谕旨说："驱逐河套的敌人，出兵是不是有名？粮秣是不是够用？胜利是不是有把握？曾铣一个人不可惜，而人民受到荼毒，谁负责任？"这是一种当权人物翻脸时特有的口吻——中国人称之为"官腔"，官腔一出，已不是理性可以解决的了，全体官员大为惊愕，严嵩立即公开反对擅开边衅。于是，曾铣、夏言全被处斩。

土默特部酋长俺答，不因朱厚熜的昏聩而心肠软化，明年（1549），俺答直抵大同、永宁（北京延庆）一带，大掠而去。又明年（1550），攻陷古北口（北京密云东北），破长城而入，包围北京。这是上世纪（十五）也先可汗围城后，北京再次被围，两次相距恰恰一百年。朱厚熜惊恐过度，把国防部长（兵部尚书）丁汝夔杀掉泄愤。但他不承认杀错了曾铣，反而坚称这正是曾铣妄图开边，激起来敌人的报复。

北京好容易解围，俺答杀够了汉人，抢够了汉人的财产之后，满载而归。但北中国全部暴露在这个蒙古部落的铁蹄之下，万里长城在腐败的边防军手中，已不发生作用。俺答几乎每年都要攻破长城，南下大大地劫掠一次。边防军将领们无可奈何，唯有把逃难的一些难民，捉来杀掉，当作杀敌报功——其中有多少使人伤心落泪的事迹。然而，俺答年纪渐老，而且他和他的部落人民，都信奉了从西藏传过来的喇嘛教，开始厌倦战斗。七十年代时，又发生了一件桃色事件，遂使他们永无休止的侵略，蓦然结束。

桃色事件的男主角就是俺答，女主角是俺答的外孙女三娘子。三娘子美丽绝伦，身为外祖父的老混蛋俺答却把她纳为姬妾。三娘子的未婚夫不答应，跟俺答理论，俺答没有办法，只好把孙儿把汉那吉的未婚妻，改嫁给三娘子的未婚夫。现在轮到把汉那吉恼火了，他说："这算什么话，外祖父娶外孙女，祖父把孙儿媳妇送给别人。"就率领他的家人，逃到明帝国。边将们痛恨俺答，一致要求杀掉把汉那吉，幸而大同总督王崇古有政治头脑，坚持予以保护，又请中央政府委派把汉那吉一个中级军官（指挥使）的职位。

俺答的元配妻子恐怕她的孙儿被明帝国杀掉，日夜不停地向俺答哭闹咒骂，这个老混蛋在头脑清醒时还是有理性的，他既懊悔又惭愧，于是率领十万人的强大兵团，越过边界，直指大同，准备在发现明帝国杀了他的孙儿后，即发动攻击。王崇古知道他的用意，派人前去谈判和解，保证他的孙儿还结结实实地活着。俺答不肯相信，差遣他的亲信到大同窥探，看见把汉那吉穿着明帝国军官的官服，正在那儿骑马取乐。俺答惊喜说："大明竟没有杀我孙儿，我从此也不再攻打大明。"

明帝国北方的边患，就这样戏剧性地停止了。

俺答死后，三娘子掌握大权。她不但美丽，而且极有才干和见识，她发现跟明帝国和解，接受明帝国的封号所得到的赏赐，要比劫掠得到的还要多，所以她始终臣服明帝国，作为明帝国的屏藩。本世纪（十六）最后三十年，以及下世纪（十七）初叶，三娘子在世期间，两国边界保持一段长期的和平。

七　张居正的改革与惨败

跟俺答和解的前四年（1566），朱厚熜逝世，他在位四十六年，带给中国半个世纪的痛苦。他的死使中国人照例松一口气，由他的儿子朱载垕（隆庆帝）继任。朱载垕在位七年，于七十年代1572年逝世，由他的十岁儿子朱翊钧（万历帝）继任。

当朱载垕刚死，朱翊钧还没有登极时，首席宰相高拱，跟次席宰相张居正，争斗激烈。张居正跟宦官巨头——司礼太监冯保勾结，利用主少国疑，千载难逢的机会，由冯保设下网罗，向朱翊钧的母亲李太后告密说："高拱在朝堂上向群臣扬言：十岁的孩子，怎么能担起皇帝的重任？"高拱即令是一个白痴，也不敢公开讲这种杀身灭族的话，但在官场倾轧中，问题不在他讲不讲，只要有人坚持他讲就够了，李太后颜色大变，立即把高拱免职，擢升张居正为首席宰相。

张居正使用的显然是一种不尊严的手段，但不能责备他，明王朝三百年间，所有高级官员都必须有宦官的支持。只有少数人敢跟宦官对抗，但不是死于诏狱，便是死于穷困。

张居正是明王朝所有宰相中，唯一的敢负责任而又有远大眼光和政治魄力的一位，不以自己的荣华富贵为满足，他雄心勃勃，企图对政府的腐败做一改革。但他没有公孙鞅当时的背景和王安石所具有的道德声望，更没有触及社会经济以及政治制度不合理的核心，他不过像一个只锯箭杆的外科医生一样，只对外在的已废弛了的纪律，加以整饬。

主要的措施在于加强行政效率，下级官员必须对中央命令彻底执行，不能敷衍了事。张居正屡次调查户口、测量耕田、整理赋税，使负担过多的穷人减少负担，使逃税的"乡绅"纳税。又大举裁减不必要的官员，缩小若干机关的编制。最有成绩的是，张居正任用水利专家潘季驯治理黄河，任用抗倭名将戚继光守御北方边疆。

——当戚继光调任蓟辽兵团司令官（蓟辽总兵）时，准许他率领一手训练的击败倭寇的浙江部队。到任后的某一天，举行阅兵，忽然大雨倾盆，边防军竟一哄而散，只有浙江部队因没有得到解散命令，仍在大雨中屹立不动，边防军大吃一惊，从此他们才知道什么是军纪军令。这件事说明边防军的腐败（现在我们可以了解万里长城所以抵挡不住俺答的原因了）和张居正所以进行改革的必要。

然而，我们一再提醒，儒家思想下的中国传统政治，是反对任何改革的。尤其是本世纪（十六），正是大黑暗时代，对改革的反对当然更加强烈。张居正所做的这种外科医生的手术，严格地说还谈不到改革（更谈不到高一级的变法了），只不过稍微认真办事而已。但他所遭到的反对，却同样可怕。一是丧失既得利益者的反对，如被裁减的人员，被增加田赋的"乡绅"和一部分不能作威作福的宦官。另一是习惯性的反对，儒书上"利不十，不变法"，已成为阻止改革的借口。不幸的是，张居正又因为父亲亡故的守丧问题，触犯了儒家的礼教。

张居正的父亲于七十年代1577年逝世，依照儒家礼教的规定，做儿子的必须辞去官职，回到故乡守丧三年。只有皇帝才有权下令征召守丧中的儿子继续供职。皇帝朱翊钧倒是下令征召张居正的，但仍然引起政府若干官员的喧哗——一种是卫道之士，他们认为纵然有皇帝的征召，但儒家正统思想不能违犯，不守父母三年之丧，跟禽兽没有两样。另一种是锐进之士，希望张居正马上退出政治舞台，即令是短期的也好，以便自己擢升。这场争执虽没有"大礼议"事件那么死伤狼藉，但也热闹了一阵，使张居正的仇人布满天下。

张居正当权十一年，在八十年代1582年病死。朱翊钧已二十岁，蛇蝎性格随着他年龄的成长而大量显露，他恨透了在他幼年时对他生活管教过严的宦官冯保和在他幼年时对他读书要求过严的张居正。

——朱翊钧十几岁时，就经常拷打身边的宦官和宫女，把这些可怜无助的人拷打到死。冯保向李太后报告，李太后就责骂朱翊钧，有时候还揍他。有一次李太后暗示他如果不停止凶暴，可能有被罢黜的后果。至于张居正，他兼任皇家教师，往往在朱翊钧早睡正甜时，强迫他起床读书。在他读错字时，又声色俱厉地纠正他。

朱翊钧在张居正死后亲政，立即向他们采取报复行动，任命冯保的死敌张诚当司礼太监，把冯保放逐到故都南京。接着宣布张居正的罪状，下令抄没他的家产。张居正是荆州（湖北江陵）人，地方官员在诌媚奉承宰相之家十余年后，为了表示对新当权派的忠贞和对"罪犯"的深恶痛绝，还没有得到正式命令，一听到风声，就派兵把张居正家团团围住，门户加锁，禁止出入。等中央查抄大员张诚到达时，已有十余人活活饿死。

张居正的失败是注定的，当时的社会背景绝不允许他成功。他失败后，十年的改革成果，逐渐化为乌有。一切恢复原状，黄河照旧泛滥，戚继光被逐，边防军腐败如故，守旧的士大夫、乡绅、宦官，一个个额手称庆。

八　第一次保卫朝鲜

张居正死后不久，日本大举侵略朝鲜王国，中国第一次武装援助朝鲜。

朝鲜王国和安南王国，是中国南北两个最忠实的藩属，他们除了有一位国王和使用一种跟中国大同小异的文字外，事实上可以说是中国的一省。中国是他们的保护者和宗主国，但从不过问他们的内政。

日本帝国在本世纪（十六）有一位巨人崛起，他就是平民出身的大将丰臣秀吉，统一了全国，担任国家最高执政官（关白），天皇更成为一个虚名。丰臣秀吉在国内建立了不朽的功业后，日本三岛已不能容纳他的野心，他决定征服朝鲜。

朝鲜得到日本即将入侵的情报，对于文化落后的蕞尔小国，竟敢动高度文化大国的脑筋，感到不能置信。为慎重起见，九十年代1590年，特地派遣一个代表团前往日本访问，调查日本入侵的可能性。代表团于翌年（1591）返国，提出两份内容恰恰相反的报告，团长黄允吉认为日本一定会有军事行动，副团长金诚一则认为冷战有可能，热战绝不可能。朝鲜国王李昭问二人对丰臣秀吉的印象，黄允吉说："光彩焕发，具有胆略。"金诚一说："双眼像老鼠一样，毫无威严。"

——判断，是人类最高智慧的表现。判断如果错误，就必须付出判断错误的代价，小焉者是个人的失败，大焉者是国家受到伤害，甚至灭亡。对同一现象，竟产生两种完全不同的判断（事实上有时候还产生两种以上完全不同的判断），跟当事人的智慧见解、生活体验，以及心理背景，有密切关系。

朝鲜政府经过研究之后，决定采信副团长金诚一的判断。那时朝鲜的李王朝跟中国的明王朝是一丘之貉，同样的腐败浑噩，他们不愿意受到攻击，所以不相信会受到攻击。

第二年（1592），丰臣秀吉统率海陆军十五万人，渡过对马海峡，在朝鲜半岛的釜山城登陆。朝鲜不堪一击，日军长驱直入，抵达首都王京（汉城）。王京陷落，国王李昭逃到北方的开京（开城）。开京又陷落，又逃到更北方的平壤。平壤又陷落，李昭于是逃到跟中国一水之隔，鸭绿江畔的义州。日本兵团自四月在釜山发动攻击，到六月夺取平壤，只不过三个月时间，朝鲜全国八省（道），全部失守，只剩下义州一座孤城。李昭向中国告急，他认为复国无望，请求举族内迁。

中国这时正逢宁夏军区哱拜兵变，兵力集中在西疆，一时不能调遣。国防部长（兵部尚书）石星，就派遣精通日本语文的沈惟敬，作为中国使节，前往日本占领下的平壤，了解情况。沈惟敬到平壤后，日本大将小西行长表示："日本无意跟中国为敌，我们愿跟中国共同瓜分朝鲜，以大同江为界。中国如果同意的话，日本就撤出平壤，退到大同江以南。"沈惟敬回报，中国拒绝，认为必须维持朝鲜领土的完整与主权的独立。这一年九月，哱拜事件平息，中国大将李如松率援朝军出发。

李如松于十二月渡过鸭绿江，跟国王李昭会合。明年（1593）正月，开始进攻，张居正整顿后的武装部队，仍有残存的优良纪律和战斗力，日军大败。援朝军追击三百余公里，克复平壤。再追击一百五十余公里，克复开京（开城）。日军节节失利后，在王京（汉城）北十五公里碧蹄馆，布置埋伏，由间谍向李如松报告说："日本人已放弃王京，向南逃归。"李如松这时已经被胜利冲昏了头脑，十分骄傲。他轻骑急追，在碧蹄馆陷入重围，战马跌倒，他的头部受伤，虽然援军仍将日军击退，但损失惨重，锐气已消。

然而，日本也无力反攻，而且鉴于平壤之败，不敢固守后勤交通线有随时被切断危险的孤城，不久真的放弃王京（汉城），撤退到朝鲜半岛南端最初登陆地的釜山。丰臣秀吉返回日本，留下小西行长，等候命令。这时除了釜山一城外，朝鲜全国光复。如果换了有些大国，可能会趁此良机，把朝鲜一口并吞。然而中国却命国王李昭不必内迁，还都王京（汉城），李昭像中了马票一样的大喜过望。

日本退守釜山后，中国援朝军在外围布防。国防部长石星主张谈判解决，国王李昭也向中国要求如此。这件艰难的工作由沈惟敬担任，最后中国允许加封丰臣秀吉为日本国王，并允许日本贸易，日本则允许撤出釜山。1596年，中国派遣使节团前往丰臣秀吉所在地大阪（当时日本首都仍在京都），举行册封典礼，朝鲜也派一个代表团陪同观礼。然而，日本的谈判不过是一个骗局，丰臣秀吉需要时间重新集结兵力。我们一眼就可看出，他不能接受日本国王的封号（好像连精通日本语文的沈惟敬，也不知道日本还有一个高高在上的天皇）。于是等到中、朝两国代表团抵达大阪之后，丰臣秀吉指摘两国代表团的代表，官位太低，礼物也太薄，不但瞧不起日本，也瞧不起中国。一方面要求中国惩罚朝鲜，一方面在釜山发动第二次攻势。

丰臣秀吉的背信，影响两个人的生命，一是国防部长石星，一是和平使节沈惟敬，这两位从事和解的人物，被勃然震怒的明政府皇帝朱翊钧下狱处决。然后命杨镐、邢玠两位大将，分别围堵。杨镐是著名的债帅人物，他在釜山北方被日本的凌厉攻势击败，死伤惨重，只身逃脱。幸而邢玠终于挡住了日本陆军，并用海军骚扰日本的海上补给线，日军的处境不久就岌岌可危。

1598年，即本世纪（十六）最后第二年，丰臣秀吉在大阪逝世，遗令退军，留在釜山的日军才行撤退。其实即令丰臣秀吉不死，日军因粮道不绝如缕，也会撤退。但丰臣秀吉之死，使他们撤退有名，保持了颜面。

——七世纪时，日本出兵朝鲜半岛，还可以说是援助百济王国对抗新罗王国。本世纪（十六）这一次，则连一个借口都没有，而是赤裸裸最原始性的对外侵略。假如不是中国干预，朝鲜早已灭亡。日本似乎总是气咻咻的，稍微有一点力量，就企图奴役他的邻国，不管这邻国对他多么友善。

这是日本第一次侵略朝鲜，也是中国第一次保卫朝鲜，自九十年代1592年到1598年，历时七年。日军撤退后，中国援朝军也跟着撤退。这是历史上国与国之间，最标准的无私援助，中国战士的鲜血，洒遍朝鲜半岛，而一无所求。

九　阳明学派

当援朝战役结束时，本世纪（十六）也告结束。

让我们暂时抛下使人昏眩的政治军事，走到另两个宁静的领域——一是学术思想领域，一是文学创作领域。学术思想领域中，本世纪（十六）兴起一种新的思潮，即阳明学派。文学创作领域中，则进入了小说时代，连续出现三部伟大的小说。

我们先叙述阳明学派。

自从公元前二世纪起，中国的正统思想是儒家学派的崇古思想。公元后十一世纪，儒家思想中的理学一派，成为儒家思想的正统。大黑暗时代正是理学兴盛的时代，理学最大的流弊是嘴上说的和笔下写的，都是仁义道德，而行为上不能实践，以致满坑满谷的仁义道德，都成了专门外销给别人的出口货，阳明学派针对这种流弊而生。

阳明学派的创始人王守仁，是一个多方面发展的人物，他的一生遭遇比理学派创始人之一的朱熹，要复杂曲折得多，社会地位和事业成就，也比朱熹为高。王守仁当过小官，下过诏狱，受到最屈辱的廷杖。但也当过大官，统过大军，擒过叛王，扑灭过民变，最后被皇帝封为伯爵。

王守仁于本世纪（十六）头十年，当南京国防部的科长（南京兵部主事），因为竭力拯救被宦官诬陷的朋友，触怒了大宦官刘瑾，被逮下锦衣卫诏狱，打四十廷杖，然后贬谪到与首都航空距离一千七百公里外的龙场驿（贵州修文），担任驿站站长（驿丞）。龙场在当时是一个荒凉的地方，人迹罕至，王守仁的前途一片沮丧和绝望。但就在那里，使他过去一直感到困扰的，理学家们何以言行不符的丑陋现象，豁然开朗地得到了解决方法。这被称为阳明学说，包括下列两个主题：

一、致良知
二、知行合一

致，即实行。良知，即心理上的自觉。王守仁的要求是，既然知道这个道理，就要去实行这个道理。实行这个道理，就是知行合一。仅仅自命为知道了而不去实行，那就不能称之为真正的知道了，人性的败坏的主要原因在此，真正的知识离不开实践。

自从十二世纪朱熹利用白鹿洞书院讲学，以传播理学思想，讲学即成为高级知识分子传播知识的重要手段。讲学跟学校不同，讲学是公元前五世纪孔丘式的（在西方，柏拉图也是采取这种方法，因而被称为柏拉图式的），纯以教师个人为主，没有肄业年限，也不限定授课的场所。这种讲学的方式最大的优点是，可以避免对自己的理论建立严谨的课程，教师只是随时随地的，想到哪里，讲到哪里。学生们固然可以追随教师数年数十年，但也可以只交谈几句话，即恍然大悟，满载而去。王守仁即用这种儒家学派的传统方法，传播他的学说。当一十年代1519年，朱宸濠亲王在南昌（江西南昌）叛变时，王守仁正担任江西南部军区司令官（南赣巡抚），他率领大军，迅雷不及掩耳地进攻南昌，把朱宸濠擒获。即令在如此军事倥偬之际，他仍然讲学不辍，从各地投奔他的学生，跟他的卫士一样，他走到哪里，学生们跟到哪里。

阳明学派对理学学派是一个正面的打击，至少儒家阵营中已并行有两支主流。但使理学家痛恨的是，阳明学派显然在指责理学家都是假仁假义、只说不做的骗子。尤其当理学家发现这种指责大部分竟然都是真实时，更老羞成怒，把王守仁形容为仅次于嬴政大帝的第二号魔鬼。两派人物不久就排挤斗争，把自己纳入君子系统，把对方纳入小人系统，互相用恶言咒骂。

可是阳明学派思想比理学学派更近一步地接近佛教神秘主义的禅机，阳明学派的"良知"，不是靠科学方法获得，而是跟得道的高僧一样，完全靠领悟获得。佛教中观音菩萨可以用一句话点破凡夫俗子的悟性，使他成为神仙，阳明学派更注意这个契机。而领悟是独占的，不能公开验正。于是，到了后来——王守仁逝世一百余年的下世纪（十七）中叶时，阳明学派遂走入空疏的幻境，一些堕落的阳明学家跟酒肉和尚一样，认为贪赃枉法，照样可以使自己成为圣人，引起理学家的反击，遂转衰落。

一〇 三部小说

其次，我们叙述三部小说。

中国文学的发展，像一列车厢分明的火车，从公元前五世纪的《诗经》，发展到公元前四世纪的《楚辞》，再发展到公元前二世纪的汉赋，然后发展到八世纪的唐诗，十一世纪的宋词，十三世纪的元曲。到了本世纪（十六），则开始了一个新的时代——小说时代，有三部代表中国文学高度成就的长篇小说，先后出现。

三部小说是：罗贯中的《三国演义》、施耐庵的《水浒传》、吴承恩的《西游记》。

《三国演义》的作者罗贯中，有人说他是浙江杭州人，有人说他是山西太原人。有人说他是十四世纪人，有人说他是上世纪（十五）跟本世纪（十六）之间的人。我们不知道正确答案，只知道他是中国历史上第一位伟大的小说家。

《三国演义》是一部报导文学，报导第三世纪三国时代——曹魏帝国、蜀汉帝国、东吴帝国，对抗的经过和最后终于统一的故事。这些多彩多姿的故事，早就在民间流传。第十世纪后，曾出现讲述这些故事的稿本，那时还没有"小说"这个名词，只称为"评话"。到了本世纪（十六），罗贯中用他的才华把它们加以整理组织，遂成为一部有文学价值的巨著。在这部小说中，蜀汉帝国的宰相诸葛亮，被塑造成一个会呼风唤雨、神机妙算的道教巫师。大将关羽，因他对义兄刘备私人的效忠精神，被称为忠义人物的典型，死后且被世人尊为神祇。另一位大将张飞，以直爽鲁莽、粗线条闻名于世。中国古典戏剧中有太多的主题，取材于这部小说。

《水浒传》的作者施耐庵，身世跟罗贯中一样，历史上没有确实的记载，据说曾当过钱塘（浙江杭州）仓库的管理员。我们姑且猜测他生在罗贯中之后，因为他写的《水浒传》，用的是流畅而成功的白话文（《三国演义》还是用文言文，虽然是很通俗的文言文），这是他大胆的革命创举。

十二世纪初叶，宋王朝酒肉皇帝赵佶（宋徽宗）在位时，曾经有三十六个骑士人物，以山东梁山泊为根据地。梁山泊是山东梁山县梁山之下的洼地湖，古代巨野泽的遗址附近。十二世纪时，黄河溃决，遂成为一片汪洋。这三十六个行侠仗义的骑士人物，纵横华北大平原，专杀人民所最痛恨的贪污官员和土豪恶霸，抢劫富家的财物，救济贫民。这种行为被广大的群众歌颂为"替天行道"。骑士们生龙活虎般的故事，在民间流传已达数百年之久。但直到施耐庵手中，才被组织成为一部文学价值和社会史价值同样高的巨著，而三十六个骑士，也增加三倍，成为一百零八位梁山泊好汉。

全书精神是一种"官逼民反"的痛苦呐喊，施耐庵用无懈可击的布局和深刻的分析，把每一个骑士，由守法畏官的善良小民，到被逼上梁山泊，成为官员心目中的万恶匪徒。他们转变的过程，都有细腻的描绘。每一个角色所遭受的迫害都不一样，但不甘心死于迫害，铤而走险的结局却是一样。我们可举出书中第一个出现的主角之一的林冲作为说明：林冲是宋王朝政府禁卫军的一位中级军官（八十万禁军教头），宰相的儿子看上了林冲美丽的妻子，在调戏强奸失败后，宰相即拿出传统的"诬以谋反"的冤狱手段，把林冲逮捕判刑，贬谪到边荒地区做一名看守草料的士兵。但他的妻子拒绝改嫁，仍盼望遇到大赦，丈夫得以回家团聚。宰相为了断绝她的盼望，采取进一步的行动，于是当地负责的军区司令官，派了两个爪牙，乘着大雪之夜，到草料场中纵火。这是一个毒计，如果把林冲烧死，固然达到目的。即令不能烧死，林冲焚毁了军用物资，也逃不了军事法庭死刑的处决。林冲在大火中死里逃生，正要去司令部报告时，却听见两个爪牙在兴高采烈地谈论这个阴谋。林冲把他们杀掉，然后发现自己"有国难奔，有家难投"，唯一的一条路是，到梁山泊当强盗。

——《水浒传》跟《三国演义》，同是中国人最欢迎的文学作品，但《水浒传》却受到儒家系统的厌恶，因它暴露了中国不断民变的内幕，太富于反抗精神。

《西游记》的作者吴承恩，他是三位作者中唯一敢确定籍贯和时代的一位。他是南直隶（江苏）淮安府山阳县（淮安）人，生于本世纪（十六）第一年（1500），死于八十年代1583年，活了八十四岁高龄。

《西游记》也是民间流传下来的故事，由吴承恩把它综合成为一部巨著，描写七世纪唐王朝高僧玄奘前往印度寻求佛教经典（唐僧取经）的故事。玄奘在西行路上，收了三个妖怪作为他的门徒。即猴精孙悟空、猪精猪八戒、水怪沙和尚，还有一匹由白龙变化而成的白马。孙悟空神通广大，能力高强而心肠善良。猪八戒具有人类所有的弱点：自私懒惰、贪吃贪财、投机取巧、喜欢说谗言和挑拨是非。沙和尚则是平凡的乡愿，既没有特殊长处，也没有特殊的短处。他们组成了一个奇异的武装旅行团，从中国到印度，沿途共遇到八十一次灾难，每次都因为玄奘或猪八戒的错误而发生，每次也都靠孙悟空锲而不舍的忠心和努力，拯救出险。

《西游记》曾引起很多学者研究它的涵义，有人说是宣扬佛教，有人说是宣扬佛道儒三教合一，有人说是描写人物的善恶两面，有人说是讽刺明政府的黑暗，有人说它只是吴承恩的游戏之笔。我们感觉到应注意两点：第一，《西游记》中人物，除了玄奘一人外，其他全属虚构。八十一次灾难，每一难有每一难的特色和情趣，从开始到结束，都不相同，这是一种丰富的想象力。第二，《西游记》是一部幽默作品，书中人物连篇累牍的对话和动作，都使人做会心的微笑。而想象力和幽默感，正是中国儒家知识分子——无论他是理学派或阳明学派，所最缺少的东西。

这三部小说在中国早已家喻户晓，历时数百年，直到二十世纪都被爱好不衰。几乎所有中国人都熟悉书上的每一个人物和书上发生的每一个故事。对这些人物和故事，无不能娓娓道来，如数家珍。我们认为说下面的话并不过分：要想了解中国，在这三部小说中可找到宝贵的答案。三部小说在此后所发挥的力量和对中国人的影响，超过儒家系统的"四书""五经"百倍。

东西方世界

——头十年·1508年（刘瑾大发威风，命中央政府高级官员跪奉天门），西班牙征服古巴。

——一十年代·1517年（亲王朱宸濠叛变前二年），（一）葡萄牙商人到广州，欧洲跟中国海上的直接贸易，从此开始。（二）威丁堡大学神学教授马丁·路德，焚毁教皇李奥十世出售赎罪券的谕旨，宗教革命爆发。

——一十年代·1519年（亲王朱宸濠叛变，酒肉皇帝朱厚照下诏亲征，乘机游荡江南），（一）西班牙国王查理五世资助船长麦哲伦做第一次环球航行。（二）西班牙征服墨西哥。

——二十年代·1520年（朱厚照在江南广索民间妇女，随从的宦官和士兵军官，更为横暴），麦哲伦船队穿过麦哲伦海峡，进入太平洋。

——二十年代·1521年（朱厚照病死，堂弟朱厚熜即位，"大礼议"事件起），麦哲伦到菲律宾群岛，被当地居民所杀。

——二十年代·1528年（王守仁讨伐广西民变），蒙古酋长巴布尔（帖木儿可汗五世孙）进攻印度，陷德里城，建莫卧儿帝国。

——四十年代·1542年（首席宰相夏言与次席宰相严嵩，斗争正烈），西班牙征服菲律宾群岛。

——四十年代·1543年（宫女杨金英集团谋杀朱厚熜失败），波兰学人哥白尼逝世，所著《天体运行论》发表，揭示地球非宇宙中心，太阳乃宇宙中心。

——四十年代·1547年（朱厚熜诬杀夏言前一年），莫斯科公国大公伊凡四世（恐怖伊凡），改称沙皇，俄罗斯帝国出现。

——五十年代·1554年（倭寇正扰东南一带），英国女王玛丽（血腥玛丽）迫害新教徒。

——七十年代·1572年（朱翊钧即位，张居正当权），法国皇太后凯瑟琳下令屠杀新教徒，史学家称"圣巴托罗缪惨案"。

——八十年代·1588年（张居正死后第六年），西班牙无敌舰队进攻英国失败，自此西班牙没落，英国取而代之。

——九十年代·1598年（保卫朝鲜战役结束），日本最高执政官（关白）丰臣秀吉逝世，托孤于部将德川家康、毛利辉元。

第30章
第十七世纪

本世纪，欧洲各国无论在领土、思想、学术各方面，都继续不断地扩张和进步，诸如：

——荷兰征服东印度群岛（印度尼西亚）、台湾、澎湖。

——英国、荷兰分别殖民北美洲，英国又把荷兰人驱逐。

——英国爆发革命，国会法庭判处国王查理一世死刑。

——英国国会通过《权利法案》，严禁非法逮捕。民主政治确立。

——英国征服印度。

——牛顿发明微积分，发现地心吸力。

——伽利略发现太阳大、地球小，地球绕太阳而行。

中国在大黑暗时代中，停滞如故，但本世纪可分为两个阶段。四十年代前，政治更为黑暗，可以说是中国有历史以来最黑暗的时代，饥饿愤怒的群众终于把明政府和朱姓皇族推翻。代之而起的，即四十年代后，是乘虚而入的满洲人爱新觉罗皇族组成的清政府，华夏民族第二次沦为亡国奴。不过，爱新觉罗皇族是中国历史上最好的一个皇族，至少他们治理国家的能力，要比朱姓皇族高明。到了本世纪八十年代，在大黑暗的浓雾中，竟奇迹般地为中国带来了为时一百年之久的第三个黄金时代。

一　断头政治的极致

欧洲日益加强它的掠夺，从旧大陆掠夺到新大陆，从欧洲掠夺到亚洲。黄种人、棕种人、红种人、黑种人，被侵入的白种人无情地奴役和屠杀。全世界都听到亚洲人、非洲人和美洲人的呼喊，也都听到欧洲人磨刀霍霍。只有中国人没有听到，中国的明王朝政府，正闭着眼睛，一日千里地向着使它粉身碎骨的断崖奔驰。

张居正所辅佐的第十四任皇帝朱翊钧（嘉靖帝），完全继承他祖先朱元璋和祖父朱厚熜的劣根性，而且更加愚暴。据说他又染有从海外初传入中国的鸦片烟瘾，所以他更多了一个吸毒者的特质。张居正于上世纪（十六）逝世，像撤了堤防一样，使朱翊钧的凶顽性格，汹涌而出。张居正是1582年死的，朱翊钧可能当年就染上了嗜好，因为就在这一年，他就开始不跟大臣见面。最初，隔几天还出现一次，后来隔几十天出现一次，久之隔几个月出现一次。而到了上世纪（十六）八十年代1589年的元旦，那是天经地义的必须跟群臣见面的重要大典，朱翊钧却下令取消。而且从那一天之后，朱翊钧就像被皇宫吞没了似的，不再出现。二十六年后的本世纪（十七）一十年代1615年，才勉强到金銮殿上做一次亮相。

那一次亮相，也不简单。如果不是发生了使人心震动的"梃击案事件"，连这一次亮相也不会有。那一年，一个名叫张差的男子，手里拿着一根木棍，闯入太子朱常洛所住的慈庆宫，被警卫发现逮捕。政府官员们对该案的看法，分为两派，互相攻击。一派认为张差精神不正常，只是一件偶发的刑事案件。另一派认为它涉及夺嫡的阴谋——朱翊钧最宠爱的郑贵妃生有一个儿子朱常洵，她企图使自己的儿子继承帝位，所以收买张差行凶。朱翊钧和朱常洛都不愿涉及郑贵妃，为了向乱糟糟的官员们保证绝不更换太子，朱翊钧才在龟缩了二十六年之后，走出他的寝宫，到相距咫尺的宝座上，亲自解释。

这一次朝会情形，像一场有趣的卡通电影。朱翊钧出现时，从没有见过面的宰相方从哲和吴道南，率领文武百官恭候御驾，一齐下跪。朱翊钧屁股坐定，就拉着太子的手向大家宣布："这孩子非常孝顺，我怎会有更换他的意思？"又教三个皇孙也出来说："孙儿辈都已成长，不应该再有闲话。"太子朱常洛跟着说："你们看，我们父子如此亲爱，群臣们却议论纷纷，造谣生事。

你们目无君主，使我也成了不孝的儿子。"朱翊钧问大家："你们听见太子的话吗，还有什么意见吗？"方从哲除了叩头外，不敢说一句话。吴道南则更不敢说话，两位宰相如此，其他臣僚，自没有一个人发言。监察部委员（御史）刘光复，大概想打破这个沉默的僵局，开口启奏。可是，一句话还没有说完，朱翊钧就大喝一声："拿下。"几个宦官立即扑上去，把刘光复抓住痛打，然后摔下台阶，在鲜血淋漓的惨号声中，被锦衣卫的卫士绑到监狱。对这个突变，方从哲还可以支持，吴道南自从做官以来，从没有瞻仰过皇帝的长相，在过度的惊吓下，他栽倒在地，屎尿一齐排泄出来。朱翊钧缩回他的深宫后，众人把吴道南扶出，他已吓成一个木偶，两耳变聋，双目全盲，经过几天之后，听觉视觉才渐渐恢复。

这是隔绝了二十六年之后唯一的一次朝会，没有一句话说到国家大事，群臣们印象最深的只是皇帝展示威风的大喝一声"拿下"。从此又是五年不再出现，五年后，朱翊钧就死翘翘了。

——人的感情反应，有时候竟会恰恰相反。朱祁镇、朱厚照之类的活宝，把皇宫当作不快乐的地方，总是到外面游荡。而朱厚熜、朱翊钧之类瘪三，又把皇宫当作最快乐的地方，连片刻都不肯离开。对于后者，我们真不了解，在那个范围有限（不过三四十个院子）的皇宫中，每天所见的都是同一的面孔和同一的景色，怎么能自我关闭三十年，而不感到单调烦闷。

断头政治已够骇人听闻，而朱翊钧的断头政治，尤其彻底。他的祖先们虽然关闭深宫，国家事务，还利用"票拟""朱批"，仍在松懈地推动。朱翊钧三十年的断头政治，连"票拟""朱批"都几乎全部停止。官员们的奏章呈上去后，往往如肉包子打狗，永无消息。

明王朝的宰相不能单独行使职权，他的权力来自他自己的"票拟"和皇帝的"朱批"，二者缺一，宰相便等于没有能源的机器，毫无作用。朱翊钧时代的断头政治使二者全缺，全国行政遂陷于长期的停顿。到了一十年代1610年，中央政府的六个部，只有司法部（刑部）有部长，其他五个部，全没有部长。六部之外的监察部（都察院）部长（都御史），已缺十年以上。锦衣卫没有一个法官，囚犯们关在监狱里，有长达二十年之久还没有问过一句话的，他们在狱中用砖头砸自己，辗转在血泊中呼冤。囚犯的家属聚集在长安门（宫门之一）外，跪在地下，遥向深宫中他们认为是神圣天子的朱翊钧哭号哀求，行路的人都跟着他们痛哭，但朱翊钧没有任何反应。宰相们一再上奏章请求委派法官或指定其他官员办理，同样没有反应，全中国地方政府的官员，也缺少一半以上，不但请求任用官员的奏章，朱翊钧视若无睹，对官员们辞职的辞呈，也视若无睹。宰相李廷机有病，连续上了一百二十次辞呈，都得不到消息，最后他不辞而去，朱翊钧也不追问。1619年，辽东军区总指挥（辽东经略）杨镐，四路进攻新兴起的巨敌后金汗国，在萨尔浒（辽宁抚顺东）大败，死四万五千余人，开原（辽宁开原）、铁岭（辽宁铁岭）相继陷落，距沈阳只六十公里，北京震动。全体大臣跪在文华门（宫门之一）外，苦苦哀求皇帝批发军事奏章，增派援军，急发军饷——前线战士正在冰天雪地和饥饿中杀敌，可是朱翊钧毫不理会。大家又转到思善门（宫门之一）外跪求，朱翊钧同样毫不理会。

世界上再找不出这种政治形态，宫门紧闭，人们无法进去，奏章投进去如同投进死人的坟墓，得不到任何轻微的回音。人民的哭号，官员的焦急，如火如荼的民变兵变，遍地的诟詈声和反抗暴政的革命，朱翊钧都无动于衷。

明政府现在已成了一个断头的僵尸。

二　矿监·税监

但朱翊钧这个吸毒犯的无动于衷，并不是绝对的。他对有些他认为重要的少数奏章，仍然会处理，如上世纪（十六）保卫朝鲜战役，奏章便很少发生投入坟墓的现象。事实上，三十年中，除了上述"拿下"一次之外，朱翊钧也偶尔跟宰相接触过，如本世纪（十七）头十年，朱翊钧曾因病危，单独接见过当时的宰相沈一贯。

然而，朱翊钧对另外一些人的请求，他的反应却像跳蚤一样的敏锐。那就是散布在全国各地的矿监和税监们的奏章，上午送进皇宫，朱翊钧的"朱批"谕旨，下午就发了出来。其敏捷迅速的程度，使宰相们自顾形惭。

由宦官管理开矿和负责征收赋税，是大黑暗时代的暴政之一，依照儒家正统的政治哲学，凡是祖先创立的制度，后世子孙绝不可以更改，而"矿监"和"税监"，正是祖先创下来的制度之一。所谓矿产，主要的是金矿、银矿和朱砂矿，某一个地方一旦发现矿苗，皇帝就指派一个宦官前去主持，官衔是"某地某矿提督太监"。所谓税收，政府本有财政部（户部）主持，财政部也本有它的税务机构。但皇帝却另外设立一个征税系统，由他指派的宦官负责，称为"某地某税提督太监"。简称为矿监和税监。

在二十世纪，开矿是一件受人欢迎的生产性建设，但在大黑暗时代，却是谋杀的手段。宦官在最初派遣时，固然只有一个人，不过依当时官场的传统习惯，他至少拥有一百余人的随从。在随从中，他遴选十几个负实际责任的矿务官员，此十几个矿务官员，各又有一百余人的随从（这正是《红楼梦》所形容的"奴才还有奴才"的现象），每家以五口计算，一个矿监至少有五千人寄生在他身上，这种非生产的人事开支，就是最富有的金矿都无法负担，而且还不把贪污的数目计算在内。矿监系统自有他们的特殊办法，这办法就是一律转嫁到当地居民身上，那只要随意指认某一个富家地下有矿苗，就可以了。一旦被认为地下有矿苗，那家房屋就要全部拆除，以便开矿，唯一避免拆除的方法是贿赂。开矿时挖掘不到或矿藏不多，附近的富家随时都可被指控"盗矿"，富家破产后，盗矿的罪名就延伸到穷人头上，他们被投入监狱，苦刑拷打，直到全家尽死，或缴出全部"盗矿"的赔款。一个矿场即令枯竭，也不能关闭，因为关闭后五千余人的生路便告断绝，所以全部开支，包括呈献给皇帝的数目，都由当地人民承担。

　　税监跟矿监相同，而更普遍，像天津的店铺税，东海沿岸的盐税，浙江、广东、福建等省的海外贸易税，成都的茶税、盐税，重庆的木税，长江的船税，荆州（湖北江陵）的店税，宝坻（天津宝坻）的鱼税、苇草税。普通税吏本已是烂污人物，但比起税监系统，他们简直纯洁得如同婴儿。税监系统只要用手向某商店一指，说他漏税，这个商店纵然破产都不能清偿。

　　除了矿监、税监，还有采办太监和织造太监。前者如采办木材，采办香料，采办宫花珠宝；后者如烧制瓷器，纺制锦绣绸缎。他们对人民的伤害，不亚于矿监税监。用采木作为说明，在采购中心的四川，便有一个沉痛的谚语："入山一千，出山五百。"形容采伐一根供皇帝建筑宫殿的巨木，一千人中要死五百余人，才能砍倒和运出丛山。四川人民一听到采木的宦官驾到，无不惊恐。

　　宦官系统因有皇帝支持的坚强背景，他们的凶暴更甚于官员和乡绅，甚至骑到官员和乡绅的头上，平民就更不堪活命了。最闻名于世的湖广（湖北及湖南）税监陈奉，就是其中之一。他不但征税而已，还公开的抢劫行旅，殴打维持治安的官员。他手下的税吏在武昌（湖北武汉）经常假借着缉查私货的名义，闯入民宅，奸淫妇女，勒索财物，稍微不满意，就逮捕到税监所主持的税务公署，用酷刑追缴漏税。1601年，即本世纪（十七）第二年，武昌就因税吏强奸一位妇女的案件，激起大规模暴动，二十余万人攻击税务公署，陈奉逃到亲王府躲避，密令他的骑兵卫队三百余人（一个宦官竟有如此庞大的卫队），向抗暴群众冲杀，当场数十人死于非命。群众更为愤怒，生擒了陈奉最亲信的助手六人,投入长江。云南税监杨荣,比陈奉还要厉害,群众起来攻杀他的随从,杨荣就一口气逮捕了数千人,全都用酷刑拷死,又逮捕被认为拒绝合作的一位中级军官(指挥使)樊高明,拷打后戴枷示众。1606年,民变与兵变结合,突击杨荣,把他杀掉。

——罪恶的根事实上不是宦官而是皇帝,杨荣事件后,就发生一件肉麻当有趣的反应。酒肉皇帝朱翊钧并不追问群众暴动的原因,而只对群众胆敢犯上作乱,大为震怒。为了加强这种震怒的效果,朱翊钧拒绝吃饭,宣称:"杨荣算不了什么,我痛心的是,那些凶手把国家法律的尊严置于何地?"

朱翊钧贪财而残忍,他在宫中除了吸毒外,便是喝酒,每喝酒一定酩酊大醉,左右伺候他的宫女和小宦官,一不顺眼,朱翊钧就喝令扑杀(我们应牢记他"拿下"的威风)。截至上世纪(十六)九十年代1592年统计,死在他皮鞭下的已达一千人。我们无法得到准确数字,"一千人"是当时大臣公开写在奏章上的。那一年朱翊钧已在位二十一年,平均每星期都要有一个哀哀无告的宫女和小宦官,被他杀害。只有一种情形才能使他回嗔作喜、和颜悦色,那就是向他奉献开矿和征税所得的金银财宝。矿监、税监们不得不倾全力去搜括,他们知道,如果奉献太少,触怒了那位高高在上的吸毒犯,自己难逃一死。

本世纪(十七)头十年1602年,朱翊钧染病沉重,再邪恶的人,到了临死,都会天良发现。朱翊钧对深夜被召入深宫与他诀别的宰相沈一贯说:"开矿收税的事,大家都反对,我因为宫殿没有筑成,所以采取权宜措施。现在可以停止了,江南的织造和江西的瓷器,也一齐停止,宦官一律撤回。"又亲笔写了一张谕旨交给沈一贯。可是,到了明天,在全国都盼望那个暴君死亡的欢乐愿望中,朱翊钧却竟然痊愈。他清醒后第一件事就是对撤销矿税宦官的事懊悔不迭,一连派出二十位宦官,到宰相所在地的内阁索回谕旨,沈一贯最初还鼓起胆量拒绝,以致平常不把宰相放在眼里的那些宦官,恐惧万状,向沈一贯叩头流血。沈一贯不敢再坚持,只好缴回。然而司礼太监田义(一位有血性的宦官),向朱翊钧劝阻说:"谕旨已经颁发,恐怕无法收回。"朱翊钧怒不可遏,亲自挥刀,要杀田义。撤销矿监、税监之事,就此告吹。

事情已十分明白,明政府跟全体中国人民,已不能共存。凤阳军区司令官(凤阳巡抚)李三才,在请求朱翊钧停止矿税宦官的奏章上(这奏章照例的如石沉大海),有一段说话:"杀人父母,使人成为孤儿;杀人丈夫,使人成为寡妇;破人家庭,掘人坟墓(在二十世纪前,中国人一直强烈崇拜祖先）；纵然对方是仇人敌人，我们都于心不忍，陛下怎么忍心对一向被你称为赤子的臣民如此？"

问题是，朱翊钧硬是忍心如此。

——在那个时代，整个国家都是皇帝的私产。朱翊钧还要搜括这些财宝干什么？这是一个谜。这谜于一十年代1614年揭晓。郑贵妃所生，被怀疑阴谋夺嫡的儿子朱常洵，封到洛阳（河南洛阳）当亲王，除了国库负担一个可怕的数目外，老爹老娘把从"矿""税"所得到的血腥钱，全部交给这个宝贝，希望任他怎么花都花不完。二十七年后（四十年代1641年），民众抗暴领袖李自成攻陷洛阳，这位宝贝儿子跪在李自成面前叩头乞命，仍被剁成肉酱，跟鹿肉拌在一起，被愤怒的群众吃掉，那些财富又回到民间。

三　后金汗国崛起东北

一十年代1616年，即朱翊钧展示威风"拿下"事件的明年。位于北京东北七百公里的赫图阿拉城（辽宁新宾），女真部落一位酋长努尔哈赤，自称可汗，建立后金汗国。

——这是明王朝第一响丧钟，二十八年后，他们进入北京。

女真民族于十二世纪时，曾建立金帝国，征服了宋王朝一半以上的土地，还活捉了当时宋王朝的两个皇帝。金帝国灭亡时，进入中国本土的女真人，大部分被歼灭。只有遗留在故土上的若干部落，仍然存在，他们分为下列的三部，其中以建州女真最为强大：

一、野人女真　住黑龙江下游一带
二、海西女真　住东北平原一带
三、建州女真　住图们江一带

上上世纪（十五）头十年，明政府特地加封建州女真的酋长李满住为建州卫司令官（都指挥使），作为藩属。所谓"卫"，即军事屯垦区。司令部所在的建州，即俄国海参崴稍北的双城子。不久，野人女真南侵，建州女真受到压迫，沿着图们江逆江而上，向西南迁移。明政府就先后把他们分割为三个卫，总称"建州三卫"。我们用下表说明：

原称	建州三卫	所在	著名首长
建州卫（俄国双城子）	十五世纪二十年代迁建州卫	赫图阿拉城（辽宁新宾）	李满住（十五世纪）·觉昌安（十六）、塔克世（十六）、努尔哈赤（十七）
	十五世纪一十年代设建州左卫	阿木河（朝鲜会宁）·三十年代西南迁·与建州卫合并	猛可帖木儿（十五）、董山（十五）
	十五世纪四十年代分建州右卫	古勒城（辽宁抚顺古楼村）	凡察（十五）、王杲（十六）·阿台（十六）

上世纪（十六）七十年代，建州右卫司令官（都指挥使）王杲，最为强悍，屡次沿边劫掠。明帝国边防军军官裴承祖到他的辖区寻找逃犯，王杲竟把裴承祖剖开肚子惨杀。明帝国边防军把王杲击斩，但他的儿子阿台继续跟明政府对抗。到了上世纪（十六）八十年代1583年，辽东兵团司令官（辽东总兵）李成梁，再发动一次攻击，由建州卫所属的两位酋长尼堪外兰（苏克素护河部落）、觉昌安（觉罗部落），分别担任向导，包围建州右卫所在的古勒城（辽宁抚顺古楼村）。觉昌安奉命到城中劝说投降，被阿台拘留囚禁。城陷落时，觉昌安的儿子塔克世首先冲进去抢救父亲，觉昌安却在大火中烧死，塔克世也在混乱中被明政府军误杀。

这是一件缺乏积极证据，但并不是没有迹象可寻的陷害谋杀疑案。父子二人深入虎口，觉昌安适时地被烧死，塔克世也适时地被自己方面的军队，即明政府的军队所误杀。当时就传说纷纷，认为是尼堪外兰和李成梁的阴谋，目的在铲除日后潜在的敌人。

阿台的覆灭和觉昌安父子之死，使建州三卫的政治组织瓦解，部落星散，各自为政，这正是中国明政府所企求的。然而，塔克世的二十八岁的儿子努尔哈赤，是一个雄才大略的人物，他跟十三世纪蒙古帝国开国大汗铁木真的遭遇，几乎完全相同。努尔哈赤自幼丧母，不堪继母的虐待，离家流浪到当时中国东北重镇抚顺（辽宁抚顺）。因祖父和父亲跟明政府都有密切关系的缘故，他有机会出入辽东兵团司令部（在辽宁辽阳）跟李成梁的私宅，对明政府的贪污无能和军队的腐败，有深刻的印象。又因广泛地跟异民族的汉人来往，使他的胸襟和智慧，日益开阔。他追求高等知识过程中，《三国演义》和《水浒传》两部小说，在他身上产生极大的影响，使他不久就成为一个受部落爱戴的军事统帅和政治领袖。

努尔哈赤从他父亲那里，只继承了十三副盔甲和叛变逃亡后剩下的数十名部众。他收拾残局，忍辱负重，捕杀背叛明政府的同族女真人，以表示对明政府的忠心耿耿。再加上他祖父、父亲同时为明政府牺牲，努尔哈赤遂被明政府正式任命为建州卫代理司令官（都督佥事），努尔哈赤即利用这个官衔所赋予的影响力，壮大自己。

三年后（上世纪八十年代1586年），他击斩尼堪外兰。

二十五年后，到了本世纪（十七）一十年代1616年，羽毛丰满。努尔哈赤正式称可汗，建立后金汗国，以继承覆亡于十三世纪的他祖先们的金帝国的大业。1618年，努尔哈赤以"七大恨"祭告天地，宣布他脱离明政府和跟明政府对抗的理由。"七大恨"中的第一大恨就是明政府杀了他的祖父和父亲，其他六大恨不过一些微不足道的鸡毛蒜皮小事。

发表"七大恨"的次年（1619），明帝国辽东军区总指挥（辽东经略）杨镐，这位在保卫朝鲜战役中全军覆没的债帅，动员精锐边防军九万人，包括从南方出击的朝鲜兵团一万人，分四路讨伐后金汗国，准备一举把这个初起的叛乱集团摧毁。努尔哈赤集结六万人抵抗，在萨尔浒（辽宁抚顺东）鏖战六天，杨镐大败，四万五千人阵亡，朝鲜兵团投降后金，而后金汗国只死了两千余人。努尔哈赤乘胜进攻，一连攻陷开原、铁岭。这是明政府最早一次，也是最后一次主动出击，从此只有挨打和逃跑的份。

两年后（二十年代1621年），后金汗国攻陷抚顺、辽阳、沈阳。明政府任命熊廷弼担任辽东军区总指挥（辽东经略），而另任命王化贞担任辽东军区司令官（辽东巡抚），这是大黑暗时代最流行的双线领导制度，目的在互相牵制，防止叛变。总指挥和司令官的权力和责任，很难划分，熊廷弼是继于谦之后明帝国最伟大的军事天才，他对领悟力较弱的蠢庸之辈，感到不能忍受，所以他的人缘不好，高高在上的那些官僚政客，尤其厌恶他，他的官位虽然理论上比王化贞稍高，但王化贞有国防部长（兵部尚书）做他强硬的靠山，所以熊廷弼指挥不了他，熊廷弼只有四千人的部队，驻防山海关（河北秦皇岛东北）。王化贞则拥有重兵六万，驻在山海关之北二百四十公里的广宁（辽宁北宁）。王化贞跟十一世纪的范仲淹一样，善于对内宣传，他宣称只要政府一声令下，他的大军立刻就可以把努尔哈赤一举荡平。熊廷弼深知道边防军腐败已极，没有战斗力量，坚持主张采取守势，不可轻率挑战。但王化贞壮烈的言词和用克扣军饷的钱行使的贿赂，收到预期的效果，北京大多数重要官员都支持王化贞，一致抨击熊廷弼懦弱无能和刚愎自用。问题是，努尔哈赤并不支持王化贞。第二年（1622），当王化贞兴高采烈的招降纳叛，准备出击时，后金兵团先发制人，用闪电战术突击广宁（辽宁北宁），王化贞六万人覆没，只身逃走。

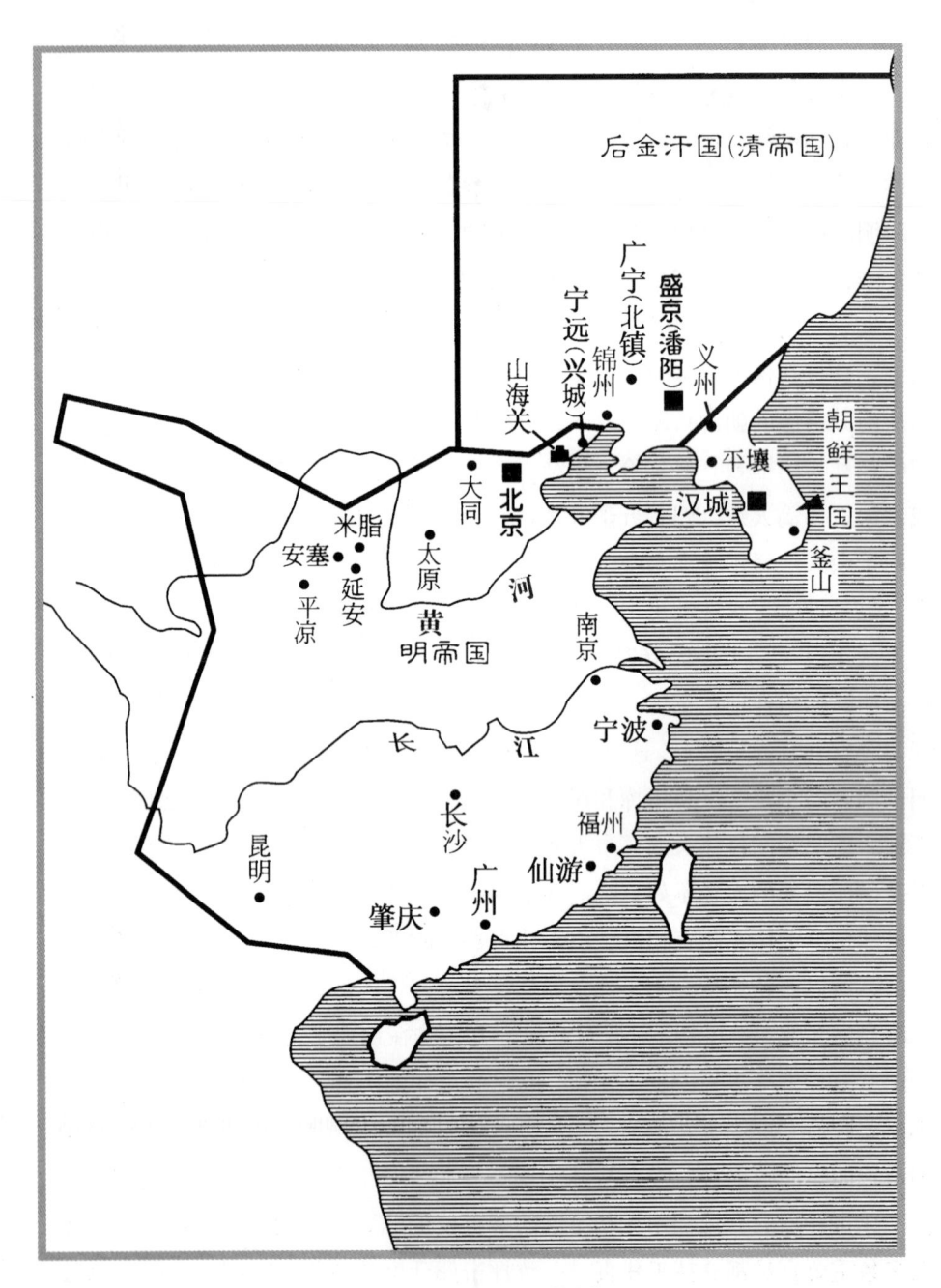

图四三 十七世纪・明王朝末期

——这次战役跟熊廷弼无关，但宦官巨头魏忠贤认为跟他有关，就跟他有关了。熊廷弼被逮捕下狱，三年后（1625）斩首。熊廷弼死时，王化贞虽然也在监狱里，但他仍然活着，在大量贿赂下，高级官员继续支持他，并且有数万被雇佣的职业群众，在北京街头示威，为卓越的王化贞将军呼冤。

王化贞的失败，使明政府在东北的土地，即辽东军区，丧失了百分之九十九，山海关外，只剩下锦州（辽宁锦州）、松山（辽宁锦州南松山堡）、宁远（辽宁兴城）三个孤城。宁远在山海关东北一百一十公里，由年轻有为的将领袁崇焕防守。

努尔哈赤于击败王化贞后，即把首都从赫图阿拉城（辽宁新宾）迁到刚从明政府手中夺取的辽阳（辽宁辽阳）。三年后（1625）再迁都沈阳（辽宁沈阳），步步进逼明帝国。明年（1626），努尔哈赤亲统十一万没有战败过的精锐兵团，围攻宁远，企图把山海关外的明政府的势力，全部肃清。结果遭到失败，努尔哈赤被守军使用的葡萄牙巨炮击中，重伤而死。

四　清帝国以战迫和

努尔哈赤的逝世对后金汗国没有重大影响，这是新兴政治力量的一种重要考验。他的继承人皇太极于老爹死后的次年（1627），对宁远发动第二次攻击，被袁崇焕第二次击退。皇太极在回军途中顺便进攻锦州，又被守军击退。明政府宣传这次战役是"锦宁大捷"。

皇太极同他老爹一样的干练，他综合分析宁远城外失利的结果，得到一个结论。认为明政府虽然困于国内如火如荼的民变，日趋衰弱，但边疆上的重点实力仍不能忽视。他希望跟明政府和解，只要明政府承认他的汗国存在，他愿意结束战争。

于是，皇太极采取行动，一是用武力征服北方的朝鲜王国和西方的蒙古察哈尔部，以切断明政府的左右两翼。一是绕过宁远（辽宁兴城）和山海关，从另外的道路，攻入中国本土，对明政府施以压力。这两者他都做得非常成功，朝鲜国防军溃败，在亡国和屈服之间，选择屈服。蒙古察哈尔部领袖林丹汗被击败后，向西逃亡，死于青海湖附近，他的儿子投降。后金汗国遂跟明帝国以长城为界，开始发动一连五次以战迫和的入塞攻击，完全采取蒙古帝国初期对付金帝国的挖心手段。我们把这五次攻破长城、深入明帝国心脏地带的战役，列为下表：

顺序	起讫	入长城处	攻陷城市	掳掠而去	中国内部
第一次	1629.11—1630.3	喜峰口	遵化、房山、固安、良乡、永平（卢龙）、迁安、滦州（滦县）。		高迎祥起兵称闯王，李自成称闯将。
第二次	1633.7—1633.8	得胜堡 上方堡	保安（涿鹿）、万全。		山西、陕西两省大饥，民变益众。
第三次	1636.7—1636.8	独石口 喜峰口	昌平、保安等12城。	人畜180000	高迎祥被明政府磔死，余众推李自成为闯王。
第四次	1638.9—1639.3	墙子岭	青山口、涿州等北直隶省48城。山东德州、济南等16城。	人口640000，银百余万两	张献忠伪降明政府。
第五次	1642.10—1643.4	墙子岭	蓟州（蓟县）、莒州（莒县）、兖州等67城。	人口360000，畜550000头	李自成陷开封。

从上表可以看出，在腐败的明王朝政府手中的万里长城，已成了脆弱的篱笆，丧失了它所应具有的防御北方游牧民族的功能。后金汗国在稍后也拥有葡萄牙巨炮，只要高兴，他们可以在任何地方轰出一个缺口，长驱直入。

最重要的一次入塞是第一次，由皇太极亲自率领，直抵北京城下，给骄傲自大的明政府带来最大的震恐。袁崇焕这时已擢升为辽东军区总司令（辽东督师），他得到消息，立刻统率五千骑兵向北京驰援，日夜不停地奔驰四百公里，到达北京时，人与马都疲惫不堪，但仍在广渠门（北京城门之一）外，击退后金兵团的攻势。可是北京那些勇于内斗的官员们并不感谢他，反而认为他应负不能阻挡敌人攻破长城的责任。而被攻陷的喜峰口（河北迁西北），却是属于另一个军区——蓟州军区。皇太极对这个屡次阻挠后金军事行动兼杀父之仇的袁崇焕，尤其恨入骨髓。一个小说上虚构的反间谍故事，移上真实的政治舞台。熟读《三国演义》的皇太极，运用"周瑜计赚蒋干"的方法，实施他的阴谋。

这个阴谋中扮演蒋干角色的是两个被俘虏的明王朝宦官，他们在睡梦中隐约听到看守他们的后金卫士如下的耳语对话。一个问："今天怎么忽然停战？"一个答："我看见可汗骑马走向敌人阵地，有两个人迎上来相见，密谈了很久。大概袁崇焕有什么秘密信息，事情很快就会解决。"两个宦官不久就自以为很幸运地逃出牢笼，回到北京，向第十七任皇帝朱由检（崇祯帝）告发。不但朱由检大大的震怒，几乎所有的官员都额手称庆叛徒的奸谋败露，使北京得免陷落。袁崇焕被捕，在舆论沸腾中，受到磔刑处死。

——过了十六年，后金汗国（那时已改称清帝国）攻占北京，公布这场公案的内幕，用以炫耀自己的聪明，嘲笑明王朝官员愚蠢如猪。

袁崇焕冤狱，为后金汗国铲除了一个最大的劲敌，但皇太极仍继续追求和解。他发现汉民族对"金"这个国名和"女真"这个族名，有一种无法泯灭的憎恨感情，阻碍两国接近。而"可汗"也只是部落总酋长的称谓。于是，就在三十年代1636年，第一次入塞撤退后，采取一项重大而激烈的改变：取消"后金汗国"，改称"清帝国"；取消"女真"，改称"满洲"；取消"可汗"，改称"皇帝"。并且进一步取消自己原来的汉姓"佟"，改姓女真姓氏"爱新觉罗"，彻底泯灭"建州女真"和"建州卫"臣属过明帝国的那一段历史。杜撰满洲人的起源，宣称是三位仙女中的一位仙女的后裔。

——为什么改称满洲？历史学家有很多解释，我们认为可能为了纪念建州卫的创立人，他们伟大的英雄祖先李满住。"满洲""满住"，声音相似。这不是没有前例的，四世纪大分裂时代吐谷浑汗国，就是用他们祖先慕容吐谷浑的名字，作为部落和汗国的名字。自此次改称之后，清帝国对"后金""女真""可汗"，无论在文件上或书籍上，全部一笔勾销，好像地球上根本没有这回事一样。当然他们无法没有遗漏，所以我们才知道。

不过，和解仍不能达成。明政府要求清政府去掉皇帝的尊号，改称国王，作为像朝鲜一样的藩属。清政府则要求两国的地位平等，而且还要把长城以北的三个据点割让。双方事实上都无法接受对方的条件。明政府更有一个心理上的困难，那就是清政府那一撮人在理论上显然是一群叛徒，要是公开承认它的合法而又尊严的地位，有违儒家的"汉贼不并立"的正统思想。而且自从十二世纪秦桧诬杀名将岳飞，跟金帝国和解，因而招致唾弃以来，中国人对于和解有一种罪恶的印象，认为凡是主张作战的都是民族英雄，凡是主张和解的都是投降屈服的卖国贼——即秦桧系统的认贼作父的汉奸，连皇帝都不敢公然触犯这些禁忌。三十年代1638年，明王朝已残破不堪，清军做第四次入塞时，河北军区司令官（河北军务总理）卢象升，率军增援北京。朱由检问他的意见，希望听到主和的建议，但卢象升正色说："我主战。"朱由检只好默不作声。卢象升是一个主战派的典型，不惜牺牲自己的生命，事实上他就在这一战役阵亡。但他的政治见解——明明战不胜而偏要战，却严重地伤害了他所效忠的国家和政府。

皇太极终于把明王朝的锦州、松山先后夺取，并且在松山生擒了明军总司令（蓟辽总督）洪承畴。山海关外，只剩下宁远（辽宁兴城）一个据点。

朱由检命国防部长（兵部尚书）陈新甲加速跟清政府接触，经过无数次往返，已进入可行的阶段。可是陈新甲粗心大意，竟把这种极机密的文件，随便放到桌子上，被他的助手当作可以公开的普通文件，刊入政府公报（邸抄），于是，立即引起空前庞大的政治风暴，全体官员誓言跟通敌卖国的汉奸不共戴天。朱由检不敢承认这是他的主意，而且也痛恨陈新甲不能保密，陈新甲遂被处斩，和谈也跟着停止。

——依当时的情况，和解是使明王朝得救的唯一机会。如果能像十一世纪宋帝国跟辽帝国那样和解成功，明王朝即可减轻人民的赋税，再把抗清的部队投入内战战场，它可能不致覆亡，至少可能使覆亡后延。

现在，和解的主持人被杀，皇太极由失望而愤怒。他再做第五次入塞，明政府已无丝毫力量阻挡。

五　朱由校与魏忠贤

自一十年代1616年努尔哈赤建立后金汗国，到四十年代1644年他的孙儿攻进北京，二十八年间，明政府不但不能发愤振作，反而更加速溃烂。

第十四任皇帝朱翊钧的断头政治，继续如故，但他总算在萨尔浒战役的次年（1620）逝世。他死后，三十四岁的儿子朱常洛即位，在位只三十天，一病而死，十六岁的儿子朱由校（天启帝）继位。

在朱翊钧死时，宰相们利用遗诏方式，下令取消矿监、税监等等宦官系统机构，全国人民再一次松一口气。然而，这口气又是松得太早，朱祁镇跟王振、朱厚照跟刘瑾的政治形态，第三次出现，这一次由十六岁的第十六任皇帝朱由校跟他孩童时带他的玩伴宦官魏忠贤担任主角。

朱翊钧在位的末年，知识分子士大夫阶层出现了被称为"东林党"的团体。这件事要追溯到上世纪（十六）九十年代，内政部长（吏部尚书）陈有年被迫辞职，他的部下文官司司长（文选郎中）顾宪成上奏章请求皇帝挽留，朱翊钧索性连顾宪成也一并免职。顾宪成回到他的故乡无锡（江苏无锡），在东林书院讲学。讲学时，经常批评现实政治，他们虽不敢攻击皇帝，但敢攻击宰相。具有同一观点和同一利害的人群，遂结合成一个阵营，互相呼应。他们在没有权力时，固然反对当权分子，但他们中间一旦有人当了权，也同样排斥他们所不满意的人，这种排斥，往往不是以是非为标准，而是以同党不同党为标准。不久，被他们所排斥的知识分子士大夫，也结成一个阵营，跟他们对抗。东林党和反东林党，壁垒分明。

魏忠贤是在跟他的政敌，另一位宦官王安斗争中，取得胜利，夺到大权的。因为东林党支持王安的缘故，魏忠贤早就存心报复。而反东林人士为了打击东林，遂跟魏忠贤结合，东林人士就称他们这个新结合的团体为阉党。阉，一种割掉畜生生殖器的手术。这个称呼包含极端的轻蔑，但却十分恰当，因为他们的领袖魏忠贤确是被阉割过的人物。

魏忠贤的阉党比王振、刘瑾的摇尾系统，要庞大百倍，最后几乎包括大多数宰相和大多数政府官员。特别有权势的核心组织，有"五虎""五彪""十狗""十孩儿""四十孙"。"五虎"是核心的核心，全属智囊人物，以国防部长（兵部尚书）崔呈秀为首，教育部长（礼部尚书）田吉为次。"五彪"是第二圈的核心，全属镇压反对派的打手，以首都治安司令官（锦衣卫都督）田尔耕为首，军法处长（锦衣卫指挥掌北镇抚司事）许显纯为次。至于地位崇高的宰相顾秉谦、魏广征之辈，不过是外围分子，还跨不进核心。其他的"狗""孩儿""孙"之类，更等而下之。顾名思义，就可窥知他们的成员是什么东西。魏忠贤手中有两份阉党提供的名单：一份是"奸党邪人"，指东林党以及反对阉党的人物；一份是"为国正人"，全属阉党和摇尾系统。前者供魏忠贤打击，后者供魏忠贤擢升。

魏忠贤采用的仍是传统的冤狱手段，即合法的屠杀。最先开刀的便是籍隶东林党的名将熊廷弼，并藉熊廷弼把反对派一网打尽。不过所异于过去的是，魏忠贤所扣下的帽子不是"谋反"，而是"贪污"。魏忠贤宣称那些为熊廷弼呼冤的官员，全都接受了熊廷弼的重贿。于是，包括监察部长（左都御史）杨涟，评议部主任委员（都给事中）魏大中，大批被指为东林党的中央地方官员，都被逮入诏狱（就是"五彪"之一许显纯所主持的军法处——北镇抚司）。在酷刑之下，他们只好承认受贿。他们所以承认，一则是受不了拷打，一则也希望承认了之后，能由诏狱移送到政府的正式司法系统（三法司），得以获得申诉的机会。但他们承认后，阉党并不移送，而就在诏狱中追赃，每三天拷打一次，他们缴不出天文数字的赃款，结果仍惨死在拷打之下。

——当杨涟的尸体被家属领出时，全身已经溃烂，胸前还有一个压死他时用的土囊，耳朵里还有一根横穿脑部的巨大铁钉。魏大中的尸体则一直到生蛆之后，才被拖出来。事实上凡是被捕入诏狱的人，不承认罪名也不能摆脱死亡，而且死得更惨。即令移送政府司法机关，结局也是一样，司法部长（刑部尚书）薛贞的话可作为说明，薛贞是魏忠贤的"十狗"之一，正力求晋升入高一级的"五彪"阶层。他训示扬州（江苏扬州）行政长官（知府）刘铎说："生在这个时代，应该为自己的前途（功名）着想。别人的生死，跟我什么相干？"

阉党一面血腥镇压，一面发动一项歌功颂德的专案作业，命各地官员为魏忠贤建立祠堂。祠堂本是拜祭死人的场所，但摇尾系统却在魏忠贤还活着的时候，在祠堂中树立魏忠贤的塑像，供人当神仙般的焚香跪拜，祈求降福。

发明这种新型摇尾形式的，是高级官员之一的浙江军区司令官（浙江巡抚）潘汝桢，于二十年代1626年出奇制胜，第一个建立魏忠贤的生祠，魏忠贤对这个无耻之徒大为欣赏。各地遂纷纷跟进，俨然成为一种一窝蜂的效忠运动。当欧洲人疯狂地向亚洲、美洲侵略，后金汗国疯狂地向明王朝进攻，中国各地民变疯狂地涌起之时，明政府全体官员，却向一个宦官，疯狂地谄媚。

不过，魏忠贤不像第二次宦官时代唐王朝的宦官，他始终没有取得军权，对他来说，这是一个致命伤。就在发动建立生祠运动的次年（1627），他的权力魔杖朱由校突然逝世，朱由校没有儿子，由他十九岁的弟弟朱由检继承帝位，魏忠贤跟着从高峰跌下来。

魏忠贤当权仅仅七年，但已经足够把明王朝的根基全部挖空。

六　天崩地裂的农民大暴动

朱由检（崇祯帝）坐上宝座后，对人人切齿的阉党加以清算，魏忠贤和他圈圈里的人物，先后自杀或被杀，生祠也被拆掉。但朱由检虽有力量铲除阉党，却没有力量应付迎面而来的两项威胁。一项是新兴的像巨魔一样的后金汗国，我们前面所叙述的五次入塞挖心战术，就是在朱由检即位后的第三年（1629）开始的。另一项是民变更加严重，武装群众像野火一样，燎原并起，他们粉碎一切旧有的社会秩序，向四方蔓延。

朱由检坐上宝座的当年（二十年代1627年），整个北中国发生可怕的蝗灾和旱灾。普通情况是，水灾的面积比较小，而旱灾一旦形成，即赤地千里，寸草不生。旱灾必然引起蝗灾，灾难于是扩张到旱灾以外地区，使千里之外的青青麦禾，数天之内，被吃个精光。我们在下面引用一段评议部委员（给事中）马懋才，给朱由检上的奏章，代作说明：

我是陕西安塞人，地方官员的报告中，常说："父亲遗弃儿子，丈夫出卖妻子，或挖掘草根吞食，或挖掘白石充饥。"然而所形容的距事实仍远。我的家乡延安府，自去年到今年，一年没有落雨，草木枯焦。八九月间，乡民争着采食山中的蓬草，虽然勉强也算作谷物，实际上跟糠皮一样，味道苦涩，吃了仅能免死。到了十月，蓬草食尽，只有剥树皮来吃，所有树皮中唯榆树皮最为上等，但仍要混杂其他树皮同吃，也不过稍稍延缓死亡。到了年终，树皮又被吃完，只有挖掘山中的石块来吃，石块冷硬，其味腥涩。只一点点，即可吃饱。但数天之后，因不能消化，就腹部发胀，无法大便，下坠而死。一些不甘愿吃石块而死的乡民，只好集结起来当强盗。另一些稍有积蓄的家庭，被抢劫一空，也变成饥饿的群众。他们知道当强盗是犯法的，非死不可，但他们与其坐着等死，宁愿当强盗犯法被处死，即令当鬼，也愿当一个饱死鬼。最可怜的是，在安塞城西一带地方，每天必有一两个婴儿或幼童被遗弃在那里，哀号呼唤爸爸妈妈。在力竭肚饿时，就拣吃地上的粪便。到明天，全都饿死。更可怕的，幼年人或独行人，一出城外，便告失踪。以后见城外的贫民用人的骨头当木柴烧，烹煮人肉，才知道失踪的人，都被饥民吃掉。可是吃人肉的人也不能维持残生，他们用不到几天，就头部肿胀，浑身燥热而死。

（奏章中所称的"石块""白石"，就是乡民们所称的"观音石""观音土"，产于黄河中游两岸地区，用水煮沸，可溶化为糨糊状态，吃下去可以压制暂时的饥饿。但不久就在胃肠中凝固，还原为石块，使人坠胀而死。）

三百年后的今天，我们仍隐约地听到那些被遗弃在荒郊的孩子们呼唤爸爸妈妈的哭声，也依稀地看到那些小身躯蹲下来拣吃粪便的背影。一个政府把人民陷入如此悲惨之境，实在是不能原谅的罪恶。善良的中国人痛苦地向上苍呼喊："天老爷，耳又聋，眼又花。为非作歹的享尽荣华，持斋行善的活活饿煞。天老爷，你年纪大，你不会做天，你塌了吧。"一些有头脑的饥民，为了活下去，他们拒绝吃观音石，集结起来，向官员和乡绅强行夺取食物。从这个地方到那个地方，从陕西到河南，从武昌（湖北武汉）到成都，全国沸腾。武装群众的领袖中，以张献忠和高迎祥最为著名，他们正是马懋才所说的陕西安塞附近的饥民。张献忠是安塞西北一百三十公里延安卫柳树涧（陕西定边东）人，号称八大王。高迎祥是安塞东北一百三十公里米脂县人，号称闯王。高迎祥在后金汗国改称清帝国的那一年（1636），被明政府军生擒，送到北京，以叛乱罪用酷刑磔死。他的外甥李自成被推举继任闯王。

李自成从没有想到他会成为一个传奇人物。他本是一个安分守己的贫苦农夫，曾向姓艾的乡绅借过钱，限期到时，因大旱他无力偿还，艾家通知米脂县政府把李自成逮捕，拷打后戴上重枷，押到市场上，在毒烈的太阳下示众。艾家更教他的仆人们在一旁监视，不准李自成的家人给他送饭，艾家的意思是要李自成在刑具下活活饿死或晒死，用以威吓其他那些欠债的穷人。看守李自成的狱卒于心不忍，把李自成移到有树荫的地方，给他一点饮食，艾家仆人们咆哮着上前阻止，李自成悲愤地说："我就是被太阳晒死，也没有关系。"踉跄地仍爬回到烈日之下，拒绝吃狱卒们的东西。围观的群众不胜愤怒，在呐喊声中拥上去，把重枷打碎，一齐逃到城外一带的树林中，商议如何善后。一直到这时候，他们仍没有跟政府对抗的意思。但县政府已出动军队围剿，群众知道一旦被捕后的结果是什么，于是拿着树枝木棍，从树林中一拥而出，为首的军官大吃一惊，从马背上跌下来，竟跌死了，军队溃散，弓箭刀枪，全被群众掳获。他们有了杀人武器，索性一不做二不休，就在当天夜间，进攻米脂县城，很顺利地把县城占领，附近饥民们闻风而至，立即集结一千余人，进军富裕的地区。他们在战争中成长茁壮，又因为怀着过度的悲痛和愤怒，所以每攻陷一个地方，对官员和乡绅所做的报复，也非常残酷（我们不能想象那个艾姓乡绅跟他仆人们的命运）。

明政府认为这种到处觅食的武装饥民是流寇，流寇的头目都是一些本性凶恶狡狯、人人得而诛之的叛乱匪徒。明政府用两种传统的老方法对付他们——一是讨伐，一是招降。

讨伐是军事行动，但腐败的明政府军队所到之处，大肆奸淫烧杀，比饥民们仅加之于官员和乡绅身上无情的报复更甚。三十年代1634年，评议部主任委员（给事中）吴甘来的弹劾案，可代作说明，他在给皇帝朱由检的奏章上说："山西区总司令（山西总兵）张应昌兵团所杀的，一半以上是逃难的乡民，用他们的人头冒功领赏。中原（河南）人民对曹变蛟所属军队的恐惧，远过于流寇。陛下想使人活下去而不能，军官们却一点不动心地把他们屠杀。"就在上世纪（十六），民间就有一首歌谣："盗贼（饥民）好像梳子，军官好像篦子，士兵好像剃刀。"

招降是政治解决的手段，但饥民投降之后，即令幸而不被指控为"诈降"而加屠杀，也会终于被迫再叛。三十年代1638年，张献忠曾向明政府投降，被安置在谷城（湖北谷城）一带。第二年（1639），忽然呼啸着拔营

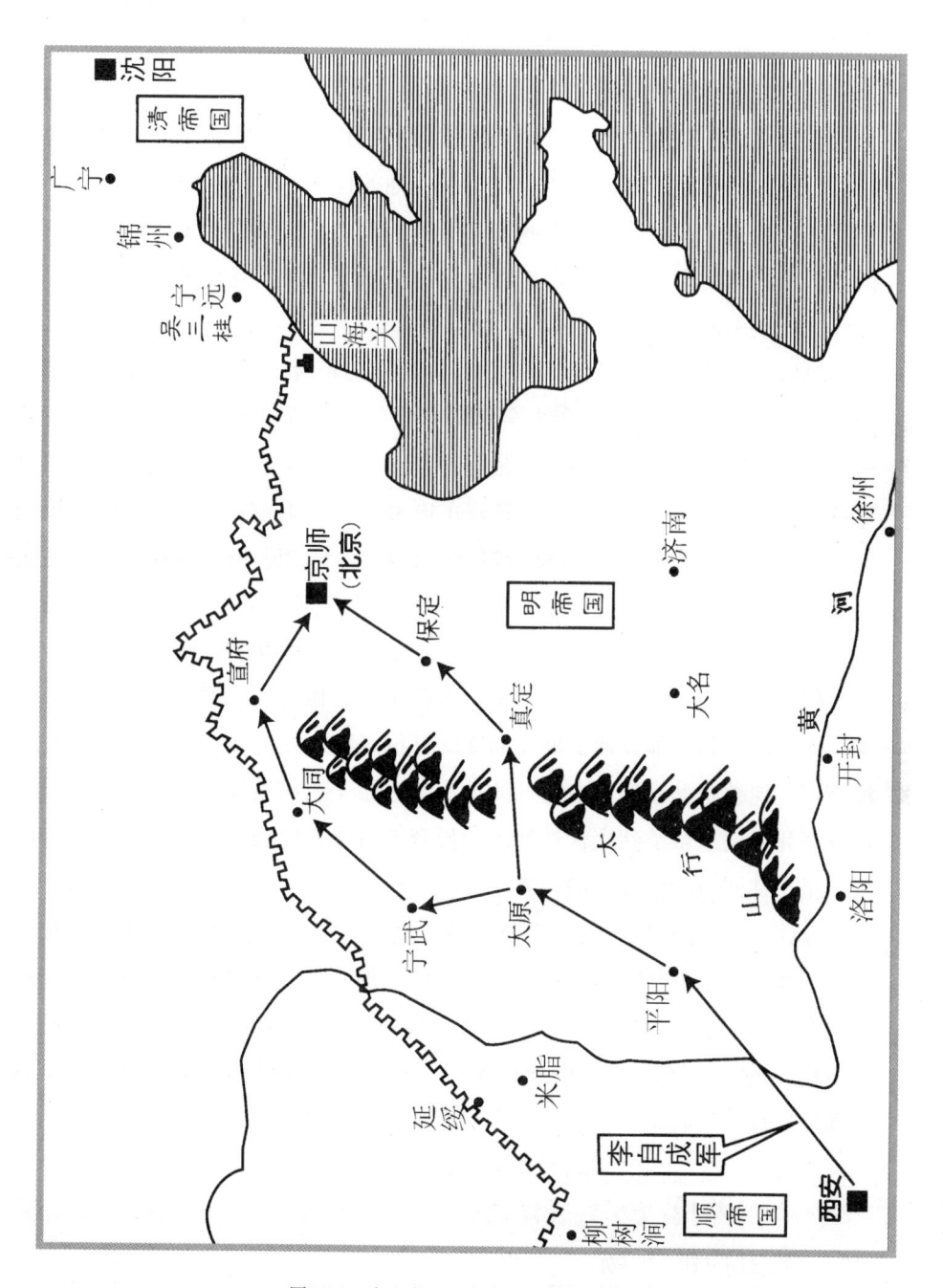

图四四　十七世纪·李自成北伐亡明路线

而去。临走时，在城墙上公布使他们不堪负荷的勒索贿赂的官员们的名单和已经勒索到手的款数，在名单后他们声明说："不向我们要钱的，只有兵备（中级军官）王瑞桐一人。"张献忠如果不早日脱身，一旦财货被勒索罄尽，而官员们却不相信已经罄尽时，他的结局可以预卜。

朱由检也曾用严刑峻法制裁贪官污吏，但明政府已失去肃清贪污的能力，因为贪污的根恰恰就是朱由检。任何高级官员，文官包括宰相，武官包括总司令，都必须靠宦官支持，才能保持他的性命、地位和有希望擢升，而宦官的支持是非钱不行的，那些债官债帅当权之后，要想他不贪污，绝不可能。朱由检杀的贪污官员越多，贪污反而更炽，官员们互相警惕的不是停止贪污，而是不被发觉。

饥饿的武装群众也开始转变。四十年代 1640 年，李自成得到两位知识分子（举人）李信（岩）和牛金星的合作。李信所以背叛明政府，是一个另一类型的官逼民反的故事。他是河南杞县人，一位高级官员的儿子，家庭富有，属于乡绅阶层，但在遍地饥馑的时候，他拿出粮食做救济工作，饥民们感激他，互相传扬说："李公子救了我们的命。"当时有一位江湖上卖艺走绳索的美丽女郎，名红娘子，因没有人再看她表演的缘故，她的生路断绝，就也加入饥民的行列，成为一支武装力量的首领。她在一次攻击杞县的战役中，把李信掳去，强迫他跟她结婚。李信不甘心做流寇，婚后不久就逃了回来。但明政府却把他逮捕下狱，通匪的证据既然如此确实，所以任何解释都没有用，他被判处死刑。在行刑的前夕，红娘子攻破县城，把丈夫救出，李信只好死心塌地叛乱到底，劝红娘子投奔李自成，他跟另外也是举人出身的牛金星，共同成为李自成的智囊。

他们所以选择李自成，跟公元前三世纪，张良、韩信所以选择刘邦一样。不是每一个群众首领都有政治头脑。像张献忠，他只能成为真正的流寇。李自成在李信、牛金星的辅助下，停止报复性的屠杀，发出"迎闯王，不纳粮"的政治号召。四年后（1644），李自成攻陷陕西西安，就在那个唐王朝的故都，正式组织政府，建立顺帝国，并立即北伐。

七 朱由检的下场

明王朝第十七任皇帝朱由检并不是不想把国家治理好，但他没有治理国家的能力，犹如小学生没有写出博士论文的能力一样。他精力充沛，沾沾自喜于自己明智的措施，发脾气的时候不可理喻，而且几乎是一天二十四小时都在发脾气。他对自己的错误永远有动听的掩饰，绝不寻求更正，却喜欢他的部下歌颂他英明。

朱由检深知宦官的弊害，所以当权后立即把阉党排除。但他不久就发现只有宦官最最忠贞，于是一切恢复原状，而且更变本加厉，大量地派出"监视宦官"到各军区、各兵团司令部、各重要城市，去监视主管首长有没有叛变的行为和是不是尽忠职守，完全是八世纪唐王朝和他刚刚撤销的监军制度的复活。最有趣的是，在从前，所有的军事指挥官无一不反对宦官，而现在几乎一致的热烈欢迎。因为从前那些军事指挥官还希望能建立功勋，所以讨厌宦官在一旁动则掣肘，明政府末年的一些军事指挥官已没有报国的情操，他们发现只要满足监视宦官的私欲，自己反而可以从事更大胆的罪恶行为，任何人控告军事指挥官杀人越货、贪赃枉法都没有用，监视宦官会证明绝无此事，皇帝只相信监视宦官的话。

朱由检最勇敢的一件事是杀人，在发脾气时，像一头挣脱了锁链的疯狗，人性和理性全失。一个城市沦陷，就把守城的将领杀掉，一个地方沦陷，就把守地的首长杀掉。陕西华亭（甘肃华亭）县长徐兆麟，到任只七天，照样依法处斩。朱由检对饥饿的武装群众恨入骨髓，坚决地指控只是一撮奸邪分子煽动起来的，有人向他提及饥馑和官员乡绅贪暴，他就发怒，发怒的原因是他无法解决，所以他不愿听到。不过他倒是确信小动作可以帮助他，确信仅只虚心假意地表演一下就能掩盖天下人的耳目，所以他不断地宣布"避殿""减膳""撤乐"，不断地声言流寇也是他最亲爱的赤子，不断地下令政府官员自我检讨（修省）。有一次还把宰相们请到金銮宝殿上，向他们作揖行礼，说："谢谢各位先生，帮助我治理国家。"然而不久就大发雷霆，把被他谢谢的"各位先生"杀掉。朱由检的急躁性格，使他迫不及待地追求奇迹，并且认为重刑是促使他部下创造奇迹的动力。但有才干的部下又使他如芒刺在背，他只能用宦官型的恭谨无能之辈，在这种人之前，他才心情愉快。朱由检尝叹息他无缘得到岳飞那样的将领，其实，恰恰相反，他已得到了一位岳飞，那就是袁崇焕，结果却用冤狱酷刑对待他。

四十年代1644年正月，李自成在西安建立顺帝国政权后，即出发北伐，穿过山西，直抵首都北京城下，几乎没有遇到抵抗，连最著名的九边之一的军事重镇大同（山西大同），都望风投降。最使人奇怪的是，各地主张投降最力的，却是那些被认为最忠贞的监视宦官。李自成于同年三月十七日到达北京，明政府用以保卫首都、但却五个月不发给薪饷的十万人的防卫部队

（京管），霎时叛变。在宣府（河北宣化）投降的监视宦官杜勋，告诉城上的宦官同僚说："我们的富贵，另有地方，不要太死心眼。"次日（十八）夜晚，监视城防的宦官巨头曹化淳，大开城门，迎接顺兵团进城。像铁铸一样坚固的北京城，没有经过战斗，就告陷落。

朱由检听到消息，乘天还未明，企图逃走。他抛下妻子儿女，手提着一支当时最新式的武器三眼枪，率领十数个还接受命令的宦官，宦官们都手执利斧（我们不明白为什么不能每人发一支三眼枪。也不明白朱由检何以众叛亲离到如此程度，身旁连一个追随的将领都没有）。朱由检跑到东华门时，守门的宦官用乱箭阻止他逃走。朱由检再跑到齐化门，齐化门的守将是朱由检最亲信的朱纯臣公爵，朱由检找到朱纯臣的住宅，朱纯臣听说皇帝驾到，这在平时是稀世的荣耀，他会狂奔出来跪在门口迎接，可是现在他下令不准开门。朱由检再奔向安定门，安定门的守军已全部溃散，没有人在那里，城门封闭得很坚固，朱由检手下宦官们的利斧也无法把它劈开。这时已到了十九日的拂晓，大火四起，顺兵团搜索前进的声音渐渐逼近，逃既逃不掉，朱由检只好重返皇宫，在一座名为煤山的人工山之上，自缢而死。他在自缢之前，留下一份下列的遗书：

> 逆贼直逼首都，固是由于我的品德不足，上天才降下惩罚，但也是群臣误我。我死无面目见祖宗于地下，请去掉我的帽子衣服，把头发披到我脸上。任凭逆贼割裂我的尸体，不要杀伤人民一人。

这份遗书可能是后人伪造的，但也可能是真的，因为它充分显示朱由检用小动作掩人耳目的伎俩。他把失败的责任一股脑儿推到别人身上，自己责备自己品德不足，并不是真心地承认错误，而只是用以烘托群臣的罪恶。问题是，群臣中没有一个人出于民选或老天爷派下来的，全部由朱由检任用，中国那时有六千余万人口，不知道他为什么专挑选一些"误他"的人当他的政府官员。朱由检要求"逆贼"不要伤害人民，他也知道"逆贼"不会听他的，这种廉价的文章，不过企图留下他非常慈悲的印象。那些在安塞县荒郊哭泣爸爸妈妈和蹲在地上吃粪土的孩子，以及被明政府军屠杀的难民饥民，恐怕不会同意朱由检有此悲天悯人的胸襟。

李自成坐上朱由检坐的宝座，把顺政府由西安迁到北京。明政府的那些烂污官员，包括拒绝朱由检进门的朱纯臣公爵和另一位吴襄伯爵，他们一窝蜂投降，跪在李自成面前，歌颂他的功德，并争先恐后贡献扫荡明政府残余势力的计策。不过顺政府的反应大出他们的意外，新王朝的官员们把旧王朝的官员，当然包括二人在内，全部投入监狱，苦刑拷打，追缴他们在明政府时代贪污所得的赃款。

八　清军入关

顺政府当时虽占领了北京，但事实上他们只控制了华北的一部分，明政府一支最强劲的边防军，由蓟辽兵团司令官（蓟辽总兵）吴三桂——吴襄的儿子，率领着从他的防地宁远（辽宁兴城），正向北京驰援，先头部队已到达距北京一百五十公里的丰润（河北丰润）。

顺政府这时正陷于狂欢的追赃行动中，不能冷静下来考虑所面临的一些问题。同时，他们从拷掠第一个贪官起，就重蹈九世纪时变民领袖黄巢所犯过的错误，那些饥民出身的新官僚在使人眼花缭乱的珠宝金银之前，几乎是霎时就把最初起事的精神，丧失殆尽。在宦官和宫女包围的皇宫中，李自成无法跟往常一样的同他的高级干部生活在一起。

吴三桂得到李自成即位的消息，决定投降。他父亲吴襄正好也派遣仆人到军前劝他入朝。但经过下列一段对话后，吴三桂的态度立刻转变。他问他父亲的情形，仆人说："已被逮捕。"吴三桂说："我到北京后，就会释放。"又问他的财产，仆人说："已经没收。"吴三桂说："我到北京后，就会发还。"又问他美丽的爱妾陈圆圆，仆人说："已被刘宗敏抢去了。"吴三桂火冒三丈，下令他的军队为死去的皇帝朱由检穿上白色丧服，誓言为朱由检报仇，在答复他父亲的信上，慷慨激昂说："父亲既不能当忠臣，儿子自不能当孝子。"他知道不能两面作战，于是，转过脸来，向昨天还是敌人的清帝国投降，请求清帝国派遣军队入关（山海关），联合剿匪。

——不久，诗人吴梅村写了一首史诗，名《圆圆曲》，描述这件事，其中有两句："恸哭六军俱缟素，冲冠一怒为红颜。"家家传诵。吴三桂那时远在云南昆明，既不能用诬以谋反冤狱的手段于万里之外杀吴梅村，只好送黄金一千两给他，请求把两句删掉或予以修正，吴梅村拒绝接受。

清帝国于四十年代1642年第五次（也是最后一次）入塞大掠。到次年（1643）初夏，才满载而去。就在当年（1643）秋天，第二任皇帝皇太极逝世。皇太极是暴卒的，没有人知道是不是出于谋杀。当十七年前（1626）努尔哈赤死时，为了争夺宝座，曾引起一场风暴，次子代善以下都被排除（长子早死），而由第八子皇太极继位。皇太极之死，使风暴再起，他的长子豪格以下都被排除，而由六岁的第九子福临（顺治帝）继位。这种反常的继承，说明争夺的激烈。皇太极的亲军曾包围皇室会议，提出警告说，如果不立福临当皇帝，他们就得跟皇太极同死。以致亲王们纷纷逃席，皇太极的弟弟多尔衮遂顺利地达到当摄政王的目的（他的目的最后当然仍是金銮殿，但他入关后就死了）。亲王硕托，跟另一位亲王之子阿达礼，企图发动政变罢黜多尔衮，被多尔衮先发制人杀掉，但内战随时可以爆发，清帝国正进入危险的瓶颈时代。

而就在这个时候，福临即位后第八个月，吴三桂求援的文书到达，清政府才知道明帝国发生巨变，宁远城（辽宁兴城）已空，数十年可望而不可即的山海关，现在大开关门欢迎他们莅临。命运之神像母亲照顾婴儿一样照顾这批鞑靼，霎时间满天云雾消散，一个新的、使人兴奋的奋斗目标出现面前，内争平息，多尔衮亲王下令入关。

李自成亲自统军攻击吴三桂，在山海关下会战，正鏖战到难解难分的时候，清帝国的满洲兵团从侧翼发动突袭，顺兵团蓦然间受到穿着奇异服装，发着奇异号令的生力军的攻击，不禁大声喊叫："鞑靼兵参战了。"这是一个晴天霹雳，被旧王朝腐败病菌迅速侵蚀的顺兵团，承受不住这个打击，战斗力霎时崩溃，战士四散逃奔。李自成不能阻止溃退的浪潮，跟四世纪时苻坚在淝水上不能阻止前秦兵团溃退的浪潮一样。一泻千里的颓势，使李自成不得不放弃北京，向西安继续撤退。但在吴三桂的追兵下，西安也无法立足，就再放弃西安，向东南逃亡，行军到通城（湖北通城），李自成独自率领二十余骑兵通过九宫山（湖北通山东南）时，被村民误杀，部众溃散。

清帝国的满洲兵团顺利地进入北京，他们宣称是被请来帮助驱逐"流寇"的。现在，"流寇"已被驱逐，应该把房子归还原主人了。可是这位正义凛然的大侠客，不但不把房子归还，反而把自己的家搬过来，坚持说他们就是主人。多尔衮把清政府从沈阳迁到北京，一面督促吴三桂兵团继续南下，一面派他的满洲兵团和投降过去的一些汉奸兵团，向长江流域进攻，消灭明王朝的残余力量。

明王朝的残余力量努力反抗，一连串三个皇帝出现在江南，企图阻止鞑靼前进。可惜烂苹果堆里不可能挑出好苹果来，他们全是十足的酒肉皇帝，所以不能成功。

第一位是朱由崧（弘光帝），洛阳被杀的亲王朱常洵的儿子。朱由崧的首都设在南京，他当了皇帝后第一道命令，就是征集宫女，第二道命令就是命各地方官员进贡春药秘方。被贬谪的阉党巨头之一的阮大铖，被召回政府任职，跟实力派宰相马士英结成一条阵线。当初阉党被排除时，称为"逆案"，现在二人用"顺案"作为反击，凡从顺政府辖区逃出来的人，轻易地都被扣上"通匪有据"的帽子，大肆杀戮。这个乌烟瘴气的小朝廷只维持了十三个月，北京陷落后的明年（1645），清军攻破南京，把朱由崧捉住，送到北京砍头。

第二位是皇族血统较为疏远的朱聿键（隆武帝）亲王，南京陷落后，他辗转逃至福建福州，受到福建兵团司令官（福建总兵）郑芝龙的拥戴，继承朱由崧的帝位。可是郑芝龙只是把朱聿键当作筹码，并不打算效忠明王朝。他向蜂拥南下的清军秘密联络，把北境要塞仙霞关（浙江江山南）的守卫撤除，满洲兵团大摇大摆开进来。朱聿键在逃走途中被俘，押回福州处斩。

第三位是朱由崧的堂兄朱由榔（永历帝）亲王，福州陷落后，他在肇庆（广东肇庆）即位，随后就跟张献忠之类的流寇一样，被清军追逐，在西南地区诸省，不停地狼狈逃亡，对清政府统治全中国的安定局面，已不能发生影响。他就在这种被忽视的状态下，支持了十六年。六十年代1661年，朱由榔在中国已无立足之地，只好逃入缅甸王国，搭建草屋，在边界蛮荒地区，跟土人杂居。但缅甸无法抗拒清政府的压力，便把朱由榔交给坐镇云南昆明的吴三桂，吴三桂把他绞死。这个使人作呕的明王朝，建立二百九十四年，到此灭亡。

——跟明王朝同时结束的，还有漫长的第三次宦官时代。朱由榔十六年颠沛流离的小朝廷中，宦官当权的传统没有改变。最后一位宦官巨头是司礼太监马吉翔，他在破草屋里的金銮殿上，对忠心耿耿、追随正统政府流亡的官员，仍不断地呵责叫骂和施用廷杖酷刑，好像仍在北京一样。朱由榔被擒送回中国之前，缅甸政府把马吉翔诱出杀掉。

——站在当时的民族感情上，由汉人组成的明王朝的覆亡，使人悲痛。但站在中国历史的高峰回顾鸟瞰，我们庆幸它的覆亡。明王朝本世纪（十七）的疆域已萎缩到三百余万方公里，而且仍继续不断萎缩，内政的改革根本无望，只有越变越坏。如果拖下去，拖到十九世纪，跟东侵的西洋列强相遇，我可以肯定地说，中国会被瓜分，华夏民族会成为另一个丧失国土的犹太民族，而且因为没有犹太人那种强烈的宗教感情作为向心力的缘故，将永远不能复国。至少，注意一点，二十世纪清王朝一再割地之后（总共割掉了一百五十余万方公里），中国仍有一千一百四十万方公里，比明王朝要大三倍，使中国具有翻身的凭借。这当然是二十世纪的今天一切都时过境迁后的观点，不是当时面对着异民族铁蹄入侵时的观点，两者时间相距三百五十年。

九　汉民族的反抗与三藩战役

满洲人从没有想到会把明王朝消灭，更没有想到会成为天朝中国的主人，突然间被吴三桂邀请入关，已大大地出他们意料之外，而迁都北京后，向南方进军，好像暴风吹散一堆落叶，所向无敌。满洲民族于是大为惊奇，惊奇他们自己的满洲兵团竟是如此的英勇，也惊奇汉民族竟是如此糟透了的懦弱。

——事实上当时的情形确实如此，但它是有原因的，明王朝的军队腐败已极，汉民族疲惫已极。统治阶层的变化已不能刺激强烈的反应，在人民眼睛中，满洲兵团、汉奸兵团、明政府的正规军和游击队，以及所谓流寇，都是一丘之貉。更加上对明政府和对朱姓皇帝的厌恶，除了少数士大夫乡绅之外，没有几个人肯认真地为它牺牲。

于是清政府毫无忌惮，就在四十年代 1645 年，攻陷南京之后，颁布剃发令。

剃发，在另一个角度说，也叫辫发。自从有历史记载以来，北方的一些民族，都是辫发的——我们不知道什么原因。五世纪大分裂时代，南朝的汉民族诟詈北朝的鲜卑民族是"索虏"。索，绳索，形容他们的辫子像绳索一样垂在背后（这诟詈比较温和多了，二十世纪初叶，汉人讥嘲满洲人的辫子是猪尾巴），这种专属于男子的发型，十分丑陋，先把头顶四周的头发剃光（剃发），只留下头顶当中的一撮，使它成长，然后结成辫子（辫发），垂到背后。在稍微有点文化水平的人看来，如此装束，实在难以入目。汉民族男子对头发传统的处理方法是束发，既不剃边，也不下垂，而只是盘在头顶上。

金帝国在十二世纪二十年代，就曾下过剃发令，凡拒绝一律处死，但只限于政府官员。现在清政府则普及全体汉人，严厉地执行，并喊出狰狞的口号："留头不留发，留发不留头。"这是一项尖锐的挑战，一下子触发起疲惫不堪的汉人的民族情愫，原来对砍头都驯服得像一群羔羊，忽然间只因为要剃掉他头上一部分头发而怒吼如虎。我们引叙当时绍兴（浙江绍兴）一位西洋的传教士马丁尼在他的《鞑靼战争记》一书中的目睹记载，代为说明：

> 鞑靼军发现没有任何抵抗，顺利地占领绍兴。浙江省南部各县，也很容易地予以征服。鞑靼这时候下令，强迫新近归降的汉人剃发，于是所有汉人，无论士兵和市民，都愤怒起来，手执武器，向鞑靼反抗。他

们对国家和皇帝都没有这种热爱，而为了保护自己的头发，却舍生命去抵抗强大的敌人，鞑靼终于被击退到钱塘江以北。

最具有代表性的激烈反抗，发生在扬州（江苏扬州）和嘉定（上海嘉定），这两个孤城的殊死战斗，招来满洲人残酷的报复——他们在扬州屠杀十天，死八十万人；在嘉定屠杀三次，死二十万人。

——这笔血债，于二百年后十九世纪末期，汉民族向满洲人讨还时，称为"扬州十日""嘉定三屠"。可是被要求偿还这笔血债的凶手的后裔们，早已忘掉他们祖先这段兽行。

因为没有统一的领导，最后的胜利仍归于满洲人，汉人终于跟满洲人一样，背后垂下辫子——这辫子垂了二百余年，直到二十世纪初期，才跟清政府被同时剪除。不过汉民族的战斗力使满洲人变为恐慌，那时明王朝最末一个皇帝朱由榔仍在西南流浪，云贵高原一带山峦起伏，消息跟外界隔绝，清政府不愿再遇到扬州、嘉定那种场面，它希望跟逃亡中的明政府议和，互不侵犯。但大汉奸吴三桂反对，他主张斩草除根，并自愿当异民族主子的先锋，清政府迟疑了很久才接受他的建议，朱由榔遂死于吴三桂之手。

——回溯十二世纪的往事，金帝国以雷霆万钧之力南侵，却只能推进到淮河为止。而它的后裔清帝国，却迅速地把全部中国并吞，主要的原因是，金帝国在开始时便缺少得力的汉奸和汉奸兵团的帮助，以致完颜兀朮虽然渡过长江，仍是一支盲目的孤军。而清帝国入关时，已豢养了不少强有力的汉奸和汉奸兵团，吴三桂更是摇着尾巴送上门的狗。很多重大战役，往往不是满洲人攻击汉人，而是汉奸攻击汉人。

清政府旗帜下最著名的三大汉奸，都被封为藩王，并划给他们广大的地盘。当时称为"三藩"：

爵位	藩王	都城	所辖地区
平西王	吴三桂	昆明	云南·贵州
平南王	尚可喜	广州	广东·广西
靖南王	耿仲明	福州	福建

清政府有一项最进步的措施，是皇帝的儿子不一定加封亲王。加封亲王后也不能取得采邑土地，也没有政治性的王府组织。而这三个非皇族的汉奸藩王，却各据一方，成为半独立的局面，显然不是正常状态。连三大汉奸都感觉到，削藩不可避免。

削藩是中央集权和国家统一必须采取的手段，但中国历史显示的现象是，每一次削藩，都要引起一次激烈的反抗。七十年代1673年，尚可喜因为不能忍受他儿子尚之信的横暴，向清政府请求退休，推荐尚之信继承他的王爵并接替他镇守广州。当时的皇帝是福临的儿子玄烨大帝（康熙），他允许尚可喜退休，也允许尚之信继承王爵，但不允许尚之信接替老爹镇守广州，他说："地方官职，没有世袭的规定。"吴三桂、耿精忠（第一任藩王耿仲明的孙儿），听到消息，发现气氛有点异样，于是他们也请求同时退休，目的在试探清政府的态度，希望（并相信）中央会慰留他们。清政府对这件事十分重视，有过激烈的争论，了解一旦真的撤藩，三个大汉奸一定叛变。二十岁的玄烨大帝坚持撤藩，下令接受他们的请求。三藩果然叛变，刚刚安定下来的中国，再陷于混战。

三藩推举吴三桂当领袖，当时正在剃发令之后，汉人的民族感情沉重而蓬勃，全国各地人民纷纷割掉辫子响应。清军节节后退，后退到黄河一带，仍不断遭到沮丧的失败。可是，有两个重大的因素使形势不久即行倒转，一是吴三桂的汉奸招牌太过于响亮，不能发出明确的政治号召和建立坚强的领导中心，他既引导满洲鞑靼入关，又杀掉朱由榔全家，使他不能利用明王朝的惯性影响力。他只有自己当皇帝，但在这个紧要关头，新兴的政权无法马上产生向心作用。二是吴三桂老了，有老年人最容易发生的过度小心保守的心理状态，不敢采取冒险行动。他要求绝对的安全，但世界上根本没有绝对安全的革命和叛变。

另一个因素是，吴三桂的对手是玄烨大帝，这个中国历史上最英明的君主之一，年轻气壮，有刘邦豁达大度的胸襟和李世民知人善任的智慧。

混战九年，八十年代1682年，三藩全部被扑灭。耿精忠、尚可喜，以及吴三桂之孙吴世璠（吴三桂已病死）全族处决。

从二十年代1628年饥民暴动，到八十年代1682年三藩结束，改朝换代的战争历时五十五年，中国又归统一，而且立即出现了一百余年的第三个黄金时代。

一〇　中国第三个黄金时代

第三个黄金时代，始于本世纪（十七）八十年代，终于下世纪（十八）七十年代，距七世纪第二次黄金时代，恰恰一千年，这是一个漫长的等候。

但大黑暗并没有过去，那沉重的污染不会这么容易一下子消失。只不过被满洲人强劲活泼的新的生命力,暂时驱逐到一旁,犹如一个淫雨季节中,忽然出现几日晴天一样。

满洲人仿效明王朝的模式,建立了一个绝对专制的极权体制,整个中央政府,不过是皇帝发号施令的传达室。全体官员,不过是皇帝私人的秘书和传令兵。中央各部,每部设两个部长(尚书),一满一汉。常务副部长(左侍郎)二人,政务副部长(右侍郎)二人,也是一满一汉。六个部名义上虽各有职责,事实上每个部都握有直接给皇帝上奏的权力,谁也管不了谁,所以各部等于有十二个部长,也等于有十二个皇帝的秘书,一切都由皇帝裁决。而各部的任务,也只限于办理皇帝交办的事情,不能像十一世纪宋王朝之前那些王朝的中枢机构一样,可以主动地对地方政府颁发命令。清政府的体制跟明政府的体制至少有一点完全相同,那就是有权对地方政府颁发命令的只有一个人,就是高高地坐在宝塔尖上的皇帝。最特别的是,清政府的皇帝不仅是中国元首,也是满洲民族的最高奴隶总管。全体满洲人,包括最高级的官员宰相在内,都是皇帝的奴隶——这是满洲民族最特殊的社会结构,奴隶们在主子面前,唯一的天职是俯首帖耳。这种权力高度集中的现象,固然容易败坏。但是历史上极少出现的英明君主,忽然接连着出现时,政府的功能却可充分发挥。

中国传统的宫廷制度,在清政府手中获得重大改革,嫔妃宦官,以及宫廷费用,都大量减少。清王朝皇族来自辽东(辽宁)简单朴实的社会,带到宫廷中的是一种比较简单朴实的婚姻形态。皇帝除了皇后一人外,嫔妃不过十人左右,虽然仍是多妻制度,但比起从前那种三宫六院七十二御妻和数万名宫女的阵营,是一个可惊的进步,我们试就下列若干项目,加以比较:

项目	明王朝	清王朝(1690年统计)	减少百分比
宫女	9000人	134人(慈宁宫不计)	98.5%
宦官	100000人	500人	99.5%
每年木柴供应	14000000公斤	35000公斤	99.8%
每年木炭供应	6000000公斤	500000公斤	91.7%
每年金花银	970000两	无	100%
每年光禄寺送入	240000两	30000两	87.5%
每月脂粉钱	400000两	无	100%
每日开支	10000两	35两	99.7%

注意宫女宦官的人数,九千人和一百三十四人,十万人和五百人。再注意宫廷的每天开支,一万两和三十五两,这是太大的悬殊。(明王朝如此浪

费的挥霍下，我们回溯朱由检经常表演的"减膳""撤乐""避殿"小动作，会感觉到他实在是聪明得太过度了。）明王朝的宦官组织，有四十二个机构。福临入关后，曾一度沉迷于这种奢侈的享受，仅把四十二个机构改组为十三个机构，称为"十三衙门"，宦官的权力几乎跟明王朝时代同样膨胀，于是不久就发生宦官巨头司礼太监吴良辅，跟汉人宰相刘正宗称兄道弟，买官卖爵的现象，使那时仍具有新兴活泼气质的满洲贵族，大为震骇。六十年代1661年，福临逝世，他的母亲博尔济吉特太后，跟辅政的大臣们合作，把吴良辅处斩，刘正宗免职，撤销十三衙门，另设立一个内务府，专管宦官和皇宫事务，由满洲贵族担任内务府大臣，宦官数目大量缩减，不再使他们居于领导地位。

这一些改革，产生两种后果：

其一，宦官时代从此成为陈迹，无力再现。下下世纪（十九）末期，虽有一二宦官如安得海、李莲英之辈，很有势力，但性质上是个别的，不能结成一个集团。

其二，清王朝寿命二百九十六年，共有十二个皇帝，十二个皇帝中，将近三分之二的皇帝都很能干，了解并努力完成他们的责任，三分之一也都属中等的才智，像明王朝那样一连串草包恶棍型的君主，清王朝一个也没有。中国还没有一个王朝，包括周王朝、西汉王朝、东汉王朝、唐王朝在内，出现过这么多具有很强能力，而又肯辛勤工作的帝王。

对当时的汉民族而言，满洲人统治中国本土，是汉民族第二次被异族征服。但满洲人在文化上是一个非常落后的民族，连文字都没有，满洲文字是努尔哈赤时才创造出来的，并不能普遍。因为对满洲人来说，满洲字和汉字，都是新文字，而汉字拥有海洋一样的文化背景，满洲字则只限于日常口语。结果满洲人迅速的汉化，像掉到海里的人非喝下海水不可一样，他们没有选择的余地。在建州卫时期，满洲人即已流行汉语。入关之后，和汉人更广泛的接触，汉语就更普及。玄烨大帝精通汉文，跟一个汉民族的高级知识分子一样，更精通儒家系统的各种经典。他以后的每个皇帝都是如此。他的孙儿弘历仅汉诗就写了五万余首，以数量而言，在全世界恐怕都要占第一位（可惜他的诗是一种帝王体的打油诗，不堪入目），所以，事实上没有多久，满洲人就以土生土长的中国人自居，这跟蒙古帝国的统治阶级深拒闭固的情形，恰恰相反。

不过，民族的界线仍划分得十分森严。本世纪（十七）时，汉民族人口已达八千余万，满洲民族人口只三百余万，满洲人以绝对少数统治绝对多数,以一个落后的部落统治一个文化深厚的古老帝国,有随时被消化掉了的危险,当然十分戒惧。它严厉地禁止满汉通婚,并尽可能排除汉人担任高级军官。在行政管理上,它不能不用汉人,但在满洲人的眼睛里,汉人只是乞丐,由满洲人赏碗饭吃而已,连他们的奴隶都不如,也不赋给汉人权力。就在本世纪(十七),汉人宰相见了满人宰相,汉人部长见了满人部长,都要下跪。会议的时候,满人宰相部长昂然上座,汉人宰相部长跪在他们的旁边,满洲人不开恩叫他们起来,汉人不敢起来。有时候满洲人谈得高兴,忘记开恩,年老的汉大臣跪得太久,甚至仆倒在地。满洲人的想法是,用强大的压力,培养汉人对满人的顺服奴性,直到永远。

满洲民族所承受的华夏文化,跟五世纪北魏帝国鲜卑民族所承受的华夏文化,完全相同,主要的是儒家系统的文化,而清王朝承受的更为狭隘,只是儒家系统中的理学的部分。所以,虽然王朝政权和统治者改变,而构成大黑暗的意识形态和社会基础不变,科举八股和酷刑诏狱不变,祖先崇拜和服丧三年不变,反对任何改革的情结不变。也就是,酱缸不变。举一个例子作为说明,监察部委员(御史)谢济世批注"四书"之一的《大学》时,采用另一古书《礼记》原文,而没有采用理学大亨朱熹的见解,第五任皇帝胤禛(雍正)就勃然大怒,判决谢济世死刑。后来好不容易免死,但仍罚做苦工。在这种背景下,人们的想象力和创造力,都被酱死。

第三个黄金时代,带给中国的不是第一个黄金时代那种澎湃的学术思潮,也不是第二个黄金时代那种英雄们气吞山河的气概,而仅仅是一百年的和平与秩序。这本是人民最低的要求和政府最低的功能,但它在中国已绝迹了很久。但比起明王朝和更早的蒙古帝国统治时代,这一百余年间的中国人民,好像活在天堂。

第三个黄金时代的最伟大的成就,在于满洲人的清政府为中国开辟了广袤的疆土。东西汉两个王朝和唐王朝都曾为中国增加了一百七十万方公里的面积,但不久就行失去。而清政府为中国增加的领土,超过从明王朝承袭下来的中国领土的三倍。

一一 东南疆土的扩张——台湾

清政府向外扩张的第一个目标是台湾岛。

台湾岛距福建海岸,最狭处只一百五十公里,这个宽度一百五十公里的台湾海峡，因为海水终年都是南北流向的缘故，使它跟近在咫尺的大陆有一段长期的隔绝。一直到十三世纪，中国的和日本的海盗，才冒险在这个巨岛上登陆，建立巢穴。这些海盗和稍后接踵而来的移民，他们最初接触的是住在台湾西部大平原上自称为"台湾"部落的当时土著马来人，台湾的名称始告确立。

本世纪（十七）初叶，台湾海峡两岸发生变化，一是海盗郑芝龙向明政府投降，明政府任命他当福建海军司令官（福建水师提督），海上商旅开始获得安全保障。一是比台湾岛大不了多少的荷兰王国，从欧洲向东发展，于一十年代 1619 年，登陆爪哇，征服东印度群岛（印度尼西亚）。于二十年代 1624 年，登陆台湾，把岛上的马来人、汉人、日本人，全置于统治下。

我们回溯明王朝第十九任皇帝朱聿键被杀的往事，那时郑芝龙已晋升为侯爵，统率陆海两军，掌握重兵，当他决定出卖朱聿键，向清军投降时，他的日本籍妻子所生的儿子郑成功，极力反对。郑芝龙当然不会改变主意，于是郑成功就率领一支孤军，以福建厦门为根据地，尊奉遥远的在西南云贵高原流亡的第二十任皇帝朱由榔，跟清政府对抗。五十年代 1658 年，郑成功大举北伐，由长江口深入，包围南京。可是结果失败，退回厦门。那时清政府入关不久，还没有力量反击，而只采坚壁清野的战略，从南京到广州两千公里的沿海地带所有居民，全部内迁二十公里。郑成功经过北伐的大创伤之后，已不能做第二次北伐。坚壁清野复使他的军队面对着饥饿和孤立。他这才想到台湾，如果能据有台湾，粮源和兵源都可解决。

六十年代 1661 年，郑成功进攻台湾，荷兰所建筑的两大巨城之一的赤嵌城（台湾台南）陷落。另一孤城热兰遮（台南西安平城）被围九个月，荷兰军队弹尽援绝，向郑成功投降，郑成功把他们全部遣送到爪哇。

——荷兰占领台湾岛三十八年。向郑成功投降的荷兰总督揆一，已尽了他最大的努力，但他回国后，仍以失陷台湾的罪名，被判十年有期徒刑。

从六十年代 1661 年起，台湾成为中国明政府辖下的领土，而就在这一年，朱由榔被缅甸人解送给吴三桂处死。帝王政治制度的传统形式，一定要继续立一个皇帝，才是正常现象。但郑成功的态度十分暧昧，迁到台湾的虽然也有其他朱姓亲王，郑成功却没有物色一个继承帝位。郑成功的封爵是延平郡王，他就以延平郡王的王府，作为最高行政机构。在法理上，这是畸形的，犹如一个国家没有中央政府，而只由一个总司令部代理中央政府。

郑成功于占领台湾的次年（1662）年逝世，他的儿子郑经继承王位，曾向清政府提出和解，要求清政府承认台湾是一独立王国，允许台湾像朝鲜、安南（越南）、琉球一样，不剃发也不改换服装，只向清政府称臣进贡，永远作为清帝国的藩属，清政府表示同意。但郑经不自量力地又要求保留海峡对岸福建的厦门，作为贸易的据点，清政府大起反感，谈判破裂。在三藩战役时，郑经跟三藩之一的耿精忠结盟，曾派遣军队到福建和广东参战。三藩失败后，郑经在大陆上的根据地，全部丧失，这时他终于承认力量微弱，开始想到自保，但机会已经过去，清政府决心用武力把他消灭。

八十年代1683年，清政府福建海军司令官（福建水师提督）施琅，率领三百艘战舰，从福州出发，先攻陷台湾海峡中的澎湖列岛，接着进攻台湾。郑氏政权在台湾已二十三年，二十三年中有很多变化。当初的战斗精神和复国雄心早已消失，将领们和战士们，都在岛上成家立业，习惯于和平安定。所以，清军没有遇到抵抗，便在鹿耳门（台湾台南西安平港）登陆，最后一位延平郡王郑克塽（郑经的儿子）投降。三万六千方公里的台湾岛，正式跟清帝国合并，跟西南方一千公里外面积略小的海南岛，像两只巨拳一样，保卫着中国的海疆。

——一件非常有趣的事情发生，宰相李光地（著名的儒家系统理学巨头之一），他向玄烨大帝建议，郑氏政权既已消灭，台湾是蛮荒烟瘴之地，不适合人类居住，应该仍赐给红毛（荷兰）。天老爷保佑玄烨大帝拒绝采纳他的意见。

一二 东北疆土的扩张——《尼布楚条约》

在台湾海峡发生变化的同时，东北严寒地带的黑龙江流域情势，也发生变化。

中国东北的领土，自公元前四世纪战国时代以来，始终伸缩在七万方公里左右，从前称为"辽东"，即现在的辽东半岛——包括沈阳和辽阳两个大城。而且有很长一段时间，连这一块土地都不能保持。公元后四世纪以来，也只有唐王朝保持了一百余年。蒙古的元帝国版图虽包括大部分东北地区，但与华夏民族无关，当蒙古人被逐出中国时，长城以北仍是他们的国土。明政府曾恢复唐王朝的辽东（辽宁）旧疆，勉强维持了二百余年，一度把势力伸展到外兴安岭、黑龙江口和库页岛，但最后仍全部丧失给后金汗国。

后金汗国原来只局限于狭小的辽东半岛，它的北方和东方，仍住着很多比满洲人更为落后的部落。这些部落一则不甘愿承认满洲人的优越地位，一则他们也正在向南迁移，双方遂不断发生战争。但每一次战争的结果，满洲人都得到胜利，而终于把他们完全征服。其中有四个主要的部落，如同下表：

次序	征服年份	部落	所在	行动
一	1636	鄂伦春部	外兴安岭南麓	鄂伦春人盗马杀人，后金汗国发兵征服。
二	1640	索伦部	精吉里河与额尔古纳河之间	索伦人诸城联合反抗后金汗国，后金击擒酋长博木博果尔。
三	1642	呼尔喀部	松花江、乌苏里江、黑龙江三江合流地带	清政府于1643、1644、1645连战三年才征服。
四	1642	达瑚尔部	精吉里河及黑龙江下游	与呼尔喀部同时投降。

满洲人蓦然间被请进山海关时，他们在东北所征服的土地已达三百万方公里。满洲人作为中国的主人后，这片广漠的土地，就成了他们嫁妆的一部分。

比满洲人向北扩张稍早，俄罗斯帝国远在欧洲的斯拉夫人，已越过乌拉尔山脉向东扩张，西伯利亚荒原上人数稀少的原始游牧部落，不是那些俄国人的对手。从本世纪（十七）头十年到六十年代，俄国人在荒原上建立起来一系列的殖民城市，最主要的有下列诸城：

　　头十年 1604 年　托木斯克（明王朝皇帝朱翊钧在位）
　　一十年代 1619 年　叶尼塞斯克（萨尔浒战役之年）
　　三十年代 1632 年　雅库次克（后金第二次入塞前一年）
　　三十年代 1638 年　鄂霍次克（后金第四次入塞之年）
　　五十年代 1658 年　尼布楚（郑成功北伐围南京前一年）
　　六十年代 1666 年　塞楞金斯克（三藩战役前七年）

雅库次克显然是俄国向东向南侵略的主要据点之一，它距黑龙江约一千二百公里。俄国的冒险家、流氓、杀人凶手、亡命之徒，当然也有抱着为国家开疆拓土高贵目的的英雄志士，从本世纪（十七）四十年代起，不断向温暖的东南方和南方发展，窥探并勘查当时刚刚被后金汗国征服不久的黑龙江流域。后金汗国于1642年吞并了呼尔喀、达瑚尔部落，明年（1643），俄国第一批探险队从雅库次克出发，相差不过一年，但这一年已够确定中国在法理上对于黑龙江南北两岸广大地区的主权。

俄国人出动的次数和乘隙深入后金汗国——中国国境的情形，我们藉下表说明：

次序	主要人物	起讫	行动
一	费耶尔可夫	1643—1646	由精吉里河入黑龙江，出江口北返雅库次克。
二	哈巴洛夫	1649—1652	入黑龙江，到松花江口。
三	施代巴诺夫	1652—1658	筑城于精吉里河口，中国军队进攻，兵溃战死。
四	帕尔库夫	1656—1661	筑尼布楚城，被中国军队逐走。
五	且尔古波斯基	1665—1685	筑雅克萨城，被中国军队攻陷。
六	阿尔新斯基	1669	再入据尼布楚城，不再退出。
七	图尔布青	1685—1689	再筑雅克萨城，《尼布楚条约》成，退走。

俄国人的运气不好，不仅是脚步迟了一年，而且它遇到的不是明政府奄奄一息腐烂透了的弱小中国，而是清政府正走上坡，朝气蓬勃的强大中国。俄国第一批和第二批行动队不过穿过中国东北的荒原地带，没有被清政府发觉，但是第三批行动队在施代巴诺夫领导下，在精吉里河口建筑城堡，兴高采烈地打算长期占领时，正式跟中国的力量接触。中国宁古塔（黑龙江宁安）军区参谋长（宁古塔章京）沙尔呼达，率领四十五艘军舰，逆黑龙江而上，给施代巴诺夫迎头痛击，施代巴诺夫全军覆没，他自己也于稍后被杀。俄国的侵略当然不会因这小挫折而停止，第四批在外蒙古之北建筑尼布楚城，但被中国逐走。但俄国人不久就又回来，中国人未加过问。第五批在黑龙江北岸，建筑雅克萨城要塞和卫星城堡，这批凶恶的俄国暴徒把当地土著索伦人当作奴隶，奸淫妇女，并抢劫他们辛苦猎取的貂皮。索伦人报告中国官员，但这时清政府正困于三藩的战争，没有力量北顾。

俄国人作威作福二十年，三藩战争结束，台湾也跟着合并。玄烨大帝对雅克萨城采取行动，八十年代1685年，中国边防军司令（都统）彭春，率大军包围雅克萨城，用一百五十门野战炮和四十门攻城炮，日夜轰击。四天后，守将图尔布青投降，中国允许他率领残余部队，向尼布楚撤退。——当俄国人再回到尼布楚时，中国没有再把他们驱逐，是一个大失策。等到俄军撤退后，中国纵火焚毁雅克萨城，也跟着撤退。

图尔布青在撤往尼布楚途中，遇见由尼布楚开向雅克萨的增援部队，携带着重武器，告诉他驻屯尼布楚的俄国大军随时可以接应。这使图尔布青懊悔不迭，他立刻同援军重返故地，于雅克萨城被中国焚毁后第十七日，再重筑新的雅克萨要塞。

中国接受这个挑战，明年（1686），宁古塔军区副司令（副都统）萨布素，再围雅克萨城。除用巨炮轰击外，并且使用从台湾调来参战的藤牌兵团攀城。图尔布青战死，守军只剩下一百余人，陷落就在旦夕。就在这时候，中国军队奉到停止攻击的命令。因为中俄两国外交人员正在北京接触，俄国要求先行停火，玄烨大帝允许。

八十年代最后一年1689年，中国代表团团长钦差大臣索额图，俄国全权公使陆军上将费要多罗，在尼布楚谈判，双方都戒备森严，双方的态度也都非常强硬，而中国代表更甚。索额图有两次在大怒下拍桌子而去，要下令担任警卫的边防军攻城，俄国代表终于采取妥协态度，遂签订下列的《尼布楚条约》：

一、外兴安岭之南属中国，之北属俄国。
二、额尔古纳河之东属中国，之西属俄国。

这是一个重要的条约，使中、俄两大扩张力量，得到和解，为中、俄两国带来一百七十年的和平，跟十一世纪宋帝国与辽帝国澶州和解带来一百一十四年的和平同样重要。俄国对辽远的东方固然力不从心，而中国如果长期从事于东北荒凉寒冷地区的战争，也将筋疲力尽。

——中国习惯于把所有的外国都当作藩属，因为事实是这样。《尼布楚条约》是中国第一次以平等地位跟外国签订的条约，但获得的利益却十分巨大。当时中国的力量，事实上只能到黑龙江北岸，还伸展不到外兴安岭和鄂霍次克海。俄国向南侵略，是由冰雪荒原，进入流奶与蜜之地，永不会自动停止。而中国不然，汉人那时仍以辽东半岛为主要范围，有耕种不完的肥沃土壤，满洲人则争先恐后入关去当中国的主人，没有人傻到从流奶与蜜之地，投身到冰雪荒原。这可从对雅克萨城的处理上看得出来，中国人把它焚毁而退，俄国人却把它当作宝贝，建了又建。所以，《尼布楚条约》对俄国是一种阻堵，对中国是一种保卫。

一三　塞北疆土的扩张——内蒙古

蒙古只有一个，本没有内外。因为跟清帝国合并的时间有先后，遂被分割。先跟清帝国合并的南半部称内蒙古，后跟清帝国合并的北半部称外蒙古。

蒙古人于十四世纪被中国明政府逐出长城后，一直不停地内战。虽然达延汗于十六世纪一度予以统一，但他的后裔又分为四部，那就是：察哈尔部、鄂尔多斯部、土默特部、喀尔喀部。不过这只是指达延汗的血亲后裔，另外还有两个相当大的部落,跟这四个部落同时并存的,一是住在东北北部嫩江流域的科尔沁部,一是住在东北西部西辽河流域的喀喇沁部。这六大部落中,喀尔喀部的人口最多,察哈尔部的力量最强。

本世纪(十七)头十年,察哈尔部的林丹汗,雄心勃勃地想效法他的祖先达延汗,创立蒙古再统一的伟大事业。一十年代1619年,他致函刚成立不久的后金汗国可汗努尔哈赤,信上开头就说:"统兵四十万蒙古国可汗,问候水畔三万人大金国可汗努尔哈赤。"努尔哈赤看了大感沮丧。但林丹汗的才干跟他的雄心不能配合,他对内完全采取高压政策,以致引起反感。二十年代时,嫩江流域的科尔沁部,首先脱离林丹汗的统治,于1624年跟后金汗国结盟。明年(1625)林丹汗向科尔沁部进攻,努尔哈赤亲自统率精兵赴救。林丹汗不敢作战,自行撤退。这一次虎头蛇尾的军事行动,促使科尔沁部感激后金汗国不止,做更彻底的归附。

三年后(1628),西辽河流域的喀喇沁部,不堪压迫,也叛离林丹汗,投降后金。四年后(1632),后金汗国第二任可汗皇太极,跟投降过去的蒙古部落,组织西征联军,对察哈尔部发动总攻,林丹汗大败,向西逃亡。土默特部和鄂尔多斯部,先后向后金投降。林丹汗逃到距青海湖尚有十天行程的大草原上病死,他的残部在青海一带仍支持三年,到1635年,终于也向后金屈服。

满洲人把上述的这些被征服的蒙古部落和土地——塞北全境,称为内蒙古。把漠北还没有合并的喀尔喀部称为外蒙古。后来满洲人入主中国本土,这种称谓和区分,一直保留下来。

清政府对蒙古人跟汉人不同,有下列的两大特点:

其一,取消蒙古固有的部落制度,改为盟旗制度,限制迁移,以便于控制。盟旗的行政系统,如下表显示:

模拟	省	县	乡	村	街	注
编制	盟	旗				有一旗一佐领者
酋长	(省长)盟长	(县长)札萨克总管	(乡长)参领	(村长)佐领(150户)	(街长)什长(15户)	(150户),有一旗90余佐领者(13000户)

盟旗制度完全仿效满洲人的八旗制度,满洲八旗:正黄旗、正白旗、正红旗、正蓝旗、镶黄旗、镶白旗、镶红旗、镶蓝旗(镶旗是:黄白蓝三旗镶红边,红旗镶白边)。这是努尔哈赤创立的图腾结构,所以满洲人没有地的籍贯,只有旗的籍贯,是一种全民皆兵的新户籍制度,全体满洲人是一个大

奴隶集团，被划分为八份，人民受到层层节制，不能离旗独立。自入关后，原意渐失，演变成为一种单纯的军事制度。但同类型的蒙古盟旗制度，却一直保存到二十世纪，仍然存在。盟旗制度的特点就是八旗制度的特点，蒙古人被纳入组织后，局限在一块狭小的地区，不能选择居住地和牧场。旗跟旗之间也不能有横向的来往，连流动于各盟旗间的小贩，都严厉禁止，目的当然是防止他们暗通消息，集结叛变。"逐水草而居"的时代从此消失，即令遇到荒旱，非清政府批准，不能移动。

其二，对蒙古人实行愚民政策，阻止他们接受华夏民族文化。清政府统治蒙古，有两个秘密武器：一是利用喇嘛教，使蒙古人沉湎在宗教里面，不知不觉中丧失战斗精神，这方面的效果是可惊的。另一是把公主大批地嫁给蒙古酋长——他们本来称可汗，投降满洲人之后，被改封为藩王或公爵，合称为"王公"。满洲人的皇姑、皇妹、皇女之流，大多数都嫁给蒙古王公，从没有一个嫁给汉人的。清政府的政策是，用科举控制汉人，用婚姻控制蒙古人，结果证明完全成功。公主的儿子自幼随着母亲在外祖父或舅父的皇宫中游戏，长大后自然有一种向心力。公元前二世纪大政治家娄敬，向当时的皇帝刘邦建议的和亲政策可收的效果，现在完全应验。本世纪（十七）九十年代，玄烨大帝在多伦诺尔（内蒙古多伦）用盛大的宴席招待蒙古高阶层时，发现很多蒙古王公都是他的外甥或外孙，又几乎都是在北京皇宫里长大的，不禁大为得意。但清政府虽赐给这些王公们财富和荣耀，巩固他们对人民的统治尊严，却对他们仍深谋远虑地细心防范，不准他们跟汉人来往，不准学习汉文，不准保管汉文图书，不准请汉人担任教师，不准子弟进入汉人学校，不准看汉人的戏剧，目的使蒙古人永远愚昧无知。从此，面积约一百万方公里的内蒙古，自本世纪（十七）起，也做了满洲人嫁妆的一部分，带到清政府，永远成为中国的领土。

一四 漠北疆土的扩张——外蒙古

比内蒙古还要庞大的外蒙古，在喀尔喀部统治之下，仍独立于瀚海沙漠群之北。已迁到北京的清政府无意向北发展，他们对拥有内蒙古广大的领土和西伯利亚外兴安岭以南广大的领土，已心满意足。可是一个意外的事件，却使外蒙古自动地请求归入清帝国。这个事件起因于以伊犁（新疆伊宁）为首都的准噶尔汗国，于《尼布楚条约》签订的前一年（1688），向外蒙古喀尔喀部发动攻击。

喀尔喀是蒙古诸部落中，人口最少，但占地却最广的一个部落，又分为下列三个汗部：

一、车臣汗部（外蒙古东部，牙帐设今温都尔汗）
二、土谢图汗部（外蒙古中部，牙帐设今哈尔和林）
三、札萨克图汗部（外蒙古西部，牙帐设今贝格尔）

所谓喀尔喀部，只是一个部落的总名称，不是一个具体的行政组织，更没有一个共同领袖。事实上三个汗部独立并存，各有各的可汗，互相间不停地打斗。

准噶尔汗国是四卫拉特之一准噶尔部建立的国家，参考上上世纪（十五）第四节附表及第六节，我们会记起当时声势烜赫，生擒过明帝国酒肉皇帝朱祁镇的瓦剌部落。瓦剌自从也先可汗死后，失去领导中心，这个突厥民族的部落分裂为三部：土尔扈特部、准噶尔部、杜尔伯特部——杜尔伯特部稍后被辉特部取而代之，他们向西迁移到现在的新疆北部。而另一支蒙古人的和硕特部，也侵入到新疆北部，跟他们混合。于是，遂被笼统地称为四卫拉特。卫拉特，即瓦剌的转音。

本世纪（十七）二十年代，和硕特部在固始汗率领下，侵入现在的青海，建立一个庞大的和硕特汗国。土尔扈特部也移向中亚，深入欧洲。新疆北部的故土上，只剩下准噶尔部跟辉特部。我们用下表列出这四个卫拉特可汗的世系：

四部	第一代	第二代	第三代	第四代	第五代	第六代	疆域今地
	（十七世纪）			（十八世纪）			
土尔扈特部（突厥族）							（入俄）
和硕特部（蒙古族）	固始汗1656年卒	西藏一任达颜汗鄂齐尔1670年卒	二任达赖汗明素克（巴图台吉）	三任拉藏汗1717年被杀	丹衷	班珠尔	西藏
		青海一任汗札什巴图汗	二任汗罗卜藏丹津1725年逃亡，1755年被擒				青海

（续表）

四部	第一代	第二代	第三代	第四代	第五代	第六代	疆域 今地
	（十七世纪）			（十八世纪）			
准噶尔部（突厥族）	一任汗巴图尔浑台吉1660年卒	二任汗僧格	三任汗索诺木阿拉布坦				新疆及哈萨克斯坦东部
			五任汗策妄阿拉布坦1727年卒	六任汗噶尔丹策零1745年卒	八任汗达札尔1754年被杀		
					七任汗那木札尔1750年被杀		
		四任汗噶尔丹1697年卒					
				大策零	九任汗达瓦齐1755年被擒		
（杜尔伯特部）辉特部（突厥族）						十任汗阿睦尔撒纳1757年卒	蒙古西北角

本世纪（十七）六十年代，准噶尔汗国——也就是准噶尔部的第二任可汗僧格，被他的两位哥哥谋杀，由僧格的儿子索诺木阿拉布坦继位。僧格的弟弟噶尔丹正在西藏当喇嘛，喇嘛教领袖达赖送他回国安定内部。噶尔丹回国后，把两位哥哥以及侄儿索诺木阿拉布坦一齐杀掉，自己当上可汗。他不久就并吞了回部（新疆南境），又并吞了青海的和硕特汗国，使他的国土扩张到二百八十万方公里。

噶尔丹可汗雄才大略，他的下一个猎物是外蒙古。

外蒙古的喀尔喀部不能团结如故。八十年代1684年，土谢图汗攻杀了札萨克图汗，把札萨克图汗美丽的姬妾和大批部众抢了去。中国清政府派藩属事务部部长（理藩院尚书）阿拉尼，会同西藏喇嘛教领袖达赖的使节席勒图，在伯勒齐尔城（甘肃安西），召开和解会议。和解会议并不能使他们和解，反而发生了一件礼仪上的重大纠纷。蒙古地区喇嘛教主教库伦活佛（哲布尊丹巴胡土克图。库伦，今蒙古乌兰巴托），他是土谢图汗国的弟弟，在和解会议上，曾经跟达赖的使节席勒图以平等的身份，同席而坐。噶尔丹可汗得到报告，认为抓住了借口，于是他义愤填膺地宣称，库伦活佛犯了不敬达赖的滔天大罪，必须予以重惩。

和解会议后的次年（1688），噶尔丹可汗自前进基地科布多（蒙古科布多）出发，向外蒙古攻击。喀尔喀的三个汗部大败，溃不成军，不得不停止内斗，紧急会商救亡措施。他们面前只有两条路：一是归附俄国，一是归附清帝国。这是一项重大的决定，这决定势将引起数百年甚至数千年的历史反应。库伦活佛坚持归附清帝国，他说："俄国不信佛教，穿的衣服也奇形怪状。清帝国一片和平景象，又信佛教，穿的衣服看起来好像神仙，而且清帝国繁华富庶，有用不完的财宝，绸缎锦绣更多，依靠他们，生活一定愉快。"除了这些理由，还有一个更重要的没有说出来的理由，就是他跟玄烨大帝间的私人友谊最笃。三部可汗一致接受他的意见。

玄烨大帝一面命三部撤退到内蒙古，发给临时急赈救济。一面向噶尔丹可汗呼吁放弃使用武力，退出外蒙古。噶尔丹答应放弃武力，但必须清帝国先行交出罪犯库伦活佛，以及土谢图汗。这是清帝国无法接受的，噶尔丹遂继续东进，横穿外蒙古高原，抵达两千五百公里外的克鲁伦河下游。明年（1690），大军更深入内蒙古，直抵距北京只有三百五十公里的乌兰布通（内蒙克什克腾旗南）。噶尔丹可汗企图用压力使清帝国屈服，他犯了横挑强邻的错误。

玄烨大帝亲自统军出长城攻击，皇子胤禔担任先锋，到达乌兰布通，发现准噶尔兵团的主力——驼城。驼城是弓箭战争时代的产物，把骆驼的四脚绑住，卧倒在地，加上木箱和用水湿透了的毛毯，即成为可以阻止骑兵冲突的坚强堡垒。但如果用来对抗新武器大炮，就太落伍了。胤禔用激烈的炮火轰击，骆驼大半死掉，驼城崩溃，噶尔丹可汗乘夜向西撤退。

可是噶尔丹已无法摆脱噩运，他的侄儿，即索诺木阿拉布坦的弟弟策妄阿拉布坦，在汗国的首都伊犁（新疆伊宁）宣布即位，下令通缉弑君篡位的叛逆噶尔丹。噶尔丹撤退到科布多城后，不能再西进。他向俄国求援，愿做俄国收复雅克萨城的先锋。俄国因跟中国刚签订了《尼布楚条约》，所以对噶尔丹的提议，不作回答。

噶尔丹不是容易屈服的人物，他驻屯科布多整补训练，五年后的九十年代1695年，做最后的冲刺，跟遥远东方三千公里外，嫩江河畔的内蒙古科尔沁部，秘密结盟，向喀尔喀部（外蒙古）发动夹击。他希望用闪电战术一举消灭喀尔喀部，重新控制内蒙古，建立他的新汗国。当噶尔丹再度进攻，东进两千余公里，抵达克鲁伦河时，清政府三路迎击的大军早已进入攻击的位置。次年（1696），玄烨大帝亲自北上一千公里，到克鲁伦河畔的车臣汗牙帐（蒙古温都尔汗），指挥作战。噶尔丹望见了清帝国皇帝的黄龙大旗，才发现被科尔沁部出卖，中了清帝国的诱敌之计，他急令撤退，用最迅速的方法脱离清军东路和中路两个兵团，日夜奔驰二百五十公里，到了库伦（蒙古乌兰巴托）东南三十五公里的昭莫多，正在庆幸终于脱险之际，却不知道恰恰进入清军西路兵团司令官（抚远将军）费杨古的口袋阵地，噶尔丹大败，他的妻子阿奴皇后，跟她的丈夫一样的勇敢善战，她身穿铜盔铜甲，率领精兵突围，死于巨炮的轰击之下。

噶尔丹虽全军覆没，仍拒绝投降。他退守科布多，但已不能再组织一支战斗部队。明年，即本世纪（十七）最后第三年（1697），他服毒自杀。喀尔喀三汗部仍回外蒙古故地，不过形势已经不同，外蒙古和噶尔丹辖下的科布多、乌梁海两地区，面积共一百八十万方公里的土地，自此纳入中国版图。

东西方世界

——头十年·1600年。（明政府平定贵州杨应龙民变），（一）英国设立东印度公司，积极向东方侵略。是年，远征军攻陷孟买，莫卧儿帝国无法抵抗。（二）日本毛利辉元攻德川家康，失败。前期武家时代结束。德川家康在江户（东京）设幕府，号令全国。江户时代及后期武家时代开始。

——一十年代·1615年（明王朝第十四任皇帝朱翊钧召见群臣，大喝"拿下"），日本江户幕府征夷大将军德川家康，攻陷大阪，丰臣秀赖与母亲同时自杀。

——一十年代·1616年（后金汗国建立），英国作家莎士比亚，西班牙作家塞万提斯，于本年四月二十三日，同一天逝世。

——一十年代·1618年（努尔哈赤以七大恨告天，出兵攻明王朝），波希米亚王国拥立腓特烈五世当国王，神圣罗马帝国皇帝鲁道夫，下令讨伐，欧洲三十年战争起。

——二十年代·1628年（陕西大旱，饥民张献忠、李自成聚众叛变），英国国会向国王查理一世提权利请愿书，要求非经国会同意，不得拘捕人民。查理一世被迫签字。

——二十年代·1629年（后金第一次入塞。袁崇焕被诬陷下狱。高迎祥被推为闯王），查理一世下令解散国会，独裁专制如故。

——三十年代·1635年（后金汗国最后一年，明年即改称清帝国），日本征夷大将军德川家光，下锁国令，驱逐所有外国人，也禁止日本人出国，只准少数中国和荷兰商船，可到长崎。此后二百一十九年间，史学家称为锁国时期。

——四十年代·1640年（中国全国大旱大蝗，人与人相食），英国军队因索欠饷叛变，国王查理一世无奈，再召集国会筹款。

——四十年代·1641年（清军攻陷锦州），英国国会向查理一世提出"大抗议书"，指责他种种的不法行为。

——四十年代·1642年（清军第五次入塞），英国革命爆发。

——四十年代·1646年（明王朝第十九任皇帝朱聿键兵败被擒，斩于福州），英王查理一世兵败被擒。

——四十年代·1649年（清政府正追击明政府的残军，一连攻陷南昌、湘潭），英国国会法庭判决查理一世死刑，斩于断头台。宣布成立共和国，选举克伦威尔担任执政。

——五十年代·1658年（郑成功北伐，围攻南京失败），克伦威尔逝世。

——六十年代·1660年（明王朝灭亡前一年），英国迎立故王查理一世的儿子查理二世当国王。

——八十年代·1685年（中国攻陷雅克萨城），英王查理二世逝世，他的弟弟詹姆士二世继位，蔑视国会，宣称国王有权干涉国会制定的法律。

——八十年代·1688年（《尼布楚条约》签订前一年），英国发生不流血革命，新教徒秘密迎接查理二世的女儿玛丽。女婿奥伦治公爵，从荷兰入主英国。詹姆士二世逃亡法国。

——八十年代·1689年（《尼布楚条约》签订），英国国会通过《权利法案》，英国专制政治从本年起，完全消灭，这是英国对世界又一伟大的贡献。

第31章
第十八世纪

十八世纪是人类历史的转折点。

整个人类的生命,像一场无尽头的接力竞赛。十六世纪以前的亿万年漫长时间中,人类一直在缓缓步行。但自十七世纪起,欧洲的脚步加快。进入本世纪,欧洲开始跑步,科学上和意识形态上,同时都有非常重大的突破,把人类带进一个新的世界,作为未来的更猛烈发展的基础。诸如:

——约翰发明飞梭(这是一个起步)。

——哈格理夫斯发明纺纱机,一人工作,可抵八人。

——瓦特发明蒸汽机(人类开始脱离手工业时代,进入机器时代)。

——孟德斯鸠创立司法、行政、立法三权分立学说。卢梭创立天赋人权学说(这又是一个起步,奠定了民权的和人权的尊严。正是中国政治思想中所缺乏的东西)。

——美国脱离英国独立,选举总统,实行三权分立,成为世界上第一个没有帝王而由人民选举元首的国家。

——法国爆发大革命,发表人权宣言(卢梭学说的实践,民主思想开始传播,不可遏制)。

而中国对这些却全部茫然不知,更没有引起丝毫震动。在清政府继续开疆拓土下,四百余万方公里的土地并入版图。不过,到了八十年代,黄金时代结束,被驱逐到一旁的大黑暗,重新合拢,中国又恢复不幸。

一　喇嘛教与西藏

在外蒙古喀尔喀部跟准噶尔汗国的冲突事件上，我们可以看到喇嘛教的影响力量。

喇嘛是西藏语。喇，意思是"上"。嘛，意思是"人"。喇嘛，就是"上人"，就是高僧。我们回溯十三世纪蒙古帝国跟吐蕃宗教国的关系，可发现吐蕃的没落，全是被佛教这个奇异的支派所促成。十四世纪时，蒙古政权被逐出长城，吐蕃跟蒙古的联系也告断绝。后来，不知道什么原因，吐蕃的名字消灭，而被称为乌斯藏。到了上世纪（十七），又不知道什么原因，乌斯藏的名字也消灭，而改称为土伯特。

跟喀尔喀分为三部一样，土伯特则分为四区：

一、藏（后藏，今西藏西部）

二、卫（前藏，今西藏中部）

三、喀木（也简称康，今西藏东部及四川最西部）

四、青海（青海湖及柴达木盆地，二十世纪二十年代改称青海省）

喇嘛教主八思巴，于十三世纪时，被蒙古帝国加封为蒙古国师。在八思巴领导下，僧侣们都穿红色袈裟，并娶妻生子，因之称为红教。政治权力加上糜烂生活，使红教日趋腐败。十四世纪五十年代，一位改革家在青海西宁城附近一个藏民部落中降生，名宗喀巴，他是喇嘛教的马丁·路德。十四岁时就当红教僧侣，二十岁时就大胆地提出改革方案。他改穿黄色袈裟，禁止娶妻，以便全心全意宣扬佛法，因之被称为黄教。改革在极端和平中进行，没有经过欧洲式宗教改革那种血流成河的屠杀场面。红教终于衰落，黄教一天比一天兴旺。

宗喀巴是一位最有想象力的大师，他为喇嘛教创立一个别开生面的权力继承制度。他有两位门徒，一名达赖，一名班禅。宗喀巴宣称这两位门徒都是佛陀投胎，永不死亡，肉体虽然毁坏，但灵魂却立即再转生世界，永远不灭。达赖、班禅在肉体毁坏（死亡）时，事先就预言他的灵魂要到某一个方向或某一个地方，以化身重生。逝世之后，先由高级巫师（拉穆吹忠）四个人，诵经作法，热闹一阵，然后分别出发去寻觅化身——灵童。找到之后，迎回拉萨，经过一段时间的宗教教育，等灵童年龄稍长，再举行坐床大典，成为喇嘛教的正式教主。坐床，就是坐在一张只有教主才可以坐的神秘宝床上，等于皇帝的登极大典，当然隆重非凡。

宗喀巴大师于十五世纪一十年代1419年逝世，达赖以大门徒身份，继承为喇嘛教教主，班禅以第二门徒身份充当副教主。从此之后，就实行化身（呼必勒罕）统治。十六世纪时，那位使明政府招架不住的蒙古俺答可汗，曾恭迎达赖三世到青海讲道，蒙古人从那时候起，开始接受黄教。

上世纪（十七），四卫拉特之一的蒙古和硕特部领袖固始汗，从天山北路侵入青海与喀木（西藏东部及四川西部）。这时候，达赖、班禅同住在前藏的首府拉萨城，而仍信奉红教的土王之一的藏巴汗，居住在后藏的首府日喀则城，跟黄教对抗。达赖宗教政府的最高执政官（第巴）桑结，向固始汗请求援助。固始汗接受这个邀请，出兵把藏巴汗杀掉，把原属于藏巴汗的后藏土地，奉献给教主。于是达赖仍住拉萨，而班禅则迁到藏巴汗所住的日喀则。固始汗大功告成之后，返回青海，留一个儿子率领蒙古军队，驻防拉萨。

上世纪（十七）八十年代1682年，达赖五世逝世，最高执政官桑结秘不发丧，仍用达赖的名义，为自己向清政府请求封号，清政府不知道内情，就加封桑结为土伯特国王。桑结跟当时准噶尔汗国的噶尔丹可汗，秘密结盟。噶尔丹对库伦（蒙古乌兰巴托）活佛的指责和对外蒙古的攻击，都是桑结出的主意。直到上世纪（十七）九十年代1697年，噶尔丹自杀，清政府才知道一直是桑结从中捣鬼，向桑结责问达赖何在，并暗示要派遣军队去勘察达赖的生死。桑结国王才恐慌起来，急急忙忙找了一位名札阳嘉穆磋的十五岁灵童（这时候达赖五世已死了十五年，所以这个达赖六世必须十五岁，表示他已转生十五年），宣称他就是化身，举行坐床大典。桑结向清政府报告说，他秘不发丧的目的只不过为了安定民心。清政府知道他在胡说八道，但没有追究。

西藏的政治形态是：三巨头并立。土伯特国王桑结主持行政，喇嘛教主达赖六世主持宗教，和硕特汗国王子拉藏汗（固始汗的曾孙）主持军事。

二 西南疆土的扩张——西藏

西藏三头马车制有严重的基本冲突，进入本世纪（十八），冲突表面化。拉藏汗对桑结国王事先没有征求他的同意，就确定谁是达赖化身，大不满意，他说他将抵制到底。桑结认为你这个蒙古酋长竟敢干涉我们西藏内政，简直莫名其妙，决定把拉藏汗毒死。拉藏汗得到消息，先下手为强，本世纪（十八）头十年1705年，发动突击，把桑结杀掉，把达赖六世囚禁。清政府和准噶尔汗国分别向拉藏汗要求迎接达赖六世，玄烨大帝深恐拉藏汗不买清政府的账，忧虑地说："他们盲目地崇拜达赖，如果被准噶尔汗国迎接了去，可能产生很大影响。"但拉藏汗显然愿取得清政府的友谊，他把达赖六世送往清政府，不幸达赖六世却在途中病故。

拉藏汗另行寻觅达赖化身，在博克达山（新疆吐鲁番北博格达山）找到一个名伊西嘉穆磋的孩子，说他就是灵童，举行了坐床大典，请清政府加封。可是拉藏汗的政治手腕太差，他没有跟那些高级巫师搞好，其中一个在喀木（西藏东部及四川西部）里塘（四川理塘）地方，找到了一个名格尔桑嘉穆磋的孩子，宣称他才是真正的灵童。青海和硕特汗国那些蒙古王公（酋长），支持这个新灵童。拉藏汗派军队去捉拿格尔桑嘉穆磋，老爹早抱着孩子逃到青海去了，他向清政府申诉，也请求加封。于是出现真假达赖的争执，互相指责对方是假，而自称是真。

准噶尔可汗策妄阿拉布坦，跟拉藏汗有亲上加亲的婚姻关系。策妄阿拉布坦是拉藏汗的姊夫，而策妄阿拉布坦的女儿又嫁给拉藏汗的儿子丹衷，小夫妇一直住在伊犁（新疆伊宁）策妄阿拉布坦的王宫。

然而，国家的利益超过一切，策妄阿拉布坦渴望征服西藏，拉藏汗拒绝把达赖六世送给他，使他对自己的阴谋诡计，更不受良心责备。本世纪（十八）一十年代1716年，策妄阿拉布坦组织一支八千人的远征军，命他的大将大策零率领，奇袭拉藏汗。这是世界上最勇敢、最困难和时间最长的一次闪电突击。从伊犁到拉萨，航空距离一千九百公里，要越过六千米的天山——比阿尔卑斯山还高两千米，绕过五百公里纵深的塔克拉玛干沙漠，还要攀登七千米的昆仑山，才能爬上世界屋顶的西藏国境，然后又要在一千二百公里不见人烟的冰天雪谷中秘密行军。

大策零这支远征军自一十年代1716年十月出发，白天潜伏，夜间前进，十个月后，于次年（1717）七月，神不知鬼不觉地接近西藏首都拉萨。拉萨附近人烟稠密，既不能杀绝，又无法躲避，大策零对那些惊愕的藏民说，他们是送丹衷夫妇回国省亲的卫队。拉藏汗老了，清政府方面一再警告他防备准噶尔汗国的突击，拉藏汗认为这是最幼稚的挑拨离间的手法。现在准噶尔远征军从天而降，攻陷拉藏汗所住的布达拉宫，把拉藏汗杀掉。为了斩草除根，策妄阿拉布坦下令把女婿丹衷也杀掉。西藏于是并入准噶尔汗国版图，

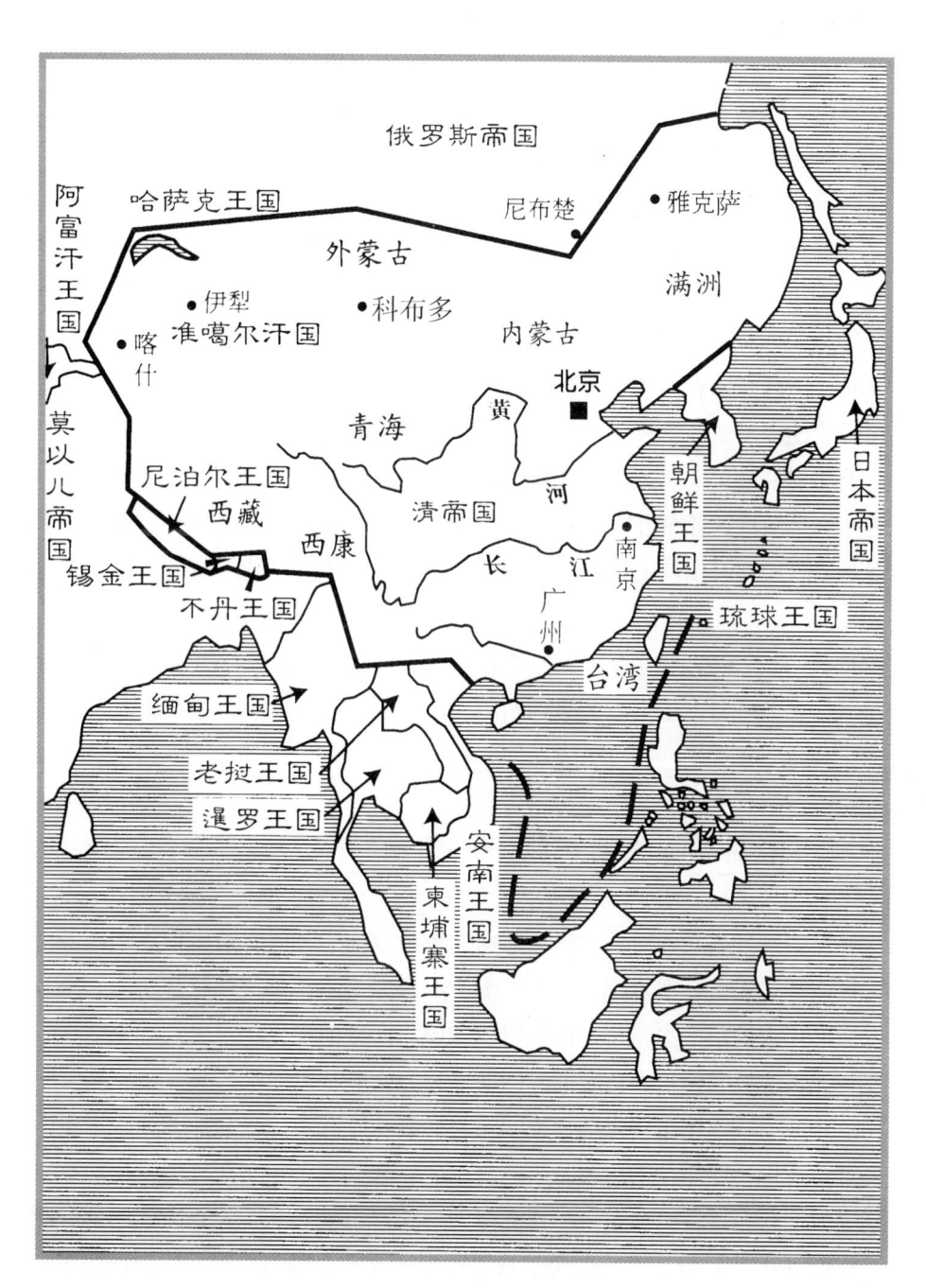

图四五　十八世纪·清王朝初期

策妄阿拉布坦完成了他父亲、叔父、祖父们的伟大心愿。

策妄阿拉布坦在战略上获得成功，但在政略上他犯了错误，他没有估计到清政府对这件事的关切和反应，清政府在接到拉萨陷落的报告后，决定用武力干涉。次年（1718），清政府正式承认逃到青海的格尔桑嘉穆磋为达赖七世，派遣军队送回西藏。但进入西藏后，在喀剌乌苏河（怒江上游），被大策零击败。

清政府当然不会罢休，两年后（1720），清政府派出第二次远征军，分三路进攻。驻在外蒙古科布多和巴里坤（新疆巴里坤）的两个兵团，直接攻击天山北麓准噶尔汗国本土，使它不能向西藏增援。东路军总司令（定西将军）噶尔弼则由打箭炉（四川康定）西进，北路军总司令（平逆将军）延信，由西宁（青海西宁）穿过唐古拉山（青海与西藏分界）南下。大策零战败，不得不放弃占领了四年的别人的国土，由原道向国内撤退，但他们已没有来时旺盛的士气，沿途死伤相继，生还到伊犁（新疆伊宁）的不到一半。

清政府远征军进入拉萨，撤销一切国王和一切可汗的称号，又撤销土伯特国号，改称西藏。任命故拉藏汗的一位僚属康济乃，当前藏最高执政官（固山贝子，噶布伦）；另一位僚属颇罗乃，当后藏最高执政官（台吉，噶布伦）。把喀木（四川西部及西藏东部）巴塘（四川巴塘）以东，划给四川。

面积一百六十万方公里的西藏——包括藏、卫、康，并入清帝国版图。

三 中西部疆土的扩张——青海

西藏并入清政府后，青海起而反抗清政府。青海本是土伯特王国四个地区之一，但它在上世纪（十七）初叶，就被蒙古人的和硕特部侵入，所以在青海广大的高原上，蒙古民族跟西藏民族同样的多。不过他们都是信奉同一喇嘛的虔诚教徒，因此蒙藏之间的感情，十分融洽。

和硕特汗国最伟大的领袖固始汗，进入青海后，很快地就征服了全部土伯特王国。固始汗的后裔分为两支：一支在前藏，一支在青海。在前藏的一支，因拉藏汗被杀而结束。在青海的一支，由他的儿子鄂齐图汗继承，于上世纪（十七）被突厥族的噶尔丹可汗击败并吞。噶尔丹败亡后，青海脱离准噶尔汗国的控制，成为无政府状态，各个部落独立为政，乱糟糟的群龙无首。清政府遂找到固始汗的另一个儿子札什巴图，封他为藩王，做青海各部落的领袖，以对抗西方准噶尔汗国的压力。

札什巴图逝世后，王位由他的儿子罗卜藏丹津继承。本世纪（十八）二十年代清政府进攻西藏时，罗卜藏丹津也率领他的蒙古兵团从征。这一次远行，使他看到和硕特汗国昔日的光荣，激起他万丈豪情，决心恢复祖父固始汗轰轰烈烈的霸业。于是他转而把朋友清政府当作仇敌，而把仇敌准噶尔汗国当作朋友。

西藏并入清政府后的第三年（1723），罗卜藏丹津号召青海的蒙古人各部落酋长，取消清政府所封的"王爵""公爵"的称号，脱离宗主关系。大多数蒙古部落和喇嘛教的重要寺院，都起而响应。清政府派驻在西宁城负责处理边疆事务的副部长（侍郎）常寿，被罗卜藏丹津诱到大营中囚禁，集结兵力二十余万人，进攻西宁。虽然没有把西宁攻下，但清政府通往西藏的道路却被切断，沿边震动。

——罗卜藏丹津实在没有跟清政府决裂的必要，事实上青海始终是独立的。清政府除了把"可汗""酋长"称谓改为"王""公"外，从不干涉他们的内政。准噶尔汗国并不比清政府好，它曾征服过青海，消灭过和硕特汗国，把蒙古人和西藏人置于统治之下。至少它不可能帮助罗卜藏丹津夺取西藏，它如果有这种力量，它自己会夺取。罗卜藏丹津没有考虑到这些，也许考虑到了而认为并不如此。

清政府的反应强烈而迅速，清政府任命年羹尧当总司令（抚远大将军），岳钟琪当副总司令兼前敌总指挥（襄赞军务，奋威将军）。次年（1724）二月，岳钟琪率五千人的骑兵，发动突袭。从西宁城向西急行军十二日，于第十三日的黎明，在荒原上捕捉到罗卜藏丹津的主力。罗卜藏丹津的部队从梦中惊醒，但战马都没有备鞍，无法迎战，霎时间全军崩溃，四散逃命，罗卜藏丹津急换上女人的衣服溜掉，投奔准噶尔汗国。

岳钟琪穷追不舍，每天奔驰一百五十公里，两天后，追到一个称为桑骆海（青海西南角）的地方，只见红柳蔽天，渺无人迹，才带着他的俘虏，包括罗卜藏丹津的母亲在内，凯旋而回。岳钟琪自出发到大获全胜，只用了十五天时间，就把面积约六十万方公里的青海土地，完全征服，纳入清帝国版图。这是清朝战史上最有名的一役，跟大策零突袭西藏之役媲美。

四　准噶尔的覆亡与种族屠灭

我们可以察觉到一个现象，无论在外蒙古、西藏、青海，清政府处处都遇到准噶尔汗国的强大力量。准噶尔汗国迫不及待地向外侵略，心情急躁而手段激烈，但他们恰恰遇到第三个黄金时代的清政府，所以每一次都引起清政府激烈的回报，不断从他们口中夺出已吞下咽喉的大片领土。

准噶尔汗国一连串大有作为的君主，对这种挫败，有无限的愤怒，遂使清政府与准噶尔汗国两国边界地带的冲突，没有宁日。清政府显然没有力量摧毁他们，所以只是一味盼望和平共存，相安无事。在征服青海之后，就向准噶尔汗国建议重新划定边界。为了表示诚意，清政府特地把驻屯在哈密（新疆哈密）和科布多（蒙古科布多）的两个兵团撤回。但策妄阿拉布坦可汗对和解没有兴趣，他仍希望至少取得西藏，谈判没有成功。二十年代1727年，策妄阿拉布坦逝世，儿子策零嗣位，他比他父亲更有才干和雄心，当清政府要求把和硕特汗国流亡可汗罗卜藏丹津交出来时，策零拒绝，并且用一种在清朝皇帝看来十分不礼貌的语句，通知清朝皇帝胤禛（雍正，玄烨大帝的儿子）说，他父亲策妄阿拉布坦已经升天成佛，他自己的责任是使喇嘛教弘扬于世界，世界人类都因他而获得安宁。这些话使他显得比胤禛还要伟大，胤禛大为光火。

二十年代最后一年1729年，胤禛组成远征军，任命傅尔丹当总司令（靖边大将军），岳钟琪当副总司令（宁远大将军）。三十年代第一年1730年，傅尔丹兴筑科布多城堡，作为永久性的军事基地。第二年（1731），他得到非常生动的情报说，准噶尔汗国发生内乱，罗卜藏丹津率领他的残余部下打算投奔清政府，被策零可汗发觉，发生战斗。傅尔丹大喜，即发动攻击。可是，他的前锋四千人挺进到科布多西方二百公里和通淖尔时，忽然胡笳四起，伏兵杀出，傅尔丹亲率主力前往救援，于是连主力也陷进重围。结果全军覆没，仅傅尔丹跟他的少数侍卫，狼狈逃回。岳钟琪在乌鲁木齐迅速发动进攻，已不能发生牵制的作用。策零可汗命他的得力将领大策零、小策零，乘胜向东推进，深入外蒙古腹地，幸而被外蒙古土谢图汗部所属的三音诺颜部（牙帐在今蒙古海尔汗杜兰城）酋长策凌郡王击灭（策零、策凌、大策零、小策零，使人混淆不清，大概那时候漠北部落很流行这种发音的名字）。清政府立即把策凌郡王擢升为亲王，命他的三音诺颜部脱离土谢图汗部，成为独立的一汗部。本来只有三个汗部的外蒙古，到现在分成了四个汗部，而喀尔喀部的总名词也被外蒙古取而代之。明年（1732），策零可汗再度攻入外蒙古，策凌亲王率三万蒙古兵团迎战，策零可汗大败，策凌亲王追击到光显寺（额尔德尼召，即哈尔和林——蒙古帝国的古都和林）附近，切断准噶尔兵团的退路，血战两天，准噶尔兵团崩溃，一半战死，一半被挤到水里淹死，策零可汗只跟少数卫士突出重围。

清政府远征军和通淖尔之败，由于胤禛对岳钟琪以十五天的时间征服青海的印象太深刻了，认为准噶尔汗国也是那样脆弱。而他任用的满洲人总司令傅尔丹，却是一个庸才，对敌人毫无所知，所以才陷入极其幼稚的诱敌之计，虽然有光显寺的大捷，也只能稳定情势，不能恢复战力。但对准噶尔汗国而言，光显寺战役却是一个意外沉重的创伤，从此再没有力量进攻。这时候策零可汗提议和解了，胤禛也放弃强硬立场，表示接受。三十年代1734年，胤禛派部长级官员（尚书）傅鼐，前往准噶尔汗国首都伊犁（新疆伊宁），跟准噶尔划定疆界，以阿尔泰山为界碑，互相通商，清政府并允许准噶尔可汗可以随时前往西藏朝拜达赖（煎茶）。

这是清政府与准葛尔汗国间唯一的一次和解，维持二十五年。

在不能消灭对方的情形下，长期战争会使自己血枯力竭而死，和解是明智的。但和解建立在双方同等强大的基础上，一旦一方过度衰弱，尤其没有第三者的力量平衡时，和解就会化为乌有。准噶尔汗国在和解后不久，便发生内乱。四十年代1745年，策零可汗逝世。嫡子那木札尔继位，他是准噶尔汗国第一位暴君，五十年代1750年，当他要杀他的庶兄达札尔时，达札尔反而把他杀掉，自己坐上宝座。可是达札尔更糟，1754年，他又被贵族大策零（奇袭西藏的那位名将）的孙儿达瓦齐杀掉，由达瓦齐继位可汗。不过达瓦齐还不如达札尔，他刚掌握大权就翻脸要杀帮助他取得大权的好友阿睦尔撒纳。阿睦尔撒纳是四卫拉特之一的辉特部（蒙古西北角）的酋长，他遂逃到清帝国。

清帝国皇帝弘历（乾隆，胤禛的儿子）亲自接见阿睦尔撒纳，用蒙古话交谈，封他为王爵，又送给他骏马之类的名贵礼物，又请他参加在热河原野（河北最北部）举行的狩猎，用盛大的场面欢迎他。大臣们对弘历如此优待一个流亡政客，大大的不以为然，但不久就发现其中原因，简单得很，清政府跟准噶尔汗国冲突八十余年，而清政府对准噶尔汗国内部，无论政治情势和地理环境，都不了解，所以始终束手无策，如今平空得到向导，当然喜出望外。

阿睦尔撒纳投降的明年（1755），清政府叛盟，两路大军同时向准噶尔汗国进攻。北路军总司令（定北将军）班第，副总司令（定边左将军）阿睦尔撒纳，由外蒙古乌里雅苏台出发。西路军总司令（定西将军）永常，副总司令（定边右将军）萨拉尔，由巴里坤（新疆巴里坤）出发。准噶尔汗国经过十余年的自相残杀，人心早已离散，加上阿睦尔撒纳号召他们不要抵抗，所以准噶尔军队纷纷放下武器，人民夹道欢迎。清政府两路大军没有经过战斗，就轻易地占领了首都伊犁（新疆伊宁），达瓦齐跟逃亡了三十一年之久的罗卜藏丹津，一同被俘。

一直到这时候，清政府并没有并吞准噶尔汗国的意思，只是想分而治之，使它的力量削弱，不再侵略清政府。所以清政府下令恢复上世纪（十七）四卫拉特的原状，使他们仍保持四个独立的部落，互不统属，个别的作为清帝国的外藩，像外蒙古合并前的喀尔喀分为三个独立的部一样。于是皇帝弘历一口气加封了四部的四个可汗，并邀请这批新贵到遥远的东方热河（河北承德），由弘历接见，参加盛大的宴会。

对阿睦尔撒纳，清政府加封他为双亲王，以酬佣他的贡献。但阿睦尔撒纳有他更大的野心，他引导清军颠覆他祖国的目的，只在借刀杀人，借清政府的刀杀他的政敌。他并不希望祖国分裂，所以他坚持仍维持汗国的体制，而由他当可汗。他这种想法跟清政府的基本政策恰恰相反，清政府当然不能接受。阿睦尔撒纳在大失所望后，决心叛离清政府，他了解清政府在这次远征中所以迅速成功，有赖于他政治号召的力量，他估计这力量足可以把清政府的势力驱逐出境。于是，在占领伊犁（新疆伊宁）的明年（1756），阿睦尔撒纳宣布独立，那些刚接受清政府加封的四部可汗，也加入这个新兴汗国的行列。清政府远征军果然一败再败，准噶尔汗国的土地几乎全部光复。这使皇帝弘历大失面子，认为准噶尔人是不能用仁义感化的民族，必须严厉惩罚。

第二年（1757），弘历重新组成远征军，北路蒙古兵团由蒙古人成衮札布当总司令（定边左副将军），西路满洲兵团由满洲人兆惠当总司令（定边右副将军），发动夹攻，恰恰这时候可怕的噩运抓了准噶尔，天花忽然流行，准噶尔战士相继死亡，军队自行瓦解。当清政府远征军进逼伊犁（新疆伊宁）时，阿睦尔撒纳束手无策，只好逃到哈萨克斯坦王国，再逃到俄国，他也染上了天花，一病而死。在清政府坚决的要求下，俄国把他的尸体运到外蒙古的恰克图城（蒙古阿勒坦布拉格），交还清政府。

准噶尔汗国虽然覆亡，阿睦尔撒纳虽然死掉，但抵抗并没有停止，未死于天花的准噶尔人用游击战做誓死不屈的抵抗，使兆惠疲于奔命。这更增加弘历的愤怒，他下令兆惠执行他的灭种政策。屠杀开始了，满洲兵团全面出动，无论城市乡村，深山幽谷，沙漠水滨，每一个角落，都仔细地反复搜查，连躲到山洞里逃生的妇女和儿童，都被搜查出来后，立即处决，不使一个人漏网。杀到最后，恐怖气氛达到顶点，准噶尔人精神崩溃，被搜查出来后浑身发抖，像羔羊一样，不但不再反抗，反而一个个毫无声音的低头受刀。当准噶尔汗国强盛时，人口有六十余万，现在逃到哈萨克斯坦王国的约十万人，留下的五十余万人中，约二十万人死于天花，三十万人被杀。准噶尔人从此在他们的故土上消失，只剩下一个地理名词——准噶尔盆地和横亘在中、俄两国边界上的准噶尔门（新疆博乐东北阿拉山口）要塞，供后人垂泪凭吊。

——一个人或一个小团体，为了尊严的理由，宁可玉破，不为瓦全，他们所做的壮烈牺牲，应受万世的崇敬。但一个国家或一个民族，应有智慧和勇气接受屈辱，瓦全还有复兴之日，玉碎便永无希望了。准噶尔人的遭遇，使我们惊悸。

——阿睦尔撒纳是拉藏汗的孙儿，丹衷的遗腹子，母亲是策妄阿拉布坦可汗的女儿。策妄阿拉布坦袭杀拉藏汗后，又斩草除根地把丹衷杀掉，而把怀有身孕的女儿另嫁给辉特部的一位酋长。民间传说，当遗腹子阿睦尔撒纳呱呱降生时，满身鲜血，大家深信他为复仇而来，他果然达到目的。

五　西北疆土的扩张——新疆

准噶尔汗国灭亡时的疆域，包括两大部分：一是天山北麓准噶尔盆地，一是天山南麓塔里木盆地。清政府把天山北麓称为"准部"，天山南麓称为"回部"。

征服了天山北麓的准部，并不等于控制故准噶尔汗国全国领土。天山南麓的回部是上世纪（十七）被噶尔丹可汗吞并的，现在侵略者失败，回部不愿再接受外人的统治。

回部范围即塔里木盆地的范围，当中是那块庞大无比的塔克拉玛干沙漠。在沙漠西端，罗列着十数个繁荣的城市，盆地上百分之九十的人口，集中在这十数个城市之中。

这就是中国历史上最重要的古西域故地，公元前二世纪张骞，公元后一世纪的班超，就在这里威震列国。七世纪时，唐王朝的军队再度进入，把它归入唐帝国的版图，但八世纪时却被吐蕃王国夺去。直到本世纪（十八），整整一千年之久，跟中国本部隔绝。一千年里面，这个区域发生过无数我们不知道的事件和无数传说不一的兴亡存废的变化。所以，当清政府远征军征服准噶尔汗国,越过天山南下时,所面对的已不是当年古色古香的西域,而是奇异而陌生的回部风光。

回溯九世纪时,回纥汗国瓦解,部众星散。其中一部分进入西州(新疆吐鲁番),称为西州回纥。他们后来由西州再向西南迁移,到达航空距离一千一百公里处的疏勒王国(新疆喀什),征服了它,改名为喀什噶尔城。不知道什么时候开始,回纥人抛弃了原有的佛教信仰,改信从西方阿拉伯传来的伊斯兰教。人们因为伊斯兰教为回纥人所信奉,所以倒果为因地把伊斯兰教称为回教。到了十三世纪蒙古帝国时代,又不知道什么缘故,回纥被改称为维吾尔,因他们信奉伊斯兰教的缘故,人们又倒转过来称他们为回回、回民、回族,称他们所居的地区,即天山南麓为"回部"。维吾尔人跟准噶尔人一样,同属于突厥民族,在蒙古帝国四大阶级中,属于第二等"色目"阶段,比汉人的地位要高。

同样不知道从什么时候起,在回部兴起一位伊斯兰教教主,称为和卓木,地位跟喇嘛教的达赖、天主教的教皇相似,只不过和卓木是可以结婚的,所以教主的宝座是父子相传。准噶尔汗国策零可汗,曾于本世纪(十八)二十年代,把第二十五代的和卓木阿哈玛特,连同他的两个儿子布拉呢敦、霍集占,即著名的大小和卓木,诱到伊犁(新疆伊宁),当作人质。阿哈玛特不久逝世,两个儿子被囚禁如初。关于和卓木的世系,我们列如下表:

十八世纪					十九世纪
廿四代	廿五代	廿六代		廿七代	廿八代
	阿哈玛特	大和卓木布拉呢敦(1759)		萨木克	张格尔(1820)	七和卓木之一加他汉(1847)
					玉素普(1830)	
		小和卓木霍集占(1759)				

五十年代1755年,清政府远征军进入伊犁,把大和卓木送回他的故都叶尔羌(新疆莎车),但仍留下小和卓木帮助处理天山北麓维吾尔人的事务。明年(1756),阿睦尔撒纳叛变,小和卓木也乘机逃回叶尔羌。又明年(1757),阿睦尔撒纳失败。清政府远征军派遣使节到叶尔羌,要求接受清政府的统治。大和卓木同意,但小和卓木反对,他说:"我们如果听从了清政府,弟兄之中,势必有一个被送到北京当人质。从父亲那一代起,我们像奴隶一样,受人摆布,应该是停止的时候了。而且清政府新占领敌国的土地,游击战激烈,人心惶惶,不可能对我们派出大军。即令派出大军,我们固守天山险要,他们粮道辽远,补给困难,绝不能持久。"在座的各城城主(伯克),

都赞成小和卓木的意见。于是，他们宣布建立巴图尔汗国，跟清政府对抗。

然而小和卓木的判断完全错误，判断错误就要付出判断错误的代价。清政府远征军强行越过天山南下，山麓一些重要城市的城主不能抵御，纷纷投降。第二年（1758），满洲兵团司令（定边将军）兆惠，率领他的精锐四千余人进攻叶尔羌，在距城一公里的黑水（叶尔羌河），渡河一半时，桥梁中断，被分为两截，陷于包围。可是，和卓木兵团既没有攻击用的重武器巨炮，又没有斗志。僵持了三个月，清政府援军到达，把兆惠救回阿克苏城。第三年（1759），兆惠做第二次进攻，攻陷叶尔羌，大小和卓木向中亚的浩罕王国（乌兹别克斯坦浩罕城）逃亡。经过葱岭巴达克山部落（阿富汗东北部）时，被巴达克山部落酋长杀掉，把人头献给尾追不舍的清政府追兵。巴图尔汗国只有四年寿命，就告覆亡。

现在，准噶尔汗国全部领土，面积约一百九十万方公里，由清政府改称为新疆，即新开辟的疆土——事实上是新收复的疆土之意，并入中国版图。

六　清政府的民族政策

新疆合并后，中国的领土膨胀停止，但已是一个拥有一千三百余万方公里的庞大的超级强国。在世界历史上，面积仅小于蒙古帝国，但比蒙古帝国属下的元帝国，要大两倍。两个世纪以来领土膨胀情形，用下表说明：

世纪	年代	年份	地区	面积（方公里）	注
			中国本部	3530000	前三世纪秦王朝奠定中国基本疆域3000000方公里，前二世纪西汉王朝开拓河西走廊200000方公里，第十三世纪元王朝开拓云贵高原330000万方公里。
上世纪（十七）	三十	1635	内蒙古	1000000	
	四十	1644	东北	2480000	
	八十	1683	台湾	36000	
	九十	1697	外蒙古	1800000	
本世纪（十八）	二十	1720	西藏	1600000	
		1724	青海	660000	
	五十	1759	新疆	1900000	
总计				13006000	

从表上可以看出清政府对中国的贡献是如何巨大和重要，他们为中国开拓的疆土，较他们上世纪（十七）四十年代从明政府继承下来的领土，要大四倍，我们再用下表列出统计数字：

总计（方公里）	分计（方公里）	
13006000	明政府原有	3530000
	清政府扩张	9476000

清政府并不是为汉人开疆拓土，他们纯是为满洲人扩张，不过后来不得不传递到汉人之手。而且他们入关之后，坚持自己也是中国人——满洲裔的中国人，跟汉裔的中国人，完全相同，所以他们理直气壮地以中国主人自居，东抢西霸，广置田宅。对其他的各民族，站在满洲人的立场，厘定他们的民族政策。

对满洲人清政府采取两项措施：一是坚决地保持满洲故土（东北）作为满洲人独占地区，不准汉人出关（山海关）移垦，准备万一演出被驱逐的结局时，满洲人可以跟当年的蒙古人一样，能够退回老巢。二是每一个满洲男孩诞生，立刻就有一份战士的薪饷，目的在使满洲人全民皆兵，专心从事战斗训练，不为外事分心。因为满洲人太少，本世纪（十八）不过四百余万，而汉人已有两亿八千四百余万，满洲人认为必须这样，才能胜任对汉人和其他民族的控制。

——结果是，一、东北地广人稀，田地大部分荒芜，在东北的满洲人遂私下欢迎贫苦的汉人出关为他们耕种，在严密的禁令下，汉人仍不断增加。二、满洲人不需要有任何努力就有一份薪饷，使他们的生活堕落，他们的时间并没有用在战斗训练上，反而用在声色犬马上，成为满洲人腐烂的根源。

对汉人　清政府完全效法明政府的手段，继续用科举作为武器，使华夏民族中所有知识分子比从前更严重地酱在独占性的儒家系统和僵硬的八股文之中。同时对汉人传统的华夏民族本位主义，予以打击，强迫华夏民族接受多元观念，承认满洲人并非夷狄，同样也是中国人，而且是中国的主人。

对蒙古人　清政府利用他们的战斗力，而根绝他们的智能和知识，也就是彻底的愚民政策。除了阻止蒙古人接受教育和阻挠蒙古人华夏化外，还诱使蒙古统治阶层"王""公"之流生活糜烂，跟人民形成尖锐的对立，使他们不能追求更高的理想，而且也根本不知道有更高的理想。

对西藏人　清政府尊重他们信奉的喇嘛教，而禁止他们从事政治活动。事实上西藏人在喇嘛教的泥沼中，也没有余力去过问政治。清政府用隆重的礼节对待达赖和班禅，鼓励西藏人出家当喇嘛，赋给喇嘛精神上的尊荣和物质上的利益，喇嘛是不准结婚的，在清政府的鼓舞下，本已日渐减少的西藏人，更加速减少。喇嘛教如果继续不变的话，西藏人会走入自然灭种的结局。

对维吾尔人　清政府看他们比蒙古人西藏人，要低一级，连谋略性的优待都没有，反而有相当难堪的迫害。满洲官员虐待蒙古人、西藏人的事件不多，而虐待维吾尔人，以致激起民变的事件，却层出不穷。而且把新疆看成东北第二，作为满洲人发展的专用土地，阻止汉人前往移民，早已移民过去的一些汉人，本来跟维吾尔人相处得十分融洽，清政府下令汉人必须单独居住，不准跟维吾尔杂居。于是每一个城市都分裂为二，汉人集中汉城，维吾尔人集中回城，绝对不许通婚，平时也不准有友谊上的交往，呈现一种人为的畸形社会形态，目的只是为了防止维吾尔人跟汉人结合。

这种情形，在行政区域划分和地方政府的组织上，明显地表现出来。中国本土被划分为十八个省，简称为"本部十八省"，以汉人为主，仍维持明王朝遗留下来的社会和政治结构。省长称"巡抚"，两省或三省（有时候也有一省）设立一个大军区，大军区司令官称"总督"——也可以称为太上省长。这些地方政府的高级官员，当然全由满洲人担任。直到下世纪（十九）中期之后，满洲人无力控制全局，才不得很不情愿地任用汉人。

东北是满洲人辫子王朝的发祥地，设立了三个"将军"，一个驻盛京（辽宁沈阳），称盛京将军。一个驻吉林（吉林省吉林市），称吉林将军。一个驻齐齐哈尔，称黑龙江将军。他们办公的官署，称将军衙门。但他们的辖区却没有名目，既不称省，也不称特别区。人们迫于需要，只好称它为省，而把全部满洲故土，称为东三省，但事实上并没有省，直到二十世纪头十年，才由清政府改称为省。满洲人的政治思想仍十分简陋，只有部落（八旗）观念，还没有行政地区观念。将军事实上是总督兼省长，主要任务是维持治安和防止汉人移民。

内蒙古，则设立三个官阶比"将军"次一级的"都统"，只管军事。一个驻承德，称热河都统。一个驻张家口，称察哈尔都统。一个驻绥远城（内蒙呼和浩特），称绥远都统。主要任务在镇压蒙古人叛变和防止汉人移民。内蒙古人民则自己有自己的盟长（地区首长）、旗长（县长），享有比汉人稍高的自治权力。

青海，设西宁将军。西宁城在行政上属于中国本部十八省之一的甘肃省，但驻在西宁城的满洲人将军，却是青海地区的首长，地位跟东三省的将军一样。他统治下的有汉人、蒙古人、藏人，情况比内蒙古复杂。

外蒙古和西藏，在每一个地区的首府，设一个"办事大臣"，驻外蒙古库伦（乌兰巴托）的称库伦办事大臣，驻西藏拉萨的称西藏办事大臣。他们在性质上类似总督，但兼办对外国的交涉。在外蒙古境内，与库伦办事大臣并置的，又有乌里雅苏台将军，职掌跟设于东北、青海的将军相同。外蒙古人民和西藏人民享受的是更高度的自治，他们不直接地隶属于办事大臣，而仍然直接地隶属于他们原来的首长，独立王国的形式继续存在，办事大臣只不过清王朝皇帝的代表。

新疆，在它的首府伊犁（新疆伊宁，准噶尔汗国的故都），设伊犁将军，跟东北、青海各将军性质相同。另外在喀什噶尔（新疆喀什），设一个参赞大臣，负责天山南麓维吾尔人和汉人间的事务。

七　朝鲜·琉球·安南

跟疆土开拓同时进展的，是藩属关系的加强。藩属，用现代话来说，就是被保护国。

疆土的开拓是征服其他土地使之成为中国不可分的一部分。藩属则仍是独立国家，但向中国称臣进贡，承认中国皇帝也是他们的皇帝，表示对中国尊敬服从，中国则允许他们跟中国贸易。中国不干涉他们的内政，但有权处罚和奖励他们的国王，因为他们的国王必须经过中国的加封之后，才算合法。藩属国王也以被中国加封为一种光荣和保障，他用此向怀有敌意的邻邦显示，他已获得一个庞然大物当他的靠山。

——藩属国的元首只能称国王或可汗，不能称皇帝。一旦称皇帝，就等于脱离藩属地位，跟中国平等。在中国看来，世界上只有一个皇帝，如果有两个皇帝同时出现，就等于天上有两个太阳，非拼个死活不可。所以有些藩属，虽然已称皇帝，但为了取得中国的保护，对中国仍谦卑地只称国王。像以东京（越南河内）为首都的大越帝国皇帝，他对中国只称中国所封的安南国王。

朝鲜王国是中国最古老的藩属之一，世界上再没有两个国家能像中国跟朝鲜这么长期地密切融洽。中国为保护朝鲜所付出的代价，超过一个父母对儿女所付出的。过去的事我们已叙述过，到了下世纪（十九），中国又为他做出第二次更大的流血牺牲。

另一个同样古老的藩属琉球王国，在十四世纪时，原是三个小国。十五世纪初叶，被其中之一最强大的国王尚巴志所统一，遂即派遣使节，远涉大海，向中国进贡，请求中国保护。它的首都名中山城，因之中国就封尚巴志为中山王。不过日本人的势力，因地理上更接近的缘故，不久也深入琉球各岛。每逢中国使节到琉球时，国王总是下令，命日本人先行躲避起来，在天朝大臣停留在国内期间，禁止人民说日本话，并涂去街市上的日文广告。

第三个古老的藩属，是前面曾提到的对外称大越帝国的安南王国。安南第一任国王黎利，于十五世纪脱离中国独立，效法中国对首都称"京"的习惯，把交趾城（河内）改称东京，建立大越帝国，但仍尊奉中国为宗主国。黎氏王朝的政权后来落到大臣郑氏家族之手。郑氏所属的将领之一的阮氏家族，起而反抗郑氏上欺国王下压群臣的作风，在南方的顺化城，宣布独立，另行建立一个广南王国，跟北方的郑氏家族专权的大越帝国对峙，国土从当中分割为二。

本世纪（十八）七十年代，另一个阮姓家族崛起，称为西山党，他们的领袖阮文岳，于1773年攻陷顺化，把旧王杀掉，而自称是广南国王。旧王的弟弟阮福映逃了出来，他就是越南历史上有名的嘉隆王。他逃到暹罗（泰国），又逃到富国岛，日夜图谋夺回政权。

西山党既征服了广南王国，新王阮文岳派他的弟弟阮光平北伐。本世纪（十八）八十年代，阮光平攻陷东京（河内），废掉皇帝黎维祁，自己坐上金銮殿。黎维祁逃到北京，向宗主国求救。清政府决定出兵，1788年，清政府远征军总司令（两广总督）孙士毅，率领大军护送黎维祁回国，击溃阮光平的抵抗，进入东京（河内），黎维祁复位。于是孙士毅洋洋得意，认为他的神机妙算超人一等，不再采取戒备措施。次年（1789）元旦，正当他大摆酒席，庆祝新年时，阮光平发动突击，远征军溃败，数千人被杀，黎维祁和孙士毅狼狈逃回国内。

但阮光平深知横挑强邻的结果是什么，他预防清政府采取长期的报复手段，就派遣使节到北京匍匐请罪。恰好清政府当时的皇帝弘历是一个虚荣心很强的人物，对阮光平的恭顺态度，大为欢喜。明年（1790），弘历八十岁生日，阮光平又亲自到北京恭祝寿诞，弘历就把黎维祁抛到脑后，而封阮光平当安南国王。

——但事情并没有结束，西山党的好景不长。逃亡中的嘉隆王阮福映，靠外交手段，得到侵入东方的法国强大军力援助，于本世纪（十八）九十年代反攻，一连攻陷顺化和东京（河内），阮姓政权的西山党瓦解，阮福映统一全国。下世纪（十九）头十年1802年，阮福映向清政府报告复国经过，请求加封。凡是政治都是现实的，清政府又把阮光平抛到脑后。1804年，加封阮福映为越南国王，即大越与广南的合称。从此安南改称越南。

八　缅甸·尼泊尔·暹罗

缅甸是中国南方的紧邻，但因万山重叠，两国的交往很晚。本世纪（十八）五十年代，缅甸国王雍籍牙在给中国皇帝的报告上说，第一世纪九十年代时，他的祖先雍田，曾被中国当时东汉政府第四任皇帝刘肇，封为缅甸国王（当时称为掸国），还赐给一颗金印。不过中国史学家对此不敢肯定，因为史籍上查不出这个记载，除非真有金印作证。

缅甸跟中国发生关系，似乎开始于十三世纪，位于云南的大理帝国消灭，云南地区随着蒙古帝国的扩张，而并于它子国之一的元帝国，缅甸才跟中国接壤。上世纪（十七）六十年代，缅甸把请求政治庇护的中国明政府最后一位皇帝朱由榔，交给清政府。这件事情发生后，中、缅两国的邦交，并没有加强，甚至并没有继续。因为缅甸不断地内乱，中国也正全力在北方开疆拓土。

经过九十年的疏远，本世纪（十八）五十年代，缅甸名王雍籍牙在位，跟中国恢复邦交。他逝世后，儿子孟驳继位，进攻东邻的暹罗王国（泰国），把暹罗并入版图。

缅甸势力膨胀，使它不断干涉中、缅两国之间属于中国的一些部落，这些部落向中国清政府乞援，清政府已十分不高兴。但按下战争电钮的人物，却是清政府的一位赃官云南总督吴达善，他向请求归附的桂家部落（据说他们是跟随朱由榔流亡到缅甸的群臣们的后裔）酋长宫里雁，索取重贿，其中一件是珍珠马鞍，宫里雁无力奉献，吴达善就把他逮捕入狱害死。宫里雁的缅甸籍妻子囊古，为丈夫报仇，向缅甸国王孟驳游说，缅甸遂在这位奇女子引导下，向中国沿边发动不断地攻击劫掠。

中国政府改派明瑞出任云南总督，于六十年代1767年，率军攻入缅甸，企图夺取它的首都瓦城（曼德勒）。可是进入缅甸境后，在一个名叫象孔的地方，陷入缅军的埋伏，全军覆没。中国政府再派第二次远征军，由傅恒当总司令（经略），于六十年代最后一年（1769），再度深入。可是热带森林地区所特有的瘴气——空气污染和疟疾，无法克服，将领和战士们相继染病死亡，军心恐惧，在中途停顿，不敢前进。恰恰这时候，缅甸政府得到消息说，暹罗王国故土上的中国侨民郑昭，集结了武装部队，正攻击缅甸的占领军。缅甸不愿两面作战，就向中国请求和解，承认做中国的藩属。远在北京的弘历皇帝，正在进退维谷，也乐得就此结束。但缅甸的态度十分强硬，当中国远征军代表跟缅甸军司令眇旺模谈判，中国要求缅甸归还所侵占的木邦（缅甸腊戌以北一带）等三个部落的土地时，眇旺模左顾右盼，没有听完就掉头而去，远征军代表只好瞪着眼睛回来。

缅甸当时的目的只求停战，并不是真心的低头，所以当中国退军之后，两国敌对如故。一直到了十八年后，一个曾经当过和尚，跟前任王室没有关系的国王孟云即位，他为了取得大国的支持。于八十年代1788年主动向中国进贡。中国政府于九十年代1790年，加封孟云为缅甸国王，才正式确定宗主国和藩属国的关系。

跟缅甸同样情形的，还有尼泊尔王国。

缅甸开始向中国进贡的那一年，也正是中国护送大越皇帝黎维祁返回东京（河内）复位的那一年——1788年。就在这一年，遥远的喜马拉雅山南麓的小国尼泊尔，突然向比它大一百倍的庞大的中国进攻。尼泊尔王国为什么如此，传说不一，可信的一个传说是，后藏喇嘛教领袖班禅的一个部属丹津班珠丹，因为受到不公平的酷刑（脸上被刺字），逃到尼泊尔。这时正当班禅积欠尼泊尔太多的贸易借款，一直不肯偿还。尼泊尔早已愤怒，得到丹津班珠丹做向导，遂采取强硬手段。清政府一面派四川兵团入藏应战，一面派藩属事务部副部长（理藩院侍郎）巴忠，代表皇帝，担任监军。不知道什么原因，巴忠竟做出一件使人连做梦都梦不到的荒唐怪事，他是由青海那条大道直接到拉萨的，不等四川兵团抵达，就先行跟尼泊尔代表谈判，承诺每年付给尼泊尔一万五千两赠款，换得尼泊尔撤军。但巴忠却向皇帝弘历报告说，尼泊尔已被他巧妙的辩才和义正词严的立场所折服，自动退出中国国境。对于每年一万五千两的赠款，只字不提，而只秘密通知达赖，请达赖按时送去。谁知道达赖一口拒绝，尼泊尔当然不肯甘心。九十年代1791年，再度进攻，攻陷日喀则，班禅逃到拉萨。尼泊尔军队把班禅宫中所有的珍宝和日喀则民间的财物，抢劫一空。

——巴忠听见尼泊尔索取赠款的消息，就跳井自杀。我们无法了解，天下竟有这种浑人，他怎么会想到他可以对如此重大的国际交涉，能够一手掩盖。

中国远征军于次年（1792）抵达西藏，尼泊尔军队败走。远征军尾追，越过喜马拉雅山聂拉木山口，进入尼泊尔国境。尼泊尔军再败走，远征军队进攻它的首都阳布（加德满都），旦夕可下。司令官（大将军）福康安，这位被誉为皇帝弘历手下第一名将，对自己的用兵如神，大为满意，他自比为《三国演义》上的诸葛亮，手拿羽毛扇（这是诸葛亮的标帜），坐在四人抬的轿子上（效法诸葛亮的四轮车），一副戏台上人物的模样，从容指挥作战。尼泊尔乘他正自命不凡，疏于戒备之际，发动猛烈反攻，远征军大败，死伤惨重，福康安狼狈逃命，几乎成了第二个"带汁诸葛亮"。

然而，当福康安好容易脱离追兵，稳定局势，恐惧尼泊尔下一个攻势时，尼泊尔却派遣使节到军前请求和解，愿做中国的藩属，定期进贡。福康安喜从天降，迫不及待地立即接受尼泊尔的请求，撤军回国。事后才知道，并不是尼泊尔突然发作了神经病，而是另有原因，它曾向邻近的驻在印度东部加尔各答的英国军队求救，英国那时还不愿跟中国结怨，以免妨碍通商，而尼泊尔政府的另一个敌人披楞部落，正在南方国境发动攻击。尼泊尔政府不愿受到前后夹击，而尤其恐惧中国的远征军会源源而来，没有个完。

——尼泊尔当了中国的被保护国之后，就发现了好处，成为中国最后丧失的藩属，直到二十世纪初叶，还向中国进贡不辍。

不和中国土地相接的藩属，除了琉球王国外，还有暹罗王国。现代暹罗——二十世纪时改称泰国，它的开国国王郑昭，是中国广东澄海人，驱逐缅甸占领军后，他立即派遣使节到北京，请求中国加封。可是当使节还在中途时，发生政变，郑昭被他最亲信的暹罗籍的部将却克里所杀。却克里显然恐惧中国对郑昭之死发生反应，于是改名郑华，坚称是郑昭的儿子。于八十年代1786年，再派遣使节前往北京，陈述他继承王位的合法性。中国不知道内情，当然加封他为暹罗国王。

暹罗和琉球都是没有经过不愉快的战争场面而归附的藩属，暹罗跟中国的密切关系，远超过缅甸和尼泊尔。举一个例子可作说明，当本世纪（十八）最后一年（1799），中国太上皇弘历逝世时，正在北京进贡朝见的两位使节，一位是朝鲜使节，另一位就是暹罗使节，他们适时地代表他们的国王，为皇帝服丧。

——却克里对中国虽坚称是郑昭的儿子，但对他的臣民因无法隐瞒真相的缘故，而自称为拉玛一世，并解释说，他并没有叛变，乃是另外一个将领叛变，由他敉平。

九　藩属外的进贡国

中国跟藩属间的关系，可以分为若干等级。

最密切的一级自然是朝鲜。中国为了朝鲜的利益和维护朝鲜的独立跟领土的完整，所付出的牺牲是可惊的。但中国对朝鲜毫无所求，战争一结束，军队即行撤退。

越南也包括在这一级之中，中国在下世纪（十九）也为援越而对法国作战。不过最重要的一件事还是意识形态方面，自上世纪（十七）明王朝灭亡，朝鲜和越南同时认为满洲人不过夷狄之辈，中国在中国故土已经消灭，满洲人所篡夺的只是中国的躯壳，只能算是假中国。中国的灵魂，即真中国，已转移到朝鲜和越南的国土——朝鲜人坚持他们是正统的中国，越南人也坚持他们是正统的中国。那就是说，中国已变成了夷狄，朝鲜、越南才是中国。两国对满洲人的清王朝，在武力上虽然不能不低头，但从心眼里却十分的瞧它不起。这种心理持续有一百余年，直到本世纪（十八）结束时，才逐渐把清王朝跟中国合而为一。

次一级的是琉球、暹罗。中国对这两个国家的印象，认为他们是那么遥远和那么恭顺。中国皇帝怜恤它们的遥远，而喜悦它们的恭顺，所以对于两国几乎是有求必应，最得实惠的还是他们的那些使节，赏赐他们也特别丰富，每次从中国回去，都满载而归。

第三级是缅甸、尼泊尔。这两个国家有时候跟中国靠得很近，有时候又比较疏远。中国对他们当然也不肯付出像对朝鲜、越南那样的热烈感情，只求这两个邻国不再在边界制造麻烦，就很高兴了。

除了上述的六个藩属国外，中国还拥有数不清的贸易性质的进贡国。"进贡"的意义，在藩属国来看是定期地向宗主国的一种呈献，在中国来看是一种荣誉——这跟欧洲那种勒索或剥削性的进贡，完全不同。藩属国最大的要件之一，就是定期地向宗主国进贡。但仅只进贡，并不一定是藩属，中国是当时亚洲唯一的庞然大物，矗立在万邦之中，四周相邻的一些小国家小部落，面积人口都处于绝对的劣势，文化物产也都显然落后，免不了对中国巴结奉承，向中国政府呈献该国的一些特产，诸如珠宝奇珍、奇异的动物植物，以及美女侏儒，表示他们的崇拜和友谊，希望用以钓出更大的利益。中国从公元前十二世纪周王朝起，就习惯于这种奉承，认为是一种天经地义、理所当然的事。为了表示天朝大国的气度，对进贡国的那些使节团，一向有完善的照顾。我们回溯八世纪时，那些到了中国就不肯离开的使节，累积下来竟达四千余名之多，以致宰相李泌不得不下令驱逐，就可了解他们所受的待遇优渥到什么程度。有些品格恶劣的使节，甚至还利用这种优待，进入中国国境后，就像强盗一样，沿途横暴，为非作歹。中国政府总念及他们来自遥远的蛮夷之邦，缺少教养，倍加原谅。所以外国进贡的使节，有时候竟成为交通要道上的一大祸害。在进贡了之后，中国政府一定用丰富的赏赐作为回报，价值往往超过贡物的数倍。朝鲜就不断地对中国赏赐的绸缎过多而发出抱怨，因为它促使朝鲜的纺织业破产，严重地打击他们的农村经济。除了丰富的赏赐，使节团在进贡的同时，必然顺便（事实上却是主要的）携带大批货物，乘机做一次大买卖。所以若干国家不惜采取战争的压力，以要求增加进贡的次数。

在这种情形下，向中国进贡的非藩属国和大小部落，多不胜数，而以第七第八第九，三个世纪为最多，当时唐政府对所有进贡的国家或部落，一律封他们的国王或可汗为某州都督。这种州，称为羁縻州，唐政府既不一定知道州在什么地方，被封为都督的那些国王可汗，对中国文字也不认识，只不过仅是中国史学家在纸上记下的一笔而已。本世纪（十八）时，这种情形依旧，如哈萨克斯坦王国、布鲁特汗国（塔吉克斯坦）、布哈尔汗国（乌兹别克斯坦布哈拉）、浩罕王国（乌兹别克斯坦浩罕）、阿富汗王国、不丹王国、哲孟雄王国（锡金）、巴克达山汗国（阿富汗东北部）、柬埔寨王国，都是进贡国家。

举一个例子就可以说明他们进贡的性质，位于今克什米尔吉尔吉特东北，有一个小小的坎巨提王国，它每三年向中国进贡一次，每次进贡砂金一两五钱（它的价值相当于一个人两星期的伙食费用），并不送到北京（那太远了），而由新疆地方政府代表接受，回报他们的是绸缎、银币和茶叶。假使世界上有一种一本万利的交易，那就莫过于向中国进贡了。这并不是中国呆如木瓜，而是一种荣誉心和类似父母或长兄、长姊，那种天下共主责任感的综合反应，即永不愿使依靠中国的友邦失望。

——外国人不会了解这种恢宏的心胸。下世纪（十九），中国为朝鲜、为越南而跟新兴的帝国主义者作战，以致受到严重的挫折，割地赔偿。外国人便嘲笑中国人莫名其妙，竟为了一个宗主国的虚名，而接受实质的灾难。但这正是中国文化中反抗强权、扶危济困的主要精神。

一〇 华侨

除了疆土的开拓和藩属国进贡的增多，中国人也大量向海外移民。

华夏人移殖朝鲜，以及经过朝鲜进入日本，早在公元前就开始了。但大规模移向东南亚——包括菲律宾群岛、印度尼西亚群岛、印度中国半岛、马来半岛，可能迟至第七世纪才开始。到十五世纪郑和下西洋时，才迅速增加。然而，华夏人向外发展，不但不能像欧洲人那样，受到政府的支持保护，恰恰相反的，反而受到严厉的禁止。儒家思想是保守而尊祖的，对于为了追求财富而抛弃祖先坟墓，离开父母之国，远赴蛮夷番邦的人，十分痛恨。因而称他们是海贼奸民，用法律和监狱取缔他们，在这种情形下，华侨在海外遂成为被遗弃的可怜孤儿。可是中国沿海一带，人口稠密而土地贫瘠，东南亚却地广人稀，而且属于热带气候，谋生比较容易。沿海人民遂用逃避或贿赂的方法，躲过官员们的干涉，大批向海外涌出，这些贫苦无依的亡命之徒，以做小生意开始，不久就在蛮荒的各地，建立家园，跟土著人民，相处得十分亲密。

十六世纪之后，欧洲人向东侵略。西班牙最先占领菲律宾（1542）。十七世纪时，荷兰继又占领爪哇（1619）。这批帝国主义者以主人自居，对中国人采取压迫政策。华侨不能忍受时，起而反抗，因为没有国家力量做后盾的缘故——不但不做后盾，明、清王朝政府，还希望外国人早一点把中国逃到那里的海贼奸民铲除。所以华侨每一次反抗，都受到惨重的打击。像西班牙，曾在菲律宾对中国人做过三次充满了原始兽性的大屠杀，每次都使用灭绝种族的手段：

一、十七世纪头十年1603年（明王朝酒肉皇帝朱翊钧在位，正行断头政治），菲律宾华侨两万余人，被西班牙屠杀。

二、十七世纪三十年代1639年（清军攻明王朝，第五次入塞），菲律宾自第一次屠杀后，三十余年间，华夏移民陆续增加到三万二千人。西班牙又做第二次屠杀，死两万余人，仅一万余人得以幸存，但被列为贱民阶级，每人要缴纳负担不起的六元的人头税，而且必须改信他们所信奉的天主教（信教一项难不住华夏人，华夏人的宗教观念淡薄，信什么教什么神都不在乎，这一点使西班牙人大惑不解）。

三、十七世纪六十年代1662年（明王朝灭亡的次年），郑成功占领台湾，驱逐荷兰人，胜利消息使菲律宾首府马尼拉的华夏人大为振奋。于是引起西班牙第三次大屠杀，华夏人武装自卫，至死不屈，但无法抵抗西班牙正规军的炮火攻击。结果全体华夏人，包括所有的妇女和儿童，被西班牙人屠杀罄尽。

帝国主义者的心肠都是凶恶的，西班牙如此，荷兰也不例外。本世纪（十八）1740年，在爪哇首府巴达维亚（雅加达）屠杀华夏侨民，使河水都变成血水，史学家称为"红河惨案"。

华夏人虽然受到如此一而再、再而三的可怕的迫害，但向东南亚（包括三次灭种大屠杀的菲律宾和红河盈血的爪哇）的移民不断，这是华夏人弹性精神的发挥。到了本世纪（十八）末期，散布在东南亚各地的华侨，估计有二百余万人，而且建立了很多城邦式的独立王国，最著名的诸如：

一、广东人罗芳伯，在婆罗洲（加里曼丹岛）西端坤甸，建立芳伯共和国，自任总统（大统制），继任元首由当地的华夏移民选举。

——下世纪（十九），亡于荷兰。

二、广东人吴元盛，在婆罗洲北部建立戴燕王国，自任国王，王位世袭，立国百余年。

——下世纪（十九），亡于荷兰。

三、广东潮州人张杰绪，在安波那岛（纳土纳岛）建立没有特定名号的王国，自任国王。

——下世纪（十九）张杰绪逝世，内部发生纷争，王国瓦解。

四、福建人吴阳，在马来半岛建立另一个没有特定名称的王国。

——下世纪（十九）被向东扩张的英国消灭。

这只是几个英雄人物，而屹立到二十世纪今天的暹罗王国的开国国王郑昭，还不包括在内。

华侨的历史是一篇血泪史，世界上没有一个国家的移民，受到过像华夏移民所受到的那种永无终止的可怕灾难。就像被父母遗弃而又走进蛇窟的孤儿一样，除了自己保护自己外，没有人保护他们。当中国国力最强大时，如本世纪（十八）初叶，对他们不但毫无帮助，反而巴不得他们在海外死尽灭绝。到了下世纪（十九），国势衰弱，又逢欧洲帝国主义的武力汹涌而至，东南亚华侨的处境，就更艰难。所有华夏移民的据点，都被白种人现代化的武器抹去，华夏人被当作猪仔一样，被贩卖到更遥远的地球的那一边的美国去做苦工——美国铁路至少一半以上都洒着华夏人的汗和泪。东南亚成为白种人的天下，贫苦的华夏人常出卖自己一段时间（十年或十五年）给白种人当奴隶，期满之后，再用自己卖身的代价，经营小本生意，他们所受的压迫剥削，并不比运往美国的同胞好。一位对东南亚相当熟习的英国作家，曾感叹说："做一个十九世纪的华夏人，真是一种苦刑。"这句话说明华侨的悲惨遭遇，但也显示华夏人倔强的一面。华夏人有华夏人的秘密武器，这秘密武器是：高度的含垢忍辱，高度的勤劳吃苦和高度的警觉，使他们在万难之中崛起，而且壮大，竟掌握东南亚各国的经济大权，大大地出乎那些手执屠刀的帝国主义国家意料之外。

一一　文字狱

清政府为中国开疆拓土是它光荣的一面，但它也有不光荣的一面，那就是它所发动的先后持续一百余年之久的文字狱措施。

中国每一个王朝几乎都有文字狱，这是极权政治的特色之一，不过都是一些偶发事件。直到十四世纪明王朝开国皇帝朱元璋，才把文字狱作为一种合法的谋杀手段，这手段到了清政府手中，更进一步地作为一种镇压汉人反抗的血腥工具。

产生文字狱的心理背景，十分简单。当权者内心有潜在的罪恶感和自卑感时，自顾形惭之余，对别人的一言一语，都会硬拉到自己头上，老羞成怒，采取强烈的报复。犹如一个秃子一听别人提到电灯泡就七窍生烟一样，朱元璋因为自己曾当过小偷，就总以为知识分子都要揭他的疮疤。满洲人明明是背后垂着猪尾巴的夷狄，自然总以为汉人会借着文字来转弯抹角地表示对他们的轻视。

所以，每一个文字狱，都是当权者神经衰弱、做贼心虚的一种反应。

我们将清王朝最著名的一些文字狱，列为下表，以代表冗长的叙述：

世纪	年份	皇帝	主要被害人	籍贯	内容
十七	1660	三任福临	刘正宗 张晋彦		诗人刘正宗有诗集出版，张晋彦给他作序，在序文中有"将明之材"之句，清政府认为这句话诡谲暧昧，难以解释。刘正宗绞死，张晋彦处斩。
	1663	四任玄烨	庄廷鑨	湖州（浙江湖州）	这是最大的文字狱之一，庄廷鑨所著的《明史》，对满洲人有斥责的和不太恭敬的句子。庄廷鑨已死，剖棺剉尸。他的弟弟、子孙，跟为该书作序的人，以及书商、刻字工人，全部处斩，家属发配黑龙江给穷披甲人为奴。

(续表)

世纪	年份	皇帝	主要被害人	籍贯	内容
十八	1711	四任玄烨	戴名世方孝标	桐城（安徽桐城）	戴名世著《南山集》，曾用明王朝末任皇帝朱由榔的年号，又主张朱由崧以下三个皇帝应载入《明史》，又引方孝标所著《滇黔纪闻》，称赞方孝标所记吴三桂的事正确。戴名世全族屠戮。方孝标已死，剖棺剉尸，儿子孙儿一律处斩（后改发配黑龙江）。
	1725	五任胤禛	汪景祺	钱塘（浙江杭州）	汪景祺所著《西征随笔》，记载年羹尧征服青海时的见闻，胤禛认为有对他老爹玄烨不满意的暗示。汪景祺处斩，妻子发配黑龙江给穷披甲人为奴。
	1726	五任胤禛	查嗣庭	海宁（浙江海宁）	查嗣庭是教育部副部长（礼部侍郎），在江西主持考试时，试题中有"维民所止"一句，胤禛认为他故意砍掉"雍正"的头（"雍正"是胤禛的年号）。查嗣庭自杀，但仍剉尸，所有的儿子一律处斩，家属贬窜极边。
	1727	五任胤禛	邹汝鲁		邹汝鲁是祭祀部部长（太常寺卿），拍胤禛的马屁，呈献《河清颂》，胤禛认为讽刺他故意变更祖宗制度（在儒家思想系统中，变更祖宗制度是一种大逆不道的叛逆行为）。邹汝鲁革职，发配长江堤岸做苦工。
	1729	五任胤禛	吕留良	石门（浙江桐乡）	吕留良是一位有名的学者，早已逝世，所著《维止集》，坚持汉民族本位，斥责满洲人是夷狄。湖南另一学者曾静，偶尔看到，深被感动。认为当时高级将领岳钟琪是宋王朝名将岳飞的后裔，满洲人是女真的后裔，有不共戴天之仇。就派他的门徒张熙，前往成都，策动岳钟琪革命，被岳钟琪逮捕告发。胤禛下令把吕留良剖棺剉尸，吕留良子孙处斩，家属发配黑龙江。但却出人意表的赦免曾静、张熙一死，以示宽大，下令说："即令我的子孙，也不可对二人加害。"又把他历次下的谕旨和曾静的一些口供（谁知道这些口供是怎么来的），合订一册，定名《大义觉迷录》，颁发全国研读。然而怪事却发生在六年后的1735年——
		五任胤禛	谢济世	全州（广西全州）	谢济世是监察部委员（御史），因弹劾河南省长（巡抚）田文镜，发配阿尔泰山军营效力。他在军营中批注"四书"之一的《大学》，用古书《礼记》的见解，而不用理学大亨朱熹的见解。胤禛认为毁谤圣人，命斩首。绑赴刑场执行时，忽又下令赦免，改罚做苦工。
		五任胤禛	陆生楠	广西	陆生楠是建设部科长（工部主事），跟谢济世同案，在军营中著《通鉴论》，共十七篇，胤禛认为他毁谤帝王，影射自己，下令立即处决。

（续表）

世纪	年份	皇帝	主要被害人	籍贯	内容
十八	1730	五任胤禛	贾士芬	河南	贾士芬是北京白云观的一个老道士，奉召进宫治病，咒语中有"天地听我主持，鬼神归我驱使"之句，胤禛大怒，立即斩首。
	1735	六任弘历	曾静 张熙	靖州（湖南靖州）	这一年，距吕留良到尸已经六年，胤禛逝世（据说被吕留良的孙女刺毙）。儿子弘历登上宝座，把老爹煌煌谕旨的诺言一笔勾销，曾静、张熙处斩，家属发配。又把老爹的《大义觉迷录》列为禁书。
	1753	六任弘历	卢鲁生		弘历屡次到江南游历，民不聊生。江西抚州（临川）校级军官（千总）卢鲁生，假借宰相（大学士）孙嘉淦名义，撰写劝止弘历再南游的奏章，辞意悲痛，全国流传。卢鲁生磔死，两个儿子处斩，受牵连定罪下狱的一千余人。
	1754	六任弘历	世臣	满洲（正红旗）	世臣是教育部副部长（礼部侍郎），作诗，有句说："秋色招人懒上朝"，弘历认为他染上汉人习气，不满现实，革职，发配黑龙江。
	1755	六任弘历	胡中藻 鄂昌	广信（江西上饶）满洲（镶黄旗）	胡中藻是内阁学士（储备宰相），所著《坚磨生诗钞》，有句说："一把心肠论浊清"，弘历认为他故意把"浊"字加在"清"字之上，居心不良，立即处斩（依诗的格律，"浊"字必须放在"清"字上边）。鄂昌是广西省长（巡抚），跟胡中藻作诗唱和，在《塞上吟》一诗中，称蒙古人为"胡儿"，弘历认为鄂昌自己就是胡儿，诋毁同类，丧心病狂，下令自杀。
	1757	六任弘历	彭家屏	徐州（江苏徐州）	彭家屏曾当过浙江民政厅长（布政使），退休在家，刊行族谱，名《大彭统记》（徐州古名彭城），看起来像是帝王世系的模样。遇到"弘历"字样，又没有缺笔（写到权势人物名字所用的单字时，故意缺少最后一笔，这是中国专制政体下的一种文字魔术，以表示尊敬），弘历命彭家屏自杀。
		六任弘历	段昌绪	夏邑（河南夏邑）	段昌绪家里收藏有吴三桂的宣言（檄文），宣言上有段昌绪所加的表示赞许的圈点。宣言被发现，将段昌绪处斩。
	1764	六任弘历	赖宏典		赖宏典是秦州（甘肃天水）州长（知州），向北京高级官员请托谋求升迁，信里说："点将交兵，不失军机"，弘历认为他明目张胆的谋反，处斩。
	1767	六任弘历	齐周华	天台（浙江天台）	齐周华是吕留良的学生，并且因吕留良的案件贬窜到边荒，他期满回家后，印行他的文集。弘历认为书中有很多触犯忌讳的话，下令把齐周华磔死。

（续表）

世纪	年份	皇帝	主要被害人	籍贯	内容
十八	1777	六任弘历	王锡侯	新昌（江西宜丰）	王锡侯编撰《字贯》一书，弘历认为他故意仿效玄烨编撰的《康熙字典》，冒犯唐突，不可宽恕。尤其该书在凡例一章中，遇到玄烨、胤禛、弘历诸字，都没有缺笔，更属大逆不道。王锡侯处斩，所著书十种，全部焚毁查禁。
	1778	六任弘历	徐述夔	东台（江苏东台）	徐述夔早已去世，遗著《一柱楼诗》中，有"清风不识字，何故乱翻书"；"举杯忽见明天子，且把壶儿搁一边。"弘历认为"壶儿"就是"胡儿"，显然诽谤政府。徐述夔剖棺剉尸，儿孙和地方官员，全部处斩。
		六任弘历	沈德潜	长洲（江苏苏州）	沈德潜当过教育部长（礼部尚书），弘历非常赏识他，作诗时常请他删改，弘历作不出诗时，有时还请他秘密代作。沈德潜逝世后，弘历命他的家人进呈他的诗集，发现他把代弘历捉刀的诗也收集在诗集之中，这对弘历的虚荣心是一个很重的打击。恰好诗集中有《咏黑牡丹》一首，有句说："夺朱非正色，异种也称王。"弘历命剖棺剉尸。
	1781	六任弘历	尹嘉铨	博野（河北博野）	尹嘉铨曾担任过最高法院院长（大理寺卿），退休家居。所著书中自称"古稀老人"，又有句说："为王者师"，弘历认为狂悖荒唐，绞死。

从这些案例，我们可以了解文字狱的本质，即有权人物对文字所加的奇异曲解。像贾士芬的咒语"天地听我主持，鬼神归我驱使"，不过是巫师们一贯的"口中念念有词"的勾当，竟然成为谋反的证据，可以当作文字狱的典型说明。尹嘉铨自称"古稀老人"，这是一句古老的成语，但弘历却酸溜溜地说："我自称古稀老人，早已布告天下，他怎么也敢自称古稀老人？"竟想用政治手段制造自己的文学地位，可谓异想天开。

文字狱的审判是中国历史性司法黑暗——人权毫无保障的再一次的大暴露。每个案件发生时，皇帝先交给高级官员组成的项目小组研究如何处理，向皇帝提出所谓的"公论"——当时的术语称"九卿公议"。项目小组所提出的"公论"，当然千篇一律地认为那倒霉的被告罪大恶极，坚决地要求用酷刑"凌迟"处死，家属全部砍头。皇帝立即表示他的宽大恩典，特别加恩，免去凌迟，改处绞刑（或改处斩首），全族（或全家）男女老幼，改为发配到黑龙江（黑龙江黑河）或宁古塔（黑龙江宁安）给穷披甲人为奴。

这种审判像一幕漫画家笔下的卡通，包括皇帝在内，不过一群小丑。没有人敢提出较轻处罚的建议，更不要说为当事人呼冤了，而且即令对当事人一句有利的话都不敢说，否则不但救不了被告，反而使自己也陷了进去。王锡侯案，江西省长（巡抚）海成，仅建议革去他"举人"的身份，弘历就勃然大怒，下了一道杀气腾腾的谕旨说："海成请仅革去王锡侯的举人，所谓人臣尊君敬上的心安在？乱臣贼子，人人得而杀之的大义又安在？海成真是天良丧尽，辜负我命他当官的大恩。"海成还是幸运的，没有被砍头。徐述夔案的江苏民政厅长（藩司）陶易，就没有那么好的运气了，他曾经拒绝受理对徐述夔的检举，结果判处死刑。

文字狱的奇异谋杀，产生下列四项影响：

一、汉人知识分子本已拘限于儒家学派狭小的范围，现在在这狭小的范围中，史学、文学，以及对儒家学派经典的评论阐扬，都受到不可测的咒语禁制。知识分子只好走两条路，其中一条路是更加埋头在传统的八股文、科举之中，努力做官。八股文的特征是在纸面上写尽仁义道德，在纸面上坚持人生以仁义道德为根本，而仁义道德又以帝王和统治阶级的利益为标准，于是全国士大夫——现任官、退休官和以当官为唯一盼望、但尚未当上官的读书人，全体用帝王所喜悦的方式，阿谀帝王。

二、另一条路是使知识分子专心一意从事考据工作。所谓考据，就是用这本古书去考证那本古书，用这本古书上的字去考证那本古书上的字，把平生精力钻在古书的旧纸堆里，成为一个工匠，不需要想象力，也不需要理解力，只要钻的年代稍久，就可以自称或被称为学者。这种学术，自然不会触怒任何人。

三、人民对现实政治和政府前途，更漠不关心。因为不关心，所以就没有爱心——也可以说因为没有爱心，所以就不关心，不关心和没有爱心就不担忧它的覆亡，既不担忧它的覆亡，就不会做任何批评。人们所听到看到的，全是歌功颂德。这是中国历史上人民对政治和政府冷漠的重要原因，文字狱使政府跟人民间的距离，更加扩大。

四、大黑暗再度来临。

本世纪（十八）的西方，被赞扬为理性的世纪，政治形态和意识形态，以及人性的尊严和人权的保障，都有突破性的进展。而中国人却酱在反理性的恐怖之中，连作诗的想象力，都被酱死。

一二 大黑暗的反扑

事实上，起自十四世纪的大黑暗，并没有衰退，它只是被清政府万丈光芒的武功逼到一旁。第三个黄金时代主要的是指对外的开疆拓土，它对国内的贡献，仅只限于维持了社会的秩序。第三个黄金时代像一个暂时天朗气清的台风眼一样，满洲人以入关初期那种旺盛的活力，一鼓作气地为中国扩张出广大的空间。但在内政上，他们没有可以跟他们军事力量相称的政治能力，以致把明政府的罪恶传统，大多数都接受下来。所以大黑暗的凶潮毒雾，仍在台风眼四周滚动澎湃。任何政权都是一个有机体，清政府的青春期一过，大黑暗四面八方反扑而至，只刹那间，中国社会又陷于明王朝时代那种伸手不见五指之境，文字狱是促成大黑暗迅速反扑的主要原因之一，因它促使官员们丧失了理性、道德和法律观念。发现保持官位的方法，只在于俯首帖耳，不在于明辨是非。

大黑暗重临的按电钮人物，就是在文字狱浪潮中表现最癫狂的弘历（乾隆），这个在位六十年之久的皇帝，在后半段时间，开始对政治厌倦，但并不是对权力厌倦，他沉湎在"下江南"的游荡生活中，这种生活是对大黑暗发出的邀请书。

玄烨大帝曾到过江南六次，每次都很俭朴，目的在察看堤防和了解东南地区的社会。弘历到江南也有六次，誓言他的目的也是如此。问题在于，他的目的恰恰不是如此，他跟杨广、完颜亮一样，同染着大头症，六次下江南不过发泄他的自炫欲。六次下江南的时间和目的地，列于下表：

    第一次 五十年代 1751 年 到杭州、海宁
    第二次 五十年代 1757 年 到杭州
    第三次 六十年代 1762 年 到杭州、海宁
    第四次 六十年代 1765 年 到海宁、杭州
    第五次 八十年代 1780 年 到杭州、海宁
    第六次 八十年代 1784 年 到杭州、海宁

中国历史上有三个因下江南而闻名于世的酒肉皇帝，那就是七世纪的杨广（隋炀帝），十六世纪的朱厚照（正德），跟本世纪（十八）的弘历（乾隆）。弘历下江南所组成的南巡集团，声势之大，不亚于他的两位前辈，每次都有万人之多，像一群初登岸的饥饿海盗一样，所到之处，几乎都要洗劫一空。江苏省教育厅长（学政）尹会一，曾上奏章劝阻，奏章上说："民间疾苦，怨声载道。"弘历光火说："民间疾苦，你指出什么地方疾苦？怨声载道，你指出什么人载道？"皇家教师（侍读学士）纪晓岚，是儒家学派巨

子,他因主编《四库全书》而被人尊重,曾趁便透露江南人民的财产已经枯竭,弘历大怒说:"我看你文学上还有一点根基,才给你一个官做,其实不过当作娼妓一样豢养罢了,你怎么敢议论国家大事?"

在这种意识形态的统治之下,政府的清廉和行政效率,完全消失。

弘历最得意的是宣称他有下列十大武功,因而自称"十全老人"。

一、四十年代1749年平大小金川
二、五十年代1755年平准部
三、五十年代1757年再平准部
四、五十年代1759年平回部
五、六十年代1769年平缅甸
六、七十年代1776年再平大小金川
七、八十年代1788年平台湾
八、八十年代1789年平越南
九、九十年代1791年平尼泊尔
十、九十年代1792年再平尼泊尔

认真的研究结果,弘历的武功只不过一个——征服准噶尔汗国,但他却把一个分为三个——平准部、再平准部、平回部。一百九十万方公里疆土的开辟,仅此就可在历史上占不可磨灭的一页,弘历的大头症却使他凑足十项不可,结果反而使他的丑态毕露。大金川(四川金川)、小金川(四川小金)是藏民族部落间的纷争,清政府加以干涉;台湾是汉人林爽文的抗暴革命;这三大武功都是血腥的对内镇压。平缅甸是一场败仗,平越南也是一场败仗,平尼泊尔是一场丢丑的陋剧和另一场败仗。无论如何,我们都看不出什么武功和大武功,但我们却可看出死伤狼藉,以及军事和政治的腐败。

然而,最严重的是弘历所犯的最后一个错误,从七十年代起,他把大权交给一位侍卫出身的满洲花花公子和珅,擢升和珅当宰相(大学士·军机大臣)兼北京治安总司令(九门提督)。

和珅跟十六世纪明政府的宰相严嵩,先后辉映,具有同一类型的特殊机缘和做官技巧,用谄媚和恭谨的外貌,把自以为聪明绝顶的皇帝,玩弄于股掌之上。和珅上台后不久,就建立起全国性的贪污系统,全国官员发现,如果不向上级行使巨额的贿赂,就要被无情地排除,甚至被投入监狱,他们不得不适应这种政治形势。所用的贿赂全部来自贪污——工程上的中饱(像克扣治理黄河的费用）和司法上的冤狱。有些总督和省长（巡抚）因贪污太狠而被告到弘历那里，弘历也大大的震怒，不断地使用死刑。但烈火不除去，只赖一两杯冷水加到滚沸的锅子里，根本无济于事。一切都恢复到十六世纪明王朝末期的原状，诛杀越严厉，贪污越严重，他们唯恐怕被检举和被检举后不能掩饰，必须使用更多的贿赂，去寻求保护。文官如此，武官更为恶劣，他们无法利用工程和冤狱，于是就克扣战士的粮饷和利用军事行动直接向人民抢劫，当人民阻止他们抢劫时，他们就指人民是盗匪，横加屠杀。

和珅像一个无底的洞，全国官员们的贿赂巨款，瀑布般地倾注到里面。

本世纪最后一年（1799），弘历逝世。冰山倒了，和珅也跟着倒下去。新任皇帝颙琰（嘉庆）——弘历的儿子，立即把和珅逮捕处死，清算他的财产时，总数有九亿两，这还不包括他家人们贪污的庞大数字。那时国库全年的总收入，才八千万两，和珅当权二十年，贪污的数目等于十二年的全国总收入，使人惊骇。法国国王路易十四于本世纪（十八）一十年代1715年逝世时，全部财产仅两千万法元（法郎），已招全国的唾骂，以当时的币值，一两折合三点七五法元计算，这位欧洲雄主的财产，不过中国一个贪官财产的一百七十分之一。而十六世纪的贪官严嵩，只贪了二百万两，不过和珅的四百五十分之一。

弘历跟和珅两个满洲肥佬，密切合作，倾所有的力量，把清王朝的根基凿空，把大黑暗招回。

一三 官逼民反（上）

本世纪（十八）五十年代弘历第二次下江南之后，大批农民即破产流离，水灾旱灾，以及因贪污而富有的士大夫和地主们的兼并，引起更多的农民失去土地。我们从当时诗人郑板桥的一首《逃荒行》，可看出在所谓"十全老人"弘历领导下的社会悲惨画面——

> 十日卖一儿，五日卖一妇。来日剩一身，茫茫即长路。长路迂以远，关山杂豺虎。……嗟予皮发焦，骨断折腰臂。见人目先瞪，得食咽反吐。……道旁见遗婴，怜拾置担釜。卖尽自家儿，反为他人抚。……身安心转悲，天南渺何许。万事不可言，临风泪如注。

这位卖尽儿女、日暮途穷的农民，当他临风泪尽而仍不能活下去时，他可能跟他拣到的孩子一齐饿死，但也可能变成另一种人，跟其他同一命运的农民结合在一起抗暴。从本世纪（十八）六十年代开始，各地即不断发生农民暴动的事件。七十年代后，又增加了和珅的能源，全国民众抗暴，遂更风起云涌。我们选择十多个重要的民众领袖，列如下表：

年代	年份	民众领袖	发生地	注
六十	1765	赖黑林拉	乌什（新疆乌什）	回部
	1767		昌吉（新疆昌吉）	准部
	1768	黄教	凤山（台湾高雄）	
七十	1774	王伦	寿张（山东阳谷东南）	白莲教
	1775	刘松	鹿邑（河南鹿邑）	白莲教
	1777	王伏林	河州（甘肃临夏）	回民
八十	1781	苏四十三	河州（甘肃临夏）	回民
	1784	田五	马家堡（甘肃临洮西南）	回民
	1786	林爽文	彰化（台湾彰化）	天地会
九十	1793	刘之协	扶沟（河南扶沟）	白莲教
	1795	石柳邓	铜仁（贵州铜仁）	苗民
	1796	聂杰人	枝江（湖北枝江）	白莲教
		王三槐	太平（四川万源）	白莲教

白莲教流行在北方，天地会流行在南方，都是一种宗教性的秘密组织。因为经常聚会的缘故，对官员的贪污暴虐和政治上的迫害，容易把愤怒化成集体的反抗行动。

七十年代，白莲教领袖之一的刘松，在河南鹿邑县起兵抗暴失败，被杀。他的门徒之一刘之协逃亡。十八年后九十年代，刘之协忽然在河南扶沟县出现，但立刻就又失踪。弘历又惊又怒，命令严厉搜捕。这时和珅当权已久，贪污已经成为社会的一种正常风气，搜捕逃犯正是弘历赐给官员们的发财良机，千千万万大小官员就乘此良机，高喊捉拿白莲教，而对人民做有计划的敲诈勒索，被称中国心脏地区的各省，如山东、河南、山西、陕西、湖北、四川、甘肃，中产阶级以上的家庭，在冤狱手段下，几乎全部破产。至于无产可破的贫苦家庭，只有三条路可以选择：一是被捕入狱，在酷刑下自动承认自己是白莲教匪徒，被绑赴刑场处死。一是像诗人所叙述的那位农民一样，抛弃家园，流离他乡，或终于饿死，或侥幸没有饿死。另一是愤怒而起，武装抗暴。聂杰人、王三槐，以及远在台湾的天地会领袖之一的林爽文，都是首先发难人物。

在这些民众领袖中，王三槐事件，可使我们对民众反抗性质加强认识。九十年代1798年，四川总督勒保，向王三槐招降，发誓保证他的安全。王三槐相信勒保的誓言，可是勒保却把王三槐逮捕，宣称是在剿匪战役中生擒的。皇帝颙琰命将王三槐送到北京，亲自审问他为什么要造反，王三槐回答四个字："官逼民反。"颙琰教他举例说明，王三槐就把官员们贪污暴虐的情形，一一说出。颙琰大为震动，追问说："四川全省，难道没有一个不贪污的官员？"王三槐回答说："只有一个，就是刘青天。"指的是四川南充县长刘清。我们可以想到这些被称为盗匪的朴实农民，内心所怀的痛苦。他们只求官员不贪污或少贪一点污就心满意足，但这种最低的愿望，竟无法实现，这是大黑暗时代最明显的一个特征。颙琰虽然对官员的贪污大为震动，但形势已经造成，他已无力改革，对于被人民称为"青天"的刘清，也不能保护，刘清在稍稍擢升后，被贪官群排挤革职——排挤的理由光明正大，但真正的理由则是当众人都害麻疯时，不允许某一个人健康。王三槐仍被酷刑磔死，以警告全国人民，无论官员如何贪污残酷，只能接受，不能反抗，反抗就是叛乱，罪不可逭。

然而，杀了王三槐不过使变民少了一个领袖，王三槐的部众由他的助手冷天禄率领，继续跟清政府战斗。其他的革命群众因勒保的背信，使他们的反抗行动更为坚强。

和白莲教、天地会同时并发的，还有苗民族的抗暴。

苗民族在公元前二十七世纪，被汉民族领袖姬轩辕击败后，辗转退到贵州、湖南两省广大的山区，而跟外界隔绝。他们没有文字，文化程度远落在汉人之后。上世纪（十七）二十年代，清政府下令取消苗民族部落酋长（土官）世袭制度（土司），改由政府派遣的官员（流官）治理。苗人纯朴诚恳，把官员当作神明。

于是苗人区域遂成为贪污官员的乐园，汉民族的败类奸商和地主，跟满洲官员勾结，用欺诈或威迫的手段，侵占苗人的土地。而且更进一步掳掠苗人的儿童和妇女，贩卖到远处当奴隶或妓女，反正法律永远是站在有权势这一边的，苗人有无限的悲恸和痛苦，无处申诉。本世纪（十八）三十年代1735年，曾因驻防军队抢夺苗人妇女贩卖，激起一场广大的暴动，被清政府用武力镇压下去。九十年代1795年，同样的暴行激起同样的暴动，上表所列的石柳邓不过是最先发难的领袖之一，他不久就战死，但是事实上全体苗人都参加叛变，他们的口号是：驱逐汉人，索回被骗和被霸占去的土地。

清政府跟对白莲教、天地会一样，采取高压手段。不过清政府的军队，包括满洲兵团、蒙古兵团，跟以汉人为主的绿营兵团，都已腐烂不堪。当六十年代对乌什（新疆乌什）事变用兵时，高级将领每顿饭不过费用银币半两，只有一斤鲜肉和几样咸肉（盐酪）。而到了八十年代，对白莲教、苗人用兵时，即令在荒山穷谷，每顿饭无不山珍海味，需要银币二百余两（注意当时的购买力：五口人家的生活，一年的费用不过四十两，高级将领一顿饭的费用，够二十五个人吃一年）。时间相隔只三十年，风气已败坏到如此不可收拾之境。

这种军队，跟上世纪（十七）明政府的军队一样，只能作为制造革命的工具。所以当本世纪（十八）结束时，中国又处处混战。

一四　最伟大的一部小说——《红楼梦》

让我们再一次从砍杀声中，回到文学世界。

中国在十六世纪一口气产生三部小说——《三国演义》、《水浒传》、《西游记》，使中国文学迈进了小说时代。诗虽然照常发展，甚至远播到海外，像日本、朝鲜、越南、琉球，各国的知识分子，差不多对中国诗都有很深的造诣。它们派到中国的使节，几乎每一位都是诗人，这可以从他们跟中国皇帝和跟中国官员们的互相酬答的作品上，获得证明。但诗在当时仍属于高级知识分子所专用。而小说自从三部巨著作突破性的诞生后，它的领域跟外层空间一样的广阔，供文学家驰骋。

十六世纪的三部小说，只是数百年大众化白话文尝试的一个总结，经过二百年的辛苦耕耘，到了本世纪（十八）六十年代，出现奇葩，一部辉煌的一百余万字的巨著《红楼梦》问世。

《红楼梦》共一百二十章（回），包括角色二百余人。叙述男主角贾宝玉，跟女主角林黛玉、薛宝钗间的三角爱情故事，后来贾宝玉跟薛宝钗结婚，林黛玉在他结婚之夕病死。接着贾家破产，富贵荣华和那些绝顶聪明美丽的女郎，或死或散。贾宝玉无法忍受这种打击，也无法抹去他对林黛玉的怀念，于是离家远去，失踪在茫茫大地上，据说是到一个人迹所不能到的所在，削发为僧。没有几个人能把全书一口气读完，感情丰富的读者在读到林黛玉死时，便伤心掩卷。

《红楼梦》的作者曹雪芹，他是满洲贵族，祖父、父亲、叔父，连续担任江宁（江苏南京）皇家纺织厂厂长（江宁织造）四十四年之久。纺织厂是直属皇宫的最大的生产机构之一，负责宫廷绸缎的供应。所以曹家拥有可观的由贪污得来的财富，玄烨大帝六次南游时，有五次都住在曹家，由曹家负责招待（接驾）。这是一种光荣，同时也显示曹宅具有豪华的建筑和设备，才能容纳和供应皇帝出巡时所带的千万人组成的蝗虫集团。曹雪芹就在这种环境中长大。

曹家大概在曹雪芹二十岁左右时，辞掉（或被免除）纺织厂的职务，迁到北京定居，不久因为贪污案发而破产，曹雪芹开始贫穷潦倒。他没有谋生能力，终于衣食无着，这对一个从富贵中长大的人来说，是一种难以承受的巨变。于是他开始写作，以他过去的生活作为蓝图，写下《红楼梦》一书。他于四十七岁的本世纪（十八）六十年代1764年除夕逝世，据说他逝世时《红楼梦》只写了八十回，最后的四十回由另一位作家高鹗代他续完。我们不敢肯定这种说法，因为世界上很难在同一时间和同一空间，会出现两个从气质见识到生活背景，从文学修养到心理状态，都完全相同的伟大小说家。曹雪芹逝世时，环境是凄凉的，而且他绝没有想到，他为他的国家留下无价之宝。

我们用下列三项说明《红楼梦》的崇高价值：

第一，在文学上，《红楼梦》的成功至为惊人，迄至二十世纪，中国还没有一部小说可以超过它。它布局的气魄像汪洋大海，描写的细腻深刻，像脂粉一样的沁人肌肤。二百余角色每人都有他的性格，互不相同，只要听他们的说话，就可分辨出他们是谁。只要分辨出他们是谁，就可知道他们对刺激产生什么反应。每一个情节都含有深长的意义，而且用的是白描技巧，这是长篇小说创作领域中最艰难的一种技巧。曹雪芹始终把握住一个原则，即用言语和动作去表达心理——跟专注重心理描写的笨重手法，恰恰相反，使读者在淡淡的声调下，发生澎湃的感情。世界上还找不到一本小说能像《红楼梦》一样，包括这么多人，而又观察得如此入微。

第二，在言语上，《红楼梦》使用的是纯北京话。北京话音调悦耳而词汇丰富，这些优美的特点在《红楼梦》里充分发挥出来。很多人物都以善于辞令而被称赞，像贾宝玉的丫头小红，她能把一群身份和关系互不相同的一些凌乱言语，以闪电般的速度，表达清楚。《红楼梦》问世一百余年后的二十世纪，北京话终于被法律定为中国的标准国语。所以如此决定，受《红楼梦》的影响很大。

第三，在社会史上，《红楼梦》是一个包罗万象，蕴藏丰富的宝藏。因为本世纪（十八）之前中国社会在本质上和结构上，变化很少。《红楼梦》可以说是自公元前三世纪西汉王朝直到十九世纪西洋文化冲击前，两千年间中国社会的总解剖。至少它显现出来大黑暗时代的中国社会的横断面。我们可以透过这部引人入胜的巨著，认识专制政体和儒家思想下，中国人的社会结构、家庭结构、行为规范和各种奇形怪状的意识形态，以及奴隶制度、政治制度、地主跟佃农的关系，士大夫阶层的组成，贪污贿赂的艺术，司法黑暗和人权被践躏的内容，贵族生活的内容，权力在亲情中的地位，儒家伦理基础"孝"的实质意义，宗法与妻妾制度以及嫡子庶子的冲突；古中国的男女爱情观念、婚姻基础、妾的地位，等等问题，都有非常丰富和详细的说明。《红楼梦》不但是一部具有无限重读性的作品，而且随着年龄智慧的增长，心理背景及社会背景的不同，每一次阅读，都有一次新的发现。

《红楼梦》于本世纪（十八）六十年代问世，立即受到满洲贵族和儒家系统猛烈抨击，满洲人认为它暴露了满洲贵族的糜烂生活，儒家系统认为它诲淫诲盗，坏人心术。但它却受到广大民众欢迎，不久就兴起一种称为"红学"的专门研究《红楼梦》的学问，这部巨著对普通读者的感染力之大，直到二十世纪初期，男青年还都以贾宝玉自居，女青年还都以林黛玉自居。

东西方世界

——头十年·1703年（玄烨大帝第四次下江南），俄国沙皇彼得一世定都圣彼得堡。

——四十年代·1748年（清政府第一次讨伐大小金川），法国学人孟德斯鸠出版《论法的精神》，提出立法、司法、行政三权分立理论。

——六十年代·1762年（弘历第三次下江南），俄国皇后叶卡捷琳娜二世，杀掉她的沙皇丈夫彼得三世，自称叶卡捷琳娜大帝。

——六十年代·1769年（中国与缅甸战役结束），英国人瓦特发明蒸汽机，这是一个划时代的发明，从此西方跟东方，分为两个世界。

——七十年代·1776年（第二次大小金川战役结束，改大金川为阿尔古厅，小金川为美诺厅），美国宣布独立。

——八十年代·1789年（中国封阮光平为安南国王），法国大革命爆发，七月十四日，攻陷巴士底监狱，释放政治犯，发表《人权宣言》（距上世纪[十七]英国发表《权利法案》,恰一百年)。

——九十年代·1792年(中国跟尼泊尔战争结束),法国改建共和国(第一共和),斩国王路易十六于断头台。

——九十年代·1799年(弘历逝世,和珅在狱中自杀),拿破仑解散执政团,称法国共和政府第一执政。

第32章
第十九世纪

本世纪是西洋——包括欧洲和北美洲的黄金世纪。但在中国,却是最羞辱的痛苦世纪,大黑暗日增沉重。

欧洲人,以及由欧洲分支过去的美洲人,在人类接力竞赛的中途,由跑步而飞奔。人类历史上从来没有过的事物和从来没有过的思想,风起云涌地出现,西洋文明开始形成一种巨流。欧美两大洲进入一个崭新的科学、群众、追求人性尊严,以及疯狂地向外扩张的轰轰烈烈的伟大时代,诸如:

——发明火车铁路、电灯、有线无线电报、电话、电车、电影、X光、留声机、轮船、打字机。

——发现石油。

——开创邮局,开凿苏伊士运河。

——军中女护士制度确立,女职员被雇用,妇女权利逐渐提高。

——工厂矿厂林立,资本家兴起,劳工问题日趋严重。国际劳工协会(第一国际),国际社会主义者劳动联盟(第二国际),先后建立。

——绝对专制政体和无限权力的君主制度没落,议会民主政府,迅速普遍兴起。

——各种前所未闻的思潮,如资本主义、国家主义、帝国主义、大国沙文主义、民族主义、军国主义、无政府主义、社会主义、共产主义,纷纷产生。

——不断发明和更新战争武器:如大炮、巨舰。

中国一直到本世纪四十年代,对上述新生事物,还一无所知。大黑暗如故——政治思想如故、学术思想如故、社会结构如故、科学知识如故、科举八股文如故、贫穷愚昧如故、贪污腐败如故、男人作揖叩首如故、女人缠小脚如故。一切如故,而且恶化。拒绝进步和改革的结果,使庞大的中国从光辉灿烂的顶峰,堕落为一名国际的丑角,不断战败,不断割地赔款，但当权者冥顽不灵如故。

五十年代时，出现一个大规模的武装觉醒运动，建立太平天国。九十年代，又出现一个变法觉醒运动。但他们都被守旧的冥顽势力击败。本世纪结束时，中国已面临被列强瓜分的命运，亡在旦夕。

一 官逼民反（下）

上世纪（十八）的两大民变，白莲教的反抗历时九年，到本世纪（十九）头十年1804年；苗人的反抗历时十二年，到本世纪（十九）头十年1806年，先后被清政府的高压手段敉平。

两大民变虽然失败，但政治腐烂已深，贪污和冤狱手段已成为官员们的正常发财途径。清政府在艰苦的军事镇压取得胜利后，鼓舞了控制局势的信心，认为得到教训的不是政府，而是人民，人民应该从血的教训中了解叛变必死，谋反必亡，抗暴必被扑灭。所以清政府本身丝毫没有改革，贪污和冤狱反而更普遍和更深入，暴虐的方法也更残忍。新的群众反抗力量，遂在各地重新爆发。前半世纪五十年间几件重要的民众抗暴，列如下表：

年代	年份	群众领袖	发生地	注
头十年	1803	蔡牵	台湾海峡·南中国海	
	1806	陈达顺	宁陕（陕西宁陕）	
	1807	周士贵	西乡（陕西西乡）	
一十	1813	林清	北京黄村（北京大兴）	天理教
		李文成	滑县（河南滑县）	
		万五	三才峡（陕西岐山）	
二十	1820	张格尔	喀什噶尔（新疆喀什）	回部
三十	1830	玉素普	喀什噶尔（新疆喀什）	回部
	1831	赵金龙	永州（湖南永州）	
四十	1846	马国海	缅宁（云南临沧）	伊斯兰教徒
	1847	加他汉	喀什噶尔（新疆喀什）	回部

我们选择林清跟张格尔二人作代表，加以说明。

林清是天理教的领袖之一，天理教就是白莲教，当白莲教被迫不能露面时，林清就用天理教现身。这位冒险家有一个气魄恢宏的惊人计划，准备一举攻陷皇宫，占领北京。另一位领袖李文成，则在河南滑县发动群众暴动，组成武装部队北伐呼应。这个计划最大胆的一点是，它采取擒贼先擒王的手段，准备先活捉皇帝。

一十年代1813年，林清率领群众进攻皇宫，不幸失败。李文成在暴动前夕被人检举，地方政府用酷刑把他的双腿折断。他的部下仓促起事，但因北京方面失败的缘故，最后也告失败，滑县城内两万汉人居民，全数被清政府屠杀。

张格尔是上世纪（十八）回部（新疆天山南麓）大和卓木布那敦的孙儿。清政府官员的贪污暴虐，在回部更甚，维吾尔人处境比内地的汉人更为绝望。他们大批向西逃亡，越过葱岭（帕米尔高原），投奔同种同教，而又使用同一言语的浩罕王国（乌兹别克斯坦浩罕）。浩罕对他们的同胞所受的虐待，深为愤怒。

事变的触发人物是清政府派驻回部的行政长官（参赞大臣）斌静，这位满洲赃官把维吾尔人当作畜生一样看待，二十年代1820年，张格尔在浩罕王国军事援助下，攻陷天山南麓大多数城市，但他显然缺少担任这种伟大事业所必须具有的英雄才能，他还没有把满洲人的势力完全驱逐出境，就急忙于专心从事内政的改革，而清政府始终掌握着塔克拉玛干沙漠之北最大的据点阿克苏城。

张格尔政权只有八年寿命，八年后的1828年，清政府反攻，张格尔被他的部属出卖，呈献给清政府。当时皇帝旻宁（道光，颙琰的儿子）教人把张格尔送到北京，他要亲自询问他叛变的原因。高级官员们——一群贪污蠹虫，立即想到上世纪（十八）颙琰亲自审判王三槐，被王三槐提出"官逼民反"的往事，恐怕张格尔也在皇帝面前揭发他们种种的贪暴罪行，就用一种毒药灌到张格尔口中，使他的咽喉腐烂，不能言语。当他装在铁笼之中，经过三千公里的长途跋涉，被送到旻宁面前时，口吐着白沫，痛苦万分。旻宁问他的话，他无法作答。旻宁比他老爹还要低能，他根本无意、也无力弄清楚这场事变的真相，所以他并没有把张格尔放出铁笼，教他用笔写出来，也没有追究张格尔何以喑哑如此。张格尔跟王三槐一样，受到磔刑。

我们列表只到四十年代为止，并不是以后再没有民变，而是五十年代之后，民变更大更多，如太平天国、捻军、伊斯兰教徒、阿古柏汗国，比起林清、张格尔，要升高百倍，我们将逐项叙述。

二　中国与西洋的畸形关系

在中国民众抗暴沸腾声中，西洋（欧洲，以及后起之秀的美洲）各国悄悄地在这个大黑暗国家的门口出现，要求通商贸易。

回顾双方面的关系是不愉快的。

中国文明在大黑暗时代之前，远超过西洋。十三世纪马可·波罗眼中，中国简直遍地黄金。可是十四世纪明政府采取愚民政策，大黑暗时代开始，对所有的外来文化深闭固拒，中国遂跟西洋隔绝，远落在西洋之后。

欧洲在十五世纪发生剧烈变化，西班牙发现新大陆，葡萄牙发现绕道非洲好望角到达印度的航线。各国商人和基督教传教士陆续向东方发展，葡萄牙商船队于十六世纪一十年代1517年，抵达广州。六十年后的八十年代1580年，意大利传教士利玛窦，抵达澳门，并于1583年，进入较为接近腹地的肇庆（广东肇庆）传教。

因为隔绝太久的缘故，中国人对外国，尤其是欧洲，可以说一无所知。当利玛窦于十六世纪最后一年（1599）到达北京，求见当时断头政治皇帝朱翊钧（万历帝）时，政府高级官员在记载典章制度的会典书籍上，查不出有意大利这个地方，就坚决否认世界上有意大利的存在，幸而会典上载有大西洋国，于是利玛窦只好承认他就是大西洋国的人民。

葡萄牙商船队在中国有很好的收获，初次到广州四十年后的十六世纪六十年代1563年，明政府把荒凉的小小澳门半岛，划给葡萄牙，作为西洋各国商人的居留地。但澳门太过于狭小了，显然无法成为商业中心，他们要求进入南中国第一大港兼第一大都市广州。清政府直到十七世纪收复台湾，不再受海上威胁之后，才于十七世纪八十年代1685年，开放广州作为商埠。葡萄牙、英国、法国、荷兰、西班牙的商船队和商人，汹涌而至。不过这时候的中国已非马可·波罗时代的中国，西洋也非马可·波罗时代的西洋，东方和西方互不相识，互不了解，各怀着跟对方相异的观念和相异的价值标准。

对于西洋的通商贸易，中国所表现的是一种怜恤的态度。中国始终是一个农业社会，一切自给自足，基本上不需要外国的产品。尤其是一些邻国的文化程度相当落后，面积人口又小又少，中国不仅是万王之王的天朝上国，而且也是物产丰富的世界中心。所以中国没有西洋那种因小国林立而产生的狭隘的国家观念，更没有西洋那种因同样因素而产生的贸易观念。只有对藩属国和进贡国，中国必须负起宗主国的责任，才准许他们前来中国贸易。如果他们对中国有重大的冒犯或拒绝中国的要求，好像不肯交出中国的逃犯之类，中国即停止贸易，作为一种惩罚，这惩罚通常都会使对方屈服。

中国对西洋的白种人，有一种离奇的印象——犹如白种人对中国人有一种离奇的印象一样。虽然中国人也曾有一小部分见过欧洲人，并跟他们打过交道做过生意，但这少数人并不能改变大多数人的意见，上自皇帝和统治阶级士大夫，下到小巷子摆地摊的穷苦小民，他们都坚信西洋人是一个没有文化的野蛮民族，鼻子特别巨大，皮肤像死人一样的苍白，长着猫一样奇怪颜色的眼睛，胡子跟眉毛都是红色的，脚长有三十五厘米（一尺二寸），而且身上发出一种奇臭。这种长相已够使中国人惊骇失措了，更可怕的事还有：英国王位竟可以由女儿继承，女王逝世后，再由女王的子女继承，这种改姓乱统的现象，使一向提倡忠于一姓，提倡宗法正统的儒家系统的知识分子，认为英国显然是无父无君的蛮夷之邦。而法国国王长发披肩，常常烹食儿童，显然是一个女扮男装的活妖精。俄国女皇更糟，经常更换情夫，几个月或一年，就把情夫砍头，再换一个接替，也属于人妖之类。根据这些认定，中国悲哀地发现，西洋人跟犬羊没有分别，具有犬羊特有的性格，不知道礼义廉耻、仁义道德是何物。

在上述认定的基础上，中国人更进一步地认定西洋人既然有犬羊的本质，他们又以牛奶作饮料，证明他们非喝牛奶、酪浆就不能维持生命。牛奶、酪浆不容易消化，胶结在肚子里，必须吃大黄和大量饮茶，才能使它化解。假如几个月不吃的话，双目就会失明，肠胃就会壅塞。所以西洋人宴客时，最贵重的食品，莫过于大黄，即令最贫苦的人家，也都在胸前挂一小口袋大黄，时常用舌头去舐一舐，或用鼻子去嗅一嗅。而大黄和茶叶，只有中国才出产，因之，野蛮的西洋人，必须依赖中国。中国只要拒绝通商，那就是说：中国只要拒绝卖给他们大黄茶叶，就能立即致那些西洋鬼子于死命。

最初，西洋商人对东方庞然大物的中国，深怀敬畏，奉命唯谨，并不在乎做出低三下四丧失尊严的事。以跪拜礼来说，这个在以后不断因它而闹僵的最尊敬的礼节，西洋人开始时完全顺从。十七世纪三十年代1637年，英国贸易团代表约翰·威特，到了当时还没有辟为商埠的广州，就用双膝着地的跪拜礼，晋见中国官员。五十年代1655年，荷兰使节豪伊尔，觐见中国皇帝福临（顺治），也行三跪九叩重礼。上世纪（十八）二十年代1727年，葡萄牙使节亚勒散，觐见中国皇帝胤禛（雍正），同样下跪。不仅如此，西洋人自己不争气，他们互相排挤，互相使用丑陋的手段，向中国官员打小报告，甚至诬陷倾害对方，目的只在博取中国的欢心，以谋取多赚几个钱。中国官员高高在上，当然也无法把他们瞧得起。

广州既辟为商埠，西洋商人获准进入广州，中国称他们为"夷商"，对他们有很多限制，诸如：夷商必须住在他们自己的"商馆"之内，不准跟中国人接触，一切由中国商人组织的"洋行"（代理店）代理。夷商把货物全部交给洋行，由洋行付给货款。

——这仍是古老的传统制度，回溯十六世纪激起倭寇事件的"市舶司"，对"洋行"就可有一个概念。不过市舶司是政府经营，洋行是商人经营。

上世纪（十八）五十年代1759年，中国清政府颁布了一项对西洋商人的管制条例，有下列重要规定：

一、夷商每年五月到十月，才可到广州贸易，过期就要回国或回澳门。

二、夷商在贸易期间，必须住在商馆之内，不准携带武器，不准雇用中国仆妇。

三、夷妇不准进广州。

四、在贸易期间，夷商每月八日、十八日、二十八日，才可到公园游玩。

五、夷商不准坐轿。

六、夷商不准直接晋见中国官员，有所请求时，应写妥呈文请洋行代转。

七、夷商不准到街上购买东西，不准探听物价，不准买中国书籍。

这个条例显示出自十四世纪到本世纪（十九）约五百年之久，中国对西洋的畸形观念和商业上的畸形关系。

三　英国势力的东进

所谓畸形观念和关系，这是二十世纪的观点，在当时的中国，却认为十分正常。

西洋自上世纪（十八）发生工业革命，帝国主义条件成熟，通商贸易成为各国的主要生存条件。各国在中国的商业，英国迅速地超过葡萄牙而居第一位，所以对中国跟西洋各国间的畸形状态，不能满意。上世纪（十八）九十年代1793年，英国派遣马嘎尔尼率领一个六百余人庞大的使节团，携带价值高达一万三千英元（镑）巨额的礼物，前来北京，希望跟中国达成下列协议，建立充分的外交关系：

一、英国派遣驻中国使节。

二、准许英国在舟山、天津贸易，并仿效澳门先例，在舟山附近，指定一个小岛，居留商人和存放货物。

三、允许驻在澳门的英国商人，居住广州。

四、请对英国商品在内河运送时，免税或减税。

马嘎尔尼的使节团到达天津后，中国清政府的官员不分青红皂白，就把一面"嘆咭唎贡使"的旗帜，插到他们的船只上，宣称马嘎尔尼前来朝贺皇帝弘历（乾隆）的八十寿诞，其实弘历的八十寿诞，于三年前（1790）已经过去了。

英国的国力在上世纪（十八）已够强大，所以英国人的膝盖也就比从前尊贵。马嘎尔尼到北京后，拒绝双膝跪地，认为如果跪地，就等于承认英国是中国的受保护国——藩属。马嘎尔尼的坚决态度，对中国皇帝的传统权威，是一种挑战。不过弘历的虚荣心不愿这场觐见告吹，因为还没有从万里外那么遥远地方来过的贡使，所以特别准许马嘎尔尼用觐见英王时一膝下跪的礼节。但对马嘎尔尼所提出的要求，却全部拒绝。弘历的目的只在满足自己的大头症，不在为一个番邦解决问题。为此，他特地向英王颁发了两份诏书，说明中国不能答应他的请求的理由。

第一份诏书上说：

告诉国王：你远隔重洋，倾心华夏文化，特派使节，恭恭敬敬，捧着表章，航海前来，叩祝我的万寿。我披阅奏章，见你词意恳切，足以证明你恭顺的诚意，深为嘉许。你表奏上请求派你国一人居驻天朝，照管你国买卖一节，跟天朝的体制不合，绝对不可。西洋国家很多，非只你一国，如果都请求派人留居北京，岂能一一准许。又岂能因你一国的请求，而破坏天朝制度。天朝抚有四海，对奇珍异宝，并不重视，你此次进贡各物，念你诚心远道呈献，我已下令，命有关部门收纳。其实天朝的恩德和武威，普及天下，万国来朝，任何贵重的东西，应有尽有，这是你的使节亲眼看见的，所以不需要你国货物，特此详细示知。

第二份诏书上说：

告诉国王：昨日你的使节，又以你国贸易之事，呈请大臣转奏，无一不是要求变更以前所定的制度，不便批准。自来西洋各国，跟你国夷商，来天朝贸易，都住在澳门。天朝物产丰富，无所不有，根本不需要跟外夷互通有无。只因天朝所产茶叶、瓷器、丝巾，是西洋各国所没有的必需品，所以特别开恩怜恤，准你们在澳门开设洋行。而今你国使节在原规定之外，多作要求，恳请在舟山、天津登岸贸易，此事不能允许。又恳请在舟山附近，指定一小岛存货，此事尤不可行。又请拨给广州城附近一处地方，居住你国夷商，自应遵照往例，仍在澳门居住。又称英吉利夷商要求免税减税，查夷商贸易，往来纳税，都有一定规章，自应遵照旧章办理。至于你国所奉的天主教，天朝自开辟以来，圣帝明王，教化四方，华夏与夷狄之间的分别，甚为严格。你国使节之意，欲请放任夷人传教，更绝对不可。我对进贡的外国，只要它诚心向化，无不特别体恤，表示怀柔。你国在遥远的海外，诚心进贡。我所赏赐的优待，也倍于他国。现在再明白晓谕。你当上体我心，永远遵奉。

——这两份诏书所表示的中国的立场，并没有夸大之处。像自称为"天朝"，并不是中国自己捏造出来的光彩，在本世纪（十九）之前，所有的藩属国，如朝鲜、越南、暹罗，上自国王，下到农夫，他们对中国一向称为天朝。朝鲜人越南人绝对不说："你是中国人，我是朝鲜人越南人。"而只说："你是天朝人，我是朝鲜人越南人。"

马嘎尔尼虽受到盛大的优待，却毫无所获。马嘎尔尼回国时，弘历命他纵穿中国本土，从陆路南下，目的在使"英夷"震惊于中国的富庶和强大，以吓阻他们的邪念。

然而，那时大黑暗已经反扑，政治的腐败已经使社会溃烂。马嘎尔尼是一个具有敏锐观察力的外交家，他没有被北京豪华的排场所迷惑，反而对他所接触的事物，做出一一中肯的判断。

马嘎尔尼首先发现清政府的贪污病菌，已深入肺腑，而贪污和强大是不能并存的。弘历批准使节团的招待费每天银币五千两，这是一个骇人的巨款，但大多数被经手的官员克扣中饱。一位负责招待的赵大人告诉马嘎尔尼说，某一年广州附近的县份被大水淹没，皇帝颁发银币五万两作为救济金，但在北京就先被中央官员克扣三万五千两，只剩下一万五千两发到广州。发到广州后，再被省级和县级官员克扣，难民所得到的不过象征式的数目。其次，马嘎尔尼发现中国的科学极度落后，而科学落后和强大也是不能并存的。当赵大人吸烟时，马嘎尔尼从口袋中拿出火柴代为点燃，赵大人对这位夷人把火藏到身上而竟毫无伤害，大为惊讶，马嘎尔尼就送他一盒，以表示并非巫术。再次，马嘎尔尼发现中国社会上普遍的贫穷和不安定——这跟弘历希望他发现中国富庶的目的，恰恰相反，因为沿途他看见太多的乞丐和太多的破陋而荒芜了的建筑，以及大多数中国人所过的水平以下的生活。马嘎尔尼也发现中国的武装部队如同一群叫花子，不堪一击。清政府沿途特地为使节团举行了很多次示威性的检阅，以向英夷展示武力，但马嘎尔尼看出那些可笑的宽衣大袖的国防军，并没有受过严格的军事训练，使用的又都是西洋早已抛弃了的刀枪弓箭之类落伍的武器。

最重要的是，马嘎尔尼发现清政府官员和中国知识分子的冥顽不灵。马嘎尔尼对中国社会上太多的盲人和四肢残废的人，非常同情，向清政府提议英国愿派遣医学人员前来中国。又提议在北京设立一个氢气球，作为科学研究之用。官员们听到这些提议，对英夷有这么多奇才异人，大大的震惊称奇，但在一阵震惊称奇之后，就好像没有这回事一样，闭口不再谈及。当马嘎尔尼厌倦了那些不够水平的示威性检阅，而要求同行的一位福大人检阅一次使节团的仪仗队以开开眼界时，福大人傲然回答说："看也可，不看也可，这种火器操法，没有什么稀罕。"马嘎尔尼的结论是："清政府的政策跟自负有关，它很想凌驾各国，但目光如豆，只知道防止人民智力进步。"他预言鞑靼王朝将继续压制人民，并将发生变乱。

马嘎尔尼返国二十三年后，本世纪（十九）一十年代 1816 年，英国做第二次试探，派遣第二位使节阿美士德出使中国。清政府仍把他当作贡使看待，船只上悬挂"朝贡"旗帜如故。阿美士德也拒绝下跪，经过无数次谈判，最后还是同意跪一条腿。但是当皇帝颙琰（嘉庆）坐在金銮殿上召见他的时候，藩属事务部长（理藩院尚书）和世泰，却通知阿美士德说，非双膝下跪不可，阿美士德就拒绝觐见。颙琰又召见副使，副使也不肯双膝下跪，和世泰只好报告颙琰说，他们都病了。在中国历史上，这还是第一次发生的奇事，颙琰觉得他大大的没有光彩，下令把使节连同他们"进贡"的礼物，一并驱逐。

阿美士德被赶走，使英国了解，靠谈判的方法无法改变中国加到英国商人身上的不平等的待遇，必须使用谈判以外的方法。马嘎尔尼对清政府的印象，在以后的日子里，遂成为英国对中国外交政策的主要参考资料。

于是，二十四年后的四十年代 1840 年，爆发鸦片战争。

四　鸦片战争

鸦片，是一种供吸食用的麻醉性毒品。

八世纪时，鸦片便经阿拉伯人之手，输入中国，一直作为药物使用。大概到了十六世纪，聪明的人才发现它可以被烧成烟雾吞到肚子里，明政府断头政治皇帝朱翊钧，据说就是著名的吸毒犯之一。当时葡萄牙是最大的贩毒国。十七世纪末，英国征服印度后，把鸦片专卖权授给治理印度的东印度公司，遂大量向中国倾销。根据统计，每年增加的数字，十分惊人，我们用下表列出：

世纪	年代	年份	进口约数	注
上世纪（十八）	二十	1729	14000公斤	
	九十	1790	280000公斤	
本世纪（十九）	三十	1836	2100000公斤	
		1837	2400000公斤	

当时的鸦片价格，每公斤约值银币五两，所以进入本世纪（十九）三十年代，每年仅鸦片一项，即流出国境银币一千万两左右。这是一种残酷的贸易，把毒药卖给愚昧无知的中国人，使他们中毒，再把他们榨穷。如果放任它发展下去，必然产生两种后果：一是中国财富罄尽，社会崩溃，一千多万方公里庞大国土上，一片荒芜。一是中国人体格败坏，一个个骨瘦如柴，种族灭绝。

有头脑的中国人警觉到这两种后果的严重，谋求解救。三十年代1838年，皇帝旻宁命各大臣提出意见，大多数都主张禁绝，而尤以湖广（湖南和湖北）总督林则徐，态度最为激烈。他在奏章上说："如果再漠视这种贸易，则数十年后，中国再没有可以抵抗敌人的士兵，也再没有维持军队的粮饷。"旻宁采纳了大多数人的意见，任命林则徐当钦差大臣——皇帝代表，前往广州查禁。

三十年代最后一年（1839），林则徐到达广州，他是一个勇于负责的人，但当时大黑暗反扑后的时代背景，不允许他有丰富的国际知识，他跟其他官员一样，习惯于使用高压手段。他到广州八天后的三月十八日，就下令禁绝鸦片，命外国商人把现存的鸦片，于三天内全部交出，还要具结保证："以后永不夹带鸦片，如果违犯被查出时，甘愿船只立即没收，人员就地处决。"第二天，即三月十九日，外国商人所住的商馆即被包围，中国仆妇跟附近居民，也都撤退。其他国家都愿做此承诺。英国商务监督查理·义律，也愿具结保证以后英国商船绝不夹带鸦片，但遇到有违犯这项禁令时，他要求两点：一是，没收鸦片，必须付给补偿。二是，对于违法人员，不能就地处决，必须经过公开的审判，才可以定罪。

——英国自十七世纪起，就坚持人权的尊严，政府不能随便逮捕，逮捕后也必须经过陪审团合法公开的审判。为此甚至把他们的国王砍掉脑袋。所以对中国这种不经过审判就在现场处决（就地正法）的办法，认为是野蛮的行为，反感特别强烈。但中国传统思想中缺少法治观念和人权观念，认为既然当场搜出赃物，还有什么可辩解的，审判岂不多余。假设世界上有"精神文明"的话，仅此一项，英国人创立的民主法治这种属于精神方面的文明，实是对人类最伟大、最使人由衷钦敬的文明。

林则徐不理会查理·义律的要求，宣称如果不交出鸦片，便断绝商馆的饮食供应。查理·义律被包围到第十天，不得不屈服，交出全部鸦片一百四十万公斤，但仍拒绝具结，遂跟全体英国商人，撤出广州，退到澳门。就在这时候，想不到节外生枝地发生了林维喜命案。英国水手在九龙醉酒后行凶，把村民林维喜殴死。中国认为"杀人偿命"是天经地义的事，要求引渡凶手。查理·义律认为凶手当时自己不能控制自己，如果交给中国，一定斩首，所以他自己就当了法官，罚凶手二十英元（镑），判有期徒刑六个月。这表示在查理·义律眼中，英国的人命贵不可言，中国的人命只值二十英元。林则徐再下令把所有英国人逐出澳门，查理·义律跟英国商人，只好挤到一艘英国商船上，在南中国海抛锚，等候英国政府的训令。

很显然的，这事情并没有结束，但在中国官场上的锯箭杆观念看来，英国夷商既被逐走，眼前再没有他们的影子，事情当然已经结束。于是，林则徐兴高采烈地向皇帝旻宁报告说，英夷已被赶走，鸦片已被禁绝。旻宁生长在全是女人和宦官的深宫之中，他的无知比林则徐更甚，见了林则徐的报告，高兴得跳起来，认为这是进一步给骄傲不驯的英夷一个更重惩罚的时候了，于是，他下令永远断绝英国的通商贸易。

在英国方面，最初的反应是温和的，他们不肯因中国禁绝鸦片的缘故发动战争，因为中国人如果到英国贩卖鸦片的话，准会被处死刑。英国外交部通知查理·义律说："女王陛下的政府，不能支持不道德的商人。"拒绝下令军舰进入珠江，命查理·义律用和平手段解决争端。这份训令使查理·义律陷入进退失据的窘境。可是，当英国政府得悉旻宁下令永远禁止通商之后，维多利亚女王以下，包括国会的反对党，都十分激动。通商贸易是英国帝国主义赖以生存的命脉，不能忍受破坏，他们遂决定使用武力打开中国市场的大门，大黑暗时代的中国，显然不是这蕞尔三岛的对手。

——这一场战争，事实上是贸易战争，不是为鸦片而战，而是为贸易而战。但它却是由鸦片引起的，而且人们也乐意把这项肮脏的罪名加到侵略者的头上，所以称它是鸦片战争。

四十年代1840年，英国远征舰队抵达澳门，共拥有军舰十六艘，战斗部队四千人，查理·义律以全权大使身份，决定直接跟中国清王朝的中央政府交涉。他只留下少数军队封锁广州，自己率领大部分舰只北上，在中途攻陷舟山群岛上的定海县（浙江舟山），建立补给站，然后直抵天津的外港大沽。旻宁这时候才大吃一惊，命直隶（河北）总督琦善赶到天津谈判。英国来势凶猛，本来要展示它的炮火威力的，但驻扎在舟山群岛的英军，得上了传染病，已有很多人死亡，查理·义律急于结束在北方的停留，于是他接受琦善所提的条件：一、清政府承诺处罚办事不公平的林则徐。二、清政府承诺再派大员到广州，听取英国商人的冤情。当查理·义律和英国舰队撤退后，旻宁对琦善竟以三寸不烂之舌，说退英夷，认为是天下奇才。于是把林则徐撤职，发配到边远的伊犁（新疆伊宁）充军，任命琦善当钦差大臣兼两广总督，负责跟英国谈判。

琦善事实上是一个饭桶，他于当年（1840）十一月到广州。查理·义律向他提出的不是什么英国商人的冤情，而是最后通牒，除了要求立即恢复自由贸易外，还要求割让香港（广东新安县南部小岛）作为贸易根据地。琦善既不敢答应，又不敢报告旻宁，唯有乞灵于中国"官场"上的传统手段，推拖敷衍，盼望大事化小，小事化无。查理·义律了解这种手段，他知道纵令谈判一百年，也不能解决问题。明年（1841）一月，英军发动攻击，占领虎门、穿鼻两个要塞，琦善束手无策，只好在英国所提的文件上签字，这就是《穿鼻条约》：

一、割让香港给英国，但税收仍归中国。
二、补偿没收英国商人的鸦片价款银币六百万两。
三、承认中英两国的地位平等。

旻宁接到报告后，大为震怒，下令逮捕琦善，任命满洲另一位贵族奕山当总司令（靖逆将军）；湖南兵团司令官（湖南提督）杨芳，当副总司令，率领他的精锐部队一万人，增援广州。查理·义律听到琦善撤职的消息，知道事情发生变化，就命英军发动攻击，再度占领虎门、穿鼻两个要塞，军舰直抵广州城下，开炮轰城。奕山比琦善更糟，吓得浑身发抖，不知道如何是好，完全依靠杨芳。杨芳是内战时攻打白莲教和伊斯兰教变民的名将，对内很有办法，对外便丑态毕露了。他发现英国舰队在舰身动荡之中发炮，仍能准确地击中目标，认为那显然是一种妖术。在民间故事里，污秽的东西可以使妖术失灵，于是他就在广州大肆骚扰，收集了大量的猪血羊血，以及粪便等物，罗列城头。可是英国舰队的"妖术"如故，炮弹的巨响终于使这一对总司令副总司令心胆俱裂，他们狼狈逃出广州，乞求英军不要进城，他们愿立即付出钱币六百万两巨款，作为酬报。查理·义律表示接受，他所以接受，并不是为了这六百万两，而是在等候英国政府对《穿鼻条（草）约》的训令。

英军不进入广州，使奕山认为事情已告结束，连《穿鼻条约》也不了了之。他向旻宁报告说："英夷大将军前来广州上诉苦情，当商人把积欠他们的货款六百万两付清后，即行退走。为了怜悯人民的困难，已暂时允许英夷继续通商。"这也是"官场"的技巧之一，"瞒上不瞒下"，旻宁也再一次认为一切事情都已过去。

英国政府对《穿鼻条约》拒绝批准——其实中国当时已经废除，英国纵使批准也必须使用武力才能教中国履行。英国认为香港税收仍归中国，不能叫做割让，赔款只有六百万两，数目太少。于是把查理·义律免职，另派璞鼎查爵士接替他的职务。璞鼎查的态度更为强硬，他到任后就率领军舰十四艘，陆军两千五百人，从澳门北上。首先攻陷福建厦门，接着北上浙江，攻陷定海（浙江舟山），在镇海（浙江宁波东北）登陆，又攻陷宁波（浙江宁波）。曾经宣称要抽英夷的筋做马鞭的华东战区总司令（钦差大臣兼两江总督）裕谦，于全军覆没后自杀。旻宁又惊又气，任命宰相奕经出任东南战区总司令（统筹东南沿海防务·扬威将军），剿灭英夷。

次年（1842）春，奕经率两万人精锐的大兵团，反攻宁波，被一千余人的英军击溃，奕经仅逃出性命。英舰进攻乍浦（浙江平湖乍浦港），清政府最自豪的满洲兵团，看见那些夷人的军舰像山一样逼面而来，上面喷着妖怪一样的滚滚浓烟，天空一片漆黑，不觉地魂飞天外，竟然一哄而散。英军不久即攻陷上海，逆长江而上，再攻陷镇江（江苏镇江），切断江南运粮到北京的运河，然后再驶到江宁（江苏南京），在江心停泊。璞鼎查提出最后通牒说，如果中国不接受英国所提出的条件，就开炮轰城。

清政府的将领对于一向瞧不起的英夷，现在已闻风丧胆，文职官员更惊慌失措，只求早日了结这桩公案。皇帝旻宁除了在奏章上批一些大言不惭的话，以显示他的愚昧无知外，最后只好派满洲大臣耆英当全权代表，在江宁（江苏南京）城上竖起白旗，接受英国的条件，签订《南京条约》。

——英国以两千五百人，进入面积比它本土大五十倍，拥有四亿人口的庞大帝国，竟横冲直撞，如入无人之境。直到下世纪（二十）中日参与第二次世界大战，历时一百年之久，中国就是打的这种每战必败的仗。大黑暗使中国军队腐烂，武器窳败，士气消沉，用任何方法都无法振作，因为这不单是军队问题，军队不能孤立于政治之外。

五 巨变

《南京条约》共十三条，下列是主要的内容：

一、中国赔偿英国鸦片损失和军费银币两千一百万两。

二、中国割让香港全部主权于英国。

三、开放广州、福州、厦门、宁波、上海五个港口为商埠，允许英国设立官员（领事）驻扎自由贸易（五口通商）。

四、中英两国地位平等，公文来往用平等款式，中国不得再称英国为英夷。

这是中国第一次签订的现代意义的战败条约，战败国当然倒霉——割地赔款。五口通商，也是一种正常的国际关系。英国从"英夷"升格到跟天朝同样的地位，更显示《南京条约》的平等意味，何况中国在事实上仍称英夷如故，在心里仍瞧不起如故。可是，《南京条约》的一些附约，接着签订，就不是那么回事了。这些附约是：

一、1842年，再签《善后章程》八条。

二、1843年，再签《五口通商章程》十五条。

三、1843年，再签《虎门条约》二十条。

在这些名称不一的附约中，有下列规定：

一、英国人之间，或英国人跟中国人之间，任何争执，英国人不受中国司法审判，而由英国官员审判（领事裁判权）。

二、英国军舰可在五个商埠停泊，保护商民。

三、英国在五个商埠，可以租地建屋（到了1846年，英国在上海正式划定区域，称为租界。在租界地内，视同英国本土，中国不能行使主权。以后各国纷纷仿效，中国国内遂又有国）。

四、中国以后给予其他国家任何利益，也应同时给予英国。

这才是真正的不平等条约，在这些附约中，英国利用中国清政府官员对国际事务的茫然无知，一半恐吓，一半欺骗，使清政府在糊里糊涂中任凭英国摆布。而对引起战争的鸦片问题，反而像没有那回事一样，双方谁都不提。英国是故意躲避形诸文字，因为用条约保护贩卖毒品，将成为历史上的污点；尤其中国一旦醒悟过来，要求互惠，英国势将非常尴尬。清政府已精神恍惚，唯恐怕提起"鸦片"这个不祥之物，会招来更大的麻烦。就在这种谁都心里有数，却闭口不言的情况下，鸦片恢复进口，而且比从前进口更多，中国人吸毒的数目也疯狂增加。

——到了本世纪（十九）末，大多数官员和稍富有的中国人，都沉湎在烟榻之上，我们应对这个乌烟瘴气的社会景观，保持深刻印象，才可以了解中国一天比一天陷于绝境的缘故，鸦片的普及是重要原因之一。

中国闭关自守五千年的古老大门，从此被英国的军舰大炮打开，再不能复合。接着美国总统泰勒，派遣全权大使顾盛，拿着一封"孤统摄二十六邦"的国书，乘军舰到了广州，清政府官员已成了惊弓之鸟，急忙跟他签订《望厦条约》。法国军舰像逐臭的苍蝇一样，也闻风而至，清政府代表耆英鼓起胆量，稍微表示迟疑，法舰就开到广州海面示威，宣称将北上攻击舟山群岛，耆英也急忙跟他签订《黄埔条约》。又接着是葡萄牙、西班牙、比利时、普鲁士（德国）、奥匈帝国、意大利、荷兰、丹麦、瑞典等等，一些中国曾经听说过，或从没有听说过的弹丸小国，在过去就是前来进贡也不见得够资格的，现在排队而来。清政府手忙脚乱，无法招架，于是只要他们能报出一个国名，清政府就一一跟他们签订条约。所有这些条约中，都有"利益均沾"条款，他们虽没有把中国打败，结果却每一个都是战胜国，跟蝗蚁一样叮在中国身上吸血，凡英国在《南京条约》附约中所享有的片面最惠国特权，诸如领事裁判权、军舰护侨权之类，他们也都同时获得。在这些弹丸小国眼睛中，中国是一个土头土脑的大肥佬，如果不乘机坑骗一下，简直良心上过不去。

这是自从盘古开天辟地以来，从没有过的巨变，中国所面临的差不多全是中国一向自负的传统文化中所没有的东西，不但军舰大炮从来没有，连随着军舰大炮带进来的新思想新观念也从来没有。中国固有的生活方式和固有的意识形态，开始受到强有力的西洋生活方式和西洋意识形态的无情冲击。

在生活方式方面，诸如：

项目	历时	创始王朝
君父合一型的帝王制度	4500年	公元前二十七世纪黄帝王朝
家奴制度（人口买卖）	4500年	同上
双膝下跪磕头	3000年	公元前十二世纪周王朝
绝对父权的家庭制度	3000年	同上
宦官制度	3000年	同上
文言文	3000年	同上
房屋建筑和衣服穿着的禁制	3000年	同上
司法和监狱制度	3000年	同上
年号纪年制度	2000年	公元前二世纪西汉王朝
科举（考试制度）	1200年	六世纪隋王朝
女人缠足	900年	可能是十世纪宋王朝，可能更早，没有人知道是什么时候开始的。
八股文	500年	十四世纪明王朝
男人辫子	200年	十七世纪清王朝

意识形态方面，大部分属于士大夫阶层的儒家系统思想和农业封建的适应思想，诸如：

项目	逐渐代之而兴的新的意识形态
崇古思想。	疑古、轻古和把握现代、展望未来的思想。
大华夏民族本位主义。	多元的民族主义，各民族完全平等。
做官思想。	做事和服务思想。
轻视工业、商业、劳动、科学、医学、艺术思想。	重视工业、商业、劳动、科学、医学、艺术。
面子观念。	切实检讨自己错误和缺点。
君父型家长型政治思想，跟忠于一姓的政治思想。	民主政治思想。
男尊女卑，女子片面贞操观念。	男女平等观念。
马马虎虎差不多思想。	认真思想。

上列的这些固有的文化传统,从没有人怀疑过它们的价值和正当,更没有人反对,偶尔有人反对,力量也非常微弱,或者被政治力量迅速压制。但现在开始面对着尖锐而猛烈的挑战。

——冲击和挑战立刻遇到反应,卫道之士前仆后继地去保卫它们。但是,他们保卫得越努力,中国脱胎换骨的时间,也就是使中国新文明诞生的阵痛时间,也越延长。中国所受的伤害,也因之越大。旧传统的生活方式一直到二十世纪清政府被推翻,满洲人被赶下金銮殿,才算革除。但旧传统的意识形态,直迄二十世纪末叶仍余波荡漾。

六 太平天国

五口通商使外国货物像潮水一样涌进中国,中国农村经济结构,受到严重破坏。鸦片普及穷乡僻壤,它所产生的影响,跟禁烟前林则徐等一些禁烟人士所预料的完全相同,而清政府照旧冥顽不灵,并没有从鸦片战争中吸收任何教训,犹如酱缸中的树木不能吸收任何养料一样。高阶层统治群,包括皇帝在内,住在婢仆如云的小天地中,眼睛从来看不见怪模怪样的西洋人,也看不见破产的农村和农民们的悲惨流离,他们依然歌舞升平,从不去想中国为什么如此衰弱和如果再发生战争时,中国如何抵御那些军舰大炮。

但歌舞升平仅只属于统治阶层。恶化中的官逼民反,却继续恶化。而且因为对外国作战失败,清政府和满洲人的纸老虎已被戳穿。四面八方的民众抗暴,更如火如荼。最大的一支民众武力,由基督教徒洪秀全领导,爆发的时间在鸦片战争结束之后第八年,即五十年代1850年。爆发地点在广西桂平县金田村。

洪秀全是花县(广东花都)人,花县属于说古中原话的客家人的县份。跟当时每一个知识分子一样,他自幼就接受儒家系统教育,熟读儒书,立志遵循科举程序,上进当官。可是,他到广州参加了四次考试,却连士大夫最低级的"秀才"头衔,都没有得到。后来他接受了基督教的信仰,崇拜耶稣所描绘的天国中的太平景象,成为一个狂热的教士。他创立"上帝会",宣称耶稣并不是独生子,他还有一个弟弟,就是洪秀全。洪秀全认为上帝是天父,耶稣当然是天兄。他把家中供奉的佛教神像和儒书,以及孔丘、孟轲的牌位,全部捣碎烧掉。

这种发了疯的举动,使社会震骇,卫道之士群起攻击他,他逃到广西,跟他的门徒冯云山，深入桂平县紫荆山，向山上那些来自广东的客家烧炭工人传教，信徒数目急剧地增加。广西连年发生旱灾，民变蜂起，就在1850这一年，一省中就有九支民众抗暴武力，每支都拥有千余人或七八千人。省长（巡抚）郑祖琛，又是一位有名的赃官，迫使那些不肯参加民变的人也不得不参加。洪秀全就把他的信徒组织起来，成立太平军。

清政府用它那些腐败不堪的军队首先讨伐太平军，包围洪秀全所在地金田村。次年（1851），太平军突围北上，攻陷永安（广西蒙山），就在永安宣布建立太平天国，洪秀全被尊为天王，作为太平天国的元首。他把他的五位杰出的助手，都加封王爵。

再次年（1852），太平军放弃永安，攻陷全州（广西全州）。进入湖南后，攻长沙失败，于是绕过长沙北上，攻陷岳州（湖南岳阳）。在岳州，他们从地下掘出十七世纪吴三桂所埋藏的巨炮，实力陡然增加，立即攻陷湖北的重镇汉阳（湖北武汉长江北岸）。

——吴三桂埋藏的巨炮，已是二百年前的古董了，却竟然派上用场，仍能在战场上发挥威力，说明清政府军队在二百年中，毫无进步。

1853年，太平军攻陷湖北省城武昌（湖北武汉）。顺长江东下，最后攻陷江南最大的城市江宁（江苏南京），定为国都，改称天京。

太平天国的政治号召，可分为下列三项：

一、把满洲人逐出中国
二、取消大部分不合理的生活方式
三、建立一个基督教的社会

在这种要求下，太平天国做出种种使守旧的顽固派痛心的剧烈改革，诸如：禁止妇女缠足，禁止吸食鸦片，禁止崇拜偶像和崇拜祖先，禁止娼妓，禁止男子娶妾，禁止人口买卖，禁止饮酒，禁止赌博，禁止迷信巫师巫婆，割掉辫子，厉行土地改革，创立田亩新制度，收土地为国有，照人口平均授田，创立新历法，废止阴历，改用阳历。这一连串的措施，使中国平空跃进到一个新的境界，清政府对这个跟普通民变不同的新生力量，大起恐慌。1853年，太平天国定都天京后不久，就派出两支大军北伐，第一军由大将军林凤祥率领，由天京出发，挺进到距天津只三十公里的静海县独流镇，引起北京清政府震动。第二军由大将军曾立昌率领，由安徽安庆出发，挺进到山东临清州。但这两支北伐兵团却像断了线的风筝一样，没有援军，也没有补给供应。1855年，第一军退到直隶（河北）东光县的连镇覆没，第二军退到山东西南境溃散。

北伐失败，使太平天国推翻清政府，而由自己统一中国的希望破灭。并由于下列三项原因，迅速没落。

其一，清政府在满洲正规军瓦解后，乞灵于汉人的民兵（团练），即地方性的自卫组织。清政府一位汉人副部长（侍郎）曾国藩，正在他的故乡湖南湘潭为他死去的老娘守三年之丧。他是一个典型的儒家系统士大夫，对太平天国破坏那些固有生活方式的行为，有强烈的反感。他以恢复传统生活方式——他称之为"维护名教"，作为政治号召（他竭力地避免提到向异民族效忠的尴尬问题），组织以湖南人为主体的湘军，攻击太平天国，成为太平天国唯一的劲敌。

其二，太平天国以基督教立国，虽然天父、天兄之类已经严重的离经叛道，但西方那些基督教国家，却十分兴奋，又加上对清政府的恶感，他们都盼望太平天国成功。1853年，法国大使布尔布隆到天京觐见洪秀全，对太平军的严格纪律，以及安定的社会秩序，至为惊异。可是，太平天国成长得太快，所有的领导人物，对国际局势，跟清政府那些酒肉官员同样的茫然无知，他们不知道利用外国的援助。而清政府和湘军中的若干将领，却已觉悟到跟外国人结合的有利影响。于是本来可以帮助太平军政府的西洋力量，反而倒转过来帮助清政府。

其三，最主要的是，太平天国由广西起兵到天京定都，只不过短短的四年。领导阶层固然都是杰出的人物，但他们的成功过于迅速，从烧炭工人贫农，转眼间成了帝王将相，作为国家最高领导人，可以说没有经过严重的折磨和必需的训练，使他们不能适应新的形势。定都天京后不久，他们就走上黄巢、李自成的覆辙，立即开始腐败，习惯于他们所反对的堕落生活，而且被权力摆布得发狂，开国的领袖们大部分死于自相残杀。

——任何新兴力量都有两个最致命的危机：一是腐化，完全背弃他们最初的革命精神和奋斗目标。一是不能团结，发生一连串自斩手足式的内斗。太平天国如果在这两方面不失败，士大夫的民兵和外国人的干预，都不足以使他们失败。

在这三种压力下，太平天国终于不支。六十年代1864年，南京已被曾国藩的湖南兵团（湘军）包围了三年，洪秀全在围城中逝世，他的儿子洪瑱（洪天贵福）继承王位。不久城破，太平天国最后一位新崛起的优秀将领李秀成，保护洪瑱突围，但被湖南兵团冲散，洪瑱失踪，李秀成被曾国藩擒获。李秀成被擒后伪装屈服，亲笔写了一篇供词，要求曾国藩派他去向仍散布在南中国各地的太平军招降。但曾国藩显然不愿跳进这个圈套，所以仍是杀了他。

李秀成死，太平天国灭，建立政权十四年。

太平天国所做的改革，至少使中国跃进一百年。而现在缠足、辫子、娶妾、吸食鸦片，以及等等其他被维护的"名教"，一一恢复旧观。只有一件没有恢复，那就是清政府满洲人手中的军权，从此转移到汉人手中。

七　捻军·回部抗暴

太平军引发的战争限于南中国。

北中国的战争同样激烈，它是捻军发动的。捻军比太平军起兵为早，而结束却晚。

捻，作动词用时，指用大拇指和食指把纸片或棉絮搓成一条线样形状的动作。作名词时，意思是指"一小撮人"。本世纪（十九）一十年代，淮河南北两岸广大的地区上，民间烧香拜佛，往往以一小撮人为一个团体，从事迎神和驱逐疫鬼的工作，一小撮人就称为一捻。他们在实质上是白莲教，但表面上不是。官员的贪污和水灾旱灾造成的饥馑，迫使农民大批离开土地，加入这种烧香拜佛的团体，到处流亡乞食。在乞不到食时，就向地主富户和官员士大夫家劫掠。清政府把他们当作盗匪剿捕，他们飘忽不定，用游击战术抵制。

1814年，清政府听说捻军的领袖是一位名叫王妞子的女人，下令通缉，结果通缉不到。但经过这次打草惊蛇的搜捕骚扰，捻军遂逐渐由小股合并为大股，练成劲旅。当时清政府正在对付天理教和其他更严重的民众抗暴，对捻军没有采取更进一步的行动。

到了五十年代，太平天国定都天京（江苏南京）。捻军领袖张洛行（张乐行），以安徽蒙城雉河集（安徽涡阳）为根据地，接受太平天国的封爵，分兵四出，攻城略地。清政府把征讨太平天国的责任交给曾国藩的湖南兵团（湘军），用汉人打击汉人。而由满洲兵团对付捻军，他们认为捻军比较脆弱。

六十年代1863年，张洛行被叛徒苗沛霖出卖，擒献给清政府以残暴闻名的剿匪总司令僧格林沁。张洛行的侄儿张总愚（张宗禹）继续作战，于两年后的1865年，即太平天国覆亡的次年，在曹州（山东菏泽）把僧格林沁击毙。清政府最后一张王牌输掉了，不得不再依靠汉人，命曾国藩跟另一位也是民兵出身，被称为"淮军"（以安徽人为主）领袖的李鸿章，乘消灭太平天国的余威，负责对付捻军。

1866年捻军被清军拦截，分为两支。张总愚亲率一支进入陕西，称为西捻。另一领袖赖文光率领一支进入湖北，称为东捻。1867年，东捻挺进到扬州瓦窑铺（江苏江都），在清军云集下覆没。明年（1868），西捻折回山东，在茌平迷失道路，陷入黄河跟运河间的泥沼地带，也全军覆没。

捻军战争历时五十五年，而最后十六年辗转华中各地血战。他们没有最高的政治指导原则，也没有崇高的理想，只盲目地攻击清军或被清军追逐，只能骚动，不能成功。

在中国的中部地区，即以甘肃兰州为中心的广大范围，跟太平军和捻军兴起的同时，则有伊斯兰教徒的抗暴。

中部地区的伊斯兰教徒，跟西部地区（新疆）的伊斯兰教徒，最大的差异是，西部的伊斯兰教徒大部分是维吾尔族人，他们几乎全部保持固有的风俗和言语。中部的伊斯兰教徒据说他们的祖先是阿拉伯人，于一千年前的八世纪唐王朝时，迁居中国内地，现在除了宗教信仰这一点之外，其他都已彻底华化，但在相貌上仍显露着阿拉伯血统，跟汉人比较起来，他们的鼻子较高，胡子较多。

中部伊斯兰教徒的行动分布三个地区：

一、云南　1855年，云南回民领袖杜文秀在大理县（九世纪时南诏王国的国都）起兵。

二、陕西　1862年，陕西回民领袖任武，在渭南县起兵。

三、甘肃　1862年的同时，甘肃回民领袖马化龙，在金积堡（宁夏吴忠金积镇）起兵。

云南除了省城昆明外，其他县份几乎全都抗暴。但伊斯兰教徒内部的分裂使他们转胜为败，也使那个当时汉人很少的地区免去像越南一样脱辐而去。到了七十年代1872年，清政府军攻陷大理城，历时十八年的混战结束。

陕西伊斯兰教徒的武装力量比较小，但因接近关中（陕西中部）重镇西安——一千零三十八年的故都的缘故，影响却超过云南百倍，清政府军总司令（西安将军）多隆阿，在进攻盩厔（陕西周至）县城时被击毙，满洲人已第一千次地被证明腐败无能，只好改派湖南兵团的另一位汉人将领左宗棠继任。六十年代 1868 年，最后一位民众领袖（但他却不是伊斯兰教徒）董福祥投降，历时七年的混战结束。

甘肃的回部暴动规模最大，从东到西一千二百公里的省境之内，跟云南的情形相同，除了省城兰州外，其他城堡都响应马化龙的号召。左宗棠于解决陕西的回部暴动之后，即行西征。七十年代 1870 年，攻陷金积堡（宁夏吴忠金积镇）。1873 年，攻陷碾伯（青海乐都・大分裂时代南凉王国的国都）、肃州（甘肃酒泉・大分裂时代北凉王国的国都），历时十二年的混战结束。

八　英法联军

焦头烂额的满洲人的清政府，正困于激烈的内战时，又因为过度的愚昧，引起致命的英法联军战争。

中美《望厦条约》上，有十二年期满再行修订的条款，中英《南京条约》却没有。但中英《南京条约》、中法《黄埔条约》却有利益均沾条款，所以也就等于有这个条款。

五十年代 1854 年——距中英《南京条约》1842 年签订，已十二年；距中法《黄埔条约》、中美《望厦条约》1844 年签订，已十年。英法两国公使向广州两广总督叶名琛，要求就修约事宜，举行谈判。清政府那时还没有外交部，对各国的外交事务，不在中央政府所在地的北京处理，而由在广州的两广总督负责，这种畸形的形态，说明清政府的心理，那就是把这种棘手的事推得越远越好。叶名琛是一个传统的腐败老官僚，昏聩颠顶而又自以为很聪明，他对外国人的态度是，一律拒绝接见，管你是普通商人或代表国家的使节，用以表示他的尊贵和对皇帝的忠贞。法国驻华公使布尔布隆（注意到这一点，那时的外国驻中国使节是住在广州的），自 1852 年来中国，到 1855 年回国，四年之间，屡次要求晋见叶名琛，都见不到一面。美国驻华公使史派克，自 1846 年到 1848 年，自 1850 年到 1852 年，两次共六年之久，也无法见到叶名琛。接替他的新任公使马歇尔于 1852 年到职，请叶名琛指定日期呈递国书，直到 1854 年离任，连个回信都没有得到。

在这种外交形态下，英法修订条约的要求，如果能得到反应，那才是天大的怪事。英法两国公使当然也了如指掌，他们早已洞察到中国官场的伎俩，所以在向叶名琛提出要求，完成这种外交上的例行程序后，就一齐北上，到了天津，向清政府提出，准许两国的使节进驻北京，再准许开放天津跟广州一样的为通商港口。皇帝旻宁看到报告后，气得死去活来，尤其对于外国使节长期驻在北京的一项，认为自从他祖宗创建清王朝以来，还没有听说过比这更荒谬的事。

英法两国发现，除非使用武力，不能达到目的。

用武力必须有一个借口，而借口来了。1856年，广东的巡逻艇在珠江口截住一艘实际上是中国人所有，但在香港注册，挂着英国国旗，名叫"亚罗"号的船只，逮捕了船上十二个中国人，并把英国国旗拔下丢掉。巡逻艇水兵显然不知道国旗的意义，因为中国那时候还没有国旗。英国领事巴夏礼向叶名琛要求释放那十二个人，并用书面道歉。叶名琛倒是把十二个人释放了，但对道歉的要求好像没有见到一样。于是英舰轰击广州，广州人民在愤怒中纵火焚烧英国商馆，高呼"杀尽蛮夷，不留一人"。英国国内得到消息，舆论激昂。

法国也在焦急地寻找借口，借口也来了。就在同一年（1856），法国籍天主教神父马赖，在广西西北部荒僻的西林县，被西林县政府的官员当作江洋大盗斩首。法国立即跟英国采取共同行动。

次年（1857），英法联军向叶名琛提出最后通牒，要求十日内举行谈判。叶名琛用官场上的特技"推""拖"手段应付。十日期限到了，联军攻击，广州陷落，叶名琛被生擒。

——叶名琛跟四世纪淝水战役晋政府的宰相谢安，是从一个模子浇出来的人物，唯一不同的是，叶名琛缺少谢安那种好运气。所以谢安在恍恍惚惚中成功，叶名琛却在恍恍惚惚中失败。谢安用郊游和下棋表示他的胸有成竹和从容不迫，叶名琛用的是扶乩拜神和睡大觉。叶名琛被捉住后，英国把他送到印度囚禁，于明年（1858）逝世。但恨他误国的一些中国人士却坚持说，他被英国当作一种奇异的动物，装在木笼之中，运到各国展览。其实这种愤怒不见得公平，如果颟顸的官员都要接受这种待遇的话，大黑暗时代中的千千万万官员，包括清政府的皇帝在内，恐怕没有几个不具备被展览的资格。

次年（1858），英法联军舰队北上，攻陷大沽，进逼天津。清政府不得不接受修约的原则，由宰相桂良到天津跟随军而来的英法公使谈判。二十八岁的年轻皇帝奕詝（咸丰，旻宁的儿子），仍严厉地拒绝外国使节进入北京，而英法坚持非进入北京不可。桂良被挤在夹缝中大为狼狈，于是他企图用国内的官场诈术来解决，在给奕䜣的报告上说："（现在跟他们签订的条约），并不作为什么真凭实据，不过借这几张纸，暂时打发他们把军舰从港口撤退。将来如果不愿履行，只要说我办理不善，严加治罪。所谓条约，就成为废纸。"

桂良是签字了，这项在签字时清政府就预备背信的《天津条约》，包括下列重要事件：

一、英法两国派遣使节驻扎北京，中国派遣使节驻扎伦敦、巴黎。

二、开辟牛庄营口（辽宁营口）、烟台（山东烟台）、台湾（台湾台南）、淡水（台湾台北）、汕头（广东汕头）、琼州（海南琼山）为通商港口。

三、中国赔偿英法军费银币六百万两（英四百万两，法二百万两）。

四、英法商船可自由航行中国内河。

五、中国重申不得再称呼西洋人为夷狄。

六、双方政府批准后，明年（1859）在北京换约。

皇帝奕䜣对真正丧权辱国如内河航行的条款，毫不在意，独对外国使节进驻北京这件事，认为是一种不能忍受的奇耻大辱。所以等到英法联军舰队一走，他就下令迅速重建大沽炮台，指派七年后死于捻军的亲王僧格林沁率领他的精锐兵团，沿海布防。

第二年（1859），换约时间已到，英法两国公使乘军舰抵达大沽。清政府通知他们，大沽已经设防，不能通行，请改在大沽北面十五公里的北塘登陆。两国公使眼中根本瞧不起清政府的所谓设防，不肯接受劝告，径行在大沽上岸，大沽炮台开炮射击，英法舰队应战，虽然有美国军舰在发现英法舰队情况紧急时，突然参战相助，向中国发炮，但英法舰队仍然失败，其中四艘沉没，六艘重伤，狼狈逃走。

——美国军舰这种暴行，清政府连抗议都没有提出，因为它根本不知道美国军舰已违犯国际公法。清政府大小官员像呆瓜一样，白挨了闷棍，还不知道它是闷棍。

然而，无论如何，总算是把英法舰队击退，这是鸦片战争以来一次对外战争的胜利，使花花大少型的皇帝，叶名琛型的官员和士大夫阶层，雀跃欢呼。一致认为已经重振了天朝的威风，把夷狄制服，从此天下太平。

第二年，六十年代1860年，英法舰队卷土重来，猛烈的炮火摧毁了大沽炮台，陆军登陆后即攻陷天津。但住在皇宫女人堆里、已三十岁的皇帝奕詝，信心却非常坚强，看见英国女王维多利亚的国书译文上，有自称"朕"的字样，不禁冷笑，在一旁批注说："夜郎自大"。下令僧格林沁，要他对英法联军："迎头痛击，把丑类全部歼灭。"

然而僧格林沁兵团没有力量支持奕詝的冷笑，不断败退，天津与北京间军事重镇杨村（天津武清）失守，英法联军距北京只剩下八十公里，奕詝跟他老爹旻宁一样，除了在报告上批一些大言不惭的话外，别无他法。最后，只好声明愿意接受《天津条约》。可是，当三国正要签字时，英国代表巴夏礼忽然提出"可怕的"条件，那就是在条约批准换约时，所有的国书，都要由使节亲自呈送给国家元首。那就是说，外夷蛮官竟然企图跟天朝皇帝面面相对，这简直比使节进驻北京的要求更使得奕詝暴跳如雷，因为那些夷狄在面对面时一定拒绝下跪，而下跪磕头是中国最重要的传统文化之一，有两千余年的悠久历史，任何有天良有见识的爱国人士，都不允许它受到破坏。

清政府的谈判代表，奕詝的弟弟奕訢亲王，发现毛病就出在会讲中国话的巴夏礼一个人身上，他认为如果把巴夏礼排除，英法联军便失去了灵魂。于是他下令逮捕巴夏礼。

——跟巴夏礼同时被捕的随从人员，共三十九人，因在北京监狱。中国传统式的监狱是恐怖的，在一个没有人权思想、没有良好刑事诉讼法的社会，必然如此。后来，当清政府被迫把巴夏礼释放时，只剩下三十四人；十数天的囚禁中，五人死于狱卒的酷刑。

逮捕巴夏礼促使英法联军进攻北京，僧格林沁兵团在距北京十五公里的八里桥地方崩溃，奕詝逃出北京，逃到北方为避暑之用的热河（河北承德）。有趣的是，英法联军这时反而停止前进，提议再度谈判，为的是恐怕谈判代表奕訢亲王也跟着跑掉，他们便找不到谈判对象了。奕訢完全屈服，把巴夏礼释放，在北京城上竖起表示投降的白旗，迎接英法联军入城。这不是北京第一次对外国陷落，却是第一次对欧洲国家陷落，而这敌人的总数不过只有一万六千人。英军为了报复巴夏礼所受的虐待和他的随从们在监狱中的惨死，把一股怒气出到北京郊外中国皇帝豪华别墅圆明园上，纵火焚烧。圆明园是清政府用中国人民的血和泪筑成，作为皇帝一个人和他周围女人们专用的游逛和娱乐场所，现在化成一堆瓦砾。

逃到热河的奕詝，羞愧而沮丧，他发现仅只在大臣的奏章上批一些大话不能赢得胜利，他授权给他弟弟奕訢亲王，答应英法联军所提出的全部条件，只求联军早日退出北京。奕訢，这个二十余岁、面色苍白的青年，又气又怕，终于战战兢兢地跟英法联军分别签订《北京条约》。

《北京条约》，包括下列重要事项：

一、《天津条约》除赔款一项外，其余继续有效。
二、中国赔偿英法军费银币一千六百万两（英法各八百万两）。
三、割让九龙半岛给英国。
四、各国使节进驻北京，并觐见皇帝。
五、增开镇江（江苏镇江）、汉口（湖北武汉）、江宁（江苏南京）、九江（江西九江）、天津为通商港口。
六、允许外国传教士在中国内地传教，并有权购置房屋田产。

英法彻底胜利，清政府执政下的中国彻底失败。但取得重大利益的英法帝国主义，对太平天国的立场却因之转变，认为太平天国是他们既得利益的最大阻碍，遂转而积极帮助给他们既得利益的清政府；对清政府而言，却是一种意外的收获。

九　俄国攫取九十八万方公里疆土

英国攻陷广州，生擒叶名琛后的第二个月，也就是五十年代1858年的春天，距广州三千公里外遥远的北方，俄国西伯利亚东部总督木里斐岳福，向中国清政府提出建议，要求准许俄国驻华公使前往北京，跟清政府商谈共同对付英国的策略，一方面也"顺便"商谈重新划定两国的边界。

俄国自从上上世纪（十七）《尼布楚条约》，被中国阻挡，不能前进，到本世纪（十九）止，将近二百年，两国漫长的边界上，一向保持靖宁。然而，中国因大黑暗反扑，日益衰弱——一个国家，尤其是一个大国过分衰弱，就是一种不可原谅的罪恶，因为它能引诱其他国家的侵略狂热。本世纪（十九）四十年代，木里斐岳福曾派人秘密潜越边界，调查黑龙江沿岸情况。五十年代时，他亲自出马，乘汽船深入中国领土，到黑龙江畔重镇瑷珲城（黑龙江黑河）。在瑷珲城，他亲眼看到中国军队的装备，不禁大吃一惊。瑷珲城当时驻军一千余人，只有少数十七世纪进攻雅克萨城时所用的旧炮，这在西洋各国早已送到博物馆了；也只有少数士兵有鸟枪，大多数士兵都手持长矛，背负弓箭。木里斐岳福认为，对这种一百六十年之久都不进步的国家，如果不马上发动侵略，简直死不瞑目，俄国沙皇政府支持他的主张。

清政府对所有的外国都不相信，当然不愿接受俄国的建议去对抗英国，至于"顺便"重划边界，清政府声嘶力竭地声明说，《尼布楚条约》是"鸣炮誓天"的万年和约，用不着再谈。可是鉴于拒绝英法修约的后果，对俄国不敢坚持到底，于是命黑龙江军区司令（黑龙江将军）奕山为全权代表。奕山就是十七年前在广州以银币六百万两巨款向英军赎城的那位浑身发抖的满洲权贵，用这种人跟外国办理外交，结果如何，是可以预知的。谈判开始后不久，木里斐岳福就看出奕山不过是一个脓包，毫无忌惮地告诉奕山说，中国应该交出黑龙江以北土地，两国即以黑龙江为界。然后把用俄文和满文写好的条约交给奕山，要奕山签字。奕山最初不肯，一味自说自话地重申《尼布楚条约》是万年和约，僵持了两天，木里斐岳福放下面孔，宣称奕山应负一切谈判破裂的责任，就回到停泊在江心的俄国军舰上睡觉去了。奕山在瑷珲城中心神不宁，夜间登高向江心眺望，只见俄舰上灯火齐明，而耳边又仿佛听到什么地方传来隆隆的炮声，他吓得第二次的浑身发抖，好容易盼到天亮，立即派人去请木里斐岳福驾临瑷珲继续谈判，木里斐岳福反而端起架子，拒绝见面，只把已写好的条约交给去请他的人带回，奕山更加六神无主，迫不及待地签了字。

这就是著名的中俄《瑷珲条约》，内容只有两条，规定中俄在东方的疆土，以黑龙江为界。黑龙江以北，外兴安岭以南，六十四万方公里中国的广大领土，包括中国人为它两次流血并取得决定胜利的雅克萨城在内，不明不白地被俄国诈欺而去。而且又规定乌苏里江以东的中国领土，由俄国跟中国共管。

《瑷珲条约》的签订，使俄国喜出望外，它发现清政府比它想象的还要愚蠢无知，所以渴望再有机会跟清政府谈判，如果能天天都在谈判，那就更好。

第二次机会闪电般来了。《瑷珲条约》于1858年四月签订，五月间，英法联军进攻大沽，俄国驻华公使普提雅廷趁热闹赶到天津，通知清政府说，如果把满洲（东北三省）沿海割让给俄国，就可以阻止英法联军进攻满洲腹地，普提雅廷在照会中特别表明心迹说："俄国军队进驻沿海，并不是欺凌中国，而是完全为了中国的利益。"清政府代表桂良稍微表示不敢接受这种帮助，普提雅廷咆哮说："俄国一心一意为了中国好，如果中国不给面子，我们从此不再管这一类的事。"清政府恐怕俄国参加英法联军，经过讨价还价的谈判，最后终于签订中俄《天津条约》，比劳师动众才获得签字的英法

《天津条约》，还早十五天，距《瑷珲条约》，也同样只十五天。它的重要内容如下：

一、开辟上海、宁波、福州、厦门、广州、台湾（台湾台南）、琼州（海南琼山）为通商港口（七口通商）。
二、利益均沾条款适用于俄国。
三、中俄两国未定边界，重新勘定（中国西北疆土丧失的伏笔）。

俄国还要求割让乌苏里江以东领土，桂良心神恍惚，口头上连连应允。口头上的应允虽然没有法律上的效力，但有鼓舞俄国要求再举行谈判的效力。

两年后，六十年代1860年，英法联军进入北京，俄国前任驻华公使伊格那季耶夫也狐假虎威，进入北京，向失魂落魄的奕䜣亲王，表示他有办法使英法联军撤退，但中国必须把乌苏里江以东领土正式割让给俄国，作为酬谢。

英法联军所以发生，跟鸦片战争所以发生一样，都基因于清政府对当代国际社会，连最低的基本常识都没有。英法联军的目的只求清政府履行《天津条约》，并无意打进中国的首都。既然阴差阳错打进了中国首都，一则缺少冬天装备，一则又怕清政府瓦解，妨碍他们的商人做生意，所以一心一意希望早日签订和约，早日撤退。清政府官员对这些一无所知，每日忧心忡忡，唯恐英法长期占领。在签约之后，英法联军本要依限撤退，偏因内部一点小事，延缓了几天，奕䜣就慌了手脚，认为是俄国从中捣鬼，他向皇帝奕詝报告说："恐怕俄夷之事一天不解决，英夷的兵一天不走。"就又晕晕乎乎地签订了中俄《北京条约》：

一、割让乌苏里江以东土地给俄国。
二、中俄两国在中亚，以山脉河流自然形势和中国哨兵站为边界。
三、俄国在喀什噶尔（新疆喀什）、伊犁（新疆伊宁）、塔尔巴哈台（新疆塔城）自由贸易，并有购地建屋和传教之权。

乌苏里江以东领土有三十四万方公里，包括海参崴在内，在俄国的诈欺下，又莫名其妙地全部丧失。

中国既没有被俄国打败，俄国也没有费一枪一弹，只凭恐吓和诈术，就硬生生地夺取了九十八万方公里的中国领土，是日本面积的两倍半，而且这还是第一批，更多的恐吓和诈骗还在后面。这不像是真实的国际交涉，倒像是一篇童话故事。

一〇 新疆的脱离与收复

太平天国覆亡的那一年（1864），西北的新疆地区，又爆发更严重的反抗战争。

陕西回民暴动领袖人物之一的妥明，从陕西到了新疆天山北麓的重镇乌鲁木齐，住在乌鲁木齐军区副司令（参将）索焕章家中，企图发动另一个回民暴动，以打击已失去控制力的清政府。恰巧军区总司令（都统）平瑞，正向各县征收捐税，税吏马金、马八，都是伊斯兰教徒，贪污暴虐，各县汉人纷纷起来反抗。马金、马八反而倒打一耙，指控这是抗暴的汉人有计划地要消灭伊斯兰教徒，号召伊斯兰教徒用武力对付。古城（新疆奇台）首先发生流血械斗，索焕章乘着混乱，把平瑞杀掉，拥戴妥明当王，建立独立政权。

明年（1865），另一位从陕西逃到天山南麓的陕西回民领袖金相印，在喀什噶尔（新疆喀什）暴动，把清政府的官员赶走。天山西麓，位于中亚的浩罕王国（乌兹别克斯坦浩罕），派了它的大将阿古柏，带着维吾尔人伊斯兰教徒领袖大和卓木布士尔克（可怜的张格尔之子），率领强悍善战的安集延（乌兹别克斯坦安集延）兵团，进入中国领土，援助金相印。浩罕人也属于维吾尔民族，于是汉人伊斯兰教徒跟维吾尔人伊斯兰教徒合流。

布士尔克在喀什噶尔称王，他既没有才能而又想干预阿古柏的军权，两年后（1867），阿古柏政变，把布士尔克逼下宝座，送去阿拉伯半岛麦加朝圣。阿古柏登位，称毕调勒特可汗，建立哲德沙尔汗国。七十年代1870年，阿古柏北伐，攻陷乌鲁木齐，当了七年王的妥明，在逃亡途中死掉，阿古柏遂统一了新疆全境，只伊犁（新疆伊宁）地区除外，伊犁于1871年被俄国突击占领。

阿古柏的庞大汗国，很快地就跟英俄两国缔结通商条约。又跟当时伊斯兰教教主苏丹所统治下的土耳其帝国，建立密切关系。二百万方公里的新疆，事实上已与清政府脱离。

1873年，甘肃回部暴动平息，陕甘总督左宗棠向中央要求收复新疆。新疆这时脱离清王朝已经十年，分裂的形势已经形成，清政府高级官员对这个棘手问题，像对一颗病牙一样，小心翼翼，没有人敢去碰它。如今左宗棠提出收复国土的严正主张，使他们不得不正视现实。当权的高级官员分为两派：一派称海防派，以讨伐捻军的安徽兵团（淮军）首领李鸿章为主，认为中国的外患，来自海洋，所以主张加封阿古柏为国王，使他像朝鲜、越南一样，永做中国的藩属，也就是说，这一派主张把新疆放弃。另一派称塞防派，以湖南兵团（湘军）首领左宗棠为主，他在给中央政府的报告上说："保卫新疆就是保卫蒙古，保卫蒙古就是保卫北京。"他和他的朋友主张必须收回新疆。

最后塞防派胜利，七十年代1876年，左宗棠的西征大军攻克乌鲁木齐，天山北麓光复。英国驻北京的公使乌亚德，要求清政府允许阿古柏独立，以保持中亚的和平。这时清政府已不敢再把外国当作夷狄，而且已逐渐生出一种恰恰相反的自卑感，对所有外国，尤其对英国，心怀畏惧。连中国驻英公使，在当时思想最新最进步的郭嵩焘，也都同意这是一个妥善的办法，以免触怒英国。但左宗棠竭力反对，他说："英国爱护阿古柏如果出于真心，为什么不把印度割让给他？"

明年（1877），左宗棠的西征大军越过高插云霄的天山山脉南下，阿古柏无力抵抗。而浩罕王国在前一年已被俄国并吞，阿古柏也得不到外援，进退失据，就在库尔勒城服毒自尽。他的儿子们跟四世纪大分裂时代后秦天王姚兴的儿子们一样，大敌当前而仍拒绝团结，反而誓不并存，互相残杀。结果在内斗中胜利的一方——阿古柏的两个年轻儿子和三个孙子，被左宗棠的西征大军捕获，用酷刑磔死。

新疆脱离清王朝版图十四年之后，再入版图。

——回溯十五世纪交趾省（越南北部）因民变而永远失去的往事，阿古柏跟黎利没有两样。新疆面积十倍于越南北部，最后仍回到中国，主要靠塞防派一批英雄坚定的立场和左宗棠以下将领们卓越的军事指挥。历史上得失之间，往往间不容发。

——中亚所有的独立王国，在本世纪（十九）全被俄国征服。阿古柏以一个浩罕人，在中国国土建立汗国，即令中国同意，我们用历史眼光可以断定，俄国必然的尾追而至。俄国对阿古柏，不会比对哈萨克斯坦王国或对浩罕王国更尊重。

一一　俄国再攫取六十三万方公里疆土

然而，伊犁地区仍在俄国军队占领之下。

伊犁地区位于新疆西北天山主脉跟支脉婆罗科努山之间，面积约七万方公里，是本世纪（十九）新疆全境耕地最肥沃、工商业最发达、人口最稠密的一个矩形平原，清政府统治新疆最高官署"伊犁将军衙门"，就设在伊犁城（新疆伊宁）内。1870年，阿古柏攻陷乌鲁木齐。1871年，俄国就发动突袭，占领伊犁地区。对这种明目张胆的侵略行为，它向中国解释说，因为中国已不能在那里行使职权，所以基于朋友的道义，暂时代为管理，以免落到叛军之手；一旦新疆的动乱平息，就双手奉还。俄国认为中国绝不可能再收复新疆，伊犁地区并入俄国，已成定局。

1876年，中国竟然收复新疆，俄国大失所望。依它所做的承诺，必须从伊犁撤退。俄国无法拒绝撤退，但要求谈判撤退条件。谈判，是它最喜欢的事了。

我们现在追溯一件十二年前（1864）中国在俄国高压下签订的丧失五十八万方公里领土的《塔城条约》（或称《勘分西北界约记》）。

根据1860年中俄《北京条约》，两国在中亚的边界是："从沙宾达巴哈的界牌起，顺着山脉河流的形势和中国常驻的哨兵站（卡伦）等处，直到浩罕。"沙宾达巴哈，就是沙宾山口，在外蒙古唐努乌梁海西北，是中俄共同边界上的一个山隘。

1862年，外蒙古军区总司令（乌里雅苏台定边将军）满洲人明谊，跟俄国代表划界。明谊这才发现，山脉河流形势跟中国常驻的哨兵站是两回事，以山脉河流形势，也就是以分水岭为基准的话，则中国所有的哨兵站，都远在分水岭以西二三百公里之外。《北京条约》签订时，以奕䜣亲王为首的官员，没有一个人了解中国真正的边界到底在什么地方。明谊认为应该以中国哨兵站为主，因为那表示中国力量实质上就在那里。俄国立刻派出大批哥萨克骑兵，沿着一千余公里的边界，发动攻击。中国哨兵站在没有援军的情况下，不能抵抗，被迫节节后退，一直退到俄国心目中的地点，然后说："好吧，就以你们的常驻哨兵站为基准谈吧。"明谊狼狈不堪。

1864年，新疆民变爆发，妥明在乌鲁木齐叛变称王，明谊恐怕俄国跟变民结合，就接受俄国的要求，签订了《塔城条约》，俄国再一次从中国手中不动声色地攫取了五十八万方公里的领土，这一块矩形的有日本一倍半大的广大土地上，包括六千三百方公里的伊赛克湖和三千方公里的斋桑湖，以及中亚重镇的阿拉木图城（哈萨克斯坦首都）和皮什别克（吉尔吉斯斯坦首都比什凯克）。

然而，俄国仍不满意，七年后（1871），《塔城条约》的墨迹方干，俄国乘阿古柏攻陷乌鲁木齐（新疆乌鲁木齐）之际，又出兵占领伊犁（新疆伊宁）。

俄国既要求谈判交还伊犁的条件，中国只好跟它谈判。七十年代1879年，清政府派满洲权贵崇厚，前往俄国首都圣彼得堡，这是中国历史上第一次派遣使节到外国首都办理交涉。

崇厚在观念上认为只要收回伊犁城，便算完成任务。而且星相家曾警告他，这一次出国对他非常的不利。所以他急于早日在条约上签字，以便迅速回国，摆脱噩运。因之他到了俄国后，很快就签订了下列的《里瓦几亚条约》（又称《伊犁条约》）：

一、俄国把伊犁城（新疆伊宁）交还中国。
二、中国赔偿俄国占领费五百万俄元（卢布）（中国银币二百八十万两）。
三、割让霍尔果斯河以西（两万方公里），及特克斯河流域（三万方公里）与俄国。
四、斋桑湖以东，重新划界（这就是说，还要举行俄国最喜欢的谈判）。

条约的结果是，中国只收回一个伊犁城，城以西和城以南的领土全部丧失，从伊犁到天山南麓必须经过的特克斯河，也被切断。这时候清政府对国际事务，开始多少有点了解，再加上英国暗中为中国出主意，于是清政府拒绝批准这个条约，并且宣布崇厚因没有接到训令就擅自返国，把他逮捕，判处死刑（星相家的不祥预言应验了）。

清政府若干大臣还声称要用武力收回伊犁。中国全国的舆论沸腾，左宗棠也集结军队，准备进攻。俄国的态度非常强硬，但那时他们还没有西伯利亚铁路，运兵困难。而且新征服的中亚诸国，有乘机反抗，跟中国合作的危险。最后，中俄两国恢复谈判，清政府这一次没有再派满洲权贵了，而派汉人曾纪泽当全权代表。

八十年代1881年，签订《圣彼得堡条约》（又称《收回伊犁条约》）：

一、割让霍尔果斯河以西（两万方公里）给俄国（总算保住了特克斯河流域三万方公里）。
二、赔偿军费九百万俄元（卢布）（多了四百万俄元，九百万俄元约合中国银币五百万两）。

俄国仍不肯罢休，两年后（1883），再跟中国勘定斋桑湖以东边界，签订《科塔条约》（外蒙科布多与新疆塔城间边界条约），用不着问，吃亏上当、割地如仪的仍是可怜的中国，面积三万方公里（约有台湾岛那么大）的斋桑湖地区，再断送给俄国。

俄国对清政府无论采取什么方式愚弄，没有一次不得心应手。仅西北边境一隅，中国的失地，就达六十三万方公里。连以前所割东北边境的领土，至此共达一百六十一万方公里，我们用下表说明详细的内容：

年份	条约	中国丧失土地	面积（约）（单位方公里）
1858	《瑷珲条约》	黑龙江以北、外兴安岭以南	640000
1860	中俄《北京条约》	乌苏里江以东	340000
1864	《塔城条约》	新疆西北	580000
1881	《圣彼得堡条约》	霍尔果斯河以西	20000
1883	《科塔条约》	斋桑湖地区	30000
共计		1610000 方公里	

这一百六十一万方公里，有三个法国、或四个日本那么大，都是中国国防上绝对不可以丧失的重地，任何中国人都不会忘记这笔巨债。中国在清政府满洲权贵领导下，被俄国一大块一大块的宰割，却没有惹起当时世界上任何人的注意。比起英国、法国以及以后的日本军国主义那种开枪开炮、声震四邻的公开抢劫，俄国的手段，更高一级。而最使中国人啼笑皆非的是，俄国每一次攫取中国土地，都在它坚称对中国十分友善和坚称它是中国最好的朋友之后。

一二 中法越南战争

《圣彼得堡条约》签订两年后（1883），中国又为了保护越南，而跟法国发生战争。

上世纪（十八）末，流亡在外的广南国王阮福映，得到法国传教士的协助，于1789年，跟法国签订同盟条约，允许法军长驻交趾中国地区（越南南部），并把土伦（岘港）割让给法国。法国承诺派遣一支军队，帮助阮福映复位。五年后1794年，法国远征军攻陷首都顺化，西山党政权消灭。这时正逢法国大革命，无法消化它的胜利果实，而把军队撤回。阮福映继续北伐，灭掉安南王国，统一全境。

本世纪（十九）初叶，阮福映请求中国加封，中国改封他为越南国王，他就是越南历史上著名的嘉隆王。二十年代1820年，阮福映逝世，他临死时，嘱咐他的儿子阮福晈说："不可忘记法国的大恩，对法国要敬爱不衰，但千万不要把土地割给法国。"可是他的后裔对法国却采取敌视态度，法国传教士受到动辄被杀的迫害，法国的愤怒自在意料之中。

延迟到五十年代1856年，法国才采取行动，海军少将鲁约里，到顺化呈递国书，要求越南履行1789年跟嘉隆王阮福映签订的条约。越南政府理也不理，原封退回。鲁约里就在土伦（岘港）登陆，摧毁越南炮台。越南政府等法国舰队撤退后，把在越南传教的法国传教士，屠杀净光，作为报复。

三年后，1859年，英法联军在中国大沽口挫败，但对越南并不放松。法国舰队再度光临越南，攻陷交趾中国的首府西贡（胡志明市）。越南只好屈膝，于1862年，跟法国签订《西贡条约》，把交趾中国割给法国。

法国政府对于占领越南三分之一的国土，似乎已经满意，但法国商人却垂涎被称为"北圻"地区的越南北部，商人久辟西在北圻首府，交趾古都东京（河内），发现一条可以通往中国云南的交通新道，就是红河。他利用这条河道贩卖军火到云南，卖给正在作战的伊斯兰教抗暴民众和清政府的军队。但军火在越南却是违禁物品，越南官员无法阻止他，就要求驻在西贡的法国总督召回这位商人。七十年代1873年，法国总督派遣海军官员葛尔里前往调查，葛尔里率领两艘军舰到达东京（河内）后，竟被久辟西说服，建议总督派兵并吞越南北部——北圻。越南官员对葛尔里痛恨入骨，就跟山区的黑旗军秘密联络，葛尔里遂在黑旗军一次阻击战中，中伏被杀。

黑旗军的领袖刘永福，是中国广东人，在五十年代中国遍地民变时，刘永福是其中的一支，但他不像太平军那些领袖有政治理想。太平天国失败后，清政府逐渐恢复秩序，刘永福在中国无法立足，就率领他的部众逃到越南，在中越边境北圻西北部山区一带屯垦，当然也免不了种种不法的勾当，自成一个独立王国。越南一向把中国人当作天朝人，所以对刘永福的侵入，既无力驱逐，也不想驱逐。刘永福这批两千余人的绿林豪杰，使用黑颜色的旗帜，越南人因之称他们为黑旗军。当刘永福把葛尔里等五颗法国人头呈献给越南国王阮洪任（二任王阮福晈的孙儿）时，阮洪任大为高兴，认为法国已经丧胆，就任命刘永福当三宣兵团副司令（三宣副提督）。

葛尔里之死，引起法国更大的压力。明年（1874），越南政府再次屈服，跟法国签订第二次《西贡条约》：

一、法国承认越南是独立国
二、越南外交由法国代理
三、开放红河自由航行

法国驻中国公使把条约副本，通知清政府，清政府正式复函声明："条约中有承认越南是独立国条款，中国大惑不解，越南自古就是中国的属邦，所以对此条约，中国不能承认。"越南对这种连外交权都丧失了的屈辱条约，也根本不准备履行。可是中越两国别无他法，只把希望寄托在黑旗军上，希望黑旗军能对红河通航发生阻挠作用。越南政府告诉法国说，因为来历不明的黑旗军盘据保胜城（中越边界上红河东岸的重镇老街城）的缘故，红河无法通航。一面不理会法国代理外交，继续向中国派遣朝贡使节，法国用武力阻止贡使出发，贡使却提前一天动身，使法国军队扑了一个空。

法国当然不肯罢休，八十年代1882年，海军司令李维业，由西贡率舰队北上，在北圻登陆，攻陷东京（河内），要求越南履行第二次《西贡条约》。越南向宗主国中国乞援，中国向法国交涉，两国代表在天津签订《天津草约》，在草约上，法国同意红河以北是中国保护区，中国承认红河以南是法国保护区。但这个草约呈报给两国政府时，立即受到反对，北京认为这样做等于瓜分越南，而且坚信黑旗军是法军的克星；巴黎认为法国必须全部占领越南，不能让中国分一杯羹。

次年（1883），中法两国同时宣布草约无效。法国大军即进攻越南首都顺化，越南国防军瓦解，国王阮福升（阮洪任的儿子）投降，跟法国签订《顺化条约》，承认越南是法国的保护国，内政外交，全归法国管理。越南政府高阶层拒绝承认，把阮福升罢黜，另立他的儿子阮福昊当国王，一面派急使到中国求救。清政府的反应十分迅速，立即派遣援越远征军进入越南，在东京（河内）附近的北宁府、山西府、兴化府一带布防。可是等到法军发动攻势，援越远征军和被估计过高的黑旗军，全部溃败。清政府只好再跟法国谈判。

第二年（1884），中国代表李鸿章，法国代表福禄诺，在天津签订《李福协定》（或称《天津简明条款》）。

一、中国军队从越南撤退。

二、中国仍是越南宗主国，但不再过问法国和越南间所订的条约。

三、中国不向法国索取赔款。

然而，这草约再度受到两国政府的反对，中国政府认为这样等于出卖越南，法国政府认为中国仍保留宗主国名义，可能引起后患。法国首先突击越南东北边境城市谅山，被中国援越远征军击退，法国驻北京代办谢满禄就向清政府提出最后通牒，限中国在两天内承诺赔偿法国军费八千万法元（法郎）。清政府拒绝，谢满禄逾期得不到回答，即下旗回国。中国皇帝载湉（光绪）下令各省备战，而法国舰队已开始攻击。清政府的军队腐败如故，停泊在福建福州闽江口的舰队和号称固若金汤的马尾炮台，被闯进来的法国舰队全部摧毁。法国舰队再攻击台湾，在基隆登陆，占领沪尾（台湾淡水），封锁台湾海峡，切断中国南北海道。

明年（1885），法国军队再在台湾海峡中的澎湖群岛登陆。法国舰队司令海军中将孤拔，就死在澎湖。他的死，中国说是被中国击毙，法国说是害病逝世。但法国的陆军从东京（河内）向北进攻时，在中越边界上的镇南关（友谊关），被一位因这一次战役而成名的中国将军冯子材击败，并乘胜追击，重占谅山，进逼东京（河内）。这对于一向习惯于胜利的法国，是一个人心震动的打击，消息传到巴黎的明日，法国内阁倒台。

就在这种情况下，中法接受调停，签订《越南条约》，承认《李福协定》，但取消中国是越南宗主国的条款，越南从此沦为法国的殖民地。中国虽然被迫放弃越南，但中国已尽了宗主国应尽的力量，没有逃避。

——当时，越南的嘉隆王朝政府，跟中国的清王朝政府，同等的腐败和同等的无知，对外国只一味地闭着眼睛。这时候距鸦片战争已三十年，清政府应该了解通商贸易的本身，并不是一件罪恶，应该鼓励越南接受。不去这样做，却去帮助越南利用乌合之众的黑旗军阻挠红河通航，即令阻挠成功，对于已经土崩瓦解的越南危局，实质上也没有补益。幸而中国乘着谅山的胜利，立即和解，否则法国非常有可能继续占领台湾、澎湖，造成割让的事实。

一三 自强运动

本世纪（十九）四十年代的鸦片战争，是一个划时代的战争，然而清政府的皇帝和官员却把它当作历史上跟外国作战的一个普通战役，胜败乃兵家常事，算不了什么，中国虽然打了败仗，只不过一时的挫折，格言上说过，有小屈必有大伸，一旦具有无限权威的皇帝赫然震怒，大展雄威，重张天讨，那些夷狄丑类，仍将匍匐在王师脚下。可是紧接着六十年代英法联军攻进北京，满洲权贵们亲身挨到巨棒，尤其是签订《北京条约》的奕䜣，这位青年亲王首当其冲，受的刺激更大，这促使奕䜣处于领导一项发愤图强运动的地位。英法战争结束的次年（1861），皇帝奕詝逝世，六岁的儿子载淳（同治）坐上皇帝宝座，载淳的母亲那拉兰儿（慈禧）以皇太后的身份临朝，由奕䜣主持政府（官衔是"恭亲王·议政大臣·军机大臣"），他遂得以实行他的主张。

没有人反对发愤图强，问题是如何发愤图强。鸦片战争时，英国只不过出动军队两千余人；英法联军时，两国也不过出动军队一万余人，竟把拥有四亿人口，当时世界上最大的超级大国打得落花流水。奕䜣跟汉人中若干掌握实权的官员曾国藩、李鸿章之辈，恍然大悟，认为西洋人的政治不如中国，唯一比中国高明的，不过"船坚炮利"罢了。中国只要也船坚炮利，就可以制服英法诸夷。至于如何才能船坚炮利，则只要采取下列三项措施就能达成目的：

一、向西洋购买军舰大炮。
二、中国自己设立工厂制造军舰大炮。
三、派遣留学生到西洋各国去学他们的本领。

唯一的问题是，深恐西洋那些夷狄对军舰大炮的建造使用方法，秘密不肯传授；但当发现那些夷狄不但肯传授秘密，而且还热心地传授时，不禁大为惊喜。于是，自强运动就在上述的理论基础上，积极推动。从六十年代英法联军战争结束，到九十年代中日甲午战争爆发，三十五年之间，我们用下表说明清政府的主要措施：

年代	年份	设施	注
四十	1842	（鸦片战争结束，中国战败，签订《南京条约》。）	
五十	1853	（美国海军舰队司令佩里，率艇闯入日本东京湾。）	

(续表)

年代	年份	设施	注
六十	1860	英法联军战争结束，中国战败，设立总理各国事务衙门（外交部）。中国中央政府自此才有外交机构。	
	1862	上海发行《申报》（日报），北京设立同文馆（外国语学校）。	上海《申报》是中国第一份报纸，以后逐渐普及。
	1863	制定三角形飞龙戏珠旗为中国国旗（龙蓝色，珠赤色，地黄色。1881年改为长方形）。中国自此才有国旗。	
	1864	上海设江南制造局（海军兵工厂），又设译书局。	中国开始自制现代化的武器。
	1866	福州马尾设海军造船厂。	造舰是自强运动中心工作之一。
	1867	（日本明治维新。）	
	1868	江南制造局制惠吉舰成，向英国购买的安澜等六舰，也驶回国。	中国开始有现代化海军，自是舰只不断扩充。
七十	1870	天津设立机器制造局（兵工厂）。	
	1872	选派青少年赴美国留学，每年30人。上海设招商局（公私合营的客货海运轮船公司）。	中国第一批留学生。中国第一个现代化商业机构。
	1873	皇帝载淳接见各国驻华使节，接受国书。	这是一件破天荒的大事，为了这个礼节，曾血流成河，千万人死亡。
	1875	建立北洋舰队。	这时中国海军居世界第七位，自强运动达到高峰。
	1876	选派军官赴德国学陆军，赴英国学海军。修筑上海、吴淞间铁路。派郭嵩焘为驻英国公使。	中国始有铁路，始有驻外国使节。
	1877	铸造银元，代替传统的币制单位"两"。	每元含纯银七钱二分（一两的三分之二强）。
	1878	唐山设开平矿务局（煤矿）。兰州设织纺总局（纺织公司）。	中国军舰过去都用英国煤，自此才用本国出产。
	1879	架设大沽、北塘炮台到天津电报线。	中国始有电报。
八十	1880	天津设水师学堂（海军军官学校）。	
	1885	成立海军衙门（海军总司令部）。设立天津武备学堂（陆军军官学校）。	
	1888	（皇太后那拉兰儿在北京建豪华盖世的颐和园，移用海军经费一千万两，海军自此不能再增加新舰，也不能更新设备。）	

（续表）

年代	年份	设施	注
九十	1890	湖北设大冶铁工厂，汉阳设兵工厂。	
	1893	湖北设织布厂、纺纱厂、制麻厂、缫丝厂、针钉厂、毡呢厂。	
	1894	（中日甲午战争爆发。）	

自强运动最重要的是设立总理各国事务衙门，它是英法联军打进首都北京后的新生事物。过去各国只能跟清政府指定的边疆地方官员交涉，像俄国只能跟库伦（蒙古乌兰巴托）的办事大臣，欧美各国只能跟广州的两广总督交涉。清王朝中央政府只有一个藩属事务部（理藩院），处理藩属国的事务。即令在鸦片战争之后，仍然如此，所以英法修约之议初起时，两广总督叶名琛拒不见面，英法连谈话的对象都找不到，才决定改用武力。

总理各国事务衙门的设立，表示清政府终于在心理上承认世界上尚有平等地位的国家。它等于现代的外交部，但外交不过是总理各国事务衙门的主要工作之一，事实上它是自强运动总司令部，奕䜣是最高统帅，稍后出任北洋通商大臣兼直隶（河北）总督的李鸿章，则是总执行官。总理各国事务衙门负责推动的几乎是包罗万象的各种前所未闻的崭新业务，诸如：

一、教育自强运动需要通晓外国语文的人才，同文馆（外国语学校）不仅培植语文人才，除了英文、法文、俄文、德文四个学系外，同时还培植科学人才，有天文系、化学系、地质系、格致系（物理学系）、医学系，是近代国立大学的雏形。

二、海关这本应是财政部（户部）的事，现在由总理各国事务衙门主持，聘请英国人当海关的首长，称"总税务司"。沿海沿江口岸和沿边商埠，所有对外贸易的税收，留下十分之三作自强运动的经费，其他十分之七缴入国库。

三、海陆军总理各国事务衙门又是海军部兼陆军部。海军舰队、船只、军港和海军附属单位，如军械局、造船厂、海军军官学校，全由总理各国事务衙门负责。陆军军官学校、炮台要塞，新的陆军训练，以及海陆两军一切向外购买武器事务，也都归总理各国事务衙门，当时的国防部（兵部）几乎成了一个不重要的机构。

四、其他不仅仅上述的那些而已，其他像矿产开发、铁路、电线、轮船、国内和海外航线、工业工厂之类，凡是跟船坚炮利有关的，甚至虽然无关，但只要跟外国有关，就都由总理各国事务衙门主持。

因为自强运动主要的形态是军事的西洋化，和跟东西洋各国的洋人打交道，所以也被称为"洋务"。大量金钱投下来，中国不久就在外貌上呈现出一种金碧辉煌的场面，新式海军阵营堂皇，战斗力强大的北洋舰队最先成立，另外还有三支比较小的舰队，即南洋舰队、粤洋舰队和1884年在闽江口被法国全部击沉的闽洋舰队，拥有号称世界第七位海权大国的巨舰巨炮。本世纪（十九）七十年代之后，中国在世界上虽已不是超级强国，但仍保持一等强国的尊严。

然而，政治腐败和官员的贪污无能，使新建立起来金碧辉煌的军事力量，不过是一副漂亮的拳击手套。被击败的末期癌症的老拳师，在观察强大对手的优点时，不归功于对手的强壮如牛，反而归功于对手有一副漂亮的拳击手套——比湖南兵团司令官杨芳归功于对手有妖法，已是很大的进步了。老拳师认为只要他也有这么一副漂亮的手套，就可发生同等的威力，甚至更大的威力，因为自己的身体（政治的和社会的）比对手健康得多。清政府的自强运动目的就是要弄那么一副漂亮的拳击手套，现在他们已经弄到。

只有少数人发现问题并不这么简单，其中一位就是驻英公使郭嵩焘，这位科举出身的官员，却有时代的见解，他在英国写信给李鸿章，警告说：

> 西洋立国两千年，政治和教育，都非常修明。跟辽金崛起的情形，绝不相同。……西洋富强，固不超过矿业、轮船、火车。但它们所以富强，自有原因。……我们必须风俗敦厚，人民家给户足，作为基石，然后才可以谈到富强。岂有人民穷困不堪，而国家能富强之理。现在谈富强的人，把国家大事，看作跟人民无关。官员贪污，盗贼横行，水灾旱灾不断，上下交困，每天都在忧患祸乱。这时轻率地追求富强，只不过浪费金钱。……船坚炮利（"兵事"）是最末微的小事，政治制度才是立国的根本。……中国之大患，在于士大夫没有见识。

总理各国事务衙门曾把郭嵩焘的各种报告，汇集出版，我们所引的不过其中一小片段，但可看出他的真知灼见。然而，他的真知灼见不但不能在当时引起正面反应，反而被全国沸腾的士大夫阶层的卫道舆论，痛诋他是数典忘祖的汉奸卖国贼。

九十年代1894年，中日甲午战争爆发，清政府戴上这副漂亮的拳击手套出场。

一四　第二次保卫朝鲜

第七、第八世纪二百年间，中国文化大量输入日本，使日本跟在朝鲜之后，成为世界上采用中国文字为本国文字的两个国家。十三世纪时，宋帝国跟日本同时受到蒙古帝国的侵略，汉人被蒙古人建立的元帝国政府统治，而日本靠台风的帮助，幸免于难。

十七世纪三十年代1635年，日本征夷大将军（江户幕府）德川家光，下令驱逐所有的外国人，禁止日本人出国，在国外的日本人也不准返回日本，只允许中国和荷兰少数商船到长崎贸易。这是著名的锁国令，日本像一个塞着瓶口的瓶子，跟外界隔绝。

日本锁国二百一十九年，本世纪（十九）五十年代1853年，即太平天国定都天京（江苏南京）的那一年，美国海军的一个舰队，在舰队司令佩里的率领下，来中国保护美国侨民。在航行中途，不知道什么原因，突然闯进日本的东京湾（江户湾），要求日本同意通商，佩里送两幅白旗给日本官员，告诉他们作为战败时投降之用，又告诉他们说，今年不能久留，明年当再度来此。日本全国在惊恐中等到了明年（1854），佩里果然如约光临，日本没有抵抗就告屈服，跟美国签订《神奈川条约》，锁国时代结束，门户大开。但最大的影响发生在八年后的六十年代1862年，日本杀死了一个英国人，英国军舰炮轰鹿儿岛。日本跟中国一样，受到巨舰大炮的刺激，决心发愤图强。

五年后（1867），即太平天国灭亡之后第三年，以及阿古柏在新疆称可汗的那一年，日本明治天皇即位，下令变法，这就是历史上使全世界叹为奇迹的"明治维新"，征夷大将军（江户幕府）德川庆喜，把统治大权奉还给明治天皇，明治天皇把首都从京都迁到靠海的江户，改名东京，跟七世纪646年"大化改新"全盘吸收中国文化一样，明治维新则是全盘吸收西洋文化——从生活方式到意识形态。只短短数年，日本就从荒陋落后状态之中，一跃而成为一个完全新面貌的现代化的年轻国家。

——公元前四世纪中国大黄金时代中，秦国变法成功，是人类最大的魔术。本世纪（十九）日本也变法成功，应该是人类第二次最大的魔术。日本人创下的这个使全世界都目瞪口呆的改变，各国学者都试图发掘出其中奥秘的原因，却得不到一致的结论。

日本一旦崛起，立即向外侵略。

七十年代1871年，琉球王国的船只在台湾海面沉没，船民在登上台湾岛时，其中五十余人被岛上牡丹社（台湾屏东牡丹乡）的土著杀害。这件事跟日本无关，但日本认为有关。1874年，日本新建立的、连运输舰都没有、还得租用美国轮船供应补给品的舰队，开到台湾，屠杀人民，焚烧村落。清政府不得不赔偿银币五十万两，日军才饱载而归。这件事距日本明治维新只不过第八年，便如此迫不及待的使它的邻居流血，一方面显示日本变法效果之大和成长之迅速，一方面也显示日本器小易盈。

——日本不久就禁止琉球国王尚泰向中国进贡，尚泰派出密使到北京乞援，但清政府对这个孤悬海外的藩属，已无力保护。七十年代最后一年（1879），日本把尚泰掳到东京，改琉球王国为冲绳县，琉球遂亡。

台湾事件，使日本发现侵略妙不可言，像一个强盗发现劫掠妙不可言一样，他可以用最少的代价，得到最丰富的报酬。日本的下一个劫掠目标，立即转到三百年前碰过钉子的古老王国朝鲜身上。

攻击台湾的次年（1875），日本舰队闯入朝鲜首都汉城所面临的江华湾，小艇更深入汉江测量水道。朝鲜炮台发炮阻止，日本舰队攻陷炮台，这跟西洋对付中国的手段一模一样。朝鲜只好答应日本的条件，签订下列要点的《江华条约》：

一、日本承认朝鲜是独立国家
二、日本在朝鲜享有领事裁判权
三、朝鲜开放两个港口（元山、仁川）通商

朝鲜把条约的内容和签约经过，报告中国，清政府这时候正在全力收复新疆，无力反应，就劝告朝鲜李氏王朝政府乘这个机会，主动的开放门户，跟世界各国广泛地建立外交的和商务的关系，使日本的力量受到牵制。可是朝鲜宰相金允植拒绝说："与其通洋而存，宁愿绝洋而亡。"李氏王朝已历时五百年，现政权掌握在王妃闵氏家族手中，贪污腐败到无以复加的程度，仅积欠军队的粮饷，就达十三个月，连以贪污腐败闻名于世的清政府酒肉官员，都大吃一惊。八十年代1882年，即中国签订《伊犁条约》的次年，汉城爆发兵变，愤怒的士兵攻击王宫，闵妃负伤逃走，国王李熙被囚，变兵又攻击支持闵氏家族的日本公使馆，日本若干军官被杀。李熙的父亲，那位早已失去权势的前任摄政王（大院君）李是应，出面维持秩序，主持政府。

事实上李是应是这次兵变的幕后领导人，他是一个昏庸的老官僚，缺乏必须有的政治头脑，以致同时地触怒了中国和日本。中国认为囚禁被中国所册封的国王，即令是国王的父亲，也是大逆不道，而且也深恐日本抓住军官被杀的借口，向朝鲜进一步勒索。日本对日本公使馆被攻击，人员死亡，当然怒不可遏，尤其日本是一个正需要面子的暴发户，不能忍受这种侮辱。于是，中日两国军队分别在朝鲜登陆，当日本公使花房义质宣布日本军队将对李是应政府采取行动时，中国远征军司令（广东水师提督）吴长庆，已用迅雷不及掩耳的手段把李是应拘禁，专舰送回中国，迎接国王李熙复位。日本既失去发作的对象，只好接受调解，由朝鲜付出银币五十万两的赔款，跟日本签订《济物浦条约》，承认日本有在朝鲜驻军保护公使馆的权利。

朝鲜不甘心日本的驻军，请求中国军队也不要撤退，以平衡日本的威胁。清政府同意，命吴长庆的一位部将袁世凯担任驻屯军司令官。

朝鲜不断的内忧外患，使国内分为两党：一是"独立党"，主张效法日本变法，实行政治改革。一是"事大党"，主张继续侍奉天朝——中国，维持现状。两党在中日两国驻朝官员分别支持下，斗争激烈。

两年后，朝鲜又发生甲申（1884）事变。这时中国正忙着为越南跟法国作战，日本认为中国已没有余力照顾朝鲜，独立党遂发动政变，率领由日本军官训练的新军，屠杀事大党，冲进王宫，强迫国王下令征召日军入宫护驾。日本公使竹添进一郎，主张马上把国王秘密送到日本作为人质，但独立党恐怕激起人民的愤怒，无法善后，主张先行送到汉江口的江华岛。中国驻屯军司令官袁世凯得到消息，立即攻击王宫，一面向朝鲜人民揭露日本的阴谋。愤怒的朝鲜群众把王宫包围，协助中国军队昼夜攻打。日军不能支持，只得舍弃国王，跟独立党突围，撤退到四十公里外的仁川港。

甲申事变是日本明目张胆地干涉朝鲜内政，在国际上引起各国纷纷指摘。所以它虽然吃了亏，但态度无法强硬。拖到次年（1885），终于跟中国签订解决朝鲜问题的中日《天津条约》，规定中日两国同时自朝鲜撤退，以后朝鲜如果再度发生变乱，需要出兵时，由两国同时出兵。这个条约使朝鲜成了中日两国的共同保护国。但在朝鲜人心目中，根本不承认日本有这种资格。

日本像一只贪得无厌的饿狼，目不转睛地注视着朝鲜，祈求老天爷使它快一点发生变乱。中国则恰恰相反，唯恐怕朝鲜有什么风吹草动，引起日本的干预。只有朝鲜闵氏家族控制下的政府，对此茫无感觉，闵氏家族好像跟朝鲜王国有血海深仇，不把这个王国消灭誓不甘休，在重握政权之后，更顽强地拒绝改革。中国稍后把他们的政敌前摄政王李昰应释放回国，闵氏家族于是又把中国恨入骨髓，企图联络俄国跟中国和日本对抗。

一个称为东学党的朝鲜人民反抗行动，在朝鲜全国爆发。

一五　中日甲午战争

东学党是朝鲜民间崛起的反抗暴政和反抗除了中国人以外所有外国人的组织，闵氏家族用最残酷的手段镇压他们，结果激起全国大暴动，朝鲜政府失去控制。九十年代1894年，即中国古老历法的甲午年，朝鲜向中国请求派军平乱。当中国军队出发时，依照中日《天津条约》，通知日本，两国军队遂同时到达朝鲜。日本这一次已拿定主意，再也不走了，他们从甲申事变（1884）焦急地等待了十年，才等到这个天赐良机。

东学党听到中国军队登陆的消息，精神上失去支持，即行溃散，天大的变乱霎时间归于平息。中国通知日本，要求两国军队同时撤退，日本提出种种不能马上撤退的理由，然后，突然间发动攻势，把王宫占领，逮捕闵氏家族以消除人民的怨恨，请出李昰应再当摄政王。国王李熙在压力下，下令废除跟中国签订的一切条约，又下令征召日本军队驱逐侵犯朝鲜主权而又拒不撤退的中国军队。

中国急向朝鲜增援，当增援的军舰济远号跟广乙号，运送陆军到牙山（汉城南八十公里）回航，驶到距牙山六十公里的丰岛海面时，受到日本舰队偷袭，广乙号搁浅，自己炸毁。济远号竭力抵抗后不支，悬起白旗诈降，然后乘隙逃走。日舰在追击途中遇到中国第二批增援部队所乘的高升号商轮和操江号护航舰。高升号被击沉，增援部队一千二百人仅七十余人逃生。操江号携同所载运的银币二十万两军饷投降。

中日两国同时宣战。

战争分别在陆海战场进行。中国驻防牙山的陆军，自丰岛海战后，就受到日军的猛烈攻击，无法抵抗，即向汉城北方二百公里外的重镇平壤撤退。中国在平壤集结的军队有一万四千人，司令官（诸军总统）叶志超是官场中的典型人物，胆小如鼠，视钱如命，又没有声望，其他将领们也都是大小官僚，除了吸食鸦片外，每天都摆酒欢宴，既不体恤士兵，也不理会逼面而来的大敌，他们都相信"船到桥头自然直"的官场哲学。等到日军以一万五千人发动攻击时，大军即行崩溃，叶志超首先逃走。日军乘胜尾追，越过鸭绿江，深入中国领土的辽东半岛，顺利地占领位于半岛最南端、中国最优良的旅顺军港。日本这时已决心永远地攫取旅顺，所以在旅顺作灭种式的大屠杀，中国人全部死尽，只有三十六人逃生。

平壤溃败三天后，中国北洋舰队，包括战舰十二艘、炮艇二艘、鱼雷艇四艘，从大连出发，运送增援平壤的武装部队在大东沟（辽宁东港）登陆，在回航途中的黄海上，跟同样拥有十二艘战舰，和四艘鱼雷艇的日本舰队相遇。

北洋舰队司令（提督）丁汝昌站在旗舰定远号的舰桥上指挥，下令舰队作一字形雁阵应战。可是副司令兼旗舰舰长（右翼总兵旗舰管带）刘步蟾，发现如此则旗舰定远号恰恰在最危险的前端，将第一个受到炮击，于是他在转达命令时，竟改为人字形雁阵，使定远号位于他认为比较安全的中央后方位置。英国顾问泰勒看见阵势跟司令所下的命令不符，对这种在海军中闻所未闻、几近叛变的阵前抗命，大为震骇。他急忙奔上舰桥，企图挽救，但时间已不许可，日舰已经逼近，刘步蟾下令开炮。奇怪的事情发生了，当定远号的大炮发射第一炮时，那个年久未修，早就锈烂了的舰桥，被震断裂，丁汝昌和泰勒被双双抛到半空而后跌到甲板上。丁汝昌腰部重伤，泰勒失去知觉。日舰的猛烈炮火，把定远号的桅樯摧毁，以致悬挂不出指挥的旗帜，各舰遂成了一群各自为政的盲鸭。

海战只五小时，中国战舰五艘沉没，其余全部重伤，落荒而逃。日本则仅旗舰松岛号重伤，无一舰被击沉。

北洋舰队这时仍剩下军舰二十六艘，包括战舰七艘、炮艇六艘、鱼雷艇十三艘，集结在基地威海卫（山东威海）。旅顺陷落后，威海卫更加重要，仍控制着渤海海口，阻止日舰进攻天津。黄海战役三个月后，日本海陆夹攻威海卫，陆军由山东半岛最东端的成山角登陆（七世纪时，中国援助朝鲜半岛上新罗王国的远征军，就在这里乘舰出发），日军登陆后，攻陷威海卫的要塞炮台，北洋舰队反而暴露在自己岸炮的威胁之下。日本海军又一连两夜发动鱼雷艇偷袭，定远号被击搁浅，来远号和威远号则被击沉，两舰上的战士伤亡惨重，但两舰的舰长却安然无恙，因为两位舰长都上岸嫖妓去了，根本不在舰上。

这是一个绝望的局势，中国海军主力全在北洋舰队，其他南洋、粤洋两个舰队都微不足道，而且地域观念和派系观念，使他们乐意于看到以李鸿章为首的北洋系势力瓦解，所以北洋舰队根本不可能有援军。不久，司令部所在地的刘公岛上发生兵变，水兵弃舰登陆，要求司令丁汝昌"放他们一条生路"，而岛上驻防的陆军却抢着攀上军舰，要求快快逃命。秩序已乱，英国顾问瑞乃尔建议丁汝昌凿沉残余军舰，士兵徒手投降。丁汝昌采纳，下令沉船，可是那些舰长们恐怕沉船后会触怒日本人，可能性命不保，所以拒绝执行命令。丁汝昌又打算率领各舰突围，更没有人理他，丁汝昌只好服毒自杀。

拒绝沉船，又拒绝突围的舰长之一程璧光，乘着悬挂白旗的炮艇出港，向日本舰队投降。历时二十四日的威海卫战役结束，曾经烜赫一时，作为自强运动结晶的北洋舰队，灰飞烟灭。清政府知道大势已去，尤其是那位皇太后那拉兰儿，急于庆祝她六十岁的快乐生日，所以迫不及待向日本乞和。

次年（1895），中国代表李鸿章，在他领导的事业全部失败后，到日本低头接受屈辱的和平，签订《马关条约》：

一、中国承认朝鲜独立自主
二、中国割让辽东半岛、台湾、澎湖给日本
三、中国赔偿日本军费银币两亿两（这是一个天文数字）

中国战败，朝鲜陷于惊恐，在朝鲜人的眼中，伟大的天朝是不会战败的。朝鲜失去了靠山，六神无主，只有默默地承认日本为他们的宗主国。

——本世纪（十九）最后第三年（1897），日本命朝鲜国王改称皇帝，并改称为大韩帝国。下世纪（二十）一十年代1910年，即清政府被推翻的前一年，日本命李熙签订跟日本合并条约，朝鲜遂亡。朝鲜当中国的藩属一千余年，两国感情融洽，如足如手，中国对朝鲜没有任何领土野心，这一次又为了保护它，而连自己的领土都赔了进去。但它当日本的藩属只不过十六年，就被并吞。

《马关条约》既然签订，中国的重大损失已成定局，然而国际错综复杂的形势，却发生三国出面强迫日本退还辽东半岛的事件。俄国、德国、法国，联合起来向日本提出抗议，认为割让辽东的要求，过分苛刻。这事件的动机十分简单，当中日战争爆发之前和已经爆发之后，清政府渴望俄国或其他任何一国出面干预，但没有一国肯帮这个忙。等到条约签订，俄国才发现它垂涎已久，远东最大的不冻港旅顺和旅顺所在地的辽东半岛，竟落到日本人手中。德、法两国也愿利用俄国的心理状态，向俄国和中国表示惠而不费本的友谊，作为以后索取报酬的张本。纯粹自私的动机，在外交辞令下，看起来好像是正义的行动。

日本无力跟三国抗衡，答应把辽东半岛退还中国，但由中国增加银币三千万两的赎金。

——三国干涉还辽事件，使清政府的当权人物对俄国感激涕零，认为俄国真是中国最好的朋友。这份感激之情维持了五年，直至下世纪（二十）第一年（1900），俄国乘八国联军进攻中国之际，突然间出兵占领面积达一百一十万方公里的东北三省，清政府才大梦方醒。

一六　中国失败的原因

在发愤图强上，日本起步比中国迟。中国门户开放了十年之后，日本门户才开放。中国发动自强运动七年后，日本才明治维新。但海军居世界第十一位的蕞尔小国日本，却一举击溃了海军居世界第七位的庞然大物的中国，使全世界都大大的震惊，不得不承认中国是远东病夫。——当时，欧洲人称土耳其帝国是近东病夫。

都是发愤图强，为什么日本办得到而中国不能，不但本世纪（十九）不能，而且拖到下世纪（二十）中叶以前，仍然不能。

这可以由对门户开放所持的态度上，得到启示。

美国舰队敲开锁国二百余年的日本，日本并不把它当作一种耻辱，反而庆幸由于这个刺激，使日本早日惊醒。中国不然，像一个赤身露体而衰老患病的梦游患者，被鸦片战争惊醒后，发现自己所处的窘境，而认为惊醒他的人罪该万死。

日本面对着巨变，内心充满着恐惧和自卑，立刻就认清必须全盘接受西洋文化，才能生存。中国则悻悻然怒不可遏，对西洋文化怀着一种轻蔑和仇视的心情，在不得不屈服时，也只勉强接受一副漂亮的拳击手套，这已是让步的最大限度。也就是说，日本认为万事不如人，它的改变出自内心的彻底觉悟。中国则始终坚持从古代传下来的儒家系统的那些儒书，仍是救世良方，只要加以现代化的解释就可以了。

中日两国有同一的文化基础，却对同一刺激，产生两种恰恰相反的反应。为什么会如此？

我们认为主要有下列四项原因：

一、中国有长期的科举制度，日本没有。
二、中国有士大夫僵化了的阶层，日本没有。
三、中国人在经济上有安全感，日本人没有。
四、中国帝王有危险感，日本帝王没有。

日本于七世纪"大化改新"时，把中国文化几乎全部接受过去，不知道什么原因，却单单地拒绝或遗漏了中国知识分子最疯狂崇拜的科举制度。科举制度有它的主要功能，它使政权向下微作一隙的开放，使拥有相当资产的平民有机会藉此一线狭径，爬到政权高峰。但也使帝王用它来控制知识分子，这些被长久控制的知识分子，在帝王跟平民之间，形成一个新的统治贵族。他们异于旧有的血统上的贵族，而是一种由科举考试而产生的贵族，即士大夫阶层。他们以研究儒家学派的儒书和做官为唯一职业，俸禄和贪污使他们的财富增加，再把这些财富投资到土地上，所以每一个士大夫都拥有土地和一个寄生性的家族。这些士大夫和这些家族，就像大海里无数礁石，而中国政府则像一只巨舟，在这些礁石之间，蹒跚行驶。日本因为从没有科举的缘故，它幸运地没有制造出来这些礁石，日本政府航行的大海是辽阔的，只要领导人决心改变方向，它就可以改变，不会遭遇到像中国领导人所遭遇到的密如星斗般礁石的阻吓。

科举制度主要内容是考试两千年前的儒书，儒家学派强烈的保守和崇古本质，也就成为士大夫最突出的冥顽性格，八股文的机械训练，更使士大夫脑筋里残存的想象力荡然无存。士大夫习惯于不用自己的思想，所有的著作都是代替圣人系统发言，于是养成一种不切实际发高烧的毛病，对社会上的任何改革和进步，都狂热的对抗。日本知识分子也有这种毛病，但毛病要轻得多，大多数都能冷静地思考到自己国家的缺点，虚怀若谷地接受西洋的生活方式和西洋文化的意识形态。

日本的长子继承制度也使日本社会的资金容易累积，比中国社会蕴藏较高的活力。长子继承制度一定使次子以下的子弟（至少占全国青年三分之二）都有一种不安全感，他们发现父母的财产跟自己无关时，只有走出家庭，赤手空拳到陌生的社会上创立事业。中国是平均继承的，每一个男子都有一份遗产，他缺少创业的刺激，如果他雄心勃勃地去创业——除非是去参加科举考试，社会上没有一个人会赞扬他奋发进取，反而会认为他不知道安分守己。

十九世纪以前的中国的家庭，往往跟家族同义，《红楼梦》里的贾府就是一个士大夫地主家庭的典型形态，没有工作不能生产的成年人，他不必工作，只要停在家里，照样可以享受被重视的生活。而在老年时，尤其占优越地位，所以中国人永远在礁石保护之下，而不是在政府巨舟的保护之下。日本人没有礁石做他们的藏身之所，他们必须奋斗。

中国政府的性质和皇族的地位，跟日本的完全不同。日本皇帝被形容为万世一系，是一种传奇的政治形态，日本有过将近七百年的幕府政治，但幕府的最高官位不过"征夷大将军"，他们把天皇的权力剥夺罄尽，但从没有人想到把天皇排除，自己去当天皇。中国任何一个有权力的野心家，第一件想到的事就是把皇帝挤下宝座，由自己的屁股坐上去，并且还要用极残忍的手段对付失去权力的帝王，以免他死灰复燃。帝王本身自然也用同样残忍的手段对付那些有权力的野心家，以免他们的屁股发痒。所以中国统治阶级对于权力问题，具有高度的敏感和紧张，帝王的最大工作不是治理国家，而是防止官员或将领独揽大权。一些高级官员或军事将领，也特别用不揽大权——事实上也就是不负责任，来表示自己并不是野心家。西洋文化中的民主政治，主要的精神是帝王无权，权在民选的宰相和议会，而这恰恰地严重违反了中国政治传统，更触犯了权力中心最大的禁忌。日本天皇事实上一直没有权力，所以也从不担心丧失权力，征夷大将军归还大政，不过把权力从旧式的幕府转移给新式的内阁与国会而已。

所以中国专制政体下的帝王，是世界上危险感最大的人，对野心家的恐惧心理，助长一种对中国伤害最大的贪污罪行。贪污在中国数千年不能绝迹，而在大黑暗时代尤其无孔不入，原因之一就是帝王有意培养它，当愤怒的人群纷纷控告某一有权人物贪污暴虐时，帝王往往暗自高兴，认为手握大权的人一旦把注意力放到贪污上，他就再不会有坐金銮殿那种野心。英明的玄烨大帝（康熙），就公开承认，绝对不贪污的官员根本没有。以贪污为中心的官员们的结合，形成一个只有中国才有，而其他各国所无的"官场"和官场特有的意识形态，在官场中，以善颂善祷和不负责任为第一要务。这些跟西洋近代文化，尤其跟自然科学工业以及军备业务，不能并存。日本却在一开始就肃清了贪污，建立起来一个非常有效率的文官制度，这是重要的分野。

石头投入河流会生出涟漪，苹果种进肥沃的土壤会发芽成长。石头投入酱缸只会听到"噗"的一声，苹果种进酱缸很少能发芽，即令发芽，也无法成长，即令成长，结出的果实也使人沮丧。中国没有力量摆脱数千年累积下来、沉淀下来的渣滓废物的污染，这是中国的不幸。

一七　百日维新·戊戌政变

中国在被日本击败后，弱点全部暴露。二十年前七十年代时，中国知识分子为堕落的祖国解嘲，说中国是一头睡狮，终会觉醒，有些外国人同意这个看法。现在西洋各国对这个睡狮的表现，哄堂大笑。当非洲、土耳其和印度莫卧儿帝国，先后被欧洲瓜分之后，他们认为瓜分中国的时机已经成熟，而且必须迅速下手，否则就可能会被别人抢走。在本世纪（十九）最末短短的五年内，各国对中国急吼吼宰割的成果，我们摘要列为下表：

年份	对中国的宰割行动	注
1895	德国在天津、汉口划定租界。	自此中国国内有国，中国主权在租界内不能行使。
1896	俄国、法国在汉口划定租界。	
	日本在杭州划定租界。	
	俄国在中东铁路沿线驻军。	
	各国跟着援例，纷纷派军驻扎各地保护各国的利益。	
1897	法国要清政府保证海南岛不割让他国。	这是瓜分中国的准备工作，各国开始划定各国的势力范围。
	日本在苏州划定租界。	
1898	德国租借胶州湾（山东青岛），并要清政府保证山东不割让他国。	租借就是占领，小的瓜分自此开始。
	俄国租借旅顺、大连。	距三国干涉还辽仅只三年，中国白欢喜一场，多花了三千万两银币。
	日本要清政府保证福建不割让他国。	
	英国租借威海卫（山东威海）。	
	英国租借新界。	
	法国要清政府保证广东、广西、云南不割让他国。	
	日本在天津、汉口、沙市（湖北荆州）、福州划定租界。	
1899	英俄两国约定长城以北为俄国势力范围，长江流域为英国势力范围。	
	日本在厦门划定租界。	
	法国租借广州湾（广东湛江）。	

从上表可以看出，中国已千疮百孔，支离破碎，开始受到各国的凌迟酷刑。过去他们对中国还保持着对待一个一级强国应有的礼貌，现在完全露出帝国主义的狰狞嘴脸，不再作任何化装。像俄国对旅顺、大连，它的舰队突然闯进港口，声称有租借它的必要，就大模大样地军事占领，清政府只好答应。英国对威海卫，法国对广州湾，都是直率地提出他们的要求。中国清政府这个末期癌症的老拳师，在失去了漂亮的拳击手套之后，只有挨打的份。

各国的势力范围也就是各国预定的瓜分地区，都已协调妥当，只等动手的信号。幸而这个信号没有出现，却出现了美国的敏锐反应，美国不愿意被排除在瓜分的行列之外。本世纪（十九）最后一年（1899），美国国务卿（外交部长）约翰开发表声明，强调维护中国领土的完整和政治的独立，以及各国在中国有均等的通商贸易机会。这就是著名的"对华门户开放宣言"，各国因为它可以消除各国在中国对抗的紧张形势，先后表示赞成。

中国就在这种脆弱的均势之下，苟延残喘。

但被瓜分的危机，已使广大的青年知识分子觉醒。

《马关条约》签订的那一年（1895），北京正在举行科举制度下的全国考试，集中在北京参加考试，来自全国各省的数千名考生（举人），悲愤交集，推举一位广东的考生康有为当领袖，领导大家向皇帝载湉（光绪）上书，要求效法日本的明治天皇，变法维新。专制政府等级森严，这份请愿书当然到不了载湉面前。次年（1896），康有为已考取了进士，再向载湉上书，载湉仍然不会看到。不过以康有为当领袖被称为维新党的知识分子们的呐喊，已掀起政治性的狂飙，成为十二世纪宋王朝大学生在被金军包围的首都开封，发动激烈的知识青年救亡运动以来，第二次激烈的知识青年救亡运动。自强运动是当权官员发动的武器改良，现在是青年们要求发动的政治改革。

经过皇家教师副宰相兼财政部长（协办大学士户部尚书）翁同龢的推荐（在康有为失败后，翁同龢又誓言他没有推荐过），年轻的皇帝载湉，发现了这个救亡运动。他在读到康有为稍后所著的《波兰亡国记》、《突厥亡国记》，不禁痛哭流涕，这位头脑清晰的君主，对他的王朝和中国的前途，怀着极大的忧虑。本世纪（十九）最后第二年（1898），古历的戊戌年，二十九岁的载湉，接见地位卑微的康有为。接着从四月二十三日起到八月五日，一百零三天中，载湉颁发了下列一连串严厉的诏令，实行公孙鞅式的变法：

一、科举考试仍保留，但废除八股文，改用议论体裁。
二、设立北京大学（京师大学堂），各省原有的旧式书院（专门研究儒家的"四书""五经"，造就科举考试人才），一律改为现代化的中学小学。并创办茶丝专科职业学校。

三、命满洲兵团，全部改用现代化武器，用新式训练。并将汉人组成的绿营兵团，改为警察。

四、撤销叠床架屋的若干中央机构，如詹事府（皇太子宫事务部），通政司（皇宫文件奏章收受处），光禄寺（皇宫供应部），鸿胪寺（属国或外国使节招待部，职权跟理藩院——藩属事务部重复），太常寺（祭祀部），太仆寺（畜牧部），大理寺（最高法院，职权跟刑部——司法部重复）。

五、选派满洲贵族出国游历考察。

六、改良司法部门，改良刑事诉讼法，改革监狱弊端。

七、命各省出版农业丛书，奖励各种工商发明。

除此之外，康有为还建议载湉进行更激烈的下列明治维新式的改革：

一、建立内阁会议制度，由皇帝召见大臣讨论国事（开懋勤殿）。
二、禁止妇女缠足。
三、请载湉率先剪去辫子，改穿西服（断发易服）。
四、请迁都上海，摆脱旧势力，在新环境中改革。
五、借巨款六亿元，改良军队，广筑铁路。

一百零三天中，载湉所做的这些冲击，使全国那些朽烂透顶了的官员士大夫阶层，像被挑了巢的蚂蚁一样，惊恐失措，骇叫奔走，乱成一团。自从十一世纪王安石变法失败以来，中国历史即显示出一个定律，在士大夫政治形态下，任何变法和改革都不可能。以王安石无懈可击的道德声望和崇高的宰相地位，皇帝赵顼（宋神宗）又有绝对控制政府的权力，都归于惨败。康有为不过一个新进的小官——工程部科长（工部主事），要他领导负载如此沉重的政府，做出比王安石还要激烈十倍的改变，失败自在意料之中。

变法运动在技术上也发生错误，包括载湉在内，维新党没有一个人有实际的政治经验，他们不先谋求广大人群的觉醒，反而在自己的力量还没有能控制局势之前，剥夺了太多人的既得利益，因而树立太多的政敌。像突然间废除八股文，仅此一项就使全国知识分子恨入骨髓，因为在这世界上，除了八股文外，他们再不会其他东西了，废除八股文就等于把他们全都埋葬。像

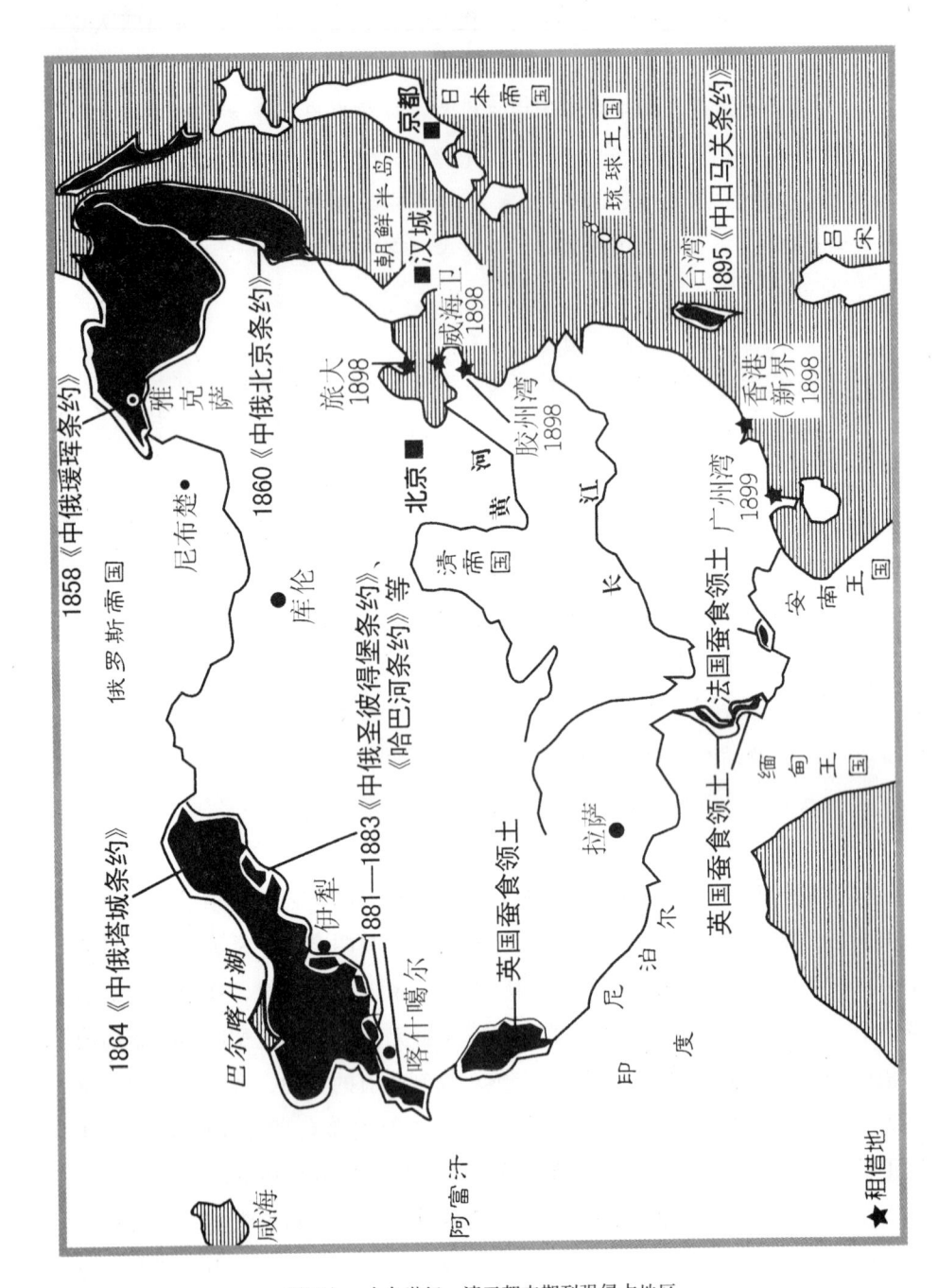

图四七　十九世纪·清王朝末期列强侵占地区

突然间撤销那么多具有两千年历史的古老官署，立刻就触怒依靠那些官署为生的官员和寄生人物，他们散布在北京的大街小巷，制造出愤怒的舆论，看起来北京就像是沸腾了一样。没有做好准备工作而做太猛烈的刹车，会导致车辆翻覆。没有做好准备工作而做太猛烈的改革，会引起暴力对抗。

守旧党的势力事实上比维新党强大百倍以上，儒家学派理学巨头宰相徐桐，就是代表人物之一，他连从洋楼前面走过都不肯，他坚持"宁可亡国，不可改革"。监察部委员（御史）文祥是满洲人，他向载湉警告说，维新党的目的只在救中国，不在救清王朝。文祥的见解供给满洲人反对改革的理论根据，他们誓言："宁把国家送给友邦，也不交给家奴。"家奴，指的是汉人。

皇帝在理论上有绝对的最高权力，但必须获得军队的效忠，载湉也曾注意到这一点，他曾把河北司法厅长（直隶按察使）负责在天津训练新军的袁世凯，擢升为副部长（侍郎）阶级，并且接见他，建立私人感情。但袁世凯是官场中人物，官场中人物只效忠权力较大的一方，那时中央的军权全部握在守旧党领袖直隶（河北）总督满洲人荣禄的手里，而荣禄正率领王公大臣（包括那些被裁撤的古老官署的高级官员），日夜在皇太后那拉兰儿——载湉的伯母兼姨母身旁，向她哭诉清王朝满洲人的危机。而袁世凯又适时地告密说，皇帝载湉将有对那拉兰儿不利的行动。

于是，爆发政变，那拉兰儿从她那挪用海军经费，在北京西北六公里外兴建的豪华盖世的颐和园，悄悄返回北京，把载湉幽禁，下令逮捕维新党。康有为跟他的学生梁启超在英国和日本公使馆掩护下，逃到海外。六名维新党的领袖，包括大黑暗时代中最伟大的思想家之一的谭嗣同，都被以叛逆罪名处决。其他的维新党人，都被贬谪。

那拉兰儿跟十一世纪的反改革主流司马光一样，掌握大权后，马上下令恢复原状。科举考试仍恢复用八股文，各古老官署仍恢复设立，司法恢复苦刑拷打，监狱仍恢复巴夏礼所受的那种黑暗。守旧党欢声雷动，歌颂那拉兰儿是满洲民族的救星，亘古以来最英明的女圣。

——历史不断呈现一种现象，对国家民族前途忧心如焚的人，往往受到最大的痛苦。而颠顶污秽的既得利益群，反而是最快乐的人。

一八 义和团

清王朝已到了末日，亡在旦夕，老太婆那拉兰儿（慈禧）再对它砍下决定性致命的最后一刀。

这一刀就是她利用的义和团。

我们先说明清王朝皇帝宝座在本世纪（十九）的传位世系，他们间的关系位置如下表所示：

十八世纪	本世纪（十九世纪）				二十世纪
第六代	第七代	第八代	第九代	第十代	第十一代
六任帝弘历	七任帝颙琰	八任帝旻宁	九任帝奕詝（妾：那拉兰儿）	十任帝载淳	
				端亲王载漪	皇太子溥儁
			醇亲王奕𫍽	十一任帝载湉	
				醇亲王载沣	十二任帝（亡）溥仪

那拉兰儿本是奕詝（咸丰）的婢女，因生了儿子载淳，才在名位上擢升为嫔妃（载漪是另一位姬妾生的）。六十年代1861年，即英法联军攻陷北京的次年，奕詝在热河（河北承德）行宫中逝世，据说是被外国使节进驻北京并且还要他接见的条款气死的。六岁的载淳继位，那拉兰儿名正言顺地当了皇太后。她是六世纪北魏帝国胡太后的翻版，有太多的小聪明和太多的小权术，甚至干涉到儿子房帏间的私事。七十年代1874年，载淳仅十九岁，就糊里糊涂地死掉。载淳没有儿子，依传统制度，应该由载淳的异母弟弟载漪，或由载漪的儿子继位。但在极权政治下，传统和制度都是为钳制被统治者而设，不是为拘束统治者自身而设。那拉兰儿坚持立五岁的载湉，因为载湉的母亲是那拉兰儿的妹妹，载湉又只是一个儿童，那拉兰儿可以长期地握住权力不放。

百日维新和袁世凯的诬陷，使那拉兰儿认为载湉罪不可逭，守旧派王公大臣对载湉更为怨恨，那拉兰儿决心把他推下宝座。她知道清政府已不能一意孤行，这件大事必须试探外国的态度。试探的结果是，各国对载湉有很好的印象，强烈反对。那拉兰儿于是想到谋杀，每天命皇家御医进宫，给没有病的载湉诊病，一面传出消息说皇帝的病情严重。各国公使一致表示关切，各省重要官员也纷纷要求保护皇帝，谋杀念头只好取消，但阴谋没有中止。

戊戌政变的明年（1899），即本世纪（十九）最后一年，那拉兰儿宣布立载漪的儿子溥儁当皇太子（大阿哥），预备采取合法的外貌，把载湉排除。清政府示意各国使节进宫道贺，各国使节根本不理。这不但使那拉兰儿难堪，也使立即夺取帝位的计划落空。于是，一批蠢材，包括那拉兰儿、皇太子之父载漪，以及全体守旧党，一个个义愤填膺。而那拉兰儿又看到转变为保皇党的康有为、梁启超，在日本发表把她攻击得狗头喷血的言论，老太婆遂把外国人看作眼中钉，但她束手无策，因为她王朝的军队抵挡不住外国人的枪炮。

就在这个时候，她接到报告说，山东一些称为"义和拳"的爱国民众，有一种神奇的法力，用不着变什么法，改什么革，只要口中念念有词，洋人的枪炮就不能把自己击伤。老太婆大喜过望，最困难的问题已经解决，她要向所有的"洋鬼子"——这是代替"夷狄"的新兴名词，做一次总的清算。

义和团最初的名称是义和拳，属于白莲教的一支，事实上就是本世纪（十九）一十年代1813年曾在北京、滑县发动暴动失败的天理教的化身。中国自从四十年代鸦片战争以来，一次又一次的巨额赔款和贸易上（主要的是鸦片）大量入超，再强壮的人都会把血抽干。加上官员们日趋严重的贪污，使国家的财富枯竭，农村残破。失去土地的农民迅速增加，一个广大的民变，自六十年代捻军平息后，现在再度爆发。但是门户开放后的国际背景，使他们的目标很容易地转到外国人身上，直觉地认为外国人是他们所受灾难的唯一根源。

外国传教士的传教热情是可佩的，但来到中国的传教士中，却拥有一些瘪三无赖之辈，对他们认为落后地区（事实上确是如此），骄傲侮慢，不可一世，有时候还做他们本国政府的暗探。而一些中国教徒，也不再拜祭祖先，任凭祖先的坟墓荒芜，都使他们的亲族和邻居怒气冲天。而且分子复杂，有些更利用传教士洋人的力量，横行乡里，为非作歹。传教士袒护教徒，地方官员畏惧洋人、袒护传教士，传教士遂往往成为地方上的恶霸，使乡民的怨恨更与日俱增。中国人对教会所办的慈善事业，如育婴室、医院，无法了解，就绘影绘声地历历指控教士修女都挖儿童的心肝，吃死人的眼睛。

义和拳本是跟洋人无关的民间组织，但现在瞄准了洋人和中国籍的教徒。他们起初跟那拉兰儿一样，对外国同样地敢怒而不敢言。可是不久他们中间的聪明人就发明了"铁布衫""金钟罩"等秘密武器，一旦念动咒语，身上就像裹上一层钢甲，刀枪不入。用简单的咒语代替艰苦的科学发展，用不伤害既得利益的法术代替革新变法，就可以转弱为强，发生奇迹，这正是腐败的守旧人士最听得进去的消息。

山东省省长（巡抚）毓贤是守旧党中最坚定的满洲人巨头，他对义和拳大大的既惊又喜。义和拳不断地攻击外国传教士，等到发现省长并不反对时，他们就进一步的公开杀戮。毓贤下令把"义和拳"改称"义和团"，使他们在形式上成为一个正式的民间组织，又为他们提出"扶清灭洋"口号，以加强他将来向中央政府推荐的可能性。各国对层出不穷的暴行提出抗议，清政府不得不把毓贤召回北京，擢升出卖载湉的袁世凯继任山东省省长。袁世凯的头脑到底比毓贤稍微清楚，他禁止义和团滥打滥杀。义和团反抗，袁世凯就用他所统率的新军镇压，把义和团的领袖朱红灯处决。义和团在山东不能立足，纷纷逃到直隶（河北）。

毓贤到了北京，向皇太子之父载漪、宰相徐桐、副宰相兼司法部长（协办大学士刑部尚书）刚毅，保证义和团是天老爷特地派下来的救星，有神灵附体。这一批脑筋化不开的人渣，欣然向那拉兰儿推荐，老太婆大喜之情，前面已经叙述过了。

一九　八国联军

本世纪（二十）的第一年（1900），义和团在涿州（河北涿州）、保定（河北保定）一带，杀害铁路上工作的外国人，外国使节提出交涉，那拉兰儿（慈禧）派守旧党另一巨头，部长级的北京市长（尚书知顺天府）赵舒翘，前往调查。调查的结果在调查之前就已写好，他归来后报告说，义和团都是忠义之士，确确实实不畏惧任何枪炮。于是那拉兰儿命义和团开进北京，亲自接见他们的领袖（大师兄）曹福田，曹福田向老太婆保证，他的法术可以把天下所有洋人杀光。直隶（河北）总督裕禄也迎接女领袖黄莲圣母到他的官署，下跪叩头，请求拯救天下苍生。黄莲圣母宣称，她已命令天兵天将降下大火，把外国人全数烧死。皇太子溥儁在颐和园里，一副义和团装束，自称是副领袖（二师兄），誓言扫除那些阻碍他立即登基的洋鬼子。

北京、直隶（河北），稍后任命毓贤当省长（巡抚）的山西，全陷于义和团的打击风暴之中。外国人很少能逃出生命，妇女婴儿也不能幸免。不仅外国人，凡是信基督教的中国人，以及跟西洋事务有关的中国人，如戴西洋眼镜、穿洋装的人，同样的噩运当头。跟西洋有关的东西，如洋楼、铁路、电线，也都被焚烧。

各国对这种流血事件，十分震惊，驻北京的一些使节纷纷向中国政府要求火速派兵保护。他们还不知道，摧毁使馆正是中国政府的主要计划，他们认为使馆是夷狄的巢穴，只要能把使馆摧毁，夷狄就会彻底地被斩草除根。

就在本年（1900）五月十五日，日本使馆书记官杉山彬到火车站探听援军的消息，在中途被宰相荣禄直辖的军队（武卫军）刺死。五月二十四日，德国公使克林德亲自去总理各国事务衙门交涉，在中途被皇太子之父载漪所统率的军队（虎神营）射杀。北京对外电报、铁路等一切交通通讯，都告断绝，那拉兰儿认为时机已到，下令正规军跟义和团联合进攻集中在东交民巷的各国使馆，屠杀洋人，第二天，即五月二十五日，那拉兰儿下诏向世界所有跟中国有邦交的国家宣战。

这真是人类有史以来最荒唐的政治行动。义和团最初的动机是单纯的，他们自发的民族感情，直觉地对抗外国人和外国人奴才的中国人。他们没有受过良好的教育，没有知识，这从他们所敬奉的神灵，全是《封神榜》、《西游记》、《三国演义》上的角色，可以看得出来。不幸落到愚昧的大小野心家之手，遂变成可怜可恨、不分青红皂白、一味排外的狂热暴徒，假如他们成功，中国的命运将更悲惨。义和团的罪恶不在义和团，而在利用义和团的守旧党。守旧党都是知识分子，他们应该了解刀枪不入是不可能的，至少他们可以加以验证，教一个义和团念咒后，用子弹射击一下他的耳朵试试。在皇太后那拉兰儿召集的将向全世界宣战的御前会议上，也有人提出如此建议，但皇太子之父载漪大声吼叫说：“好的，这正是丧失民心的第一良法。”这一群满洲人和华夏人混合的顽劣权贵，像一窝瞎了眼的猪群，愤怒地撞下万丈悬崖，凡阻止他们栽下去的人都被当作叛徒。

宣战日期是本世纪（二十）开始的第一年（1900）五月二十五日。

世界各国最初都不敢相信自己的耳朵，等到证实真有这种怪事时，无不吓了一跳。德国皇帝威廉二世宣称，他要用对付野蛮人的手段对付中国。于是英国、美国、意大利、德国、法国、日本、奥匈帝国、俄国，共八个国家，组成著名的八国联军，在天津大沽港登陆。六月十八日，攻陷天津，向北京推进，去拯救被围攻的使馆。其实各国使馆并没有陷落的危险，他们虽然只有四百人守卫，清政府正规军跟义和团数万人进攻，都无法攻破。但义和团系统对外虽没有力量，对内却十分凶暴。去年（1898）戊戌政变残留下来的维新党，跟在御前会议上指出义和团不可靠，主张冷静，反对暴行的官员，都被处决。他们把排外行动作为敲诈勒索和报复私仇的手段，随意地指称某人信奉天主教，就可杀戮。一个轰轰烈烈的民族自觉运动，到此彻头彻尾地变了质，北京内外成了恐怖世界。

七月二十日，八国联军攻陷北京，距老太婆那拉兰儿向全世界宣战，仅五十五天。十数万赤着背、念着咒语，疯狂上阵的义和团和步履蹒跚，手握着鸦片烟枪的正规军，同时一溃不可收拾。逃散的义和团被受过骚扰劫掠的农民们捕获杀掉。八国联军进入北京后，采取报复行动，中国人于受过义和团的蹂躏之后，再受洋人的蹂躏。

那拉兰儿像丧家之犬一样，带载湉逃走，她临走时还对载湉再作一次打击，把他最宠爱的一位妃子（珍妃）投到井里溺死。老太婆逃到西安（陕西西安），急派《马关条约》的签订人李鸿章，跟亲王奕劻，前往北京向八国哀哀乞和。

然而，更大的事情又在东北发生。

当八国联军从天津正向北京挺进途中，俄国突然出动大军向中国东北三省发动大规模的入侵，黑龙江省长（将军）寿山兵败自杀。俄军长驱直入，一连占领哈尔滨、奉天（辽宁沈阳），直抵长城的起点山海关，只七十天，俄国便攫取了面积一百一十余万方公里的中国领土。

这就是本世纪（二十）第一年（1900）中国所发生的变化和所呈现的悲惨景象。李鸿章到了北京后，向八国认罪，请求停止军事行动，各国的反应冷淡，他们再度密议乘这个机会把中国瓜分。至少有三千万以上无辜的中国人，家破人亡，痛哭无告，代替愚蠢的清政府承受惩罚。而那拉兰儿在西安却冥顽不灵如故，每天照样快快乐乐的看戏。

——回溯十八世纪准噶尔汗国的故事，它最后一位可汗阿睦尔撒纳生下来时，满身鲜血，民间坚信他是为复仇而来。据说，当十七世纪清王朝的前身后金汗国初崛起时，第一任皇帝努尔哈赤，征服同属于女真民族的那拉部落，屠杀极为残酷，那位老酋长死前悲痛地说："我们纵使只剩下一个女子，也要复仇。"那拉兰儿正是这位老酋长的后裔，她正在不知不觉中为她的种族，报此三百年前的血海深仇，努尔哈赤的子孙，将被她复仇之手埋葬。

东西方世界

——头十年·1804 年（白莲教战乱第九年），法国终身执政拿破仑称帝，法兰西第一共和终。

——头十年·1806 年（陕西宁陕县兵变），神圣罗马帝国皇帝弗朗西斯二世宣布除去帝号，仅称奥地利国王。神圣罗马帝国自是消失。

——头十年·1807 年（白莲教战乱第十二年），美国人富尔顿发明轮船。

——一十年代·1812年（清政府下令严禁满洲皇族跟汉人通婚），拿破仑进攻俄国，陷莫斯科（明年，法军溃败）。

——一十年代·1814年（清政府下令不准建筑洋式房屋，商号不准用洋字。捻军四起），英、普、奥、瑞典，联军攻陷巴黎，囚拿破仑于厄尔巴岛。法国故王之弟路易十八复辟。

——一十年代·1815年（英国第二次使臣亚墨尔斯抵北京的前一年），拿破仑偷返法国，与联军决战于滑铁卢，再败，被流放大西洋圣赫勒拿岛。

——三十年代·1837年（林则徐在广州焚烧鸦片前二年），英国威廉四世逝世，侄女维多利亚嗣位（在位六十五年，为英国大黄金时代）。

——四十年代·1844年（鸦片战争结束后第二年），美国人莫斯发明电报。

——四十年代·1848年（太平天国建立前三年），巴黎发生暴动，法王路易·菲利普逃往英国。法国再建共和国（第二共和），选出拿破仑的侄儿路易·拿破仑·波拿巴当总统。民主共和的革命思想不可遏制，维也纳发生暴动，奥国宰相梅特涅逃往英国。马克思、恩格斯发表《共产主义宣言》。

——一十年代·1852年（太平天国建国第二年），法国总统路易·拿破仑·波拿巴称帝，改名拿破仑三世，法国第一共和亡。

——五十年代·1854年（太平天国建国第四年），克里米亚战争爆发，英、法、土耳其向俄国宣战。英国女子南丁格尔组队赴前线担任看护，军中女护士制度自此建立。

——六十年代·1860年（太平天国建国第十年。英法联军攻陷北京，焚烧圆明园。中国割乌苏里江以东三十四万方公里领土给俄国），美国林肯当选总统，南方十一蓄奴州宣布独立，第二年，成立美洲邦联。

——六十年代·1861年（太平天国建国第十一年），美国林肯总统就职，认为各邦不可自由脱离，命军队开入南方，战争遂起。史学家称"美国南北战争"。

——六十年代·1864年（太平天国亡），各国工人代表集会伦敦，组织国际劳工协会（第一国际）。

——六十年代·1865年（太平天国亡后的次年），美国南北战争结束，恢复统一，林肯总统遇刺身亡。

——七十年代·1870年（阿古柏可汗统一新疆全境），普法战争爆发，法帝拿破仑三世被普军生擒。巴黎人闻讯，宣布改为共和国（第三共和）。

——七十年代·1871年（俄国占领伊犁），普鲁士国王威廉一世在巴黎加冕为德意志帝国皇帝。巴黎人民成立公社。国民会议派军镇压，公社坚守四十余日失败。

——八十年代·1880年（《圣彼得堡条约》签订前一年），从这一年起，欧洲各国蜂拥入侵非洲，二十年间，瓜分罄尽。

——八十年代·1889年（清帝载湉亲政），各国工人代表集会巴黎，组织国际社会主义者劳动联盟（第二国际）。

——九十年代·1890年（中日甲午战争前四年），法国上尉德雷福斯冤狱案起，保王党诬陷他是德国间谍，共和党力为他申雪。

——九十年代·1896年（戊戌政变当年。德国占领青岛、俄国占领旅顺、大连的当年），意大利人马可尼发明无线电报。